JN064997

Introduction to Algorithms

アルゴリズムの基礎　第3版

はじめに

文書作成やオンラインゲーム，そして，ホームページの検索などコンピュータは，いろいろな用途に利用できる便利な機械です。企業や官公庁での業務処理や情報管理，ふだん利用している電化製品の中にまでコンピュータが利用されています。このようにコンピュータがいろいろな目的で利用できるのは，コンピュータがプログラムの指示に基づいて動作する機械だからです。文書作成のための機能をもったプログラムによってコンピュータを動作させれば，コンピュータはワープロになりますし，ゲーム機能をもったプログラムならば，コンピュータはゲーム機になるのです。

この本を使ってこれから学習するみなさんは，何らかの形でコンピュータのプログラムとかかわりをもつ人がほとんどでしょう。Java，C 言語などプログラム言語と呼ばれるものがあるということを聞いたことはあると思います。実際には，こうした言語を利用してプログラムを作成することになりますが，プログラム言語とは，その名のとおりあくまでも「言語」なのです。

外国語で文章を書くということを考えてみましょう。その言語の文法や単語などを知らなくては文章を書くことはできません。しかし，いくらその言語が堪能であっても，書くべき内容が決まっていなければ文章を書くことはできません。これは，プログラムを作成するときも同じです。いくらプログラム言語をよく知っていても，その言語を使って表現するプログラムの内容が決まっていなければ，プログラムを作ることはできないのです。そして，プログラム言語を使って書く内容こそがアルゴリズムなのです。つまり，プログラムを作成するためには，プログラム言語の種類を問わずアルゴリズムが必要となるのです。

本書では，アルゴリズムとは何から始まって，アルゴリズムを作成するときに必要となる考え方，そして，基本的なアルゴリズムについて説明しています。しかし，内容を理解しただけではアルゴリズムの学習が終わったとはいえません。理解した内容を活用して，自分自身でアルゴリズムを作成してみる必要があります。このためには，目と頭だけを使った学習ではなく，必ず紙と鉛筆を用意して，手も使いながら学習するようにしましょう。アルゴリズムの説明がひととおり理解できたら，その内容を自分自身でアルゴリズムとしてまとめてみる，これが大切です。

◆

本書で説明しているアルゴリズムは，どれも基本的なものばかりです。そして，みなさんが実際にプログラムを作成するときに，本書で学習したアルゴリズムをそのまま利用するということはあまり多くないでしょう。しかし，基本的なアルゴリズムの学習をとおして，アルゴリズムを作成するときに必要となる考え方やテクニックが身につくはずです。したがって，テーマとなっているアルゴリズムの内容を理解するということだけを目的とせずに，そのアルゴリズムの中で使っている考え方やテクニックを身につけるということも目的の一つとして学習するようにしてください。

本書は，二つの部と付録から構成されますが，第１部（第１章から第４章）を基礎編，第２部（第１章から第４章）を応用編と位置づけています。初めてアルゴリズムの学習に取り組む方は，まず，基礎編をじっくり学習することで，アルゴリズムの基本的な考え方やテクニックを身につけてください。そして，身につけた基礎知識・能力をもとに，応用編を学習し，本書に掲載されていないアルゴリズムも自分で作成できるような応用力を身につけるようにします。さらに余力のある人は，付録部分を学習することによって，計算量や効率のよいアルゴリズムの考え方まで知識を広げるとよいでしょう。

2023 年 7 月　アイテック IT 人材教育研究部

目　次

第1部　基礎編

第2部 応用編

第1部 基礎編

第1章 アルゴリズムの基本

第2章 探索アルゴリズム

第3章 整列アルゴリズム

第4章 データ構造

アルゴリズムの基本

ここでは，アルゴリズムの学習を始めるにあたって必要となる基本的な内容を学習します。アルゴリズムの学習で大切なことは，単に理解するだけではなく，活用できるようにすることです。そのために，説明を読むだけではなく，その内容をもとに自分自身でアルゴリズムを作成し，表記方法に従って書いてみましょう。目と頭だけでなく鉛筆と手も使って学習を進めてください。

この章の学習ポイントは次のような内容になります。

・アルゴリズムとは何か？
・アルゴリズムの表記方法（流れ図，擬似言語）
・アルゴリズムで使う三つのパターン（順次，選択，繰返し）
・変数の意味とその使い方
・繰返し処理の考え方
・配列の意味とその使い方

第1部　基礎編

第１章　アルゴリズムの基本

1．アルゴリズムとは？　2．アルゴリズムの表し方
3．変数の意味と必要性　4．繰返し処理
5．アルゴリズムを考えるときの三つのポイント
6．配列処理と繰返し　7．２次元配列と二重ループ

第２章　探索アルゴリズム

第３章　整列アルゴリズム

第４章　データ構造

1. アルゴリズムとは？

アルゴリズム

アルゴリズム（algorithm）をひと言でいえば，「問題を解決するための手順」です。例えば，はじめての場所に向かうときの行動を考えてみましょう。このときの問題は，「目的地までたどり着く」ことです。それを解決するためには，「スマートフォンで経路検索アプリを立ち上げる」，「目的地の情報を入力する」などの行動が必要です。

このときの行動を順番に表すと，次のようになります。

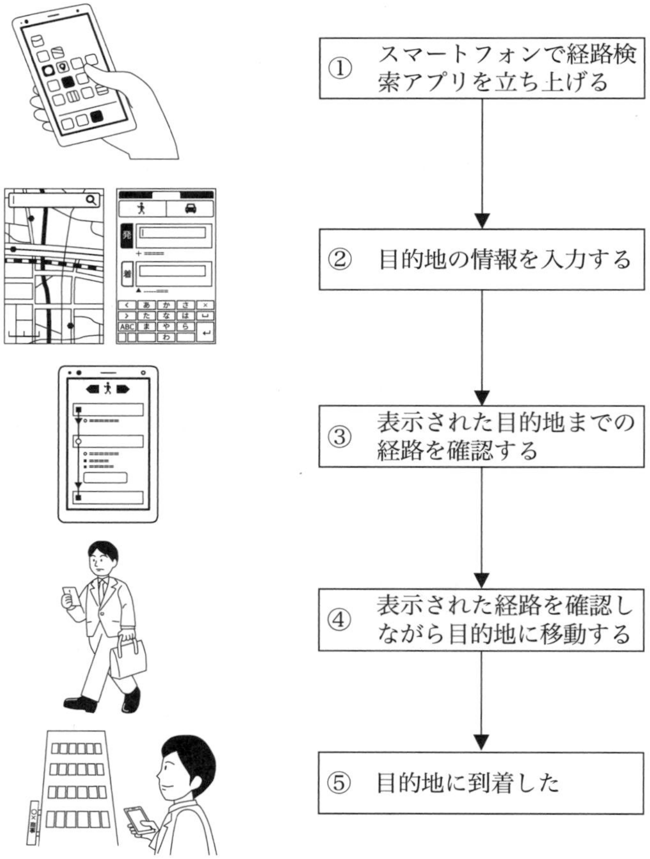

① スマートフォンで経路検索アプリを立ち上げる
② 目的地の情報を入力する
③ 表示された目的地までの経路を確認する
④ 表示された経路を確認しながら目的地に移動する
⑤ 目的地に到着した

図 はじめての場所に向かうときのアルゴリズム

この順番のとおりに行動すれば，はじめての場所に向かうことができます。しかし，例えば，①と②の順番が入れ替わったら，目的地の情報を入力することができませんし，②と③が入れ替わったら，経路候補が表示されません。①，②，③，④，⑤と決められた順番に操作することで，はじめて目的地に到着することができます。

このように，「しなければいけないことをその順番に並べたもの」，これがアルゴリズムです。ただし，順番に並べればそれでよいというわけではなく，次の二つのポイントを押さえておく必要があります。

> 1. することがもれなく決められていて，機械的にできること
> 2. 必ず終わること

アドバイス

問題を解決するということをあまり難しく考える必要はありません。アルゴリズムとは「目的を実現するために必要な行動を順番に書いたもの」と考えるとよいでしょう。

例として，「お金を 20 万円貯めて，バイクを買う」という問題を考えてみましょう。このとき，「思いつくままに何でも行い，お金を手に入れる」では，アルゴリズムになりません。まず，しなければいけないことをきちんと定義します。ここでは，お金が貯まるまで，日給１万円のアルバイトを行うことにします。

アルバイト料は新しく買ってきた貯金箱に入れ，ほかでは使わないことにします。そして，何度かアルバイトをして，20 万円貯まったら，アルバイトをやめて，即バイクを買いに行きます。これが終了条件で，この条件があることで，必ず終わることになります。

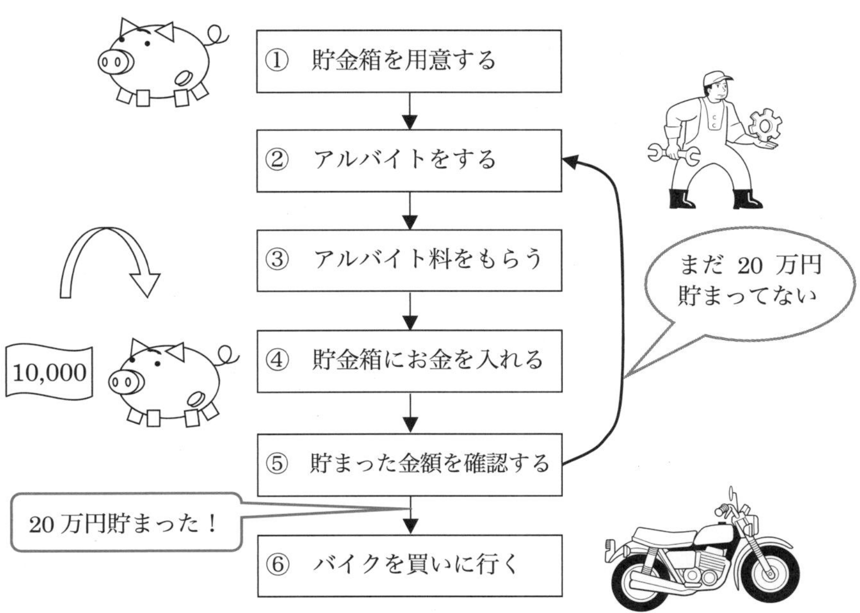
① 貯金箱を用意する
② アルバイトをする
③ アルバイト料をもらう
④ 貯金箱にお金を入れる
⑤ 貯まった金額を確認する
⑥ バイクを買いに行く
まだ 20 万円
貯まってない
20 万円貯まった！
10,000

図　バイクを買うためのアルゴリズム（その１）

このように，しなければいけないことをきちんと考えると，その手順とゴールがはっきりと決まってきます。「ちょっとめんどうだな」と思うかもしれません。しかし，人間が行動するのではなく，コンピュータに何かをさせたいときには，このように行う必要があることを，一つ一つ決めておく必要があります。

人間なら，「お金を貯めてバイクを買おう！」というだけで，ある程度，自分でアルゴリズムを組み立てられます。しかし，コンピュータは自分でアルゴリズムを考えることがまったくできません。人間からの指示に基づいて黙々と命令をこなしていくだけです。そのため，アルゴリズムを人間がきちんと考えておく必要があるのです。

また，アルゴリズムは，「正しいやり方はこれ一つ」というものではありません。同じ結果を得るためには，いくつもの方法があります。例えば，先ほどのバイクを買うためのアルゴリズムの場合，貯金箱にアルバイト料を入れるたびに残高を確認するのはめんどうなので，必要な金額とアルバイト料から，あらかじめアルバイトをしなくてはならない日数を計算して，その日数分だけアルバイトをするというのも，正しいアルゴリズムなのです。

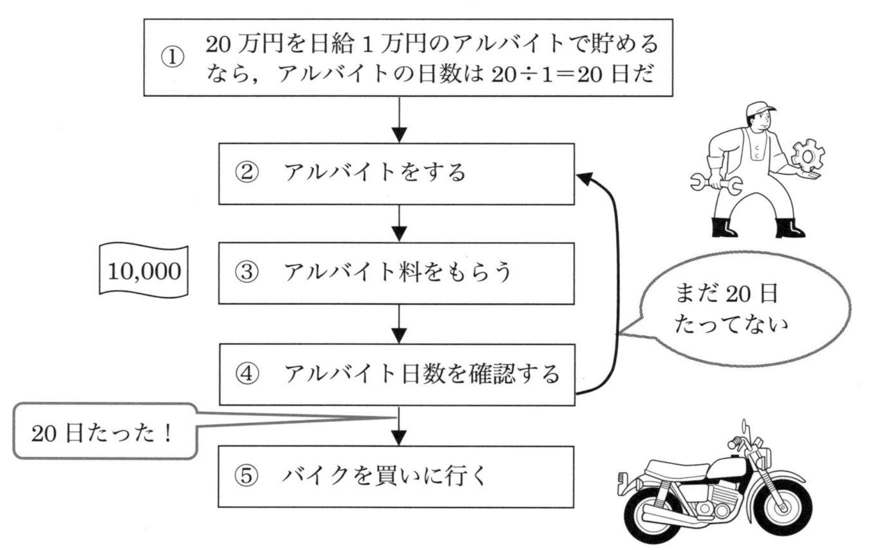

図　バイクを買うためのアルゴリズム（その 2）

こうすれば貯金箱にお金を入れるたびに，いくらあるかをチェックする必要はありません。このように，いろいろ工夫をしていくこともアルゴリズムの大切な考え方です。一般に，アルゴリズムを改良していく場合には，次の三つのポイントがあります。

アルゴリズムを改良するポイント

①　早い（早く終わる，処理速度が速い）
②　安い（メモリやハードディスクの使用量が少ない）
③　うまい（人が見て分かりやすい）

どこかで見た言葉ですが，このテキストの次の章以降で出てくる定番のアルゴリズムでは，この三つのポイントについて考えて，改良が重ねられています。アルゴリズムの種類によって，①に着目したり，③を優先したりと優先順位は変わってきますので，必要に応じて，使い分ける必要があります。

（アルゴリズムの学習ポイント）

アルゴリズムはコンピュータに対する指示書になるので，アルゴリズムができた後はこの指示書に基づいてプログラムを作成します。

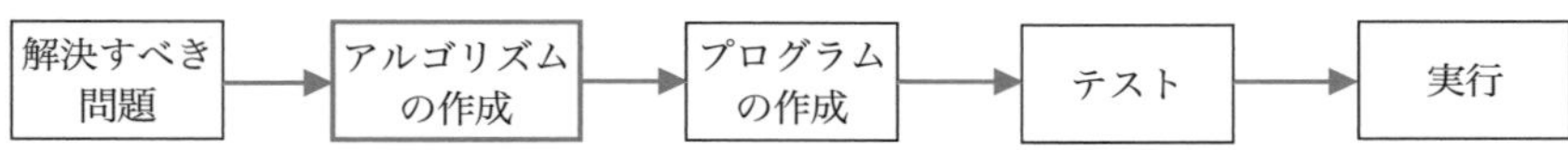

このテキストで学習するのは，この中の「アルゴリズムの作成」の部分で，必要な基礎知識と，アルゴリズムを作成する上で大切になる考え方の基本を学んでいきます。

アルゴリズムは，もちろん自分で一から考え出してもOKです。これから学習を進めていくなかで，最終的にはみなさんも自分で一から考えられるようになってほしいと思います。しかし，最初から自分で効率的なアルゴリズムを思いつくのは大変なことです。今までにあるアルゴリズムを学習することによって，効率的なアルゴリズムの考え方を身につけることができます。いろいろなアルゴリズムを学んで，実力を伸ばしてください。

学習にあたって大切なことは，「なるほど！」と思えるまで自分の頭で考えることです。めんどうに思えるときもあるかもしれませんが，この気持ちを忘れずに一歩一歩学習していきましょう。

2. アルゴリズムの表し方

アルゴリズムを書き表すときに，思いつくままの表現で書いてしまうと，ほかの人には分かりませんし，自分でも後で分からなくなってしまうかもしれません。そこで，誰が見ても分かるように，アルゴリズムには書き方のルールが決められています。

流れ図
フローチャート
流れ図記号

アルゴリズムの書き方で一番代表的なものは，流れ図（flow chart；フローチャート）と呼ばれる図です。あらかじめ意味が決められている記号を使って表します。いろいろな処理を，流れ図記号と呼ばれる図形で表します。基本となる記号を次に示します。記号の詳細は付録を参照してください。

処理記号
判断記号
ループ端記号

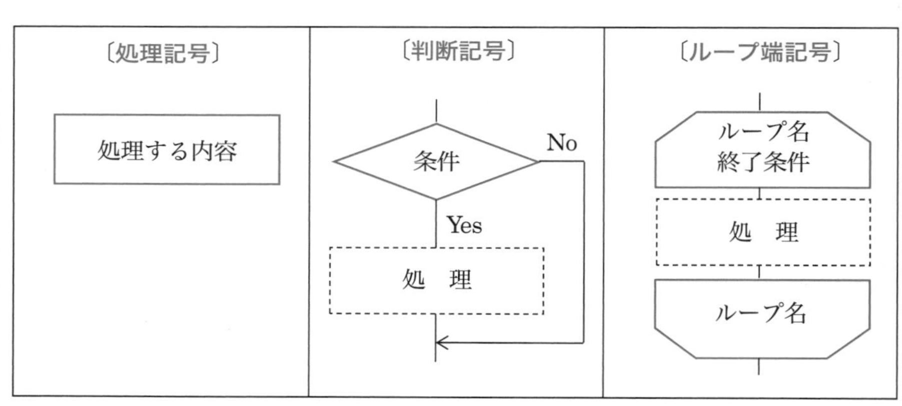

図　流れ図記号の例

ループ名
ループ

処理記号は，どのような処理を行うか，処理の内容を表すときに使います。

判断記号は，ある質問に対して，「Yes」と「No」のときでは処理の内容が異なるとき，その分かれ目になるところで使います。

ループ端記号は，上下二つの記号で挟まれた部分の処理を終了条件になるまで繰り返す（ループする）ときに使います。上に書く記号をループの始端記号，下に書く記号をループの終端記号といいます。対になる始端記号と終端記号には，処理内容を表す同じループ名を付けます。

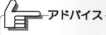

アドバイス

繰返しはループ（loop）というので，記号はループ端と呼ばれます。

擬似言語

アルゴリズムを表すには，流れ図のほか，擬似言語を使う方法があります。擬似言語は，アルゴリズムを考えた後に作成するプログラムと似た書き方をします。また，情報処理技術者試験のアルゴリズムの問題では流れ図とともに用いられています。このテキストでは，次の章以降，主に擬似言語を使ってアルゴリズムを記述していきます。いま説明した流れ図記号と同じことを，擬似言語で表すと，次のようになります。

処理する内容	if（判断条件） 処理する内容 endif	while（繰返し条件） 処理する内容 endwhile
（そのまま記述）	（if を使う）	（while を使う）

図　擬似言語の例

順次
選択
繰返し

アルゴリズムを表すために使う記号は少なく，多くの種類はありません。さらに，アルゴリズムを考えるときに必要となる基本パターンは，じつはいま紹介した三つの記号だけなのです。左から順次，選択，繰返しといいます。この三つのパターンだけを使って，どんな複雑なプログラムでも作成できますので，次の内容をしっかり理解してください。

アルゴリズムで使う基本パターンは「順次」,「選択」,「繰返し」の三つです。この三つをしっかり理解しましょう。

パターン	内容
順次	はじめから順番に実行していく。
選択	条件によって，実行する処理を選択する。
繰返し（ループ）	条件を満たしている間（または満たすまで），処理を繰り返す。

では，三つのパターンをもう少し詳しく見ていきましょう。

(1) 順次

まずは順次です。

アルゴリズムでは，行う処理の内容を順番に書いていきます。行うことを，そのとおりに上から並べたものが順次で，すべてのアルゴリズムの基本になります。例えば，自動販売機で 160 円のジュースを買うときは，

1. 160 円を自動販売機に入れる
2. ジュースのボタンを押す
3. 取出口からジュースが出てくるのを待つ
4. ジュースを取り出す

となります。

これを，流れ図と擬似言語で表すと，次のようになります。

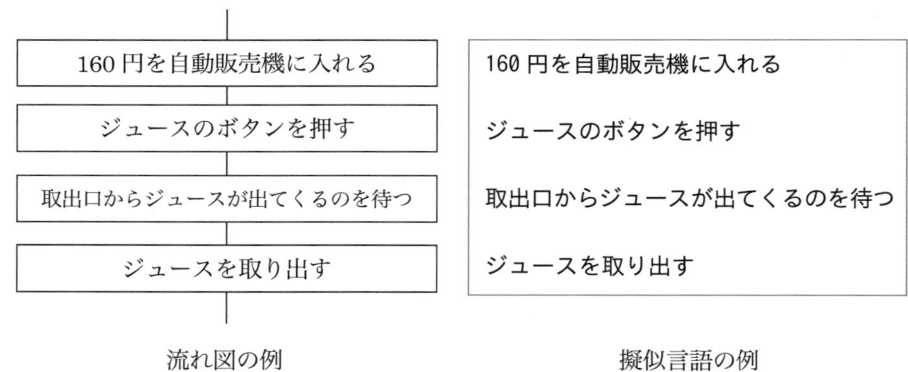

図　自動販売機でジュースを買うアルゴリズム

(2) 選択

選択

条件によって，行う処理の内容を変えるのが選択です。

例えば，お菓子をもらって，みんなにあげようかどうか迷っているとき，「もし，お菓子が三つ以上あったら，みんなで分けて食べる。そうでなかったら，1人で全部食べる」というように，条件（お菓子が三つ以上あるかどうか）で違うことをするのが，選択処理です。

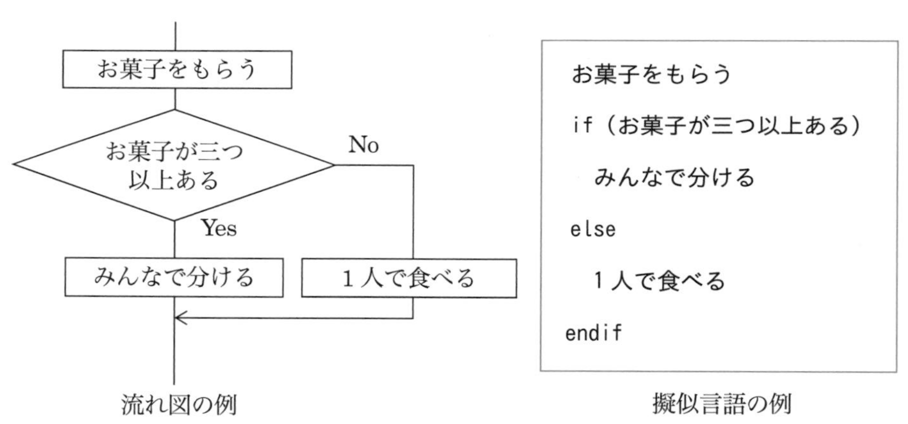

図　お菓子を分けるかどうかを決めるアルゴリズム

コラム

選択は，条件の判定結果によって行う処理が違うときに使います。前ページのお菓子を分ける擬似言語の例ではifの下にある「みんなで分ける」がYes（真）のとき，そして，elseの下にある「１人で食べる」がNo（偽）のときの内容です。

YesやNoのときに行う処理の内容には，それぞれ複数書くこともできます。

```
if（条件式）
  Yesのときの処理
  （いくつでも書ける）
else
  Noのときの処理
  （いくつでも書ける）
endif
```

また，Yesのときだけ，Noのときだけ処理を行う書き方もあります。それぞれ次のようになりますが，elseの有無に注意してください。

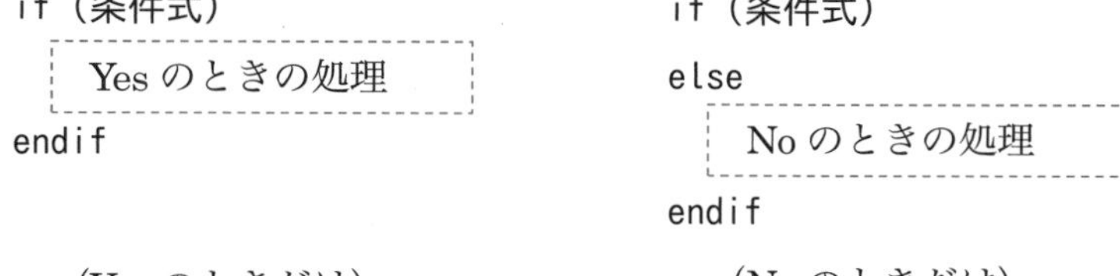

（Yesのときだけ）　　（Noのときだけ）

なお，流れ図で選択処理を表す場合，同じ条件でも次のように２通りの書き方があります。一つ目は条件記号の外に“Yes”，“No”を書く方法，もう一つは“≧”や“<”，“＝”など，“：”部分にあてはまる記号を書く方法です。

（書き方１）　　（書き方２）

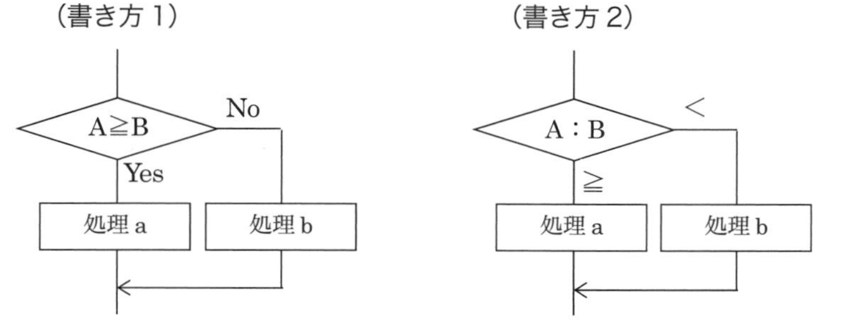

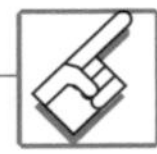
ポイント！

最後は繰返しです。

(3) 繰返し

繰返し

何度も同じことを行う処理を書くためのものが，**繰返し**です。しかし，いつまで繰返しを続けるのか，または，どのような場合に繰返しをやめるのかということを指示しておかないと，永遠に繰り返してしまいます。繰返し処理では，これらの繰返しの条件をいっしょに指示します。

例えば，昼のお弁当のために，お弁当箱がいっぱいになるまで，おにぎりを作る，という場合を考えてみます。このとき，注意しなくてはいけないのが，条件に書く内容です。

終了条件

継続条件

流れ図の繰返し記号に書く条件は，一般的に**終了条件**という「条件を満たしたら繰返しをやめるという条件」です。一方，擬似言語の繰返し記号に書く条件は，**継続条件**という「条件を満たしている間，繰返しを続けるという条件」を書きます。

お弁当箱がいっぱいになるまでおにぎりを作るという場合（ループ名「おにぎりループ」），流れ図では終了条件の「お弁当箱がいっぱいである」と書き，擬似言語では継続条件の「お弁当箱に空きがある」と書きます。

このように，流れ図に書く条件が繰返しを終了する条件であるのに対して，擬似言語では繰返しを継続する条件を書くことに注意してください。

アドバイス

C 言語などでは，繰返しの条件を書かないこともあります。この場合，繰返しの中の選択処理で繰返しから抜け出すようにしますが，アルゴリズムの基本を学習するときには，この方法は考えないようにします。

アドバイス

流れ図では，ループが二重になるとループ端の対応が分かりにくくなります。このため，この例のようにループ端の中にループ名を書いて，対応関係をはっきりと示します。

アドバイス

繰返しの中にも，複数の処理を順番に書くことができます。

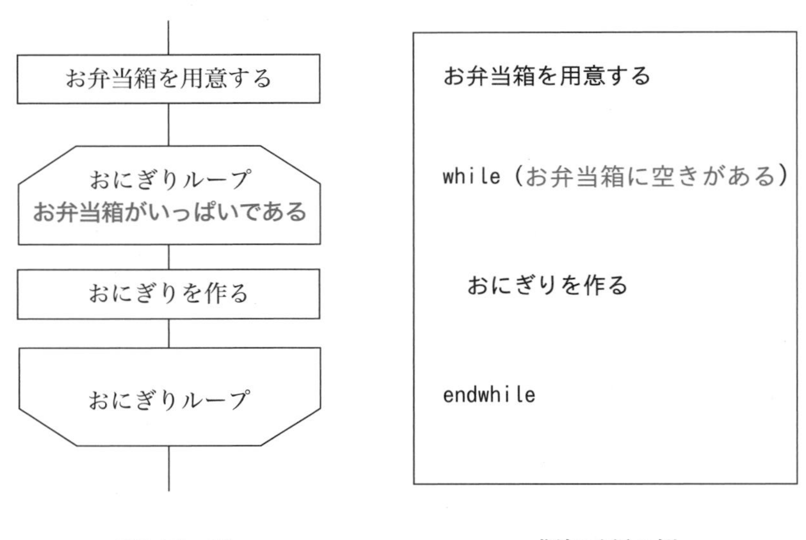

図　お弁当箱がいっぱいになるまでおにぎりを作るアルゴリズム

ここまで学習した三つの基本パターンをまとめると，次のようになります。

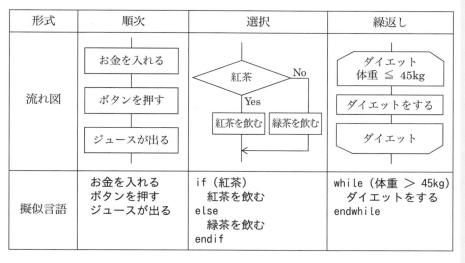

形式	順次	選択	繰返し
流れ図	お金を入れる → ボタンを押す → ジュースが出る	紅茶（Yes：紅茶を飲む／No：緑茶を飲む）	ダイエット 体重 ≦ 45kg → ダイエットをする → ダイエット

擬似言語	お金を入れる
	ボタンを押す
	ジュースが出る
		if（紅茶）
		　紅茶を飲む
		else
		　緑茶を飲む
		endif
			while（体重 ＞ 45kg）
			　ダイエットをする
			endwhile

図　アルゴリズムの書き方の例

流れ図と擬似言語で見た目は違いますが，意味は同じです。ゆっくり見比べてみましょう。基本的なパターンの説明はこれで終わりですが，条件の考え方にはもう少し，いろいろな場合があります。続けてそれを見ていきましょう。

(4) 前判定，後判定

繰返しの条件を指定する方法には，前判定と後判定という種類があります。(3)で説明したお弁当箱の例（前ページ参照）や，上の図のダイエットの例は前判定です。

前判定　後判定

前判定では，繰返し処理に入る前に条件をチェックし，すでに終了する条件を満たしている場合には一度も処理を行わずに終了します。

一方，後判定は，条件をチェックする前に，とりあえず一度は，繰返しの中にある処理を行います。これが「前判定」と「後判定」の違いです。擬似言語では，「前判定」には while 文，「後判定」には do 文を使います。

後判定を用いると，アルゴリズムが簡単になることもあります。しかし，理解しにくくなりますので，最初はなるべく前判定を用いて考えていきましょう。

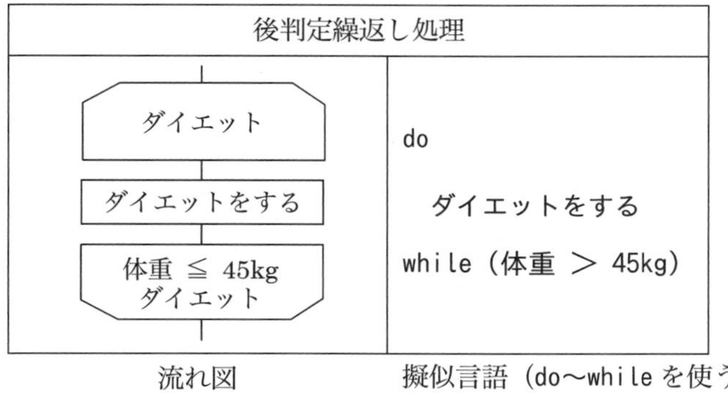

例として，「1.アルゴリズムとは？」で説明した「バイクを買うためのアルゴリズム（その 1)」を流れ図（P.11 参照）と擬似言語で記述すると，次のようになります（繰返しのループ名は「貯金ループ」としました)。これが後判定です。

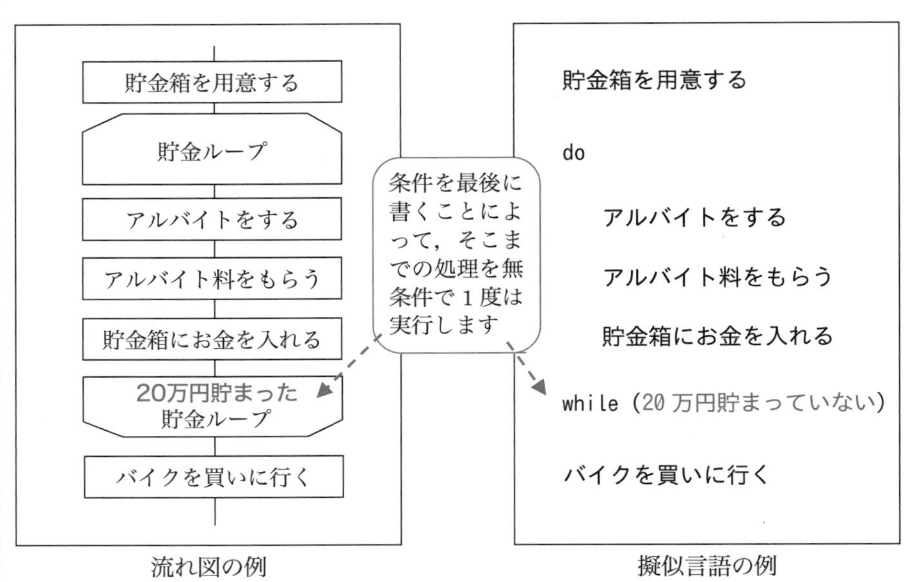

図　バイクを買うためのアルゴリズム（その 3）

(5) 二つ以上の条件を組み合わせて判断する

and
or
not
論理演算

選択や繰返しの条件は，二つ以上組み合わせることができます。このときに使うのが，“かつ”（and；両方当てはまる)，“または”（or；どちらかに当てはまる)，否定（not）という論理演算です。

例えば，バッグを買うときに，「青い色」と「ハンドバッグ」という二つの条件を考えます。

このときに，「青い色」でかつ「ハンドバッグ」なら，

「青い色」　and　「ハンドバッグ」

となります。このように，両方の条件に当てはまらないと買わない，というときには，二つの条件を and でつなぎます。

次に，「青い色ならハンドバッグでなくてもいい」し，「ハンドバッグなら青くなくてもいい」，というときには，

「青い色」　or　「ハンドバッグ」

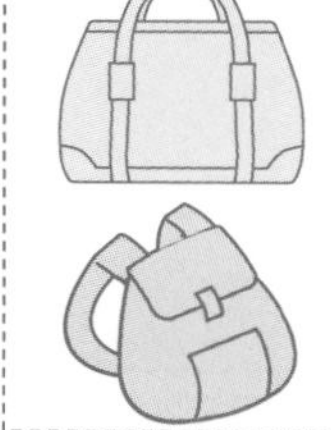

または

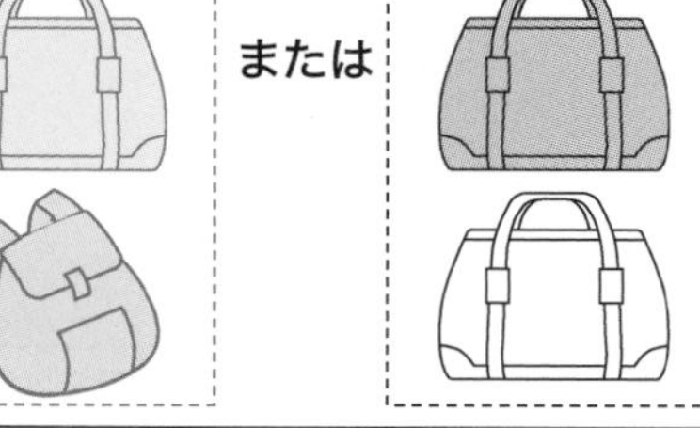

とします。これが片方だけの条件に当てはまればよい or です。

また，「青い色はイヤだ！」ということなら，

not 「青い色」

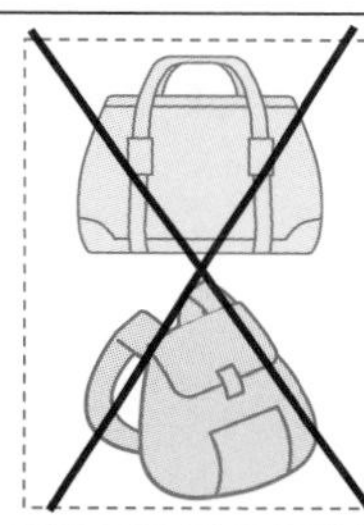

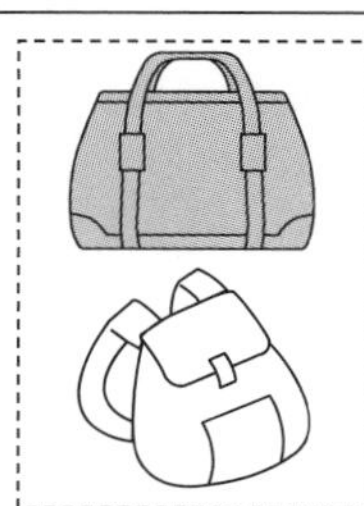

と表し，これは否定になります。

この二つの条件「青い色」と「ハンドバッグ」がどちらもイヤなとき，つまり，「青い色もイヤだし，ハンドバッグもイヤだ！」というときにはどう表すのでしょうか？

「青い色のハンドバッグはイヤ」なら，次の指定で表すことができます。

not (「青い色」　and　「ハンドバッグ」)

しかし，この指定では「青い色もイヤだし，ハンドバッグもイヤだ！」の条件と違います。この指定では，例えば，

「青い色だけどハンドバッグではない」

「ハンドバッグだけど青い色ではない」

の二つは，両方とも買ってもよいことになってしまいます。

そこで，「青い色もイヤだし，ハンドバッグもイヤだ！」というときには，

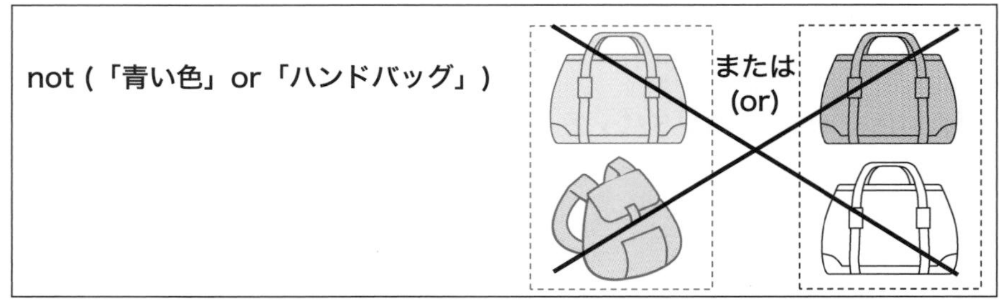

と指定します。

この指定は二つの条件を or で結んで，その全体を not で否定していますが，これと同じ意味になるのが，次の指定です。

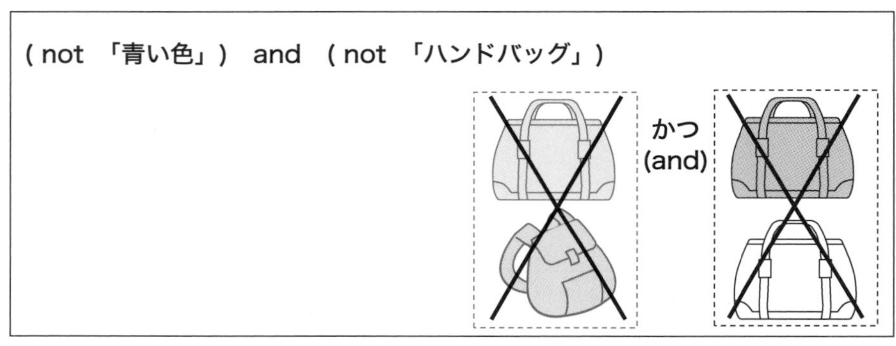

この関係はややこしいですが，二つの表し方が同じことが理解できると，間違えずにアルゴリズムの条件を記述できるようになります。この関係を集合の図で表すと，次のようになります。同じ意味になることを確認してください。

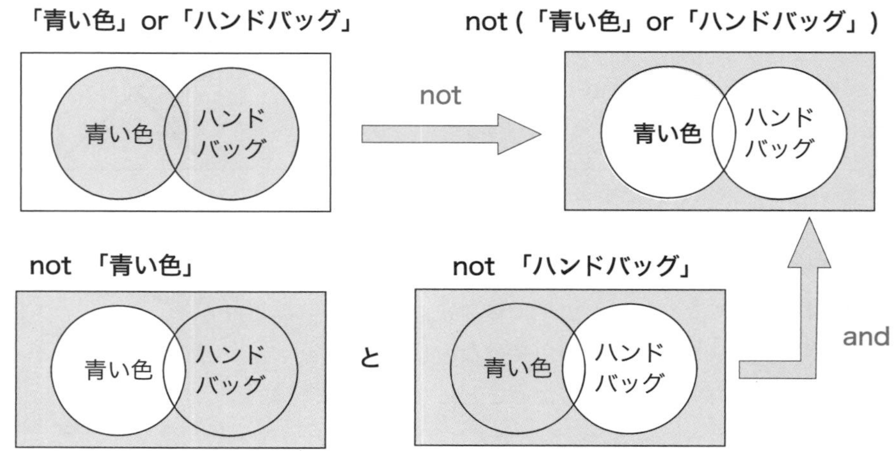

このように二つ以上の条件を組み合わせるのは，なかなか難しいので，条件設定を間違えて，誤ったアルゴリズムを作ってしまう原因となります。落ち着いて考えるようにしてください。

(6) バイクを買うためのアルゴリズムの変更

先ほど見た「図　バイクを買うためのアルゴリズム（その3）」（P.20 参照）では，20 万円貯まらない限り，終了することができません。これに，「2 年を超えたら 20 万円貯まっていなくてもあきらめる」という意味の条件を付け加えてみます。

すると，流れ図の繰返し部分の終了条件は，次のように変更できます。繰返し処理の後で二つの条件のどちらで終了したかを調べています。

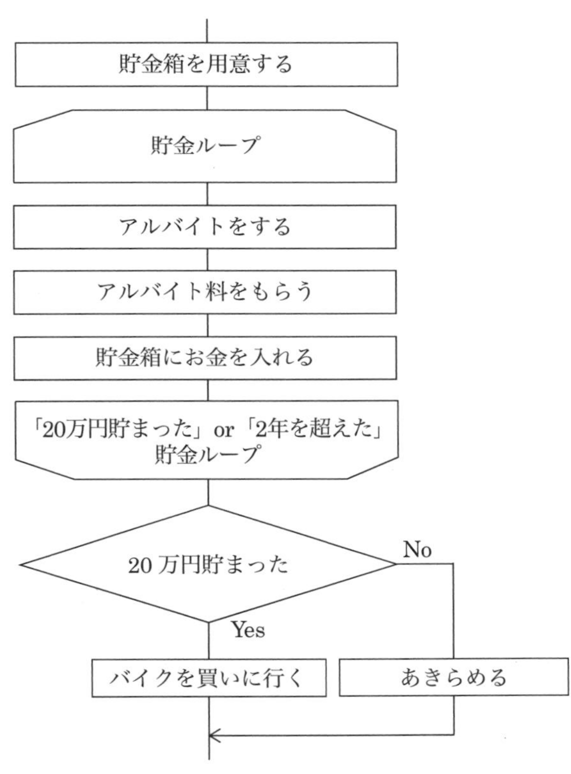

図　２年を超えても 20 万円が貯まらなかったらあきらめる（流れ図）

この場合，どちらかの条件を満たせば貯金ループは終了ですので，二つの条件を or（または）で結ぶことになります。

次に，このアルゴリズムを擬似言語で表現すると，次のようになります。

```
貯金箱を用意する
do
  アルバイトをする
  アルバイト料をもらう
  貯金箱にお金を入れる
while (「20万円貯まっていない」 and 「2年以内」)
if (20万円貯まった)
  バイクを買いに行く
else
  あきらめる
endif
```

擬似言語で出てくる継続条件の中で，二つの条件が or ではなく and で結ばれていることに注意しましょう。

このアルゴリズムの流れ図で記述した終了条件は，「20 万円貯まった」または「2 年を超えた」のどちらかです。ここで，擬似言語で記述する「継続条件」は「終了条件」の反対になるので，条件の否定になります。先ほどの集合の図でこのことを確認しておきましょう。

まず，流れ図で記述した終了条件を考えると，次のようになります。

(終了条件)　「20 万円貯まった」　or　「2 年を超えた」

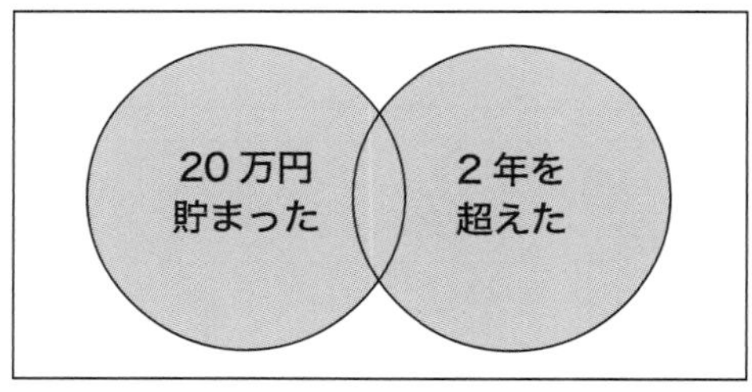

図　「20 万円貯まった」 or 「2 年を超えた」(終了条件)

終了条件と継続条件は逆，つまり，否定の関係にあります。二つ以上の条件をつなげたものは，それぞれの条件を単純に否定するだけではいけません。

間違えやすいので，はじめはゆっくり考えましょう。

これと同じ結果となる擬似言語の継続条件は，次の水色の部分です。

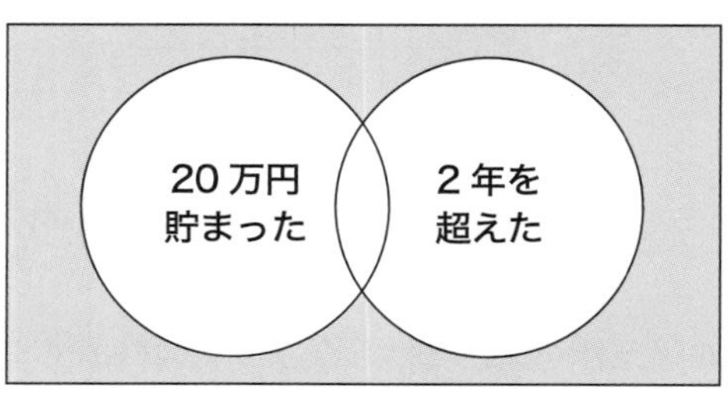

図　『「20 万円貯まった」 or 「2 年を超えた」』の否定（継続条件）

前ページの図の終了条件は，その下で示した継続条件の水色になっている部分と逆になっていますね。この水色になっている部分は，「20 万円貯まった」 or 「2 年を超えた」のそれぞれの条件を否定した共通部分（and）になります。

not（「20 万円貯まった」 or 「2 年を超えた」）…… 継続条件
→ not（「20 万円貯まった」）and not（「2 年を超えた」）
→ 「20 万円貯まっていない」 and 「2 年以内」

このように，終了条件と継続条件では，and と or が変わります。擬似言語で継続条件を考えるとき，条件の間違いには十分気をつけましょう。

コラム

集合の記号（ベン図）を使って考えるのが少し苦手という人は，表を使って整理するとよいでしょう。「20 万円貯まった」，「2 年を超えた」という二つの条件の判定結果には，それぞれ真と偽の 2 通りがあります。これを単純に組み合わせると，次のように 4 通りになります。なお，真とはその条件を満たすこと，偽とは満たさないということです。そして，例えば，①の場合，「20 万円貯まった」という条件と，「2 年を超えた」という条件がともに真，つまり，同時に成り立つということですから，二つの条件を“かつ”（and）でつなげたものです。これは②～④についても同じです。例えば②は，「20 万円貯まった」and「2 年以内」という場合です。

真
偽

	20 万円貯まった	2 年を超えた	
①	真	真	終了
②	真	偽	終了
③	偽	真	終了
④	偽	偽	← 継続

二つの条件のうち，一つでも真であれば繰返しを終了するのですから，①～③のときは終了です。継続するということは，終了しないということですから，①～③以外，つまり，④のときは継続することになります。そして，④は二つの条件とも偽のときですから，「20 万円貯まっていない」and「2 年以内」ということになります。

(7) 選択処理を組み合わせる

ここまで and や or を使って二つ以上の条件を組み合わせて判断することを考えてきましたが，判断を行う選択処理を組み合わせることもあります。

先ほど説明した「図　2 年を超えても 20 万円が貯まらなかったらあきらめる（流れ図）」（P.23 参照）のアルゴリズムでは，繰返しの終了条件を考えましたが，これとは別に繰り返す処理の中のある時点で次の行動を判断するアルゴリズムを考えると，次のようになります。

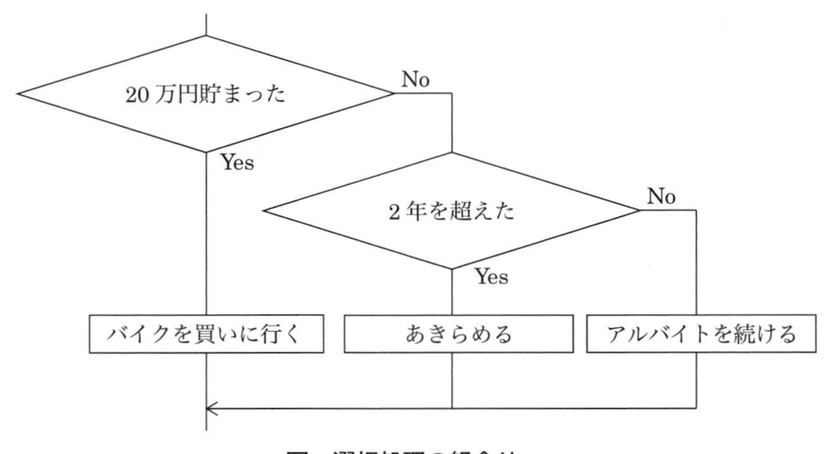

図　選択処理の組合せ

「2 年を超えた」という条件が Yes（真）のときの行動が「あきらめる」になっていますが，この判断の前に「20 万円貯まった」という条件の判断が行われていて，No（偽）ということが分かっていることに注意してください。つまり，「あきらめる」と決断する時点では，二つの判断が行われているので，「あきらめる」条件は，not（「20 万円貯まった」）and 「2 年を超えた」ということになります。

選択処理を組み合わせることによって，一つ一つの条件は単純に記述できるようになりますが，アルゴリズムの構造が複雑になるという問題も生じます。なれないと難しいですが，メリットとデメリットを考えあわせて，分かりやすいアルゴリズムを考えるようにしましょう。

擬似言語では，選択構造を if 文によって表記しますが，擬似言語の if 文では，elseif 句が記述できるので，流れ図よりも単純な構造で記述できます。「図　選択処理の組合せ」の内容を，擬似言語で表現すると次のようになります。

```
if（20万円貯まった）
　バイクを買いに行く
elseif（2年を超えた）
　あきらめる
else
　アルバイトを続ける
endif
```

この表記でも，「あきらめる」のは，流れ図と同じ，not(「20万円貯まった」) and「2年を超えた」であることに注意してください。また，「else」と「elseif」はよく似ていますが，きちんと区別するようにしてください

例題 1－1

次のアルゴリズムを，擬似言語で表しなさい。

問1　朝起きて，顔を洗って，朝食を食べて，歯を磨く。

問2　財布のお金が1万円以上あったら，フランス料理を食べる。そうでなかったら，ラーメンを食べる。

問3　おなかがすいている間は，ご飯をおかわりする。

この例題の解答は，次のようになります。

```
問1　（順次）
  朝起きる
  顔を洗う
  朝食を食べる
  歯を磨く
```

```
問2　（選択）
  if（財布のお金 ≧ 1万円）
    フランス料理を食べる
  else
    ラーメンを食べる
  endif
```

```
問3　（繰返し）
  while（おなかがすいている）
    ご飯をおかわりする
  endwhile
```

3. 変数の意味と必要性

変数とは，データを入れておくための箱で，箱に名前（変数名）を付けて使います。中にデータ（値）を入れておくことができ，また，途中でその値を変えることもできます。一方，数値の１や２のように具体的な値は定数と呼ばれます。定数は値そのものなので，途中で勝手に値が変わったりすることはありません。

変数
変数名
データ
定数

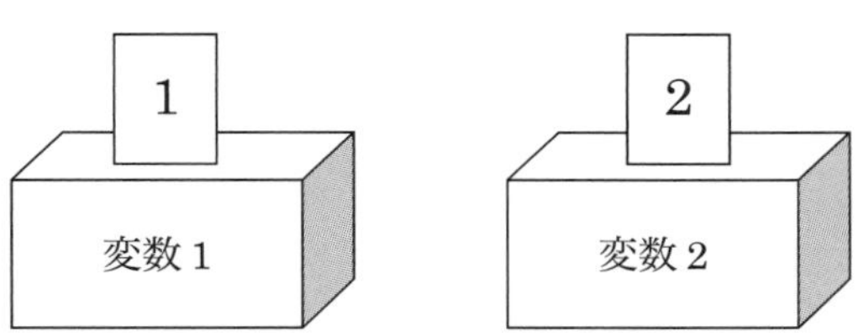

アドバイス

変数というのは，変な数という意味ではありません。何もしないのに内容が変わってしまうこともありません。
変数の内容を変えるためには，アルゴリズムの中で新しい値を入れます。

変数は，何のために必要なのでしょうか。次のように１から 10 までの足し算を行い，それぞれの結果を表示する処理を例に考えてみましょう。

1	＝ **1**
1＋2	＝ **3**
1＋2＋3	＝ **6**
1＋2＋3＋4	＝**10**
1＋2＋3＋4＋5	＝**15**
1＋2＋3＋4＋5＋6	＝**21**
1＋2＋3＋4＋5＋6＋7	＝**28**
1＋2＋3＋4＋5＋6＋7＋8	＝**36**
1＋2＋3＋4＋5＋6＋7＋8＋9	＝**45**
1＋2＋3＋4＋5＋6＋7＋8＋9＋10	＝**55**

＊実際に表示されるのは，結果部分（太字）だけです。

図　１から 10 までの足し算の結果を表示する例

変数を使わなくても，この処理を行うアルゴリズムは表現できます。

```
1 を表示する
1+2 を計算し，その計算結果を表示する
1+2+3 を計算し，その計算結果を表示する
1+2+3+4 を計算し，その計算結果を表示する
1+2+3+4+5 を計算し，その計算結果を表示する
1+2+3+4+5+6 を計算し，その計算結果を表示する
1+2+3+4+5+6+7 を計算し，その計算結果を表示する
1+2+3+4+5+6+7+8 を計算し，その計算結果を表示する
1+2+3+4+5+6+7+8+9 を計算し，その計算結果を表示する
1+2+3+4+5+6+7+8+9+10 を計算し，その計算結果を表示する
```

図　1 から 10 まで足し算し，その都度結果を表示するアルゴリズム（擬似言語）

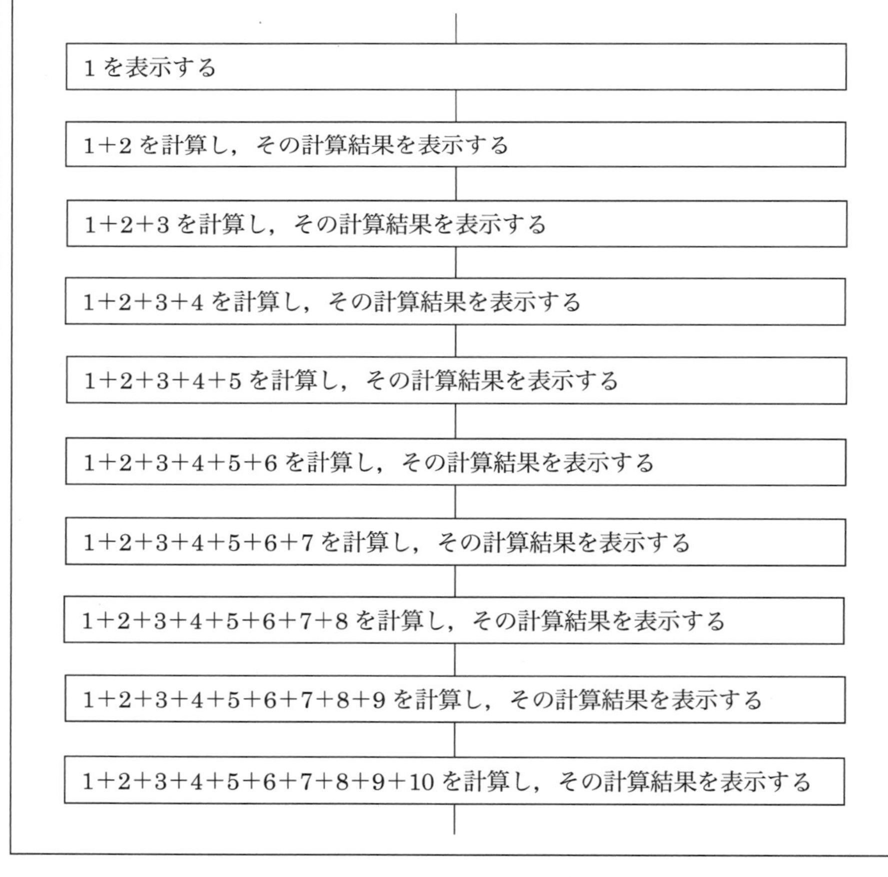

図　1 から 10 まで足し算し，その都度結果を表示するアルゴリズム（流れ図）

しかし，このアルゴリズムでは，毎回１から順に加算し直しています。これでは，効率がよくありません。１回前に計算した結果を活かして効率よく計算する方法はないでしょうか。そこで，名前を“合計”とした変数を用意して，この処理を書き換えてみましょう。

	表示される値（合計）
合計 ← 1（合計に１を代入）	
合計を表示	1
合計 ← 合計 ＋ 2	
合計を表示	3
合計 ← 合計 ＋ 3	
合計を表示	6
合計 ← 合計 ＋ 4	
合計を表示	10
合計 ← 合計 ＋ 5	
合計を表示	15
合計 ← 合計 ＋ 6	
合計を表示	21
合計 ← 合計 ＋ 7	
合計を表示	28
合計 ← 合計 ＋ 8	
合計を表示	36
合計 ← 合計 ＋ 9	
合計を表示	45
合計 ← 合計 ＋ 10	
合計を表示	55

図　変数を用いた，１から10までの加算アルゴリズム

こうすると，前の計算結果をそのまま活かして，次の数を足すだけですみます。つまり，１から順に足し算をし直す必要がなくなります。

流れ図では結果を左側（左辺）に書く場合と，右側（右辺）に書く場合の両方があります。
矢印の向きに注意してください。

ところで，このアルゴリズムの足し算の部分「合計 ← 合計 ＋ 2」では，左と右に同じ変数が現れますが，はじめての人には意味が分かりにくいと思いますので，詳しく見ていきましょう。

この書き方は「**右辺の計算をして，左辺に代入する**」という意味で，代入文といいます。擬似言語では，この例のように結果を入れる方を左側（左辺）に書きます。

例えば，はじめに変数“合計”に1が入っているとします。

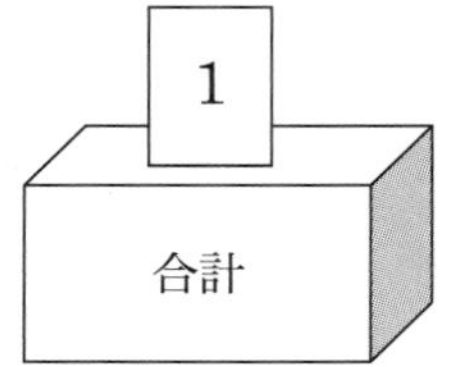

この状態で，変数“合計”に2を加えるには，「合計 ← 合計 ＋ 2」という代入文で行います。この様子を見てみましょう。

まず，右辺の計算が行われ，変数“合計”から値を取り出して，2を加えます。

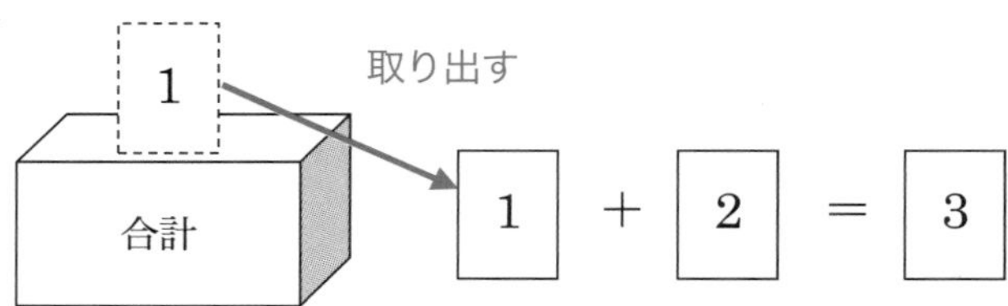

次に，“←”によって，その結果を，変数「合計」に戻します。

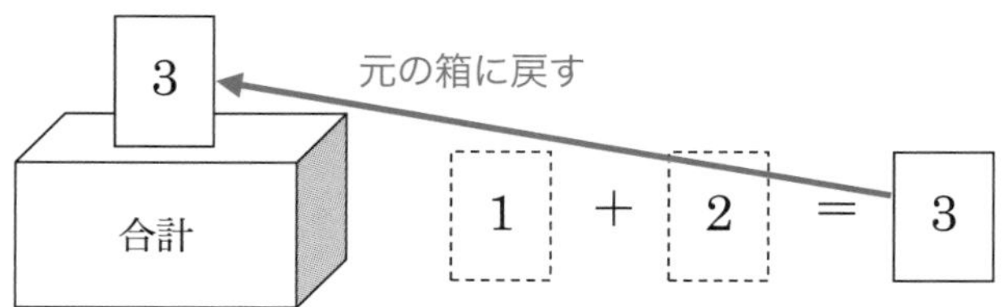

このような一連の流れで代入文は動作し，変数“合計”の内容を変えることができます。そして，変数のこの使い方を利用すると，先ほどのアルゴリズムのように効率的に処理ができるのです。しかし，これだけが，変数のよいところではありません。次の繰返し処理で変数を利用することで，さらに効率的にアルゴリズムを作成することができます。

繰返し処理

繰返し処理というのは，同じことを何度も行うことでした。例えば，「こんにちは！」という文字を画面に 100 回繰り返し表示するアルゴリズムを考えます。

こんにちは！
こんにちは！
こんにちは！
こんにちは！
こんにちは！
⋮

100 回繰り返すと，画面いっぱいに「こんにちは！」という文字が表示されます。

図　「こんにちは！」と繰返し表示された画面

繰返しを利用しなくても，「こんにちは！」と表示するという命令を 100 個並べたアルゴリズムを組み立てれば，「こんにちは！」と 100 回画面に表示されます。しかし，繰返し処理を使うと，同じことをもっと簡単に表現することができます。

繰り返すのは「「こんにちは！」と表示する」という処理です。そして，この処理を 100 回繰り返します。永遠に繰り返すのではありませんから，きちんと表示した回数をカウントして，100 回表示したら繰返しをやめるようにしなくてはいけません。

100 回表示したら繰返しをやめるためには，何回表示したかということをどこかに覚えておかなくてはいけないので，表示した回数を記録しておくために「カウント」という名前の変数を使うことにしましょう。「こんにちは！」と 1 回表示したら，変数「カウント」の値を 1 カウントアップ（加算）して，その回数が 100 になったときに表示するのをやめるようにします。

ここで一つ注意しなくてはならないことがあります。変数には最初から値が入っているわけではないので，変数を使うときには，最初に**初期値**と呼ばれる値を必ず入れておかなくてはなりません。この場合，表示した回数を数えたいのですから，表示した後に，変数「カウント」に回数をカウントアップするのであれば，変数「カウント」の初期値は０になります。

初期値

実際のプログラム言語では，使う変数の設定をするとき，あらかじめ変数に初期値を入れておく方法もあります。

「こんにちは！」の表示を繰返し処理で表現すると，次のようになります。

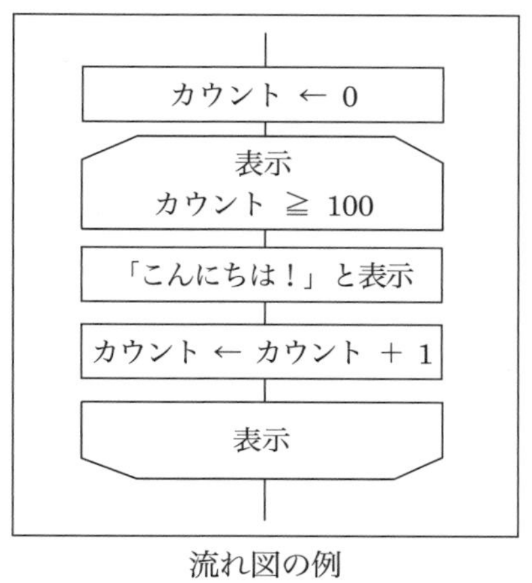

流れ図の例

```
カウント ← 0

while (カウント ＜ 100)
  「こんにちは！」と表示
  カウント ← カウント ＋ 1
endwhile
```

擬似言語の例

図　「こんにちは！」を100回表示するアルゴリズム

流れ図の終了条件が「カウント≧100」になっていますが，変数“カウント”は０，１，２，３，…と増えていく整数なので，「カウント＞99」としても同じ動作をします。また，擬似言語の継続条件「カウント＜100」も，変数“カウント”が整数なので，「カウント≦99」としても同じ動作をします。

このように，繰返し処理を使うと，何度も繰り返す処理をとても簡単に表現できます。また，繰返し処理は，このように「全く同じことを何度も繰り返す」とき以外にも，いろいろな場面で有効に活用できます。

例えば，先ほど説明した「図　変数を用いた，1から10までの加算アルゴリズム」(P.31参照）では，全部で20行，そして，計算する部分は9行になっています。これを100までの合計の計算にプログラムを変更すると，

```
合計 ← 1（合計に1を代入)
合計を表示
合計 ← 合計 + 2
合計を表示
合計 ← 合計 + 3
合計を表示
合計 ← 合計 + 4
合計を表示
合計 ← 合計 + 5
合計を表示
合計 ← 合計 + 6
合計を表示
合計 ← 合計 + 7
合計を表示
合計 ← 合計 + 8
合計を表示
合計 ← 合計 + 9
合計を表示
合計 ← 合計 + 10
合計を表示
合計 ← 合計 + 11
合計を表示
合計 ← 合計 + 12
合計を表示
合計 ← 合計 + 13
合計を表示
   ⋮          ⋮
```

のように，どんどん書き足していかなくてはなりません。最終的には，全部で200行にもなってしまいます。そして，この足し算は，足す数が毎回違っているので，先ほど見たような同じことを行う単純な繰返し処理では表現できませんね。

ところが，ここで少し工夫すると，うまくまとめることができます。「10までの数を順に足し算していく」というアルゴリズムは，繰返し処理を利用すると，次のようにすることができます。

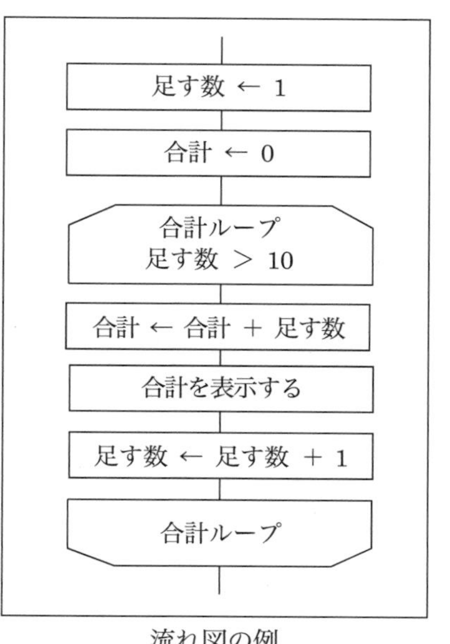

流れ図の例

```
足す数 ← 1

合計 ← 0

while (足す数 ≦ 10)

  合計 ← 合計 ＋ 足す数

  合計を表示する

  足す数 ← 足す数 ＋ 1

endwhile
```

擬似言語の例

図　10 までの合計を求めるアルゴリズム

足す数は繰返しのたびに違いますが，その違いには規則性があります。最初は 1，次は 2，3，…と 1 ずつ増えていくので，足す数を変数にして，繰返しの中で 1 ずつ加算していき，その値が 10 になるまで足し算を繰り返します。もちろん，変数“足す数”には初期値が必要になります。この処理では，まず合計の足し算をして，その後で足す数に 1 を加えていますから，初期値は 1 になります。

こうすることで，20 行だったアルゴリズムが 6 行になり，かなり短くなりました。しかも，足し算の範囲を「100 までの数」と変更したいときには，3 行目の 10 を 100 に変えるだけで，計算ができるようになります。このように，繰返し処理を使うことによって，効率的にアルゴリズムを記述できるのです。

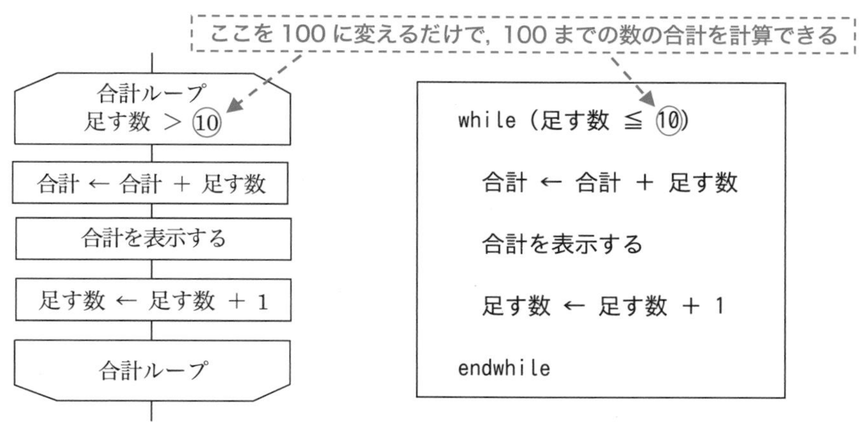

このように“足す数”という変数を使って繰返しを考えると，値を変えるだけで 10 までの足し算から，100 までの足し算，そして 500 までの足し算と簡単に範囲を変えることができます。

コラム

繰返しの条件については，間違えやすいということを説明しました。1,000 回繰り返す，10,000 回繰り返すというように，繰り返す回数が多いと確認するのが難しくなります。こうした場合には，例えば 3 回繰り返すといった少ない回数を具体例として，条件を確認します。少ない回数であれば確認が簡単です。そして，このままでは確認した意味がありませんから，確認がすんだら慎重に正しい繰返し回数の値に戻します。

次に変数を使った繰返し処理について説明します。流れ図と擬似言語には両方とも，特定の変数の値を変えながら繰返し処理を行う場合に便利な記述方法があります。流れ図と擬似言語では少し違うので，まず流れ図の方から見ていきます。

初期値
増分
終値

流れ図では，「**初期値，増分，終値**」の三つの値を指定して，繰返し処理を表現できます。この方法では，繰返し処理の中で，変数を加算しなくても，繰返しのたびに，増分で指定した値が自動的に加算されます。

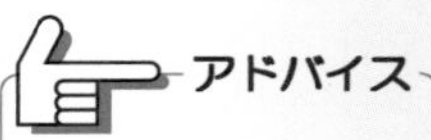

増分には負の値（マイナスの数）を指定することができます。負の値を指定したときには，繰り返すたびに，変数の値が減っていきます。

流れ図では通常，次のように表記します。

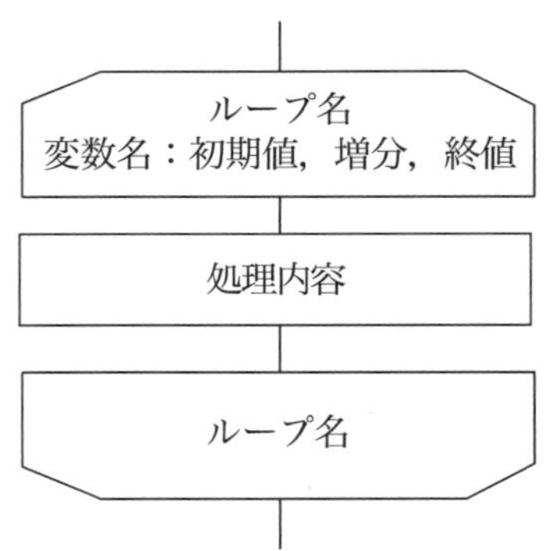

図　「初期値，増分，終値」での繰返し表記法

先ほどの「こんにちは！」という文字を 100 回表示するアルゴリズムは，この記述方法を用いると，次のように表現できます。

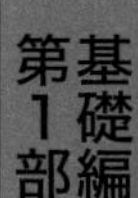

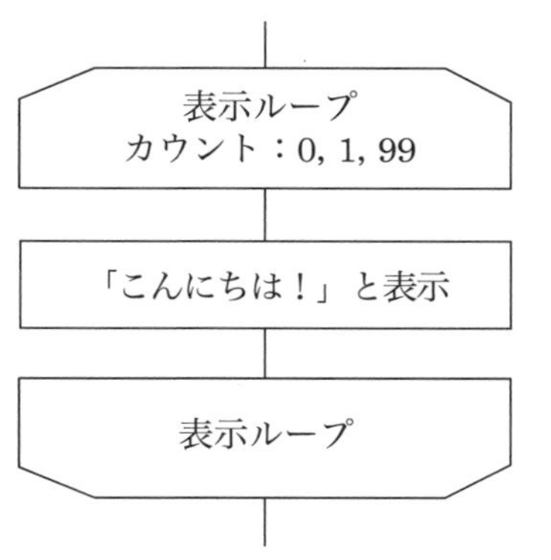

変数“カウント”の初期値が０で，処理を行うたびに＋１します。そして，“カウント”が 99 になるまで処理を繰り返し，100 になったら繰返し処理を終了します。

アドバイス

カウント：１，１，100 が条件でも同じ処理ができます。

図　変数を使って「こんにちは！」を 100 回表示するアルゴリズム

次に擬似言語で表記する場合は，for 文によって，次のように変数の初期値，終値，増分について文章で記述します（ここでは，初期値 1，終値 100，増分 1 としました）。このように記述すると，繰返し処理の開始時点で変数に初期値が格納され，繰り返すごとに変数に増分を加算しながら，終値になるまで，for 文中の処理を繰り返します。

なお，for 文で示す繰返し条件に関する記述を，擬似言語では制御記述といいます。

制御記述

```
for（カウント を 1 から 100 まで 1 ずつ増やす）
　「こんにちは！」と表示
endfor
```

これらの表記の仕方だと，最初の「図　「こんにちは！」を 100 回表示するアルゴリズム」（P.35 参照）で行った，初期値の設定と変数に増分を加える処理を別々に指定する方法と比べて，シンプルで見やすくなります。

このように，繰返し処理にはいくつかのパターンがありますが，基本は同じです。アルゴリズムでは，同じことをいろいろな表現で書くことができるのです。一つ一つマスターしていきましょう。

例題 1－2

次のアルゴリズムを擬似言語で表せ。ただし，表示する数を変数“表示数”とする。

問1　1，3，…，17，19 というように，19 までの奇数を順に表示する。

問2　2，4，…，18，20 というように，20 までの偶数を順に表示する。

問3　1 から 10 までの数を，大きいほうの 10 から順に表示する。

この例題の解答は，次のようになります。前判定繰返し処理と，変数を使った繰返し処理の二つの方法での表し方を示します。

問1
```
表示数 ← 1
while (表示数 ≦ 19)
  表示数を表示する
  表示数 ← 表示数 + 2
endwhile
```

```
for (表示数 を 1 から 19 まで 2 ずつ増やす)
  表示数を表示する
endfor
```

奇数は，1 から順に 2 ずつ増えていきます。繰返しのたびに 2 ずつ増やしていくことに注意してください。繰返し処理では，変数を 1 ずつ増やしていくとは限りません。

問2
```
表示数 ← 2
while (表示数 ≦ 20)
  表示数を表示する
  表示数 ← 表示数 + 2
endwhile
```

```
for (表示数 を 2 から 20 まで 2 ずつ増やす)
  表示数を表示する
endfor
```

偶数は，2 から順に 2 ずつ増えていきます。表示数の初期値と繰返しの条件が違いますが，基本的な考え方は 1（奇数）と同じです。

問3
```
表示数 ← 10
while (表示数 ≧ 1)
  表示数を表示する
  表示数 ← 表示数 − 1
endwhile
```

```
for (表示数 を 10 から 1 まで 1 ずつ減らす)
  表示数を表示する
endfor
```

10 から順に表示するので，表示数の初期値は 10 です。そして，繰返しのたびに 1 ずつ減らしていきます。上の加算しながらの繰返しとは，条件式の不等号の向きが逆になっていることに注意しましょう。

5. アルゴリズムを考えるときの三つのポイント

ここで，アルゴリズムを考えていくときに，押さえておきたいポイントを紹介します。

アルゴリズムを考えるときのポイントとしては，

- ・段階的に細かくしていくこと
- ・コンピュータと人間の違いを理解すること
- ・変数の内容を一つ一つトレースしていくこと

の三つがあります。この三つに注意すると，アルゴリズムが理解しやすくなり，楽しく感じられるようになってきます。

(1) 段階的に細かくしていく

アルゴリズムを考えるときに，より考えやすくするコツは，まず，アルゴリズム全体のおおまかな流れを考え，その後でおおまかな流れの中にある部分を，それぞれ別に細かく見ていくということです。

遠い昔から，人間が一度に考えられることには限界があるとされています。ソフトウェア開発の分野では，その限界は七つとさえいわれます。このため，複雑なアルゴリズムを一度に考えるのは限界があるのです。おおまかに考えるときには，細かなことを考えてはいけません。そして，細かく考えるときには，全体のことは少しの間忘れて，考えている部分だけに集中します。

問題をいくつかの部分に分けて，部分ごとに集中して考えるという方法は，アルゴリズムの分野だけで行われている方法ではありません。分けることによって，問題の複雑さを減らしていくという進め方は，いろいろな分野で利用されています。

「七つの習慣」
「学校の七不思議」
「七つの道具」…
と，７（七）にまつわる言葉はいろいろなところで使われています。

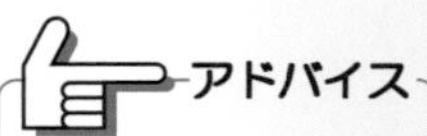

こうしたアルゴリズムのパターン化は，事務処理で使うアルゴリズムによく見られます。なお，事務処理で使うアルゴリズムについては第２部の４章で学習します。

また，おおまかに考えると，ほとんどのアルゴリズムは「初期化処理」，「主処理」，「終了処理」の三つの部分に分けられます。こうした見方でアルゴリズムを，部分に分けるというのも，よい方法です。そして，ほとんどの場合，「主処理」は繰返し処理によって行われています。なお，「主処理」というのは，そのアルゴリズムの中心となる処理のことです。

この章の最初で説明した「図　バイクを買うためのアルゴリズム（その 1)」(P.11 参照）の例で考えてみましょう。

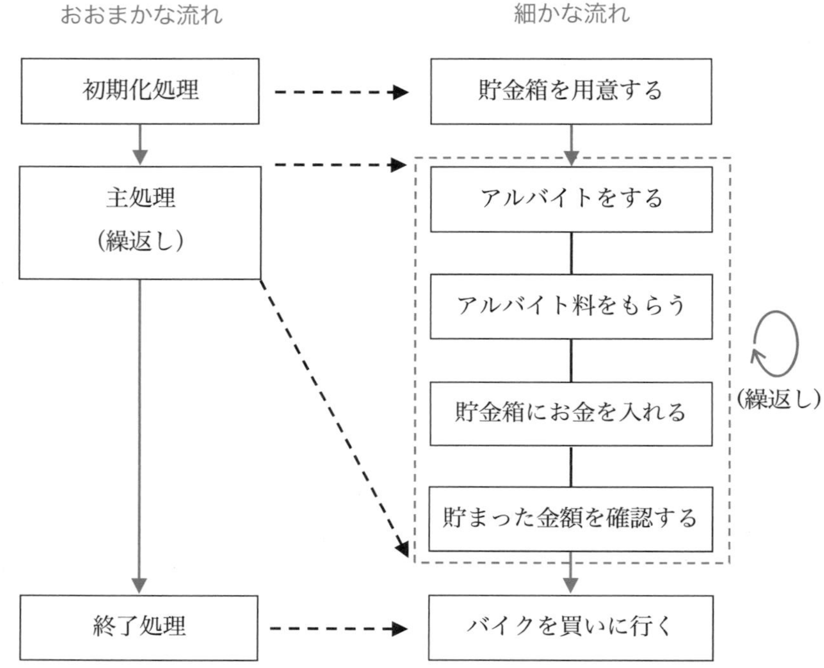

図　おおまかな流れと細かな流れ

このような考え方を，段階的詳細化と呼びます。アルゴリズムに限らず，ソフトウェア開発の分野では，とても大切な考え方です。

段階的詳細化

最初から，全体を一度に考えようとすると，考える内容が複雑になり過ぎて分からなくなってしまいます。まず，おおまかな流れを把握して，その後，細かいところを部分ごとに考えていくのがポイントです。複雑なアルゴリズムを考えるときは，少しずつ細かくしていって，最終的に，一度に考えることができるような単位に分けます。

部分ごとにアルゴリズムを考えれば，複雑さは減ります。そして，最後に部分ごとに完成したアルゴリズムを組み立てるようにすれば，複雑なアルゴリズムでも完成させることができます。

(2) コンピュータと人間の違いを理解する

アルゴリズムを考えるときには，「コンピュータと人間は考え方が違うんだ！」ということを理解することが必要です。人間と違う，コンピュータのアルゴリズム特有の特徴は「川の流れのようにプログラムは流れる」ことです。

川の水が流れるようにアルゴリズムの中の処理も流れ続けます。人間のように，どこか１点に立ち止まっていることはできないのです。例えば，エレベータに乗るロボットを作ることを考えてみましょう。

人間の頭で考えると，アルゴリズムは次のようになります。

アドバイス

アルゴリズムで使う基本パターンは，「順次」，「選択」，「繰返し」の三つでしたが，最も基本となるのは「順次」です。選択，繰返しを使わない限り，上から下へ順に流れていきます。

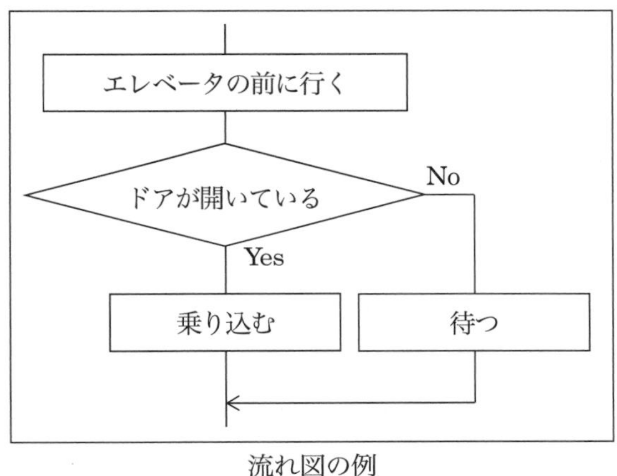

流れ図の例

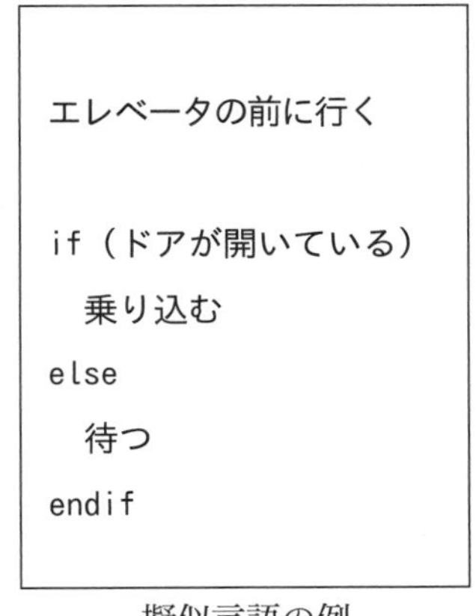

```
エレベータの前に行く

if（ドアが開いている）
  乗り込む
else
  待つ
endif
```

擬似言語の例

図　人間が考えがちなエレベータに乗るためのアルゴリズム【誤り】

しかし，一見よさそうに見えるアルゴリズムですが，このアルゴリズムによってロボットを動かすと，エレベータの前に行った時点でドアが開いていなかったときには，そこで立ち止まってしまい，エレベータが来てドアが開いても乗り込むことはしません。

ロボットがエレベータに乗れるようにするには，次のようなアルゴリズムにしなくてはいけません。

ポイント！

このロボットはあまりお利口ではないので，誰かがエレベータを呼ぶボタンを押してくれるまで待ち続けます。

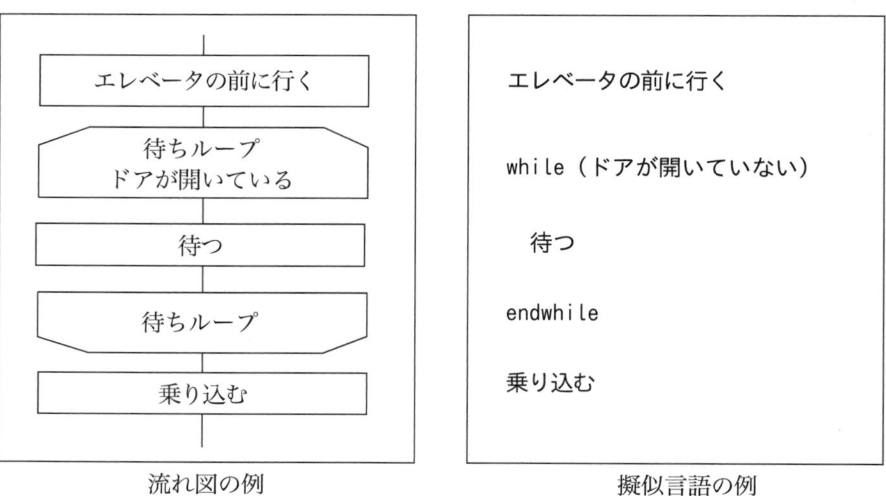

図　エレベータに乗るためのアルゴリズム【正しい】

ポイントは，擬似言語での選択と繰返しの違いです。人間と違って「何もしない」で待っていることはコンピュータにはできません。ロボットが立ち止まって待つためにもループ（繰返し処理）が必要になります。

ドアが開き，「ドアが開いている」ことを確認するためには，アルゴリズムでは，「ドアが開いていないことをずっとチェックし続ける」ことになります。この違いを，きちんと理解しておきましょう。

(3) 変数の内容を一つ一つトレースしていく

トレース

トレースとは，変数の内容（値）の変化を追跡して確認することです。アルゴリズムを１行１行追いかけながら，その時々の変数の値を書き出していきます。アルゴリズムを考える場合には，自分の頭の中だけで考えるのではなく，試しに値を入れてみて，正しい結果が出るかどうかを確認します。これをトレースといいます。

例えば，ここで説明した「図　10までの合計を求めるアルゴリズム」（P.37参照）をトレースしてみます。次のページで示したように，流れを１行１行追うので，区別するため，それぞれの行に番号を付けておきます。また，処理の部分には，順番に通過した行の番号を記入します。

① 足す数 ← 1
② 合計 ← 0
合計ループ
③ 足す数 ＞ 10
④ 合計 ← 合計 ＋ 足す数
⑤ 合計を表示する
⑥ 足す数 ← 足す数 ＋ 1
⑦ 合計ループ

流れ図の例

```
① 足す数 ← 1

② 合計 ← 0

③ while (足す数 ≦ 10)

   ④ 合計 ← 合計 ＋ 足す数

   ⑤ 合計を表示する

   ⑥ 足す数 ← 足す数 ＋ 1

⑦ endwhile
```

擬似言語の例

図　10までの合計を求めるアルゴリズム（番号付き）

処理	①	②	③	④	⑥	③	④	⑥	③	④	⑥	③	④	⑥	③	④	⑥
足す数	1	1	1	1	2	2	2	3	3	3	4	4	4	5	5	5	6
合計	−	0	0	1	1	1	3	3	3	6	6	6	10	10	10	15	15

続く

処理	③	④	⑥	③	④	⑥	③	④	⑥	③	④	⑥	③	④	⑥	③
足す数	6	6	7	7	7	8	8	8	9	9	9	10	10	10	11	11
合計	15	21	21	21	28	28	28	36	36	36	45	45	45	55	55	55

③で繰返しの条件を
満たさないので終わり

図　10までの合計を求めるアルゴリズムのトレース

一つ一つの処理をトレースしていくと，上のようになります（⑤，⑦は変数の値が変わらないので省略してあります）。

このようにトレースしていくと，最後に合計がきちんと 55（10 までの数の合計）になっていること，足す数の値は 11 で終了していることなど，アルゴリズムが正しいかどうかが確かめられます。

アルゴリズムは頭で考えるだけではいけません。自分自身でアルゴリズムを書き直し，具体的な例を使ってトレースすることで，そのアルゴリズムが身につき，活用できるようになります。

アルゴリズムの学習をはじめたばかりの段階では，めんどうがらずトレースすることが大切です。すぐに解答を見るのではなく，自分で結果を書き出して，徹底的にトレースすることで，学習したアルゴリズムの考え方が身についていきます。

慣れてくると，値を変えている部分や，繰返しの条件となっている部分だけを書き出して，効率的にトレースすることができます。前ページで見たトレースの図で，繰返しの条件である③部分だけを書き出すと，次のようになります。

処理	③	③	③	③	③	③	③	③	③	③	③
足す数	1	2	3	4	5	6	7	8	9	10	11
合計	0	1	3	6	10	15	21	28	36	45	55

図　繰返しの条件③部分だけを抜き出したトレース

それでは，このトレースを用いて，実際のアルゴリズムを考えるポイントを見ていきましょう。

繰返し処理を利用するとき，間違えやすいのは，繰返しの条件が終了条件か，継続条件かということと，繰返しの条件に使う変数の「初期値」です。例えば，先ほどの 1 から 10 までの合計を求める過程を順に表示するアルゴリズムを考えてみましょう。次の三つのアルゴリズムは，すべて同じ結果を表示します（アルゴリズム(C)の③を除く）。

アルゴリズム（A）　（前ページの図と同じです）

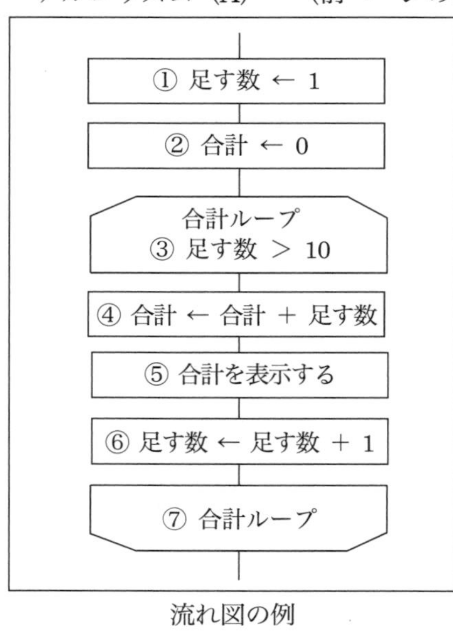

流れ図の例

```
① 足す数 ← 1

② 合計 ← 0

③ while (足す数 ≦ 10)

  ④ 合計 ← 合計 ＋ 足す数

  ⑤ 合計を表示する

  ⑥ 足す数 ← 足す数 ＋ 1

⑦ endwhile
```

擬似言語の例

アルゴリズム（B）

流れ図の例

```
① 足す数 ← 0
② 合計 ← 0
合計ループ
③ 足す数 ≧ 10
④ 足す数 ← 足す数 ＋ 1
⑤ 合計 ← 合計 ＋ 足す数
⑥ 合計を表示する
⑦ 合計ループ
```

擬似言語の例

```
① 足す数 ← 0
② 合計 ← 0
③ while (足す数 < 10)
  ④ 足す数 ← 足す数 ＋ 1
  ⑤ 合計 ← 合計 ＋ 足す数
  ⑥ 合計を表示する
⑦ endwhile
```

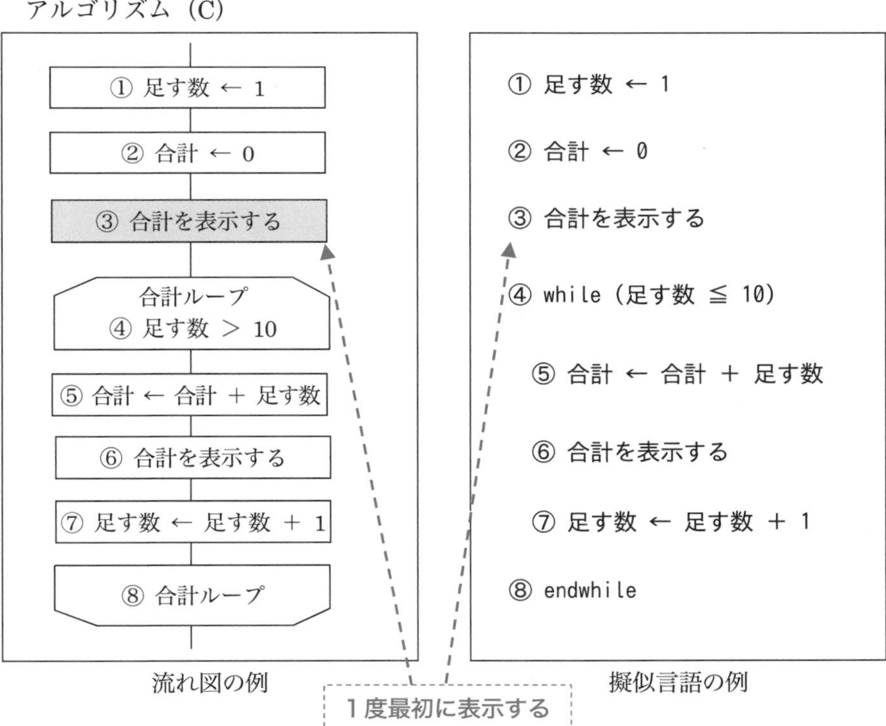
アルゴリズム（C）
① 足す数 ← 1
② 合計 ← 0
③ 合計を表示する
合計ループ
④ 足す数 ＞ 10
⑤ 合計 ← 合計 ＋ 足す数
⑥ 合計を表示する
⑦ 足す数 ← 足す数 ＋ 1
⑧ 合計ループ
① 足す数 ← 1
② 合計 ← 0
③ 合計を表示する
④ while (足す数 ≦ 10)
⑤ 合計 ← 合計 ＋ 足す数
⑥ 合計を表示する
⑦ 足す数 ← 足す数 ＋ 1
⑧ endwhile
流れ図の例
擬似言語の例
１度最初に表示する

図　１から 10 までの合計を求める三つのアルゴリズム

二つの違いは「<」と「≦」です。見た目では小さな違いですが，結果は全く違ってきます。

アルゴリズムを作成するときに間違いやすいのは，この終了条件か継続条件かという部分です。擬似言語で表現したアルゴリズム（A）の「足す数 ≦ 10」（③）とアルゴリズム（B）の「足す数 ＜ 10」（③），この二つは特に間違いやすいので注意しましょう。そして，間違えると繰返し処理の回数にも影響し，その結果，得られる答えが違ってしまいます。

足す数は 1 ずつ増えていきますので，「足す数 ＜ 10」の間処理を続ける，ということは，足す数は 1，2，3，4，……，9 と増えていき，10 になったところで終了します。「足す数 ≦ 10」では，10 になっても処理を続け，次の 11 になったところで終了します。このため，アルゴリズム（A）の擬似言語で，もし「足す数 ＜ 10」と書くと，表示結果は次のようになってしまい，最後の 10 まで足した「1＋2＋3＋4＋5＋6＋7＋8＋9＋10＝55」は表示されません。

1	＝ 1
1＋2	＝ 3
1＋2＋3	＝ 6
1＋2＋3＋4	＝10
1＋2＋3＋4＋5	＝15
1＋2＋3＋4＋5＋6	＝21
1＋2＋3＋4＋5＋6＋7	＝28
1＋2＋3＋4＋5＋6＋7＋8	＝36
1＋2＋3＋4＋5＋6＋7＋8＋9	＝45

図　継続条件を「足す数 ＜ 10」とした場合のアルゴリズム(A)の結果

こういった場合，初期値と継続条件をどうするかについては，どのようにして決定するのでしょうか？

ここでトレースが威力を発揮します。自分の頭の中だけで考えるのではなく，試しに値を入れてみて，正しい結果が出るかどうかを確認するとよいでしょう。アルゴリズムが得意な人だと，紙に書かないこともありますが，必ず頭の中でトレースをしています。

このアルゴリズムの場合，変数は足す数と合計の二つです。実際の値の変化をトレースしてみると，次のようになります。

アルゴリズム（A）

処理③（足す数 ≦ 10 で継続条件をチェックする）時点での足す数と合計の値

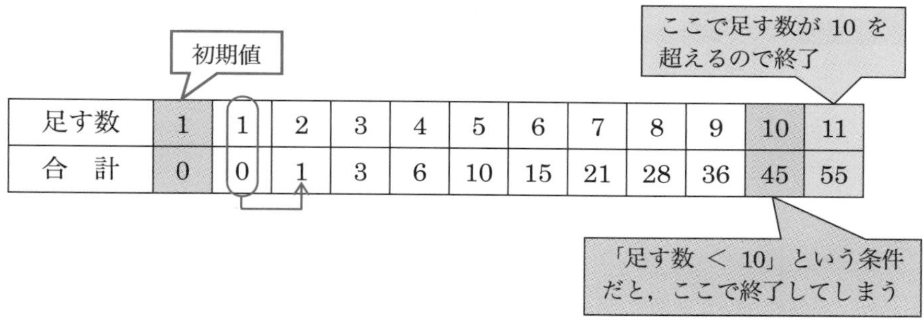

初期値
ここで足す数が 10 を超えるので終了
足す数　1　1　2　3　4　5　6　7　8　9　10　11
合　計　0　0　1　3　6　10　15　21　28　36　45　55
「足す数 ＜ 10」という条件だと，ここで終了してしまう

図　アルゴリズム（A）のトレース

アルゴリズム（B）

処理③（足す数 ＜ 10 で継続条件をチェックする）時点での足す数と合計の値

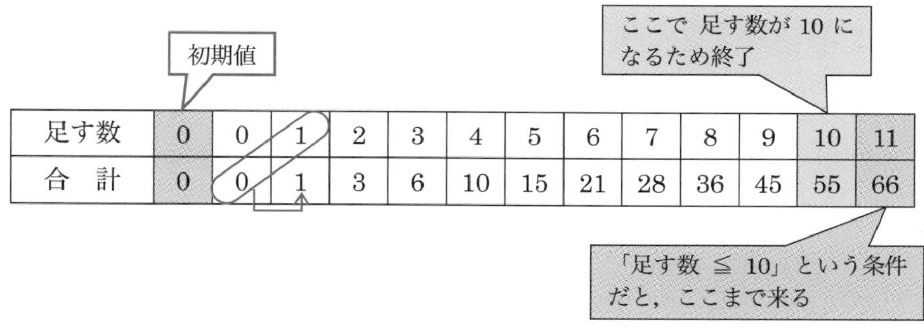

図　アルゴリズム（B）のトレース

これで，きちんと望みどおりの結果が得られることが確認できました。このように，アルゴリズムが正しく終了するかどうかは，試しに具体的な値を入れてみて，どのようになるかをトレースすることによって確かめられます。

間違えることをおそれずに，まず条件などを考えて，具体的な値を使ったトレースで確認しましょう。

6. 配列処理と繰返し

(1) 配列の表現

配列

データを入れる箱である変数を順番に並べたものを**配列**といいます。

配列の指定方法は，プログラム言語によって違います。プログラム言語を学習するときに，その言語での指定方法をもう一度確認してください。

10 人分の成績データを集計することを考えてみます。10 人分のデータですから，10 個あります。それぞれにデータを入れる箱，つまり，変数を用意するとなると，成績 1，成績 2，…，成績 10 というように，名前の違った 10 個の変数を用意しなくてはいけません。10 個くらいなら，なんとか我慢できますが，100 個，1,000 個となったらどうでしょう。考えただけで，疲れてしまいます。しかし，配列を使えば簡単です。成績[10]というように，変数“成績”は配列であること，そして，その要素の個数が 10 個であることを指定するだけで，“成績”という名前で 10 個の変数が用意されます。

要素番号
添字

そして，データを使う場合もそれぞれの変数を区別する必要があるので，何番目のデータかということを示す番号をかっこ [ ] の中に指定します。例えば，次ページの図で成績[3]であれば左から 3 番目の成績ですし，成績[6]であれば 6 番目の成績です。この 3 や 6 といった配列中の位置を示す番号は，**要素番号**や**添字**(そえじ)，指標，インデックスなどと呼ばれます。配列の変数名を示しただけでは，その中のどれかということが分かりませんから，必ず要素番号も指定することに注意しておきましょう。

配列の要素

なお，要素番号を指定するためのかっことして ( ) を使う場合もありますが，このテキストでは [ ] を使います。また，配列を構成する一つ一つの変数のこと（成績[3]や成績[6]など）のことを**配列の要素**といいます。

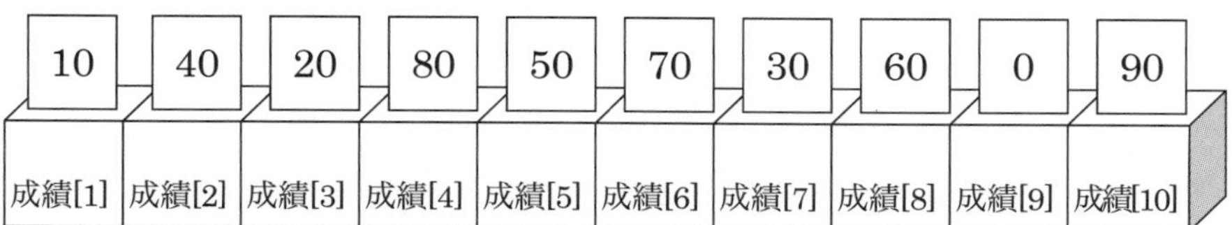

図　配列

配列のよいところは，準備が簡単ということだけではありません。要素番号の部分に変数を指定すれば，その変数の値によって，違った位置の要素を扱うことができます。例えば，「配列[i]を表示する」という処理（命令）を書いたとします。この処理は，変数ｉの値が３のときには「成績[3]を表示する」という意味ですし，変数ｉの値が６のときには「成績[6]を表示する」という意味になります。

配列中の位置を示す要素番号はindexというので，要素番号の変数にはｉがよく使われます。また，二つ以上必要なときには，i，j，k，…にすることが多いです。

(2) 配列データの平均を求める

配列の要素番号に変数を使って処理（命令）を書き，繰返し処理と組み合わせることによって，その便利な威力を発揮します。例えば，５人の点数を合計して，その平均を求めるというアルゴリズムを考えます。

まず配列を使わずに，成績１，成績２，成績３，成績４，成績５と，五つの変数を用意した場合，平均を求めるアルゴリズムは，次のようになります。

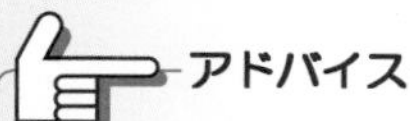

平均を求めるためには，５人分の合計点を求めて，その合計点を５で割ればよいですね。

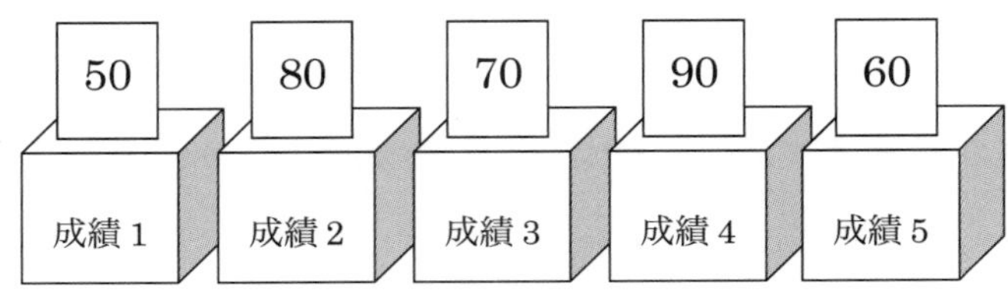

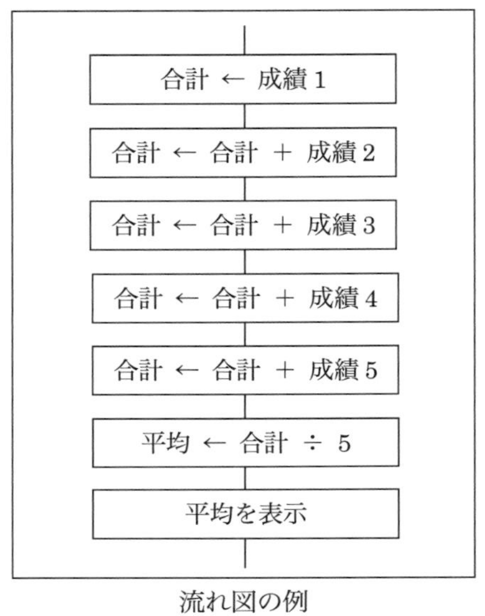

流れ図の例

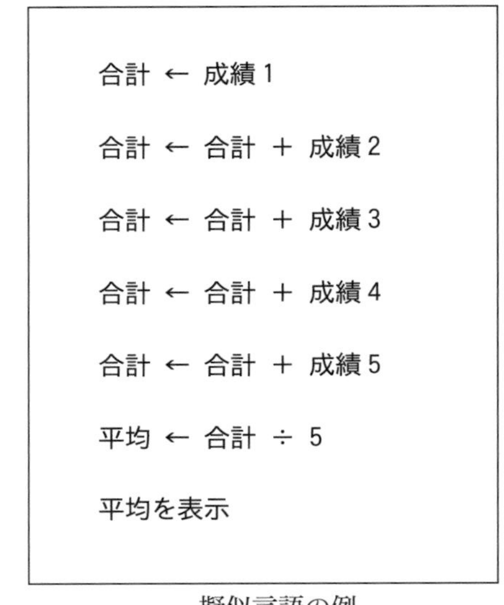

擬似言語の例

図　5 人の成績の平均を求めるアルゴリズム（流れ図と擬似言語）

＜結果＞

70

この場合，それぞれ変数名が違うので，一つ一つ処理を記述する必要があります。したがって，繰返し処理を使うことはできません。一方，ここで成績[5]という配列を使うと，合計を求める部分で繰返しを使うことができるようになり，次のようになります。

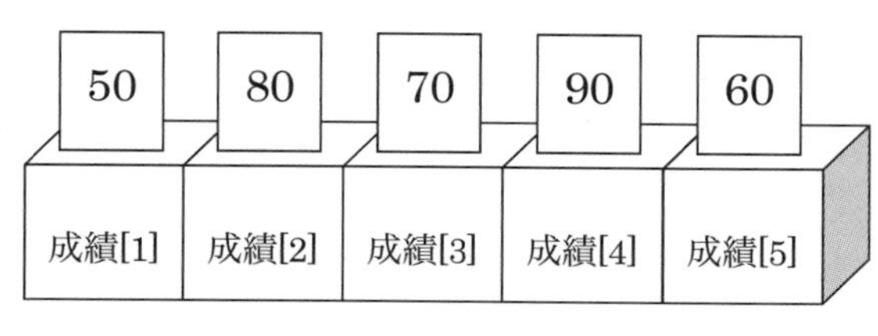

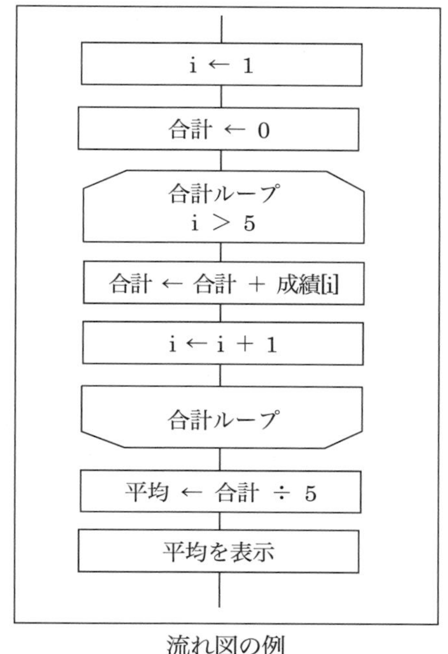

流れ図の例

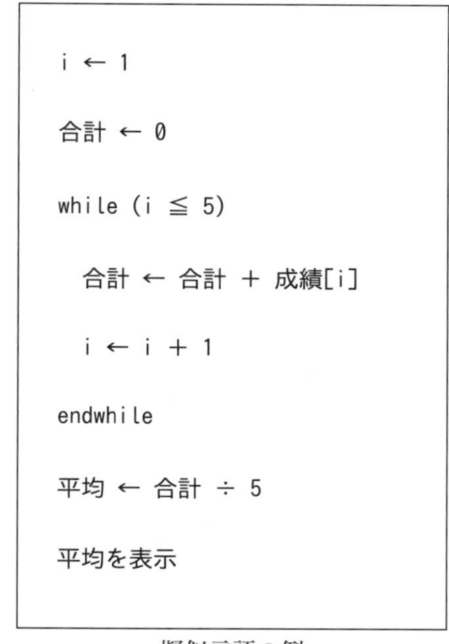

擬似言語の例

図　５人の成績の平均を求めるアルゴリズム（配列を使用）

配列を使ってアルゴリズムを記述すれば，5 人が 100 人になっても，1,000 人になっても，要素番号の最後の値を変えるだけで同じアルゴリズムで処理することができます。

なお，配列を使っても，成績[1]，成績[2]というように，要素番号に定数を使って扱うこともできます。しかし，これでは成績 1，成績 2 という変数名と同じようにしか扱えません。配列と要素番号の変数，そして，繰返しを使うことで，アルゴリズムを短くすることができますし，データ数（繰返し回数）が増えても，簡単に対応できるようになります。

アドバイス

コンピュータは単純なことしかできません。その単純なことだけを使って，処理方法を考えるのがアルゴリズムの難しいところです。まず，コンピュータができることに慣れておく必要があります。

(3) 配列データの最大値を求める

それでは，配列と繰返し処理を使った定番の問題として，最大値を求めるというアルゴリズムを考えてみましょう。人間は，全体を眺めて一番大きいものを選ぶことができますが，コンピュータは「一度に一つのこと」しかできません。そのため，最大値を選ぶときも，データを一つずつチェックしていき，「前のデータよりも大きかったから，とりあえずこれが最大値」というように考えて調べていく必要があります。

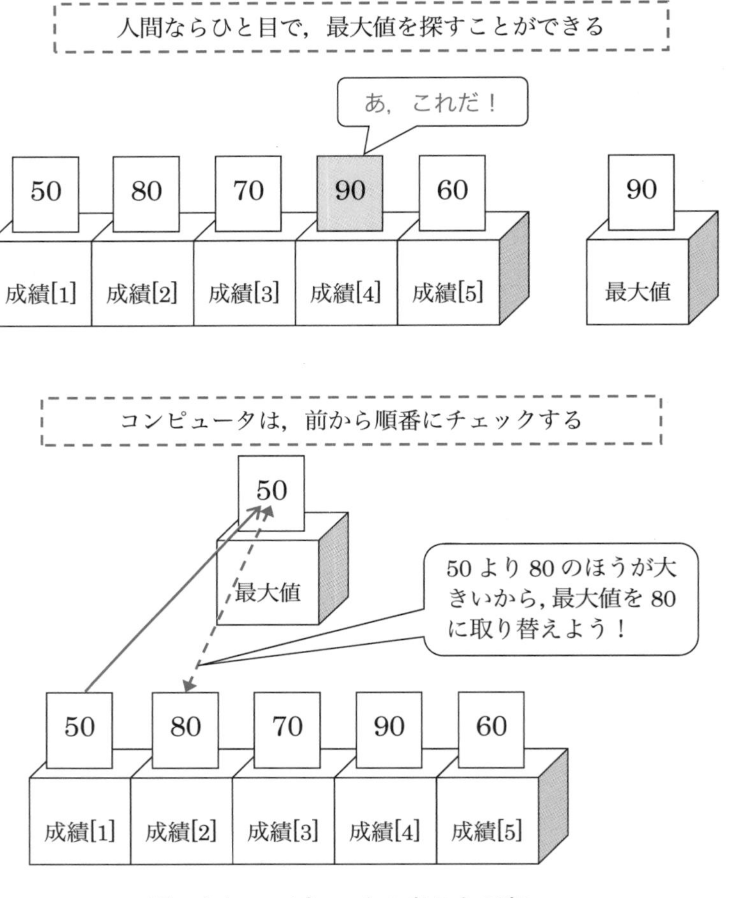

図　人とコンピュータの考え方の違い

方法としては，“最大値”という変数と，配列の値を比較して，その時点の“最大値”よりも大きな値があれば，その値を“最大値”に入れ替えます。配列要素の成績[2]に対する処理が終わったとき，“最大値”には，成績[1]，成績[2]の大きいほうの値が入っています。そして，成績[3]で同じ処理を行えば，“最大値”には成績[1]〜成績[3]の最も大きい値が入ります。そして，成績[5]と比較の処理を行うときの“最大値”の値は，成績[1]〜成績[4]の最大値になっていますから，この値と成績[5]の大きいほうが全体の最大値となるのです。

平均を求めたときの図（P.53 参照）で示した同じ成績データで，成績の最大値を求めるアルゴリズムを記述すると，次のようになります。

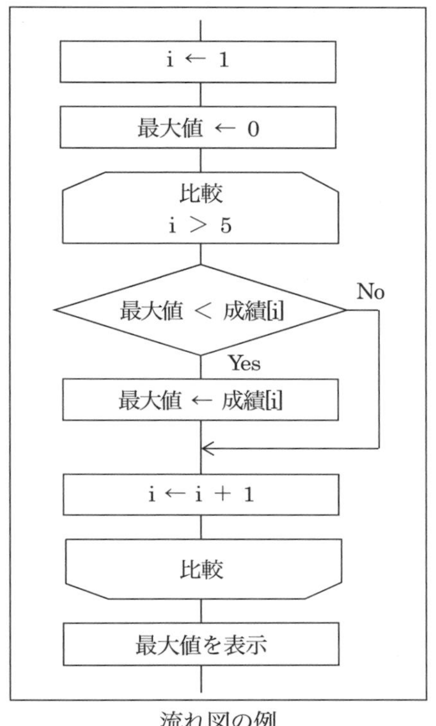

流れ図の例

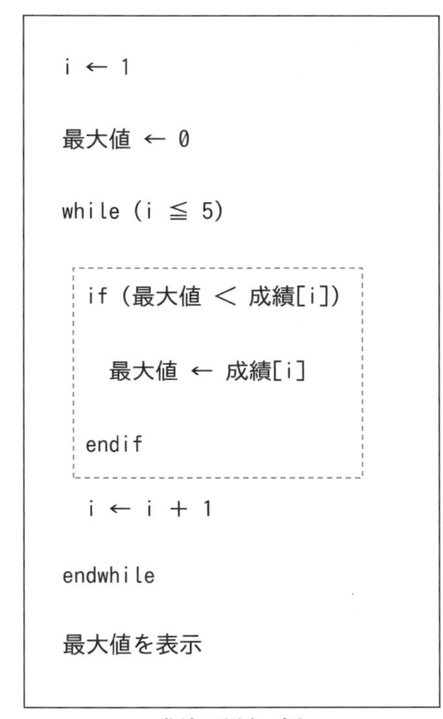

```
i ← 1
最大値 ← 0
while (i ≦ 5)
  if (最大値 < 成績[i])
    最大値 ← 成績[i]
  endif
  i ← i + 1
endwhile
最大値を表示
```

擬似言語の例

図　最高点を求めるアルゴリズム

<結果>

90

３ 行目の繰返しの判定（i ≦ 5）部分に注目して，変数の内容をトレースしてみると，次のようになります。

ここで i の値が 5 を超えたので終了

i	1	2	3	4	5	6
最大値	0	50	80	80	90	90

アドバイス

成績の内容を順番に“最大値”の値と比べて，“最大値”の値よりも大きければ，その値を“最大値”に入れます。

５ 人の成績に対してこれを行えば，最終的に最も大きい成績が“最大値”に残ります。

(4) 配列データの最小値を求める

成績の最低点（最小値）を求めるアルゴリズムを考えてみましょう。とりあえず，先ほどの最大値を求めるアルゴリズムを少し変えて，“最大値”を“最小値”に変え，成績が“最小値”より小さければ，その値を“最小値”に入れるように変更してみます。

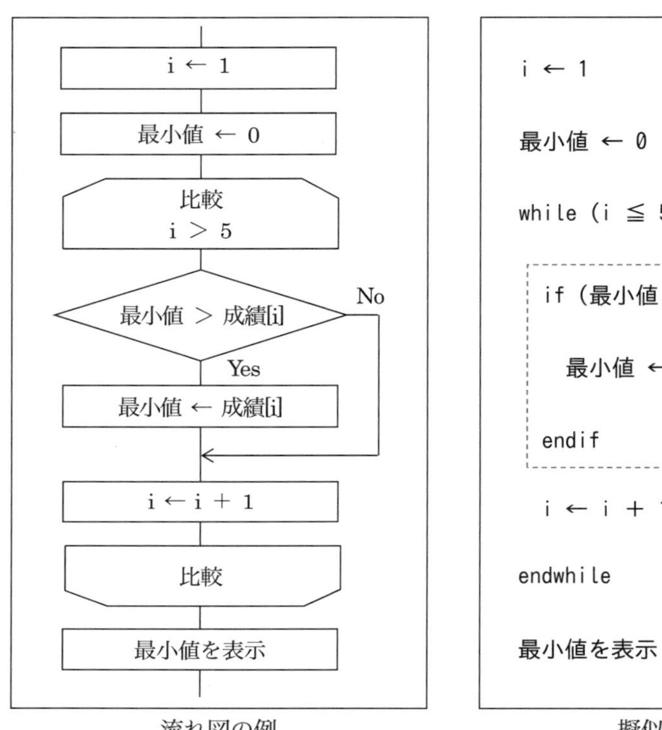

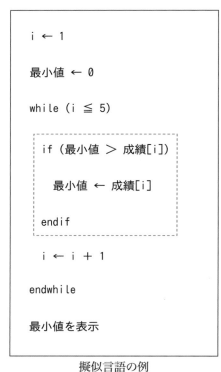

流れ図の例　　擬似言語の例

図　最低点を求めるアルゴリズム

このアルゴリズムは，正しく動くでしょうか？
トレースして考えてみましょう。

i	1	2	3	4	5	6
最小値						

この結果を表示すると，じつは，

<結果>

0

となります。0点の人は１人もいないはずなのに，なぜこうなるのでしょうか？

これは，初期設定した値，すなわち初期値に問題があります。2行目の，

```
最小値 ← 0
```

の部分です。初期値に，データ中のどの値よりも小さいものを設定してしまったので，4行目の判定

```
if (最小値 > 成績[i])
```

では，配列のどれもが当てはまらなくなります。したがって，トレースを行うと，

i	1	2	3	4	5	6
最小値	0	0	0	0	0	0

0でスタートすると，いつまでたっても0のまま

となるのです。

この場合には，“最小値”の初期値を考えられる最も大きな値，例えば100として，最小値 ← 100としたり，最初の成績の値（成績[1]）を代入したりする方法があります。最大値を求めるアルゴリズムのときには説明しませんでしたが，最大値の初期値として，値が取り得る最も小さな値（最小値）である0を設定していることに注意してください。

“最小値”の初期値を最も大きな値としておけば，その値以外の成績であれば，その時点で“最小値”にその値が入ります。

また，成績[1]を代入しておけば，その値が最小値であれば最後までそのまま，そうでなければ途中で値が変わります。

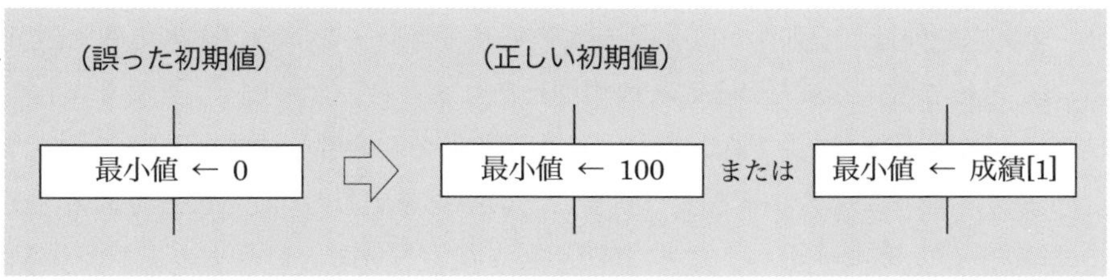

厳密には成績[1]の代わりに成績[2]～[6]のどれを入れても正常に動きます。余裕があったらなぜだか，考えてみましょう。

初期値と繰返しを終了する時点の値は，間違いやすいので，きちんとトレースを行って，アルゴリズムが正しいことを確認するようにしましょう。

7. 2 次元配列と二重ループ

2 次元配列

配列とは，同じ種類の変数を一行に並べて，複数のデータを入れることができるようにした入れ物でした。**2 次元配列**とは，さらに変数を縦横に並べて，表形式にデータを入れることができるものです。2 次元配列は，配列[i, j]という形で表します。表計算ソフトのワークシートを想像すると分かりやすいでしょう。

「6. 配列処理と繰返し」の例と同様，学生の科目ごとの成績を例にとって，2 次元配列を見ていきましょう。

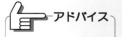

アドバイス

行（横方向）と列（縦方向）のどちらを 1 次元と考えるかの決まりはありません。このテキストでは，馴染みがある表計算ソフトのワークシートに準じています。

2 次元
（学生）

1 次元
（科目）

配列[1, 1]	配列[1, 2]	配列[1, 3]	配列[1, 4]	配列[1, 5]
配列[2, 1]	配列[2, 2]	配列[2, 3]	配列[2, 4]	配列[2, 5]
配列[3, 1]	配列[3, 2]	配列[3, 3]	配列[3, 4]	配列[3, 5]

図　2 次元配列

「6. 配列処理と繰返し」の例でいえば，2 次元配列は国語の成績だけでなく，英語や数学の成績も計算して平均や順位を求めたい，というときなどに利用します。2 次元配列は，配列[i, j]という形で表しますが，このとき，どちらを 1 次元目（i）として考えるかということの規則はありません。しかし，まとまりとして結びつきの強いほうを，1 次元目にするのが普通で，理解しやすいといえます。

2 次元配列はアルゴリズムに慣れている人でもよく間違えます。悩ましくなってきたら，必ず図を書いて確認しましょう。

いま考えている成績の例では，「科目ごとの平均を出したい。そのときに各学生の成績データが必要」ということですから，同じ「学生」というまとまりよりも，同じ「科目」というまとまりの結びつきのほうが強いので，成績[科目，学生]というように 1 次元目は科目として，成績[3, 5]，つまり，5 個の要素をもつ成績という配列を 3 行分（3 科目分）用意するという考え方になります。

これが「それぞれの学生の成績の平均を求めたい。ただし，科目は３科目ある」ということであれば，成績データを学生の人数分用意すると考えたほうが素直でしょう。そして，各学生の成績データの内訳は３科目分あるのですから，まとまりとしての結びつきは科目よりも，学生のほうが強くなります。この場合には，学生を１次元として考えるのが普通です。つまり，成績[学生，科目]ですから，成績[5, 3]と指定して，次のような２次元配列を用意します。

２次元（科目）

１次元（学生）

配列[1, 1]	配列[1, 2]	配列[1, 3]
配列[2, 1]	配列[2, 2]	配列[2, 3]
配列[3, 1]	配列[3, 2]	配列[3, 3]
配列[4, 1]	配列[4, 2]	配列[4, 3]
配列[5, 1]	配列[5, 2]	配列[5, 3]

図　３科目分の成績を入れる２次元配列

ここでは，「科目ごとの平均」を優先させるため，成績[科目，学生]という配列を使います。成績[1, 1]～成績[1, 5]，つまり，成績[1, □]の要素は英語の成績，成績[2, □]の要素は数学の成績，成績[3, □]の要素は国語の成績です。

また，５人の学生それぞれの成績は，成績[□, 1]，成績[□, 2]，成績[□, 3]，成績[□, 4]，成績[□, 5]，で表します。

□の部分は 1～5 や 1～3のいずれかの値という意味です。

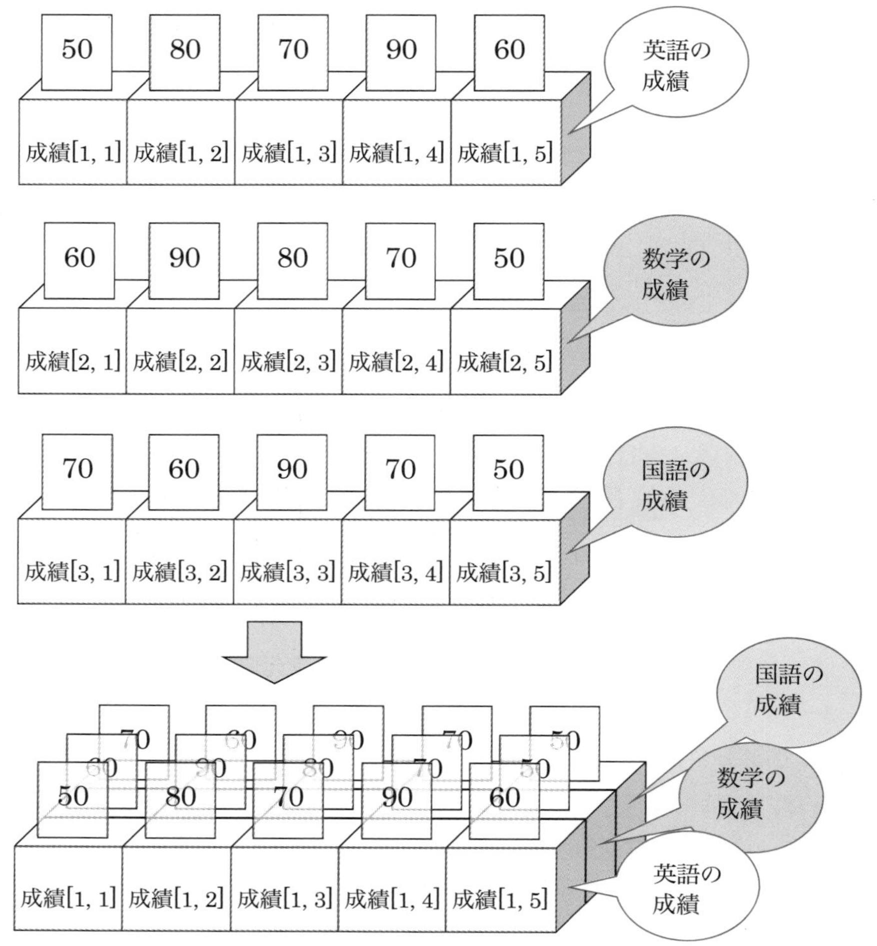

図　3科目分の成績が入っている2次元配列の様子

この配列を使って，各科目の平均を求めるアルゴリズムを考えましょう。すでに，1 科目分の成績を集計して平均を求めるというアルゴリズムは学習しましたから，思い出してみましょう。1 科目の平均を求めるという部分については，これが使えそうです。ただし，配列が 2 次元になっていますから，この部分については修正しなくてはいけません。まず，1 科目目の英語の平均を求めることを考えてみましょう。

英語の成績は，成績[1, □]，つまり，成績[1, 1]～成績[1, 5]に入っています。この 5 個の成績を順に合計に加えていって，最後に 5 で割ればよいのですから，アルゴリズムは，次のようになります。

流れ図の例

```
i ← 1

合計 ← 0

while (i ≦ 5)

  合計 ← 合計 + 成績[1, i]

  i ← i + 1

endwhile

平均 ← 合計 ÷ 5

平均を表示
```

擬似言語の例

図　英語の成績の平均を求めるアルゴリズム

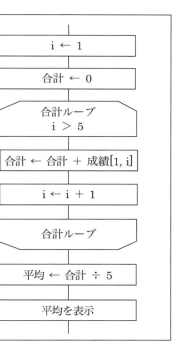

成績を合計に加算する部分が，「合計 ← 合計 ＋ 成績[1, i]」というように，2次元配列を使ったものに変わっていることに注意してください。では，数学，国語の平均を求めるにはどうしたらよいでしょうか。科目は１次元目の要素番号の値によって区別されるのでしたね。英語の平均を求める「合計 ← 合計 ＋ 成績[1, i]」の部分を，数学なら「合計 ← 合計 ＋ 成績[2, i]」，国語なら「合計 ← 合計 ＋ 成績[3, i]」と変えれば，それだけで完成です。

３科目の平均を求めるためには，科目ごとの平均を求めるという処理を３回繰り返すことになります。そのとき繰り返される，科目ごとの平均を求める処理では，科目を示す一次元目の要素番号の値を１（英語），２（数学），３（国語）と，順番に変えていきます。

これでなんとかアルゴリズムが見えてきたのではないでしょうか。科目ごとの平均を求めるためには，５人分の成績を合計に加えるという繰返し処理があります。そして，この繰返し処理を，さらに３科目分繰り返すのですから，**二重の繰返し処理**となります。慣れないうちは，二重の繰返し処理を一度にまとめて考えると混乱してしまいますが，アルゴリズムの三つのポイントの中にあったように，まずおおまかな流れから考えましょう。

二重の繰返し処理

少し複雑だなと思ったら，処理のかたまりに名前を付けて，とりあえず考えます。このとき詳細な内容は，いったん忘れることにします。こうすることで，複雑さを減らすことができます。

科目ごとの平均を求める処理は，5人分の繰返し処理です。しかし，おおまかに考えるときには，このことを忘れて，単純に「科目の平均を求める」とでも考えましょう。

そうすると，全体のアルゴリズムは，この「科目の平均を求める」処理を，3科目分繰り返すというように考えることができます。そして，この科目の違いは，具体的な配列では，1次元目の要素番号の違いによって表現されるのですから，その要素番号として変数iを使って表すとすれば，変数iの値を1，2，3と変えながら，「科目の平均を求める」を繰り返すというように考えることができます。つまり，次のようになりますね。

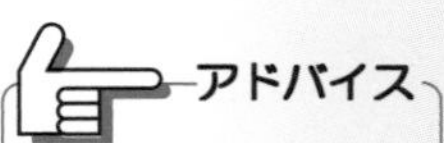

[処理の名前] によって，処理の内容をおおまかに表すことにします。この後の章でも使いますから覚えておいてください。

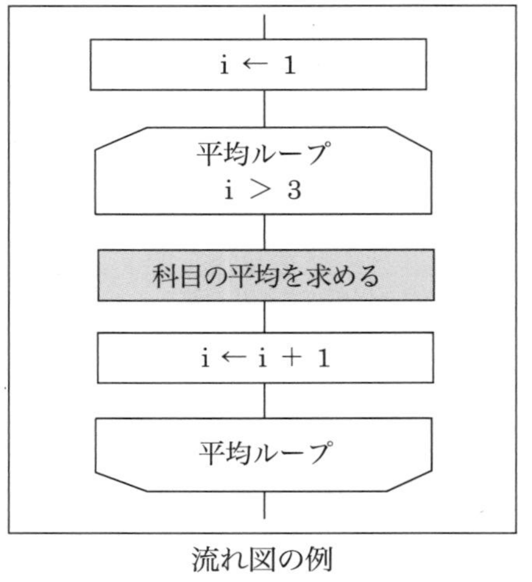

流れ図の例

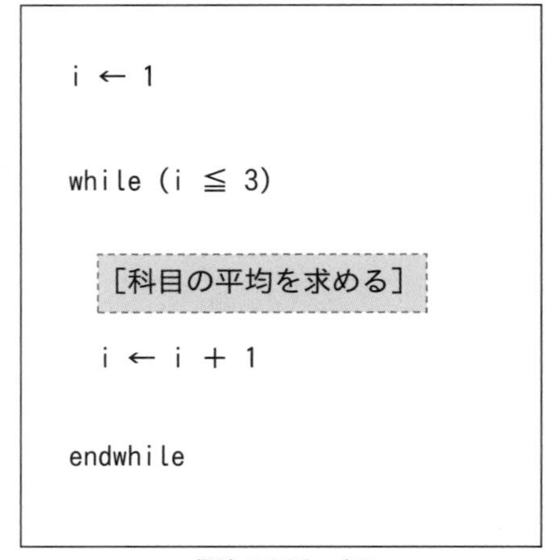

擬似言語の例

図　3科目の平均を求めるアルゴリズムのおおまかな流れ

次に「科目の平均を求める」という部分にだけ注目して，細かな流れを考えればよいのですが，これはもう済んでいますから，その内容を組み込めば完成です。

ここで，1次元目の要素番号を表すのに，変数iを使ってしまいましたから，学生を表す2次元目の要素番号は違う変数にしなくてはいけません。iの次のjを使うことにしましょう。

ここで，それぞれの科目の平均を求めて表示するアルゴリズムは，次のようになります。

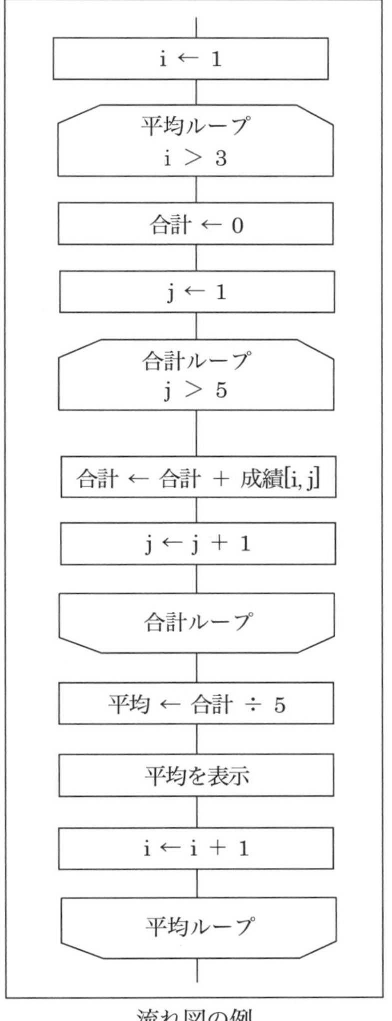

流れ図の例

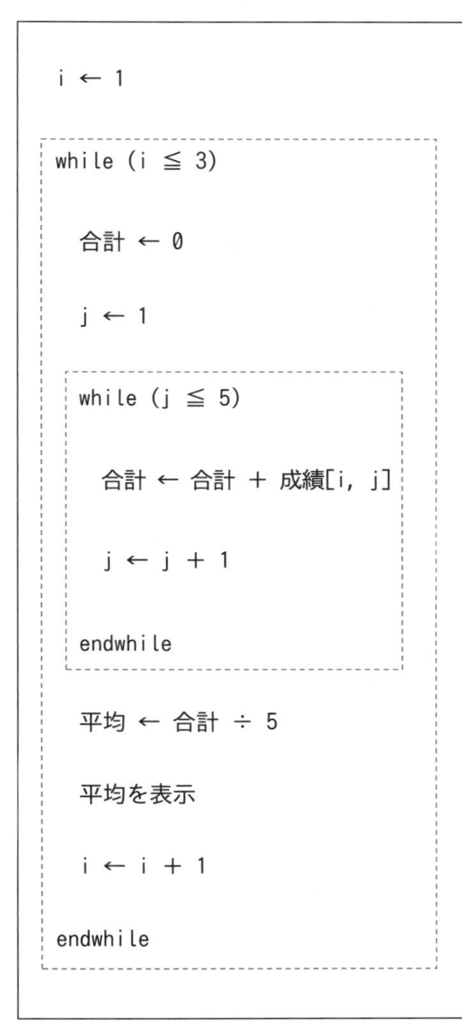

擬似言語の例

図　３科目について平均を求めるアルゴリズム（２次元配列を使用）

アドバイス

いきなり長いアルゴリズムになったように感じますが，「科目の平均を求める」という部分を，具体的な内容に書き換えただけです。見比べてください。

同じように，今度は「学生ごとの３科目の平均を求める」というアルゴリズムも考えてみましょう。

今度は大きな繰返しが，学生ごととなります。そして，その中で，３科目の成績を合計して平均を求めます。この部分を「１人分の平均を求める」と考えると，学生は５人ですから，次のようになりますね。配列の要素番号を示す変数については，科目ごとの平均を求めたときのものを引き継いでｊとしています。

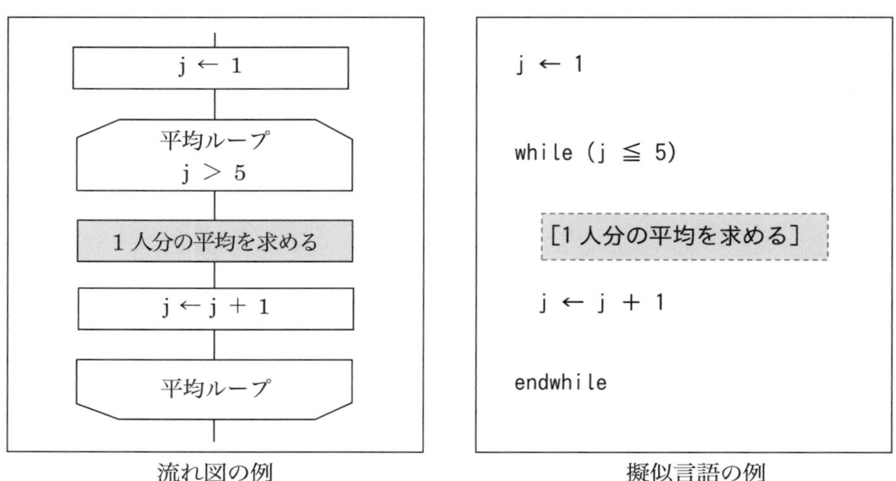

図　学生ごとの３科目の平均を求めるアルゴリズムのおおまかな流れ

次は，「１人分の平均を求める」という部分にだけ注目して，細かな流れを考えます。科目ごとの平均を求める処理とほとんど同じです。ただし，繰返しのたびに変化させるのは，科目を示す１次元目の要素番号です。また，科目数は３ですから，繰返しの条件も変わります。

何番目の学生について求めるかを示すのは２次元目の要素番号ですが，外側の繰返しによって変数ｊにその値が与えられるはずですから，そのまま使いましょう。

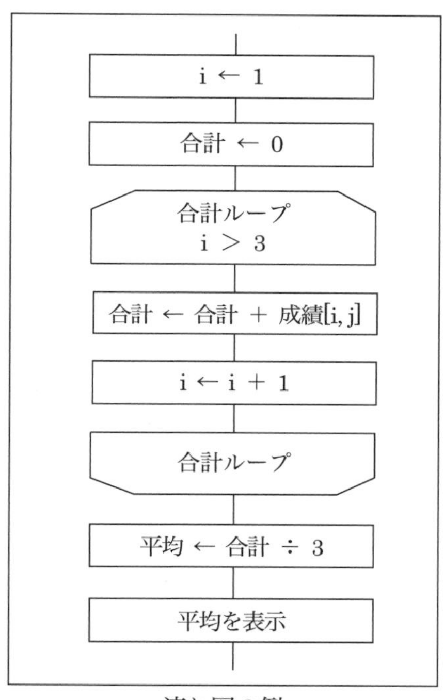

流れ図の例

```
i ← 1

合計 ← 0

while (i ≦ 3)

  合計 ← 合計 ＋ 成績[i, j]

  i ← i ＋ 1

endwhile

平均 ← 合計 ÷ 3

平均を表示
```

擬似言語の例

図　１人分の平均を求めるアルゴリズム

そして，二つを組み合わせると，次のようになります。

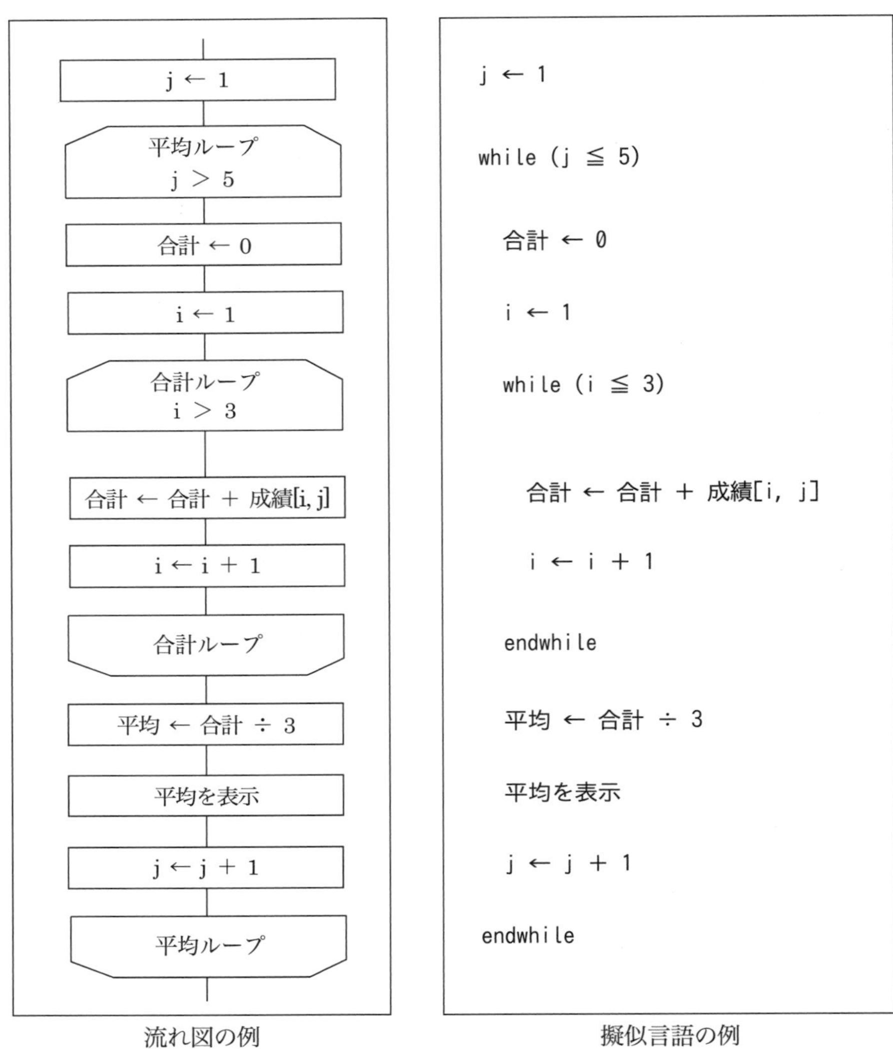

流れ図の例　　擬似言語の例

図　５人の学生について平均を求めるアルゴリズム（２次元配列を使用）

基本的には，前のアルゴリズムと同じです。外側の繰返しでは２次元目の要素番号が変わり，内側の繰返しでは１次元目の要素番号が変わる構造になっています。しかし，これはあまり素直ではありません。このため，学生ごとの成績を求めるというように，学生としてのまとまりのほうが強いときには，学生を１次元にした配列データではじめから考えるのが一般的といえます。

章末問題

※アルゴリズムを作成する問題は，すべて擬似言語で記述しなさい。

（基礎編）問1－1

流れ図は，1からN（N≧1）までの整数の総和（1＋2＋…＋N）を求め，結果を変数xに入れるアルゴリズムを示している。流れ図中のaに当てはまる式はどれか。

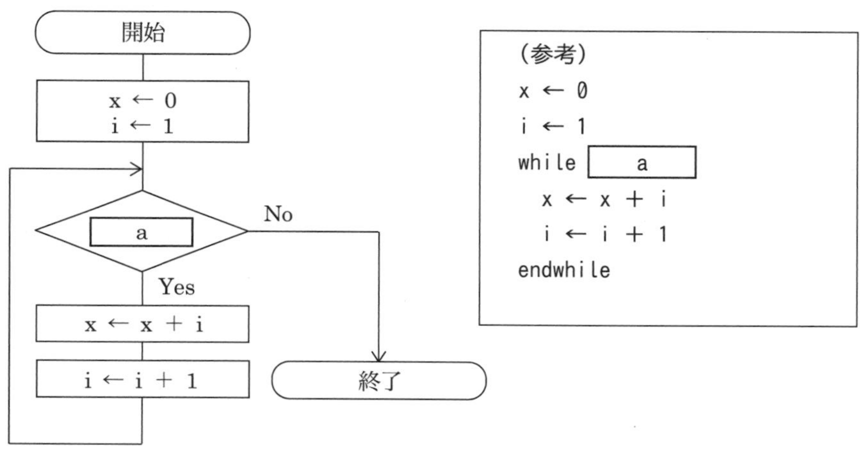

ア　i≠N　　　イ　i≧N　　　ウ　i≦N　　　エ　x≦N

（基礎編）問1－2

1から20までの偶数（2，4，6，……，20）に対して，その合計を表示するアルゴリズムを作成せよ。

（基礎編）問1－3

1から20までの偶数（2，4，6，……，20）に対して，その平均を表示するアルゴリズムを作成せよ。

（基礎編）問１-４

次の配列“支出[i]”は，ある人の小遣い帳で，使った金額が入っている。20個の支出（支出[1]～支出[20]）の合計を求めるアルゴリズムを作成せよ。

i（要素番号）	支出[i] データ
1	1000
2	500
3	2000
4	800
⋮	⋮
19	300
20	90

（基礎編）問１-５

問1-4の配列“支出[i]”から，最も金額の大きい値（最大値）を求めるアルゴリズムを作成せよ。

（基礎編）問１-６

問1-4の小遣い帳のデータを，支出だけでなく品目（食費，書籍代，娯楽費）ごとに管理するため，2次元配列“支出[i, j]”にする。このときの要素として，支出[1, j]は食費，支出[2, j]は書籍代，支出[3, j]は娯楽費を指す。

この配列をもとに，品目ごとの合計金額（品目合計）と総合計を表示するアルゴリズムを作成せよ。ただし，j の値は1～10とし，それぞれの支出[1, j]，支出[2, j]，支出[3, j]には，10個ずつデータが入っているものとする。

支出[i, j]

	1	2	3	4	5	6	7	8	9	10	
1	[1, 1]	[1, 2]	[1, 3]	[1, 4]	[1, 5]	[1, 6]	[1, 7]	[1, 8]	[1, 9]	[1, 10]	→ 食費
2	[2, 1]	[2, 2]	[2, 3]	[2, 4]	[2, 5]	[2, 6]	[2, 7]	[2, 8]	[2, 9]	[2, 10]	→ 書籍代
3	[3, 1]	[3, 2]	[3, 3]	[3, 4]	[3, 5]	[3, 6]	[3, 7]	[3, 8]	[3, 9]	[3, 10]	→ 娯楽費

（基礎編）問１-７

正の整数Ｍに対して，次の二つの流れ図に示すアルゴリズムを実行したとき，結果のｘの値が等しくなるようにしたい。ａに入れる条件として，適切なものはどれか。

（H22 秋-AP 問７改）

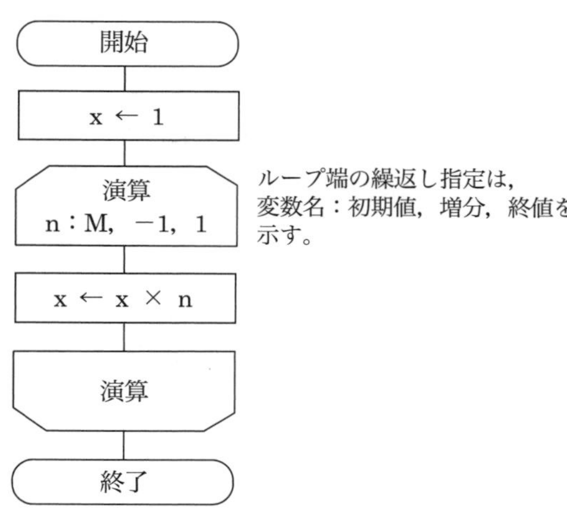

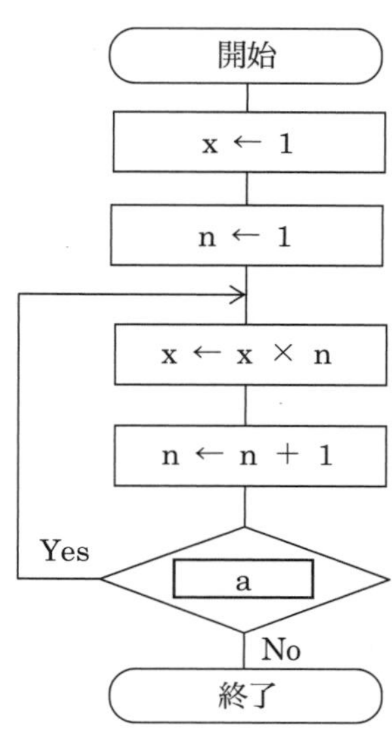


```
（参考）
x ← 1
for (n を M から 1 まで 1 ずつ減らす)
  x ← x × n
endfor
```

```
（参考）
x ← 1
n ← 1
do
  x ← x × n
  n ← n + 1
while (  a  )
```

ア　n≧M　　イ　n≦M−1　　ウ　n≦M　　エ　n≦M+1

（基礎編）問1-8

整数型の変数 A と B がある。A と B の値にかかわらず，次の二つの流れ図が同じ働きをするとき，a に入る条件式はどれか。ここで，AND，OR，$\overline{\text{X}}$ は，それぞれ論理積，論理和，X の否定を表す。

（H13 春-FE 問 15）

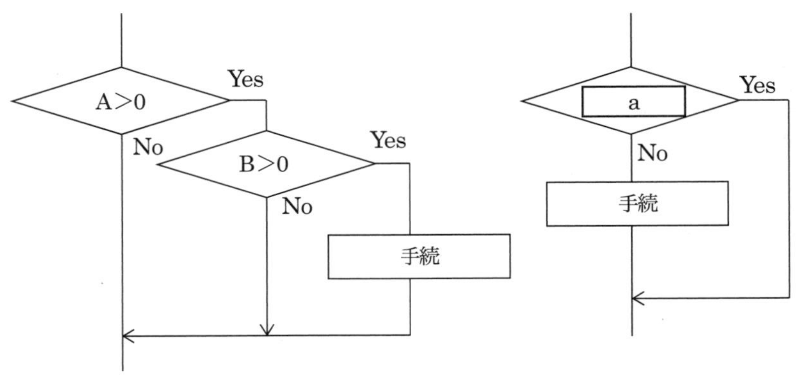


```
(参考)
if (A > 0)
  if (B > 0)
    [手続]
  endif
endif
```

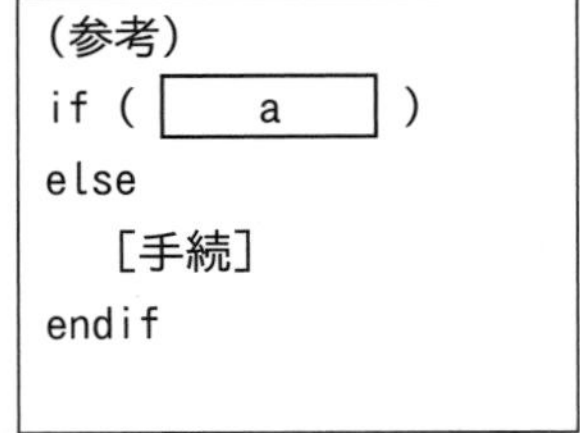

```
(参考)
if ( a )
else
  [手続]
endif
```

ア　(A>0)　AND　(B>0)　　　イ　(A>0)　OR　(B>0)

ウ　$\overline{(A>0)}$　AND　$\overline{(B>0)}$　　　エ　$\overline{(A>0)}$　OR　$\overline{(B>0)}$

（基礎編）問１-９

右の流れ図が左の流れ図と同じ動作をするために，a，b に入る Yes と No の組合せはどれか。

(H25 秋-FE 問 8)

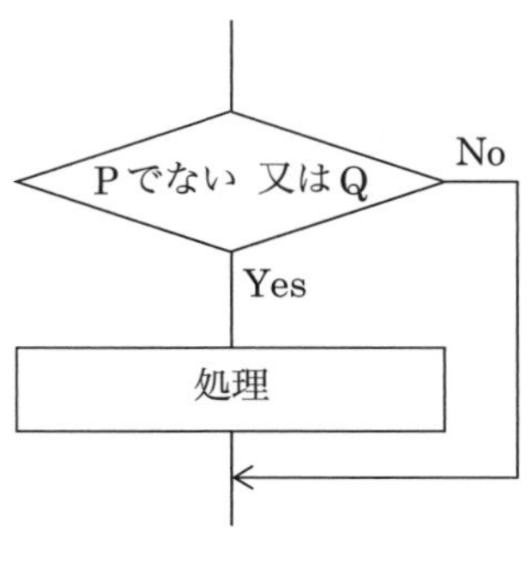

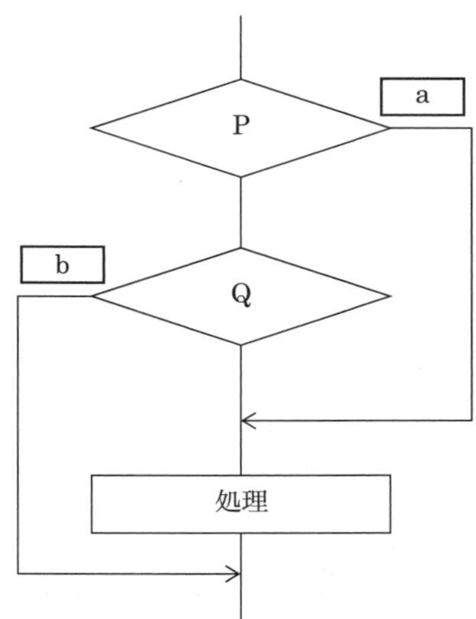

	a	b
ア	No	No
イ	No	Yes
ウ	Yes	No
エ	Yes	Yes

（基礎編）問1-10

次の流れ図の説明および流れ図を読んで，設問に答えよ（参考として擬似言語によるプログラムも示す）。

(H9 春-2K 午後問１改)

〔流れ図の説明〕

(1) ２次元配列Ｋに格納されている会社概要データを基に，表１の資本金区分および表２の年間売上高区分に応じた会社数を集計し，印字する。なお，配列Ｋには次のように資本金，年間売上高が格納されている。K[1, 1]，K[1, 2]からはじまり，K[N, 1]，K[N, 2]までデータが格納されている。

配列K

資本金	年間売上高
K[1, 1]	K[1, 2]
K[2, 1]	K[2, 2]
⋮	⋮
K[N, 1]	K[N, 2]

← 1社分のデータ

表1　資本金区分

資本金		区分
	3千万円未満	1
3千万円以上	1億円未満	2
1億円以上	10億円未満	3
10億円以上	50億円未満	4
50億円以上	100億円未満	5
100億円以上		6

表2　年間売上高区分

年間売上高		区分
	10億円未満	1
10億円以上	50億円未満	2
50億円以上	100億円未満	3
100億円以上	500億円未満	4
500億円以上		5

(2) 資本金区分をＳ，年間売上高区分をＵとして，該当する会社数を，２次元配列Ｍの配列要素M[S, U]に集計する。

〔流れ図〕

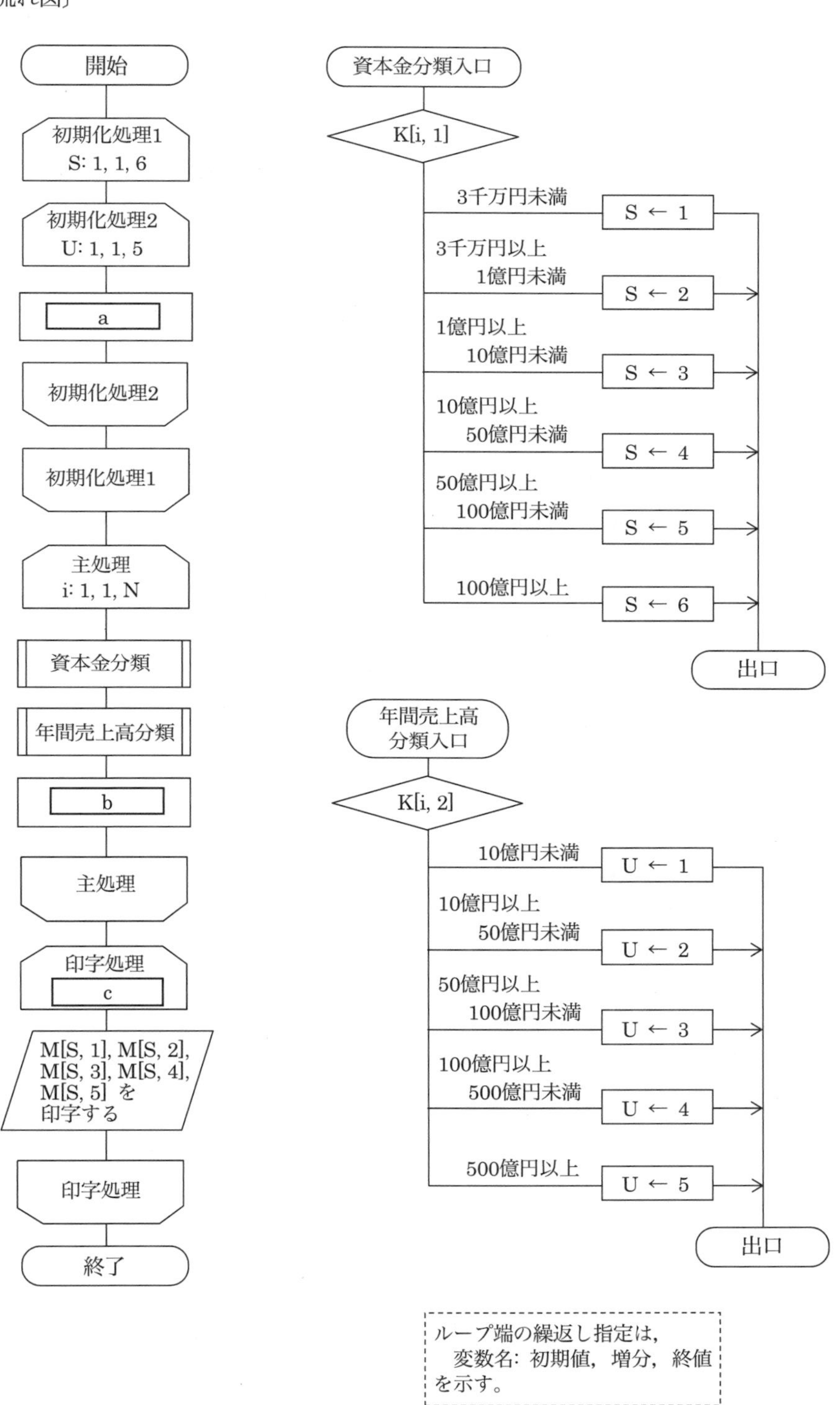
開始
初期化処理1
S: 1, 1, 6
初期化処理2
U: 1, 1, 5
a
初期化処理2
初期化処理1
主処理
i: 1, 1, N
資本金分類
年間売上高分類
b
主処理
印字処理
c
M[S, 1], M[S, 2], M[S, 3], M[S, 4], M[S, 5] を印字する
印字処理
終了
資本金分類入口
K[i, 1]
3千万円未満
S ← 1
3千万円以上 1億円未満
S ← 2
1億円以上 10億円未満
S ← 3
10億円以上 50億円未満
S ← 4
50億円以上 100億円未満
S ← 5
100億円以上
S ← 6
出口
年間売上高分類入口
K[i, 2]
10億円未満
U ← 1
10億円以上 50億円未満
U ← 2
50億円以上 100億円未満
U ← 3
100億円以上 500億円未満
U ← 4
500億円以上
U ← 5
出口

ループ端の繰返し指定は，
　変数名: 初期値，増分，終値
を示す。

〔参考：擬似言語による表現〕

```
(開始)
for (S を 1 から 6 まで 1 ずつ増やす)
  for (U を 1 から 5 まで 1 ずつ増やす)
    [  a  ]
  endfor
endfor
for (i を 1 から N まで 1 ずつ増やす)
  [資本金分類]
  [年間売上高分類]
  [  b  ]
endfor
for ( [  c  ] )
  M[S, 1], M[S, 2], M[S, 3], M[S, 4], M[S, 5] を印字する
endfor
(終了)
```

```
 [資本金分類]
if (資本金 < 3千万円)
  S ← 1
elseif (資本金 < 1億円)
  S ← 2
elseif (資本金 < 10億円)
  S ← 3
elseif (資本金 < 50億円)
  S ← 4
elseif (資本金 < 100億円)
  S ← 5
else
  S ← 6
endif
```

```
［年間売上高分類］
if (年間売上高 ＜ 10億円)
  U ← 1
elseif (年間売上高 ＜ 50億円)
  U ← 2
elseif (年間売上高 ＜ 100億円)
  U ← 3
elseif (年間売上高 ＜ 500億円)
  U ← 4
else
  U ← 5
endif
```

設問　流れ図中の ［　　　］ に入れる正しい答えを，解答群の中から選べ。

a，b に関する解答群

ア	M[S, U] ← 0	イ	M[S, U] ← 1
ウ	M[S, U] ← 2	エ	M[S, U] ← M[S, U] ＋ 1
オ	M[S, U] ← M[S, U] － 1	カ	M[S, U] ← M[S, U] ＋ M[1, 1]

c に関する解答群（流れ図用）

ア	S: 1, 1, 5	イ	S: 1, 1, 6
ウ	S: 1, 1, n	エ	U: 1, 1, 5
オ	U: 1, 1, 6	カ	U: 1, 1, n

c に関する解答群（擬似言語用）

ア　S を 1 から 5 まで 1 ずつ増やす
イ　S を 1 から 6 まで 1 ずつ増やす
ウ　S を 1 から n まで 1 ずつ増やす
エ　U を 1 から 5 まで 1 ずつ増やす
オ　U を 1 から 6 まで 1 ずつ増やす
カ　U を 1 から n まで 1 ずつ増やす

第2章

探索アルゴリズム

探索とは，たくさんのものの中から目的のものを探すことです。何気なく探していても，何度も繰り返していればいつかは見つかります。しかし，これを一定のルールに従って行うのがアルゴリズムです。つまり，たくさんのもの（データ）の中から，体系的に探していく方法について考えます。探索のアルゴリズムは，他のアルゴリズムの中でもよく使われますので，新たに考え直さなくてもよいように，しっかり理解しておきましょう。

この章の学習ポイントは次のような内容になります。

・逐次探索法の考え方とアルゴリズム

・2分探索法の考え方とアルゴリズム

基礎編

第1章　アルゴリズムの基本

第2章　探索アルゴリズム

1．逐次探索

2．2分探索

第3章　整列アルゴリズム

第4章　データ構造

1. 逐次探索

第1章では，アルゴリズムとは何かということからはじまって，その表記方法，そして，変数や配列といったコンピュータのプログラム特有の考え方などについて学習してきました。第2章以降では，基本的なアルゴリズムを題材として，具体的にアルゴリズムを作成するときに基本となる考え方を学習していきます。

みなさんが，これからアルゴリズムの学習をして，その知識を活かしてプログラムなどを作成するときに，本書で学習するような基本アルゴリズムを，そのまま利用することは少ないかもしれません。しかし，どんなに複雑な機能をもつプログラムでも，その内容は基本的な機能の組合せで実現されています。基本アルゴリズムをとおしてみなさんがこれから学習する内容は，そのときに利用できるアイディア（アルゴリズムを作成するときに利用できる考え方）なのです。アルゴリズムの基本となるアイディアを理解し，活用できるようにしましょう。

探索
サーチ

この章で学習する探索（search）は，複数のデータの中から目的のデータを探すことで，サーチともいいます。検索という用語が使われる場合もあります。

探索の基本的なアルゴリズムとして，逐次探索と2分探索について学びます。

逐次探索
順次探索
線形探索

逐次探索（sequential search）とは，目的のデータを単純に先頭から一つずつ順番に探していく方法です。順次探索，線形探索ともいいます。このアルゴリズムでは，配列に格納されているデータを対象として，探索を進めていきます。

(1) 逐次探索の考え方

例えば，数字列 {4，8，3，5，7} の中から，“5”を探索していく例を考えてみます。

五つ程度のデータであれば，一目見て4番目にあることが分かるかもしれません。しかし，コンピュータは，人間のようにいくつもの値を同時に比較することもできませんから，一つずつ値を調べていく必要があります。逐次探索では，まず，1番目のデータと探索したいデータの値を比較します。1番目のデータは4

ですので，探索したいデータとは異なります。異なる場合は，次のデータと比較します。つまり，2 番目のデータと探索したいデータを比較します。2 番目のデータは 8 ですので，今度も探索したいデータとは異なります。同じように，次のデータと探索したいデータを比較すると，3 番目のデータは 3 で，探索したいデータとは異なりますが，4 番目のデータが 5 で，探索したいデータと一致します。

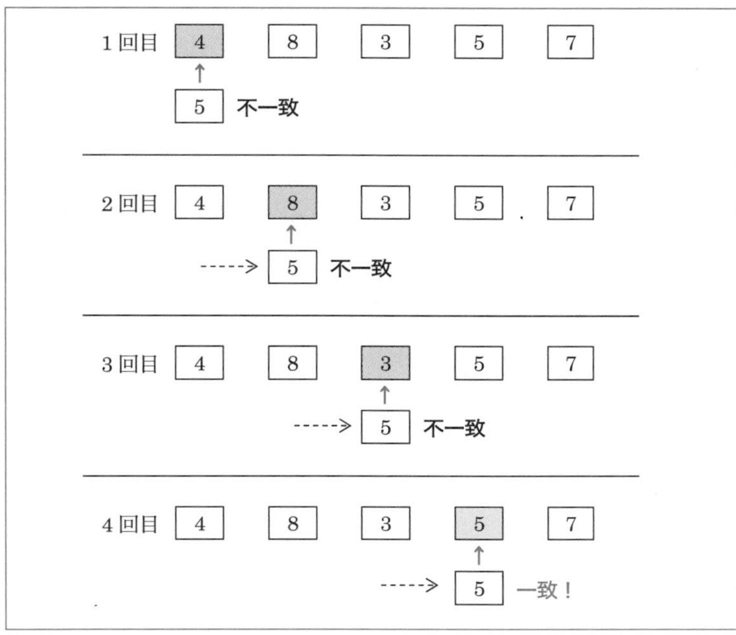

(2) 逐次探索のアルゴリズム

では，擬似言語を使って，アルゴリズムとしてまとめていきましょう。

データの入っている配列を A とし，探索したい値を x とします。その場合，A[1]，A[2]，…と，それぞれを x と比較していくことになります。そして，x と比較したデータの値が一致したとき，つまり，探索したい値が見つかったときに探索は終了しますから，x と比較したデータの値が一致しない間（異なる間），探索を繰り返すことになります。

配列に対する逐次探索ですから，繰返しの構造を使って，配列の要素番号を 1 ずつ増やしながら処理を進めていきます。その内容を，while 文を使った繰返し処理のアルゴリズムとして表現すると，次のようになります。

```
i ← 1
while (A[i] ≠ x)
  i ← i + 1
endwhile
```

では，見つからない場合はどうでしょう。このままでは，「これが最後のデータですよ」という条件がないので，配列の最後のデータとの比較を終えても，疲れを知らないコンピュータは，永遠にデータを探し続けます。配列の最後のデータまで比較したら繰返し処理を終わるようにするには，どのようにしたらよいでしょうか。

そのためには，「データが探索したい値と一致していない」ということだけだった繰返し処理の継続条件に，「配列の最後のデータとの比較ではない」という条件も加えれば正しく処理が行われます。

これをアルゴリズムとして記述できるように，変数を使って表しましょう。何番目のデータと比較しているかは，配列Aの要素番号，つまり，変数iの値を見れば分かります。配列の最後のデータの要素番号はNですから，「i ＜ N」であれば比較するデータが配列の最後のデータではないことになります。

配列の最後のデータではないという条件は「i≠N」というようにも表現できますが，この処理のように，要素番号iの値を増やしながら繰り返すときには，不等号を使って表現することが一般的です。

この条件を継続条件に加えます。両方の条件が成立している間は探索処理を繰り返すので，二つの条件を「かつ（and）」でつなぎます。

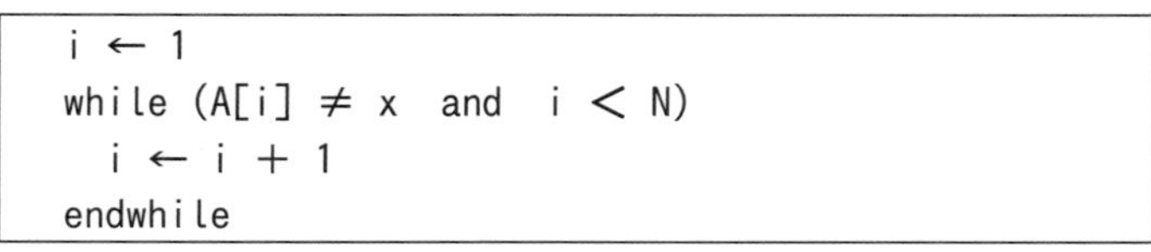

```
i ← 1
while (A[i] ≠ x  and  i ＜ N)
  i ← i ＋ 1
endwhile
```

このアルゴリズムによって，目的のデータが存在しないときに，永遠に探索を続けてしまう問題は解消されました。例えば，数字列 {4, 8, 3, 5, 7} の中から“9”を探すようなときにも，探索が終了することを確認してみましょう。

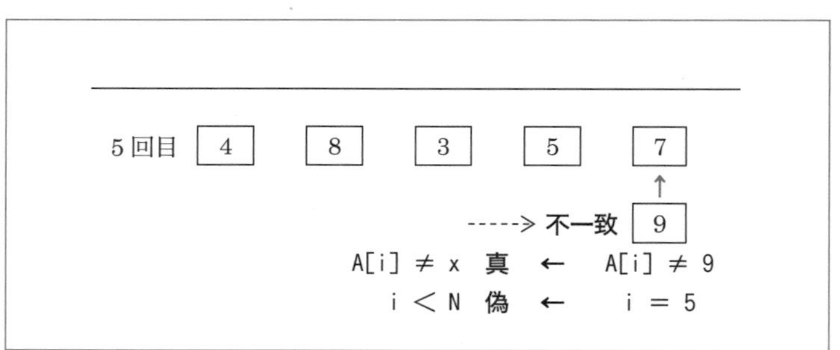

探索したい値と一致するデータが見つからなかった場合には，メッセージを表示してその事実を知らせるなど，見つかった場合とは違った処理にするのが普通です。せっかく，見つからなかったときにも終了するようにしたのですから，この処理も追加しましょう。

探索の継続条件は，「配列データが探索したい値と一致していない」かつ「配列の最後のデータとの比較ではない」ということになります。そして，探索を終了した（繰返しを抜けた）ときには，これらの条件のうち，どちらかが成立しなくなっているはずです。

したがって，この後の処理でどちらの条件が成立していないかを調べれば，探索したい値が見つかったかどうかも分かることになります。

では，繰返し処理の後で調べる内容を考えましょう。「配列の最後のデータとの比較ではない」ということを判定するために追加した条件は「i ＜ N」です。この条件が成り立っていなければ，「見つからなかった」ということになるのでしょうか？　残念ながら，そうではありません。目的のデータが配列の最後のデータであった場合，A[i]＝x となり継続条件の一つを満たさなくなるので，繰返し処理を終了しますが，この時点で i＝N なので，「i ＜ N」という条件も満たしていません。そして，この場合「見つからなかった」わけではありません。

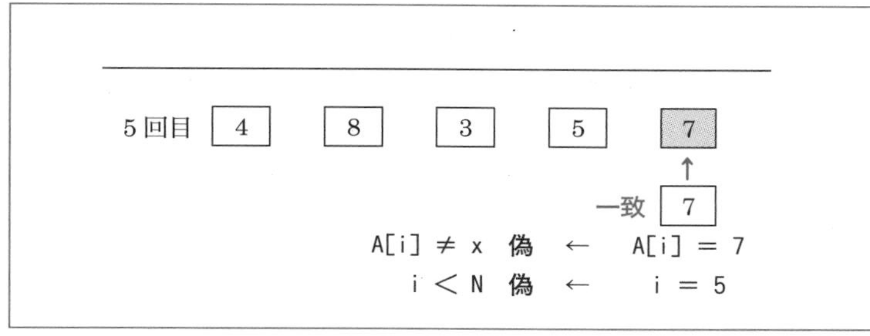

したがって，要素番号 i の値ではなく，A[i]＝x か？（見つかった？）とたずねて，「はい」であれば「見つかった」，「いいえ」であれば「見つからなかった」と判断します。これらの処理を加えると，アルゴリズムは次のようになります。

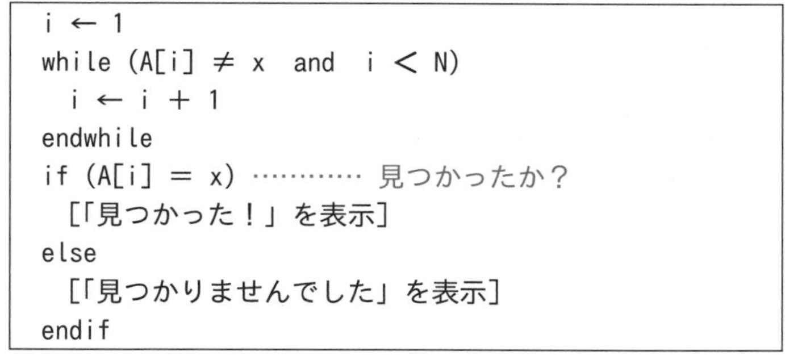

```
i ← 1
while (A[i] ≠ x  and  i ＜ N)
  i ← i ＋ 1
endwhile
if (A[i] ＝ x) ………… 見つかったか？
  [「見つかった！」を表示]
else
  [「見つかりませんでした」を表示]
endif
```

繰返し処理の条件について，＜か≦など細かなところで悩むことも多いと思います。このような場合には，まず思ったまま条件を記述し，簡単な例で確かめながら決めると，間違いも少なくなります。

コラム

今回，繰返し処理の継続判定が，二つの条件を「かつ」(and) で結んだものになっています。この終了判定を，一つの条件にするための方法として番兵 (sentinel) があります。番兵とは，門の番をしている兵隊のように，条件を満たす要素をあらかじめ配列の最後（この例では A[N+1] のこと）に入れておき，実際には見つからなくても探索が終わるようにする方法です。“番人”ということもあります。

番兵

探索するデータ中に目的のデータが必ずある場合には，「配列の最後のデータとの比較ではない」ことを調べる「i < N」という条件は必要ありません。つまり，最初から目的のデータと同じ値を探索範囲のデータ中に入れておけば，「配列データが探索したい値と一致していない」ということは起こらなくなります。この目的で入れたデータが「番兵」です。

「番兵」を用いることで繰返しの継続条件が一つとなり，次のようなアルゴリズムになります。継続条件がシンプルになっていることと，後半部分の見つかったかどうかの表示部分の違いに注目しておきましょう。なお，[「i 番目に見つかりました！」を表示] の処理では，i に実際の値が入って表示されるものとします。

```
N ← データの数
x ← 探索値
A[N+1] ← x ………… 番兵を置く
i ← 1
while (A[i] ≠ x)
  i ← i + 1
endwhile
if (i > N) ……………番兵によって探索を終了したか
  [「見つかりませんでした」を表示]
else
  [「i 番目に見つかりました！」を表示]
endif
```

このアルゴリズムを使って，数字列 {4, 8, 3, 5, 7} の中から“9”を探すと，次のようになり，きちんと探索を終了することが分かります。この例では配列の大きさは 5 (N=5) で，配列の 6 番目に番兵を置いています。

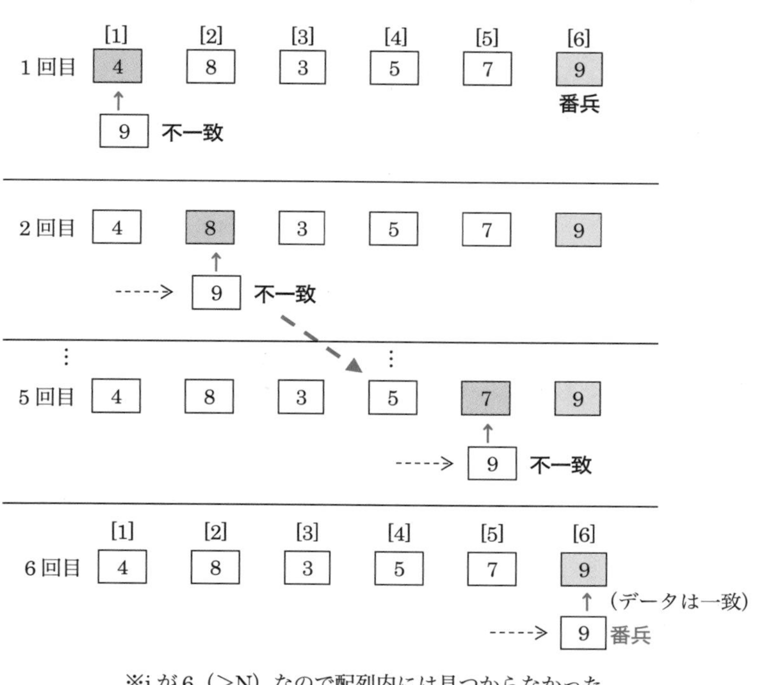
[1]
[2]
[3]
[4]
[5]
[6]
1回目
4
8
3
5
7
9
番兵
9
不一致
2回目
4
8
3
5
7
9
9
不一致
5回目
4
8
3
5
7
9
9
不一致
[1]
[2]
[3]
[4]
[5]
[6]
6回目
4
8
3
5
7
9
(データは一致)
9
番兵
※iが6（>N）なので配列内には見つからなかった。

2. 2分探索

2分探索

2分探索（binary search）とは，探索の対象となるデータがすでに整列されていることを前提として，逐次探索よりも効率的に探索を行う方法です。データを比較するたびに，探索範囲を半分に絞り込んでいく（二つに分けていく）ので，2分探索と呼ばれます。

前提となる整列というのが少々厄介に思えますが，同じデータに対して何度も探索が行われるような場合には，あらかじめ，そのデータを整列した状態で記録しておけば，効率的な探索が可能となります。

(1) 辞書で用語を調べる

整列された状態で記録されているものには，辞書があります。日本語の辞書であれば，収録されている用語は，アイウエオ順に並んでいます。では，用語の意味が適切で解説が分かりやすければ，用語が順に並んでいなくてもよい辞書といえるでしょうか？　答えは「ノー」です。

調べたい用語がどこにあるのか分からないような辞書では，用語一つ探すのも大変です。探しやすいという目的のため，辞書の用語はアイウエオ順に並んでいるのです。

辞書で「擬似言語」という用語を調べているとします。まず，辞書の横を見て，「カ」というツメ（辞書の横に印刷されている目印）を目安にページを開きます。「擬似言語」は「ギ」ではじまる用語ですから，「カ行」の範囲の前のほうにあると考えつつ，だいたいの見当で開くページを決めます。

ページを開くと，「構造化プログラミング」という用語が出ていました。次はどうしますか？「擬似言語」は「構造化プログラミング」よりも前にあるはずですから，もう，これより後ろのページを開く必要はありません。「構造化プログラミング」より前のページを探します。また，見当をつけてページを開きます。

今度は，「ク」ではじまる「クライアント」という用語がありました。目的のページは，さらに前のようです。また見当をつけて，前にあるページを開きます。今度は「カ」ではじまる「開発」です。少し，前に行き過ぎました。今度は後ろですね。見当をつけてまた開くと，やっと「擬似言語」が見つかりました。

２分探索とは，このような感じで，データを探索をする方法です。

辞書の用語	探索の進み方 ----------→				
カ ⋮ 開発 ⋮ 擬似言語 ⋮ クライアント ⋮ 構造化プログラミング ⋮ サ	２回目の 探索範囲 １回目探索： ここにはない	３回目の 探索範囲 ２回目探索： ここにはない	３回目探索： ここにはない ４回目の 探索範囲 ３回目探索： ここにはない	…	n 回目探索： ここにはない あった！ n 回目探索： ここにはない

人間が辞書を引くときには，「ア行」「カ行」などというように，辞書の横に印刷されているツメを使ってだいたいの見当をつけるとか，開いたページに載っている用語と探している用語とを比較して次に開くページの見当をつける，などという臨機応変な探し方をしていきます。

さらに，開いたページに載っている用語が，探している用語と近いときには，そのページから順にめくっていくこともあります。しかし，アルゴリズムとして，このような臨機応変に対応する手順を組み立てるのは難しいので，通常は規則的な方法で行います。このため，２分探索ではいつも調べる範囲の真ん中のページをめくることにしています。

(2) ２分探索の考え方

では，ここで，具体的に２分探索による探索を行っていきましょう。逐次探索で使った例と同じ数字列 {4, 8, 3, 5, 7} の中から，“3” を探索していく例を考えてみます。ただし，２分探索の前提は，対象のデータ（この場合は数字列）が，整列済みという条件がありましたから，数字列を {3, 4, 5, 7, 8} と並べ替えます。

この数字列のデータが，次のような配列に入っているものとして，考えていきましょう。

	[1]	[2]	[3]	[4]	[5]
データ	3	4	5	7	8

ポイント！

割り切れない場合には，整数値になるようにしなくてはいけません。切上げでもよいのですが，多くの例にならってここでは切捨てにしています。

① 探索する配列の中央の位置を求めます。

配列の位置は要素番号によって決まるので，探索範囲の中央にあたる要素番号を求めます。これは，次の計算式で求められます。

(探索範囲の先頭の要素番号＋最後の要素番号)÷2

今回の例では，先頭の要素番号は 1，最後の要素番号は 5 ですから，

(1＋5)÷2＝3

となり，中央の位置を示す要素番号は 3，中央の位置にある配列要素の値（以下，中央の値という）は 5 となります。

なお，今回は 2 で割り切れましたが，割り切れない場合は，小数点以下の切捨てを行って整数の値にします。

② ①で求めた中央の値と，探索したい値（以下，探索値という）を比較します。比較の結果によって，それぞれ，次のように続きます。

(a) 配列中のデータが整列済みなので，「中央の値＜探索値」であれば，中央の値より前半にあるデータは，すべて，中央の値より小さいものばかりです。そして，中央の値よりも探索値のほうが大きいことから，「探索値は，探索範囲の前半部分にはない」ということが分かるので，次に探索を行う範囲を後半部分に絞り，①に戻ります。

(b) 「中央の値＝探索値」であれば，「探索したい値は見つかった」ということで，探索を終了します。

(c) 「中央の値＞探索値」であれば，(a)と同じ考え方によって「探索したい値は，探索範囲の後半部分にはない」ということが分かるので，次に探索を行う範囲を前半部分に絞り，①に戻ります。

文章で表現すると少し複雑になるので，先ほどの例を使って，探索の流れを見ていきましょう。

探索範囲の中央の位置は 3 なので，3 番目にある中央の値 5 と，探索値の 3 を比較します。

	[1]	[2]	[3]	[4]	[5]
データ	3	4	5	7	8

探索値と比較

中央の値５と，探索値の３は一致しません。比較の結果が「中央の値＞探索値」となっているので，探索値は，探索範囲の後半部分にはないことが分かり，探索範囲を前半部分に絞ります。新たな探索範囲は，次のようになります。

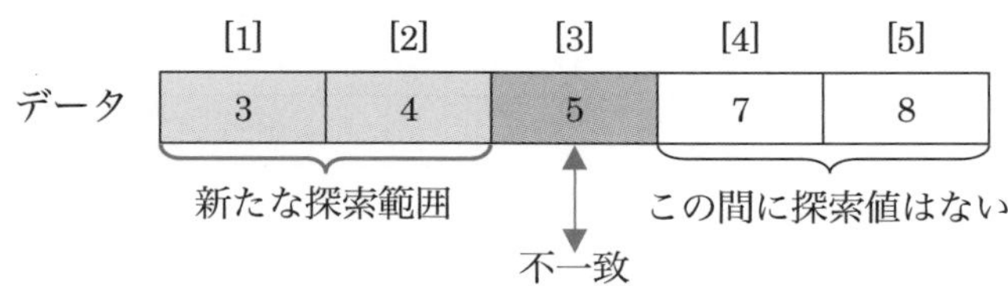

新たな探索範囲について，探索をもう一度行います。探索範囲は，前半部分です。中央の位置を求めます。

(探索範囲の先頭の要素番号＋最後の要素番号)÷2

＝(1＋2)÷2＝1.5

割り切れない場合は，切り捨てることにしたので，次に比較する配列の中央の位置は1.5の小数点以下を切り捨てて１となります。続いて，比較を行います。

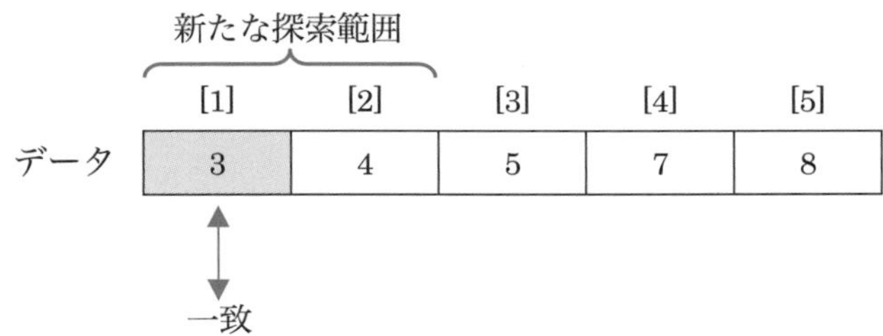

中央の値３が探索値の３と等しくなり，今度は一致しました。これで，探索は終了します。

データが見つかる場合については，一応確認できました。逐次探索のときも確認しましたが，見つからないときはどうなるでしょうか。数字列中に含まれていない“9”を探すことにしましょう。

前と同様に中央の値（(1＋5)÷2＝3番目）５と，探索値９を比較すると，一致しません。中央の値(5)＜探索値(9)ですから，次は後半部分を探索します。

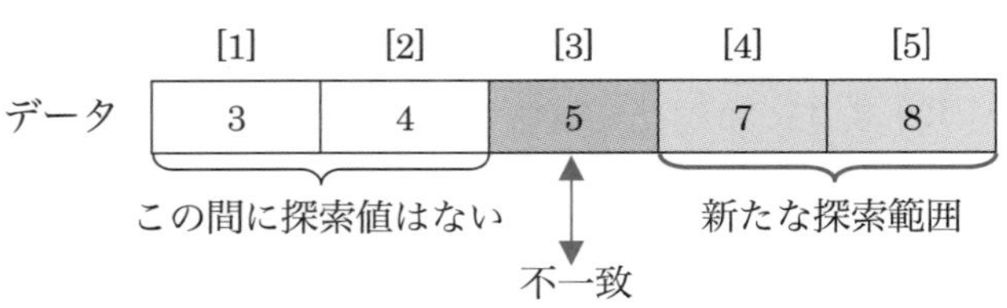

探索範囲は，4 番目～5 番目です。(4+5)÷2=4.5 ですから，今度の中央の値は，4 番目のデータとなります。値が 7 で探索値の 9 と一致しません。

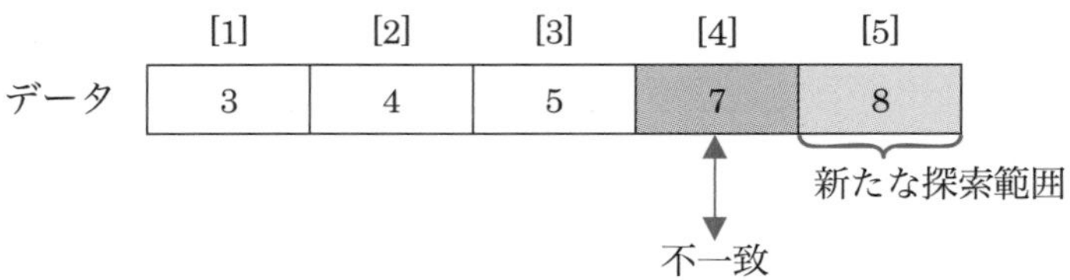

次の探索範囲は，4 番目の後ろの 5 番目～5 番目です。範囲として少しおかしな気がしますが，ルールどおりに探索を続けます。(5+5)÷2=5 ですから，中央の値も 5 番目のデータです。しかし，値が 8 で探索値の 9 と一致しません。

	[1]	[2]	[3]	[4]	[5]
データ	3	4	5	7	8

不一致

最後まで調べましたが見つかりませんでした。しかし，この「最後まで調べた」ということを，探索の終了条件として考慮しておかないと，逐次探索のときと同様に永遠に探索を続けるということになってしまいます。この条件も，探索の終了条件に加える必要があります。

それでは，いま考えてきた内容を，日本語と擬似言語の記号を使って表してみましょう。まず，おおまかな流れとしては，範囲を絞りながら探索を繰り返すというものです。そして，「見つからない」と「最後まで調べていない」というのが，繰返し処理の継続条件ですから，次のようになります。

少し考えがまとまったら，日本語と擬似言語を使って書いてみましょう。

```
while (「見つからない」 かつ 「最後まで調べていない」)
  [探索を行う]
endwhile
```

(3) 探索を行う部分のアルゴリズム

次に,「探索を行う」という部分だけに注目して，その内容を思い出してみましょう。

① 探索範囲の中央の位置を決める。

② 中央の値と探索値を比較する。

(a) 「中央の値＞探索値」：新たな探索範囲を，中央の位置より前半部分とする。

(b) 「中央の値＝探索値」：「見つかった！」と表示する。

(c) 「中央の値＜探索値」：新たな探索範囲を，中央の位置より後半部分とする。

ということでしたね。この内容を表現します。

アドバイス

「見つかった！」の表示を具体的にするには見つかった位置（要素番号）を画面に出力するといったことが考えられます。

```
 [探索範囲の中央の位置を決める]
 if (中央の値 ＝ 探索値)
   [「見つかった！」を表示]
 else
   if (中央の値 ＞ 探索値)
     [新たな探索範囲を前半部分とする]
   else
     [新たな探索範囲を後半部分とする]
   endif
 endif
```

ここではelseifを使わずにアルゴリズムを考えます。このようにifの中に同じifを入れることを入れ子といいます。

入れ子

(a)〜(c)と少し順番が違いますが，大きな意味はありません。見た目がきれいなように，対称性に配慮して順番を決めただけです。この部分を，先ほどのおおまかな流れに組み込めば，日本語によるアルゴリズムの表現が完成します。

```
while (「見つからない」 かつ 「最後まで調べていない」)
  [探索範囲の中央の位置を決める]
  if (中央の値 ＝ 探索値)
    [「見つかった！」を表示]
  else
    if (中央の値 ＞ 探索値)
      [新たな探索範囲を前半部分とする]
    else
      [新たな探索範囲を後半部分とする]
    endif
  endif
endwhile
```

日本語を使った表現がおおまかな流れです。それぞれの部分ごとに細かな流れを考えていきましょう。

それでは，この内容を擬似言語によって記述していきましょう。日本語と記号を使った表現は完成していますから，その内容を参考にして，日本語の部分を変数や式を使って書き直していけばよいだけです。

(4) アルゴリズムを擬似言語で記述する

まず，データは配列 A に入っているとします。そして，その内容は整列済みです。配列 A を参照するときの要素番号は変数 i とします。つまり，A[i]というように，i 番目のデータを参照します。また，探索値は変数 x に入っていることにします。ここまでは，逐次探索のときと同じです。

2 分探索の特徴は，探索を行うときに範囲を絞り込んでいくということです。これは逐次探索にはありませんでしたから，この実現方法を考えなくてはいけません。探索対象は，配列に格納されているので，探索範囲を絞り込むごとに，配列の大きさを小さくして新しい配列とすることも考えられますが，これは現実的ではありません。

探索範囲は，先頭と最後の要素番号が分かれば，その間になりますから，先頭（左端）を変数 L に，そして，最後（右端）を変数 R に記録しておくことにしましょう。この変数を使って，アルゴリズムを記述していきます。

まず，繰返しの中身，探索の部分についてだけ考えます。

① 探索範囲の中央の位置を求める

中央の位置は，(探索範囲の先頭の要素番号＋最後の要素番号)÷2 で求められました。先頭の要素番号とは左端（L），最後の要素番号とは右端（R）のことです。そして，結果は，変数 i に求めたいので，「i←(L＋R)÷2」ということになります。

割り切れないときの切捨ての方法が気になりますが，整数演算では結果の小数部分は通常，切捨てになりますから，ここではそのまま記述します。

② 中央の値＝探索値

中央の位置は変数 i に求められています。したがって，中央の値は A[i]です。また，探索値は変数 x に入っているのですから，「A[i]＝x」となります。同様に，「中央の値＞探索値」は「A[i]＞x」です。

③ 新たな探索範囲を前半部分とする

ポイント！

中央の値は不一致であることが分かっているので，次の探索範囲に含める必要はありません。

探索範囲については，その左端の要素番号を変数 L に，そして，右端の要素番号を変数 R に記録することにしました。そして，前半部分とは，探索範囲の先頭（左端）から中央の位置までのことです。

ここで，この絞込みを行うときには，「中央の値＞探索値」ということが確認されています。つまり，中央の値が探索値と一致することはありませんから，新たな探索範囲に中央の値を含めても無駄です。

したがって，新たな探索範囲は，それまでの探索範囲の左端から，中央の位置の一つ前までということになります。左端は変わりませんが，右端が中央の位置の一つ前に変わります。このためには「R←i－1」とします。

④　新たな探索範囲を後半部分とする

③と同じように考えます。探索範囲を後半部分にするときは左端を中央の位置の一つ後ろにします。したがって，「L←i＋1」です。

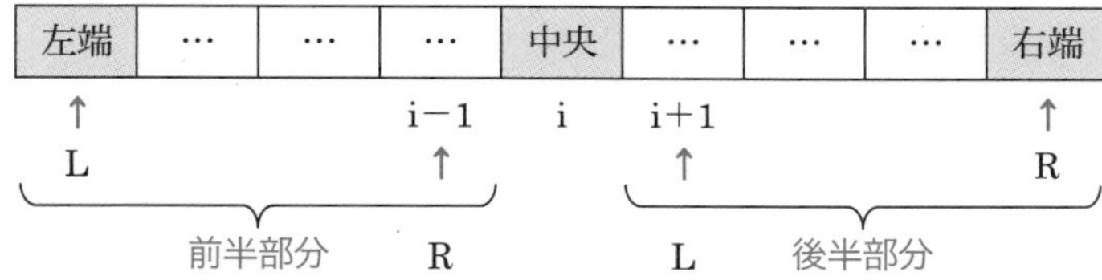

これで，探索を行う部分についてのアルゴリズムが完成し，次のようになりました。

```
i ← (L + R) ÷ 2 ……………  探索範囲の中央の位置を求める
if (A[i] = x) ……………  中央の値＝探索値
  [「見つかった！」を表示]
else
  if (A[i] > x) ………  中央の値＞探索値
    R ← i − 1 …………………新たな探索範囲を前半部分とする
  else
    L ← i + 1 …………………新たな探索範囲を後半部分とする
  endif
endif
```

(5) ２分探索のアルゴリズムを仕上げる

次は，外側の繰返し部分について擬似言語で表現していきます。

①　見つかった

これは「A[i]＝x」であることはよいでしょう。

②　見つからなかった

探索範囲が，前半部分だけとか，後半部分だけとか一定方向に絞られていくのであれば，最終的には，配列の左端や右端に達しますから，$i<1$ や $i>N$ などで判定可能です。しかし，比較の結果によって前半部分となったり，後半部分になったりと，一定方向に絞られていくとは限らないので，少し悩みます。

前半部分に絞り込まれたときには，右端を示す変数Rの値が小さくなります。一方，後半部分に絞り込まれたときには，左端を示す変数Lの値が大きくなります。つまり，前半部分，後半部分という探索範囲の絞込みによって，変数Lの値は大きくなり，変数Rの値は小さくなっていくのです。そして，変数LとRのそれぞれが示す位置の間隔が小さくなるということが，探索範囲が絞り込まれるということなのです。

探索が進んでいくと，範囲の左端がA[1]，右端がA[N]であり続けるとは限りません。

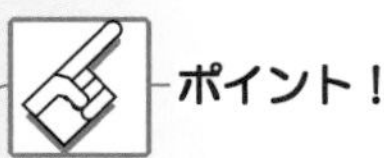

範囲の要素が一つのときにL=Rとなります。この範囲で不一致の場合，次はL=i+1かR=i−1となりますが，いずれにしろ「L>R」という条件が成立します。

探索範囲に複数のデータがあるときには，「L<R」となります。また，データが一つのときには「L=R」となります。さらに探索が続くと「L>R」という逆転現象が起きます。この場合には，探索範囲にデータがないので「見つからなかった」ということが分かります。このことから「L≦R」という条件も and を使って探索処理の継続条件に含める必要があります。

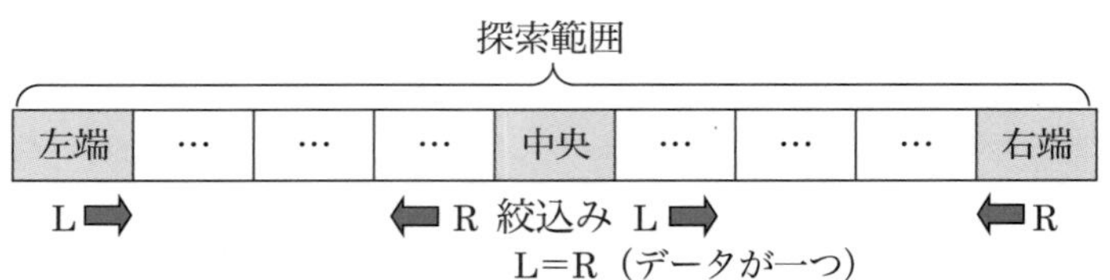

この探索処理の継続条件を繰返し処理を使って擬似言語で表記してみると，次のようになります。

```
while (A[i] ≠  x ………………一致しない
               and  L ≦ R) ………探索範囲にデータがある
  i ← (L + R) ÷ 2
  if (A[i] = x)
    [「見つかった！」を表示]
  else
    if (A[i] > x)
      R ← i − 1
    else
      L ← i + 1
    endif
  endif
endwhile
```

ここまでできたところで，本当にこれでよいかを確認します。確認をするためには，具体例でトレースをすればよいですね。このアルゴリズムを考えるときに使った数字列 {3，4，5，7，8} の中から，“3” や “9” を探索する例を使ってトレースしてみましょう。

トレースをはじめるとき，すぐ，おかしいところがあることに気がつきましたか？

まず，変数 i の初期値です。はじまってすぐ繰返しの判定がありますが，最初は変数 i の値が決まっていませんから，この判定を行うことができません。また，変数 L，R の値についても同様です。もう一つ，変数 x にも値を入れてないので設定しましょう。いわゆる “初期設定” です。

これを加えると，次のようになります。

```
L ← 1 ………………………最初の左端は，配列の先頭
R ← データの数 ………… 最初の右端は，最後のデータ
x ← 探索値 ………………… 探索値も入れておく
i ← (L ＋ R) ÷ 2 ……………最初の中央位置
while (A[i] ≠ x  and  L ≦ R)
  i ← (L ＋ R) ÷ 2
  if (A[i] ＝ x)
    [「見つかった！」を表示]
  else
    if (A[i] ＞ x)
      R ← i － 1
    else
      L ← i ＋ 1
    endif
  endif
endwhile
```

これで修正できたので，トレースして確認してみます。トレースしてみると，まだ改良する必要があることが分かります。{3，4，5，7，8} の中から中央の“5”を探索する場合は，最初から A[i]＝x となるため繰返し処理が実行されず，「見つかった！」と表示されません。

そこで，繰返し処理の中では「見つかった！」の表示はせず，A[i]＝x となる i の値を調べるだけにして，繰返し処理の外で表示するように変更すると，最初から一致する場合も含めて，正しく処理できるようになります。

```
L ← 1 ………………………最初の左端は，配列の先頭
R ← データの数 ………… 最初の右端は，最後のデータ
x ← 探索値 ………………… 探索値も入れておく
i ← (L ＋ R) ÷ 2 ……………最初の中央位置
while (A[i] ≠ x  and  L ≦ R)
  i ← (L ＋ R) ÷ 2
  if (A[i] ＝ x)          ┐
  else                    │
    if (A[i] ＞ x)        │
      R ← i － 1          ├ A[i]＝x となる i の値を調べる
    else                  │
      L ← i ＋ 1          │
    endif                 ┘
  endif
endwhile
if (A[i] ＝ x)
  [「見つかった！」を表示]
endif
```

今度こそ完成です。最初から完璧なアルゴリズムを作ることは難しいので，慣れるまでは一つずつ改良しながら，トレースして確認するようにしましょう。

章末問題

（基礎編）問2-1

1,000 人の個人顧客名を並べた名簿がある。来客名による検索を線形探索法を用いて行う。平均比較回数の見積りとして正しい組合せはどれか。

（H7 秋-2K 問 13 改）

	名簿中に来客名がないとき，ないことが分かるまでの平均比較回数	名簿中に来客名があるとき，その顧客名に到達するまでの平均比較回数
ア	333	333
イ	500	333
ウ	500	500
エ	1,000	500
オ	1,000	1,000

（基礎編）問2-2

ある電話番号をあらかじめ整列された 1,000 人の電話番号から 2 分探索法を用いて探索するとき，最大何回の比較で見つかるか。ただし，一致する番号が見つからないこともあるものとする。

（H11 春-1K 問 6）

ア 7　　イ 8　　ウ 9　　エ 10

（基礎編）問2-3

昇順に整列された n 個のデータが格納されている配列 A がある。流れ図は，2分探索法を用いて配列 A からデータ x を探し出す処理を表している。a，b に入る操作の正しい組合せはどれか。ここで，除算の結果は小数点以下が切り捨てられる。

(H19 秋-FE 問 14 改)

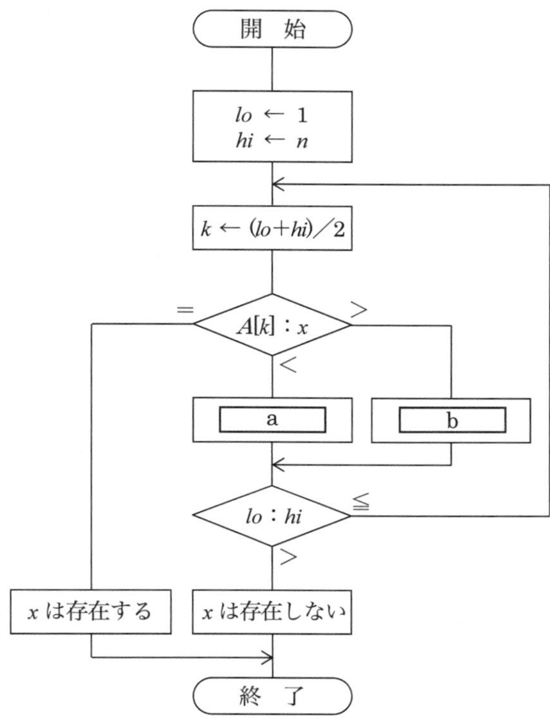

	a	b
ア	$hi \leftarrow k + 1$	$lo \leftarrow k - 1$
イ	$hi \leftarrow k - 1$	$lo \leftarrow k + 1$
ウ	$lo \leftarrow k + 1$	$hi \leftarrow k - 1$
エ	$lo \leftarrow k - 1$	$hi \leftarrow k + 1$

（基礎編）問2-4

次のプログラムの説明およびプログラムを読んで，設問に答えよ。

(H10 秋-2K　午後問１改)

〔プログラムの説明〕

大きさ n の配列 T の各要素 T[1]，T[2]，…，T[n]に異なる値が昇順に格納されている。与えられた変数 data と同じ値が格納されている要素を 2 分探索法で見つける。変数 data の値と一致した要素が見つかると，その要素番号を変数 idx に格納して検索を終了する。見つからなかったときは，変数 idx を 0 とする。

2 分探索法による検索の概要は，次のとおりである。

(1) 最初の探索範囲は，配列全体とする。

(2) 探索範囲の中央の位置にある配列要素の値（以後，中央の値と呼ぶ）と検索する値とを比較する。

(3) 比較の結果，

① 二つの値が等しければ，検索を終了する。

② “検索する値＞中央の値”であれば，検索する値は探索範囲の前半には存在しないので，後半を次の探索範囲とし，(2)に戻る。

③ “検索する値＜中央の値”であれば，検索する値は探索範囲の後半には存在しないので，前半を次の探索範囲とし，(2)に戻る。

④ 二つの値が一致せず，しかも探索範囲の要素数が 1 個以上存在する間は，検索を継続する。

```
〔プログラム〕
 idx ← 0
 low ← 1
 high ← [    a    ]
 while (low ≦ high  and  idx = 0)
   [       b       ]
   if (data = T[mid])
     [       c       ]
   elseif (data ＜ T[mid])
     high ← mid − 1
   else
     low ← mid ＋ 1
   endif
 endwhile
```

設問　プログラム中の [　　　] に入れる正しい答えを，解答群の中から選べ。
ただし，除算した結果の小数点以下は切捨てとする。

aに関する解答群

ア　0	イ　1	ウ　n
エ　n − 1	オ　n ＋ 1	カ　n ÷ 2

b，cに関する解答群

ア　high ← low × 2	イ　idx ← high − low
ウ　idx ← mid	エ　low ← high − low
オ　low ← high ÷ 2	カ　mid ← (high − low) ÷ 2
キ　mid ← (high ＋ low) ÷ 2	ク　mid ← high − 1
ケ　mid ← low ＋ 1	

（基礎編）問2-5

次のプログラムの説明，擬似言語の記述形式の説明およびプログラムを読んで，設問1，2に答えよ。

(H12春-2K 午後問4改)

〔プログラムの説明〕

英単語帳ファイル（レコード数≧1）を更新するプログラムである。利用者が英単語と日本語の訳語を入力し，英単語帳ファイルにその英単語があれば訳語を書き換え，なければその英単語と訳語を追加する。

(1) 英単語帳ファイルの内容を，英単語の配列 eitan と訳語の配列 yaku に読み込む。

(2) 英単語帳ファイルの単語数は，ファイルを読み込んだときに変数 n に代入される。

(3) 入力データとして英単語(E)と訳語(J)を入力し，E を 2 分探索法を用いて検索する。

(4) E が配列 eitan 中にあれば，その訳語を J に置き換える。なければ，配列 eitan と yaku の内容をそれぞれ配列の最後尾から順にずらしていき，E と J を正しい位置に挿入する。

(5) E が空白文字のとき，データ入力処理を終了し，配列 eitan と yaku の内容を英単語帳ファイルに書き出す。

設問1　ファイル入力処理を実行した直後の eitan と yaku の配列として，このプログラムで正しく処理されるものを，解答群の中から選べ。

解答群

ア

eitan	yaku
bread	パン
cat	猫
head	頭
kitchen	台所
mountain	山
program	計画
water	水

イ

eitan	yaku
bread	パン
head	頭
mountain	山
water	水
program	計画
kitchen	台所
cat	猫

ウ

eitan	yaku
mountain	山
water	水
cat	猫
head	頭
bread	パン
kitchen	台所
program	計画

エ

eitan	yaku
water	水
program	計画
mountain	山
kitchen	台所
head	頭
cat	猫
bread	パン

〔プログラム〕

```
○プログラム名: 英単語帳の更新
  文字型: E, J
  整数型: H, L, i, k, n
  文字型配列: eitan[100], yaku[100]  /* eitan[n]:n 番目の要素を示す */
  ファイル: file-A
○手続: ファイル入力(file-A, eitan, yaku, n)
      /* ファイル file-A の内容を配列 eitan, yaku に読み込む手続 */
      /* n には読み込んだ単語数が代入される */
○手続: ファイル出力(file-A, eitan, yaku, n)
      /* 配列 eitan, yaku の内容をファイル file-A に書き込む手続 */
      /* n には書き込む単語数を指定する */
○手続: データ入力(E, J)
      /* 入力データの英単語と日本語の訳語を E, J に読み込む手続 */

ファイル入力(file-A, eitan, yaku, n)
データ入力(E, J)
while (E ≠ 空白文字)
  H ← n
  L ← 1
  k ← int((H + L) ÷ 2)    /* int( )は, 小数点以下を切り捨てる関数 */
  while (H ≧ L and E ≠ eitan[k])
    if (E < eitan[k])
      H ← k − 1
    endif
    if (E > eitan[k])
      L ← k + 1
    endif
    k ← int((H + L) ÷ 2)
  endwhile
  if (E = eitan[k])
α ⇒ yaku[k] ← J
  else
    i ← n
    while (i ≧ L)
β ⇒   eitan[i+1] ← eitan[i]
      yaku[i+1] ← yaku[i]
      i ← i−1
    endwhile
γ ⇒ eitan[L] ← E
    yaku[L] ← J
    n ← n + 1
  endif
  データ入力(E, J)
endwhile
ファイル出力(file-A, eitan, yaku, n)
```

設問２　設問１の正しい配列を用いて，表の入力データを順に読み込むとき，［　　］に入れる正しい答えを，解答群の中から選べ。

表　入力データ

	英単語	訳語
①	program	プログラム
②	computer	コンピュータ
③	zoo	動物園

プログラム中の$\boldsymbol{\alpha}$～$\boldsymbol{\gamma}$の処理のうち，表の入力データ①では$\boldsymbol{\alpha}$だけが実行され，入力データ②では［　a　］が実行され，入力データ③では［　b　］が実行される。また，入力データ②が挿入される位置は，配列の［　c　］である。

a，b に関する解答群

ア　$\boldsymbol{\alpha}$～$\boldsymbol{\gamma}$のすべて　イ　$\boldsymbol{\alpha}$だけ　ウ　$\boldsymbol{\alpha}$と$\boldsymbol{\beta}$だけ
エ　$\boldsymbol{\alpha}$と$\boldsymbol{\gamma}$だけ　オ　$\boldsymbol{\beta}$だけ　カ　$\boldsymbol{\beta}$と$\boldsymbol{\gamma}$だけ
キ　$\boldsymbol{\gamma}$だけ

c に関する解答群

ア　先頭　イ　１番目と２番目の間
ウ　２番目と３番目の間　エ　３番目と４番目の間
オ　４番目と５番目の間　カ　５番目と６番目の間
キ　６番目と７番目の間　ク　末尾

第3章

整列アルゴリズム

整列とは，大きい順や小さい順に並び替えることです。普段の生活の中で，レシートや支払い関係の書類を日付順に並び替えたり，年賀状を差出人のアイウエオ順に並び替えたりということは何気なく行っています。それらの手順をアルゴリズムとしてまとめるのが，この章のテーマです。整列を行うアルゴリズムの考え方を学ぶことによって，整列以外のアルゴリズムにも活用できる考え方が身につきます。なお，処理の手順や考え方をアルゴリズムとしてまとめていくときのプロセス（過程）も大切で，このテキストでは重点的に解説しています。

この章の学習ポイントは次のような内容になります。

・交換法（バブルソート）の考え方とアルゴリズム

・選択法の考え方とアルゴリズム

・挿入法の考え方とアルゴリズム

基礎編

第１章　アルゴリズムの基本

第２章　探索アルゴリズム

第３章　整列アルゴリズム

1．整列処理の概要
2．交換法（バブルソート）
3．選択法
4．挿入法

第４章　データ構造

1. 整列処理の概要

第２章では，探索というテーマで，探索の基本アルゴリズム，配列に対する繰返し処理について学習しました。この章では，整列というテーマについて，基本アルゴリズムを学習しますが，整列を行う処理では，探索で使った基本的な繰返し処理ではなく，繰返し処理の中で，さらに別の繰り返し処理を行うといった，少し複雑なアルゴリズムが必要になります。この章の学習をとおして，整列の基本アルゴリズムを学習するとともに，繰返し処理に対する理解も深めていきましょう。

(1) 整列とは

整列
ソート
昇順
降順

整列（sort；**ソート**）とは，値を**昇順**（小→大）もしくは**降順**（大→小）に並び替えることです。例えば，小学生の身長を昇順に整列すると，次のようになります。

	(整列前)		(整列後)
1	150	→	120
2	120		125
3	160		130
4	130		140
5	155		150
6	125		155
7	140		160

図　身長の整列

人間が行う場合は，全体を見渡して，明らかに大きなものを選んで先頭にもってきたり，同じような身長の 2，3 人分を同時に選び出したりと，これといって決まった方法で並べ替えるわけではありません。

しかし，コンピュータでは，このようなあいまいな方法を取ることができないので，あらかじめ，どういう手順で行うかをアルゴリズムとしてまとめ，コンピュータに伝える必要があります。また，人間のようにいくつもの値を同時に比較することもできませんし，2，3 人分の値を同時に選び出してくることもできません。そして，値の交換すら一度にはできないのですが，このことは後で考えましょう。

(2) 内部ソートと外部ソート

コンピュータを使って整列を行う方法には，大きく分けて，内部ソートと外部ソートがあります。**内部ソート**は主記憶の中だけで行う整列で，**外部ソート**は磁気ディスクなどの外部記憶装置を使って行う整列です。

内部ソート

外部ソート

この章では，内部ソートのうち基本的な三つの方法を学びます。

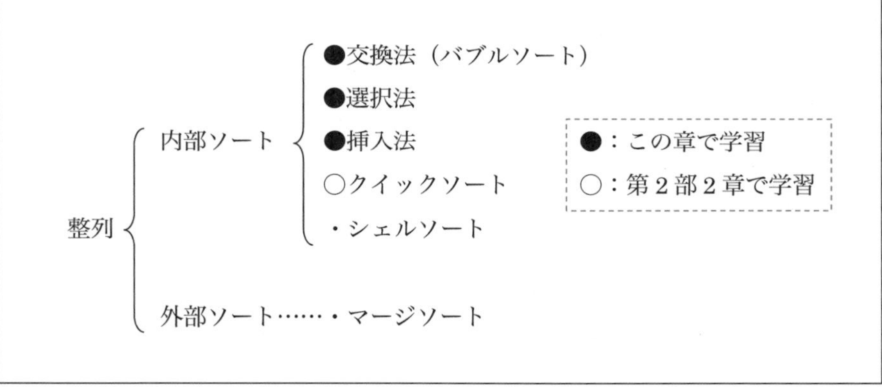

図　ソートの種類

2. 交換法（バブルソート）

(1) 交換法の考え方

交換法
バブルソート

交換法（bubble sort；バブルソート）とは，値が入っている配列について，片側の端から順番に隣り合う値を比較し，順番が逆になっていれば交換するという操作を，もう一方の端まで繰り返すという整列方法です。

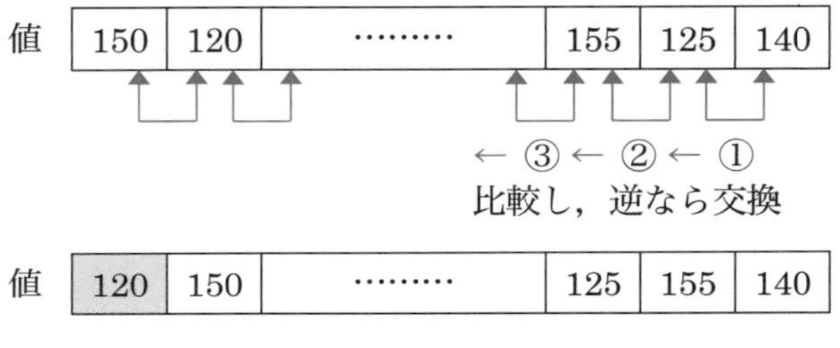

図　バブルソートのイメージ

「1. 整列処理の概要」(1)の身長を昇順に整列する例として挙げた「図　身長の整列」（P.104 参照）のデータを使って，整列の様子を見ていきましょう。

まず，1 回目として最後（7 番目）の値とその前（6 番目）の値を比較します。7 番目は 140，6 番目は 125 ですから，正しい順番で並んでいます（交換は不要です）。

2 回目として，6 番目と 5 番目の値を比較します。6 番目は 125，5 番目は 155 ですから，今度は順番が逆なので交換します。この結果，6 番目は 155，5 番目は 125 となります（この時点では，6 番目と 7 番目の順番が逆ですが，最終的には整列されますから，気にしないでください）。

このように，隣り合う二つの要素を比較し，順番が逆ならば交換するという操作を，3 回目として 5 番目と 4 番目，4 回目として 4 番目と 3 番目というように先頭の要素まで行っていくと，次のようになります。

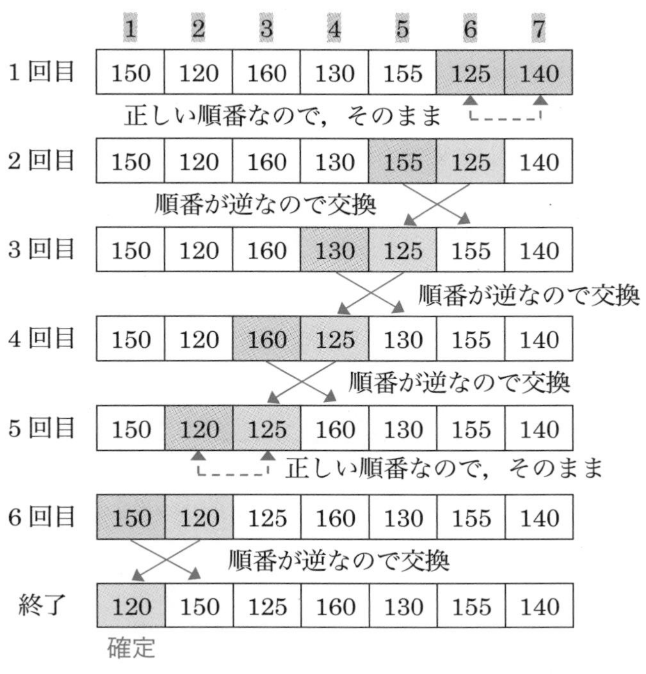

1回の比較・交換では，隣り合う二つの要素だけが対象となります。しかし，終了の状態を見ると，最終的に最も小さい120という値が，先頭（左端）に入っていることが分かります。

例えば，2回目の比較・交換では6番目と5番目の要素が比較の対象となっています。しかし，1回目（7番目と6番目）の比較・交換の結果，6番目には，二つの要素のうち小さいほうの値が入っているのです。したがって，その値と5番目の値を対象として比較・交換を行うと，5番目には5〜7番目の要素の中で最小の値が入るのです。

言われてみればあたり前のことですが，このアイディアがバブルソートの基本です。

ポイント！

この考え方が，交換法のポイントです。二つの要素だけを比較・交換しているようですが，実は，比較・交換を行った範囲の最小値が，常に先頭に来るようになっています。そして，順に範囲を広げていけば，最小値が先頭に先頭にと，ずれていきます。

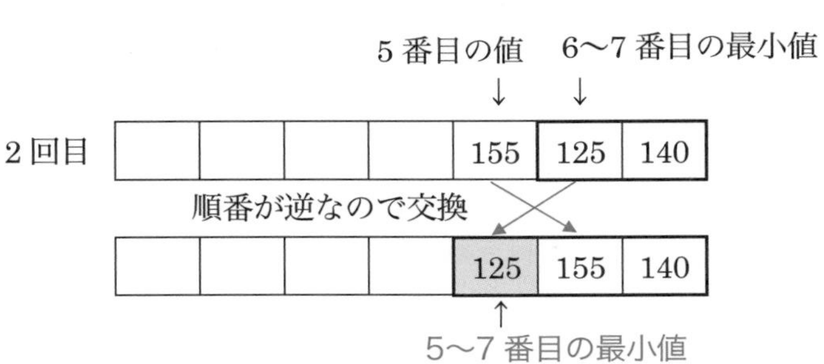

3回目，4回目も同じことが行われていきます。5回目（2番目と3番目）の比較・交換が終わったときには，2番目の要素には2〜7番目の要素の中で最小の値が入っていることになります。そして，最後（6回目）の比較・交換では，2〜7番目の最小値と1番目の要素の比較・交換が行われます。この二つの値のうち，小さいほうが全体の最小値です。したがって，この比較・交換によって，先頭（1番目）には，すべての要素の中で最小の値が入ることになるのです。

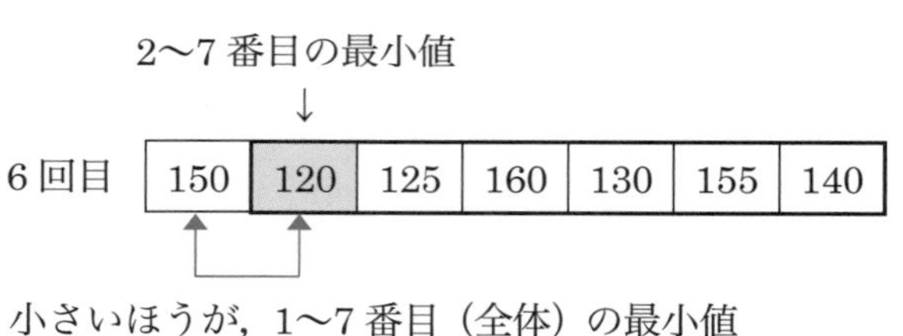

2〜4回目の比較・交換では，125という値が，順番に左にずれていきます。また，6回目の比較・交換では120が左にずれます。先頭を上，終わりを下というように考えてみると，小さい値がしだいに上に上っていくようにずれていきます。これが，水の入ったコップの中で，泡（バブル）が上に昇っていく様子に似ているので**バブルソート**と呼ばれるのです。

バブルソート

さて，7番目と6番目，6番目と5番目，……，2番目と1番目の合計6回の比較・交換によって，最小値を1番目に入れることができました。そして，ここまでは，探索と同じ基本的な繰返し処理で実現できます。しかし，2〜7番目については，まだ整列された状態にはなっていません。目的は，すべての要素を昇順に並べることでしたから，まだ，目的は達成していません。どうしたらよいでしょうか。

(2) 残りの部分を整列する

1番目の値が最小値として確定し，昇順の整列が終了したあとは，1番目が正しい値なので，この値の位置を替える必要はありません。今度は2〜7番目の値を範囲として，同じ操作を繰り返します。すると，2番目の位置に，2〜7番目の値中の最小値，つまり，全体で2番目に小さな値が入ることになります。それが終わったら，次は3〜7番目を範囲とします。

こうして，比較・交換する範囲を一つずつ狭めながら，最後は6番目と7番目の要素だけが範囲となるまで，同じことを繰り返していきます。そうすれば，最終的にすべての要素が正しい順番（昇順）に並ぶことになります。

それでは，２周目以降の過程について見ていくことにしましょう。

①　１周目の結果

120	150	125	160	130	155	140

確定

②　２周目

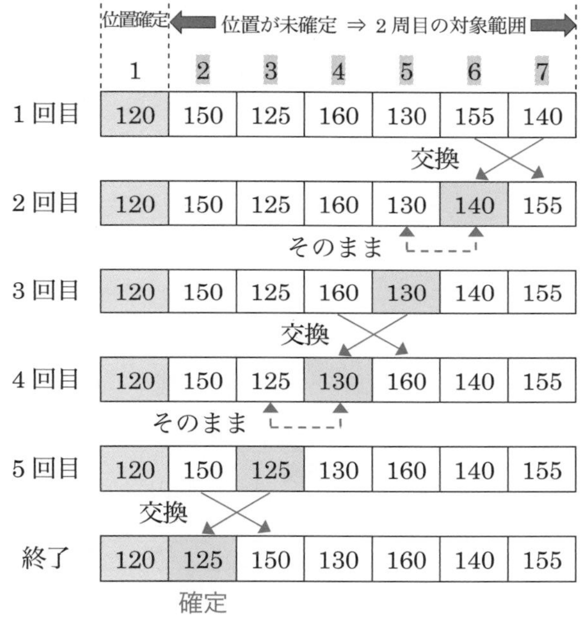

５回まで比較・交換を繰り返すことで，最終的に，すべての値の中で２番目に小さな値 125 が，２番目の位置に入っていることが分かります。

アドバイス

バブルソートは，繰返し処理が二重になっているので,一般的に外側の（大きな）繰返しの回数を１周目，２周目と呼んで，内側の繰返し回数（１回目，２回目）と区別します。

③　３周目

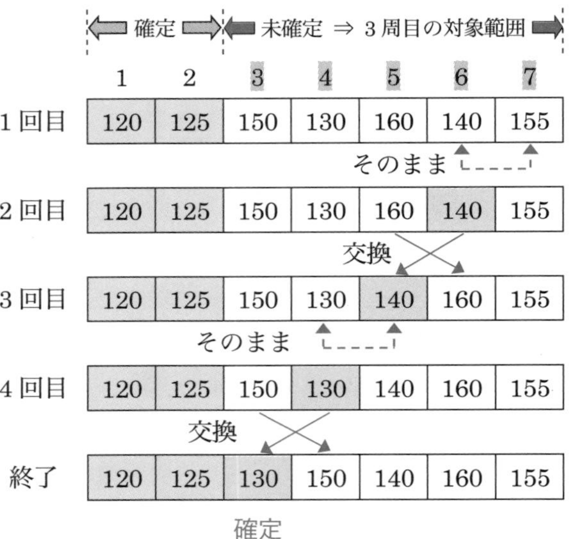

確定
未確定 ⇒ 3 周目の対象範囲
1
2
3
4
5
6
7
1 回目
120 125 150 130 160 140 155
そのまま
2 回目
120 125 150 130 160 140 155
交換
3 回目
120 125 150 130 140 160 155
そのまま
4 回目
120 125 150 130 140 160 155
交換
終了
120 125 130 150 140 160 155
確定

④　４周目

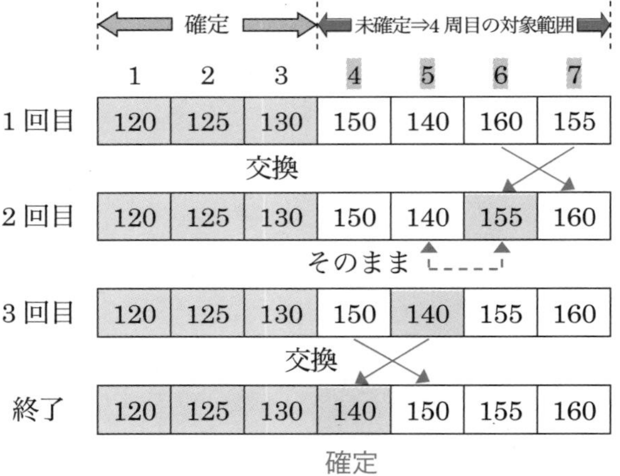

確定
未確定⇒4 周目の対象範囲
1
2
3
4
5
6
7
1 回目
120 125 130 150 140 160 155
交換
2 回目
120 125 130 150 140 155 160
そのまま
3 回目
120 125 130 150 140 155 160
交換
終了
120 125 130 140 150 155 160
確定

⑤　５周目

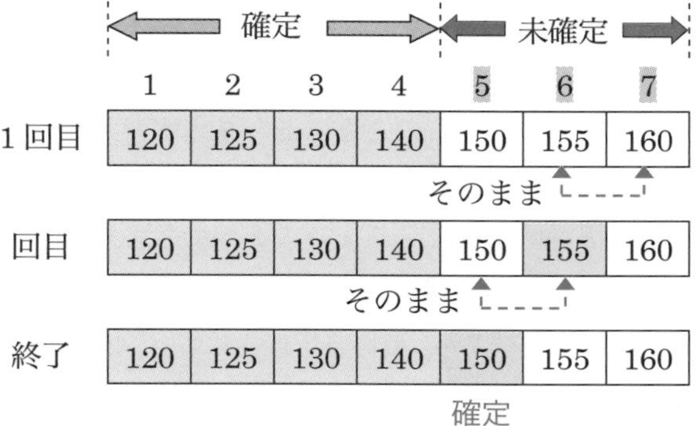

⑥　６周目

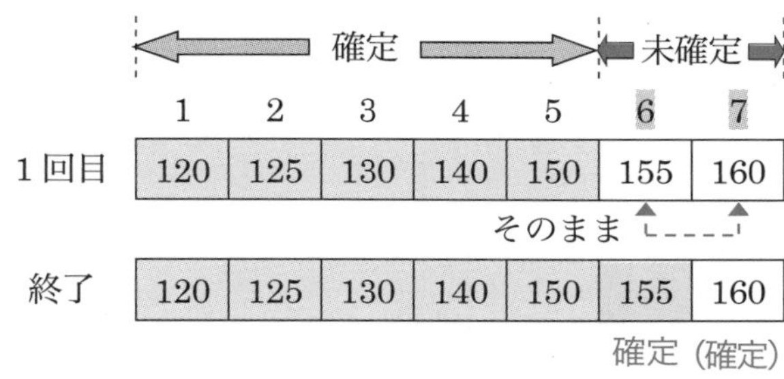

６周目が終わった時点で，６番目の値まで位置が確定します。残りは７番目一つになってしまいますから，必然的に７番目も確定です。すべての値が昇順に並んでいることを確認してください。

さて，隣同士の値を比較して，「整列したい順と大小関係が異なれば交換する」という単純な処理ですが，この単純な処理を繰り返すことによって，最終的にすべての値を昇順に並べることができました。この内容をアルゴリズムとして，擬似言語によって表現していきましょう。

(3) バブルソートのアルゴリズム

これまでにも，処理の繰返しを利用することで，アルゴリズムを簡潔に記述できるということを学習しました。いま見てきたバブルソートでも，比較・交換という単純な処理を繰り返しています。しかし，１周目，２周目という範囲を狭めながらの繰返しの中に，さらに７番目と６番目の値，６番目と５番目の値という繰返しが存在します。慣れないうちは，こうした二重の繰返しを一度に考えると混乱してしまいます。混乱しないようにするには，一度に考えないようにすればよいのです。

ポイント！

１章で説明したとおり，おおまかな流れと細かな流れを分けて考えることがポイントです。

範囲の最後から7番目と6番目の値，6番目と5番目というように，先頭の要素まで比較・交換する処理を「**スキャン処理**」と呼ぶことにしましょう。そして，このスキャン処理の中では，7番目と6番目，6番目と5番目というように，比較・交換が繰り返されますが，このことはとりあえず考えないようにします。すると，交換法（バブルソート）のアルゴリズムは，1周目，2周目……と，スキャン処理を繰り返すというようにとらえることができます。

ポイント！

スキャン（scan）とは一つのデータを参照したり比較したりすることで，走査ともいいます。

次に，各周のスキャン処理で何が違ったかを思い出してみます。先ほどの例では，1周目のスキャン処理は7〜1番目までが，比較・交換の範囲でした。2周目の繰返しでは7〜2番目，そして，最後の6周目の繰返しでは7〜6番目だけが比較・交換の範囲となります。つまり，比較・交換の範囲を一つずつ狭めながら，スキャン処理を繰り返しています。繰返しごとに変化するのは，範囲の左端です。この左端を変数nとして考えてみます。

まずはおおまかな流れを考えましょう。

最初のスキャン処理ではn=1（先頭の要素），次のスキャン処理ではn=2，そして，n=6 としたスキャン処理が終了すると，全体の整列が完了します。n=6 のスキャン処理が終了した直後に，nの値は1加算されて7になります。つまり，n=6 のときは繰返しを行い，n=7 のときには繰返しを終了するような条件が必要です。7未満のときは繰り返し（継続），7になったら終了するのですから，継続条件は7未満，つまり，「n<7」と記述できます。

nの値は1ずつ増えていきます。つまり，整数値ですから「n<7」という条件式と，「n≦6」という条件式は，同じ意味になり，どちらでも同じ結果になります。

この内容を擬似言語で表現すると次のようになります。

```
n ← 1
while (n ＜ 7)
  [n番目から7番目の要素に対する「スキャン処理」を行う]
  n ← n ＋ 1 ………… 範囲の左端を一つ狭める
endwhile
```

(4) スキャン処理のアルゴリズム

次は細かな流れを考えましょう。

これで，アルゴリズムのおおまかな構造が完成です。次は，スキャン処理の部分だけに注目して考えます。スキャン処理とは7〜n番目の値を範囲として，順次，隣り合う要素の比較・交換を行う処理でした。7番目と6番目，6番目と5番目というように，比較・交換を繰り返します。

慣れないうちは，iとi−1のように関係を表現することが，なかなか難しいと思います。図などを描いて理解しましょう。

繰返しの都度，対象の値が左にずれていきますが，i番目の値と比較・交換するのは，その隣（前）の値ですからi−1番目です。

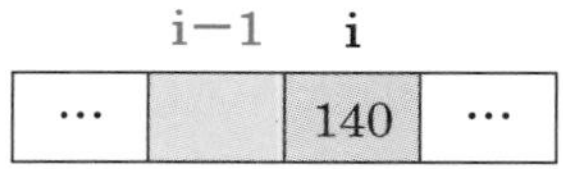

iの初期値を7として，iの値を1ずつ減少させながら，i番目とi−1番目の比較・交換を繰り返すということになります。そして，n番目の要素が範囲の左端ですから，この要素に対する比較・交換まで行われた時点で，スキャン処理は終了です。つまり，n+1番目とn番目の比較・交換が行われたら，終了ということになります。

スキャン処理を，i番目とi−1番目の比較・交換を繰り返すと考えてきましたから，i=n+1の比較・交換が行われた時点で終了となります。iの値は繰返しのたびに1ずつ減っていきますから，i=n+1の比較・交換が行われた後，i=nとなります。これが実際の終了条件です。少し紛らわしいので，ゆっくり考えて変数iとnの関係について理解してください。

アドバイス

i=n+1の関係をすぐに見つけるのは難しいかもしれません。図などを描いて整理するようにしましょう。

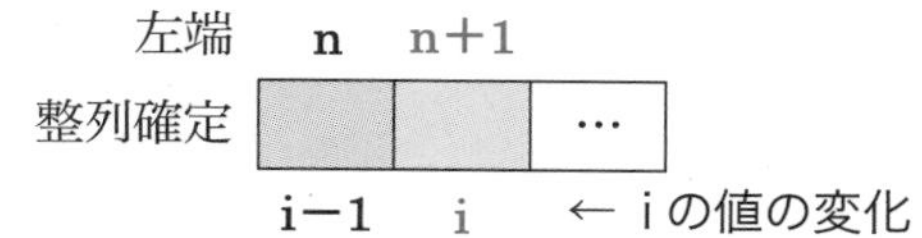

整列したい値が配列Aに入っているとすると，i番目の要素はA[i]となります。この条件で「スキャン処理」のアルゴリズムを，擬似言語で表現すると，次のようになります。繰返しの条件として継続条件（その条件が真の間繰り返す）で記述しているので，条件が「i>n」となっていることに注意してください。

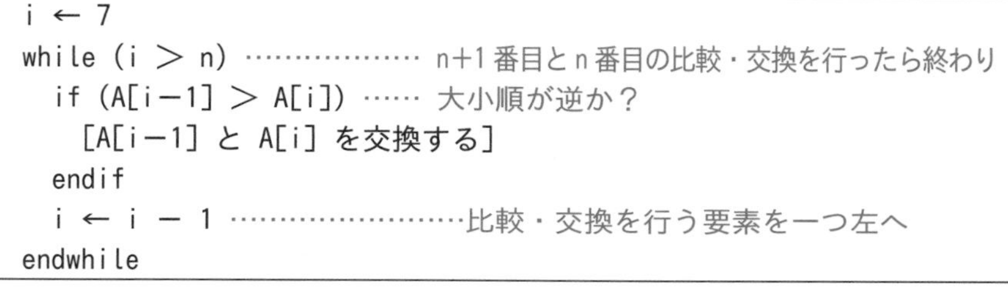

```
i ← 7
while (i > n) ……………… n+1番目とn番目の比較・交換を行ったら終わり
  if (A[i−1] > A[i]) …… 大小順が逆か？
    [A[i−1] と A[i] を交換する]
  endif
  i ← i − 1 ……………………比較・交換を行う要素を一つ左へ
endwhile
```

アドバイス

iも整数ですから，この条件は「i≧n+1」としても同じ意味です。いろいろな書き方ができるので，注意してください。

「i>n」の間は繰り返すのですから，「i=n」となったら繰返しを終了します。

ここでアルゴリズム特有の問題があります。それは，A[i−1]とA[i]の交換は，単純にA[i−1]をA[i]に入れ，A[i]をA[i−1]に入れるというだけではいけないということです。次の操作を行ったときの配列内容を確認してください。

A[i−1]	A[i]	操作
20	10	(A[i−1]とA[i]の初期値)
20	20	A[i−1]をA[i]に入れる
20	20	A[i]をA[i−1]に入れる

この操作で問題なのは，このように，A[i]がA[i−1]の値で上書きされてしまうことです。その値をA[i−1]に入れても，結果として，A[i]とA[i−1]が同じ値になってしまいます。これでは，交換になりません。

ひと言で交換といいますが，アルゴリズムではそれなりの工夫が必要です。ちょっとめんどうですが，wという変数を使って，次のような手順で行います。

アドバイス

wという変数を使いましたが，これは作業用（work）変数の頭文字です。変数の名前は，その変数の目的に合ったものにします。まだ，学習をはじめたばかりですから，しばらくは，なるべく短い変数名を使います。

本書では，章が進むにつれ，だんだん変数名を長くして一般的な名前にしていきます。徐々に慣れていってください。

```
① w ← A[i]----------------- A[i]の値を，wに退避する
② A[i] ← A[i−1] -------- A[i−1]の値を，A[i]に入れる
③ A[i−1] ← w------------ w（元のA[i]の値）をA[i−1]に入れる
```

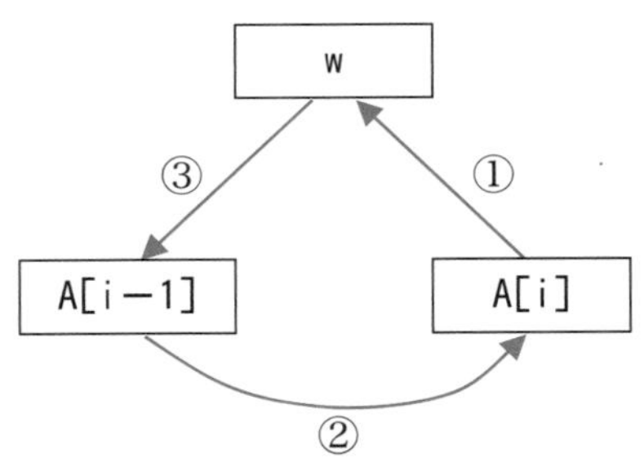

A[i−1]	A[i]	w	操作
20	10		（A[i−1]とA[i]の初期値）
20	10	10	w ← A[i]
20	20	10	A[i] ← A[i−1]
10	20	10	A[i−1] ← w

このようにすることで，値の交換を正しく行うことができます。値の交換という部分を盛り込んで，次のようにすると，スキャン処理は完成です。

アドバイス

値の交換を行うときには一時待避用の変数が必要になります。

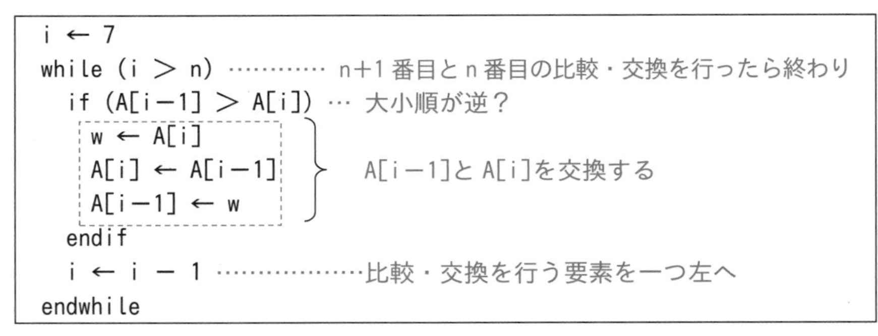

```
i ← 7
while (i > n) ………… n+1番目とn番目の比較・交換を行ったら終わり
  if (A[i−1] > A[i]) … 大小順が逆？
    w ← A[i]           ┐
    A[i] ← A[i−1]      ├ A[i−1]とA[i]を交換する
    A[i−1] ← w         ┘
  endif
  i ← i − 1 ………………比較・交換を行う要素を一つ左へ
endwhile
```

(5) バブルソートのアルゴリズムを仕上げる

完成したスキャン処理を，先ほどの交換法（バブルソート）のおおまかな構造に組み込めば，アルゴリズムは完成し，次のようになります。

```
n ← 1
while (n ＜ 7)
  i ← 7                          ┐
  while (i ＞ n)                 │
    if (A[i－1] ＞ A[i])         │
      w ← A[i]                   │
      A[i] ← A[i－1]             ├ スキャン処理
      A[i－1] ← w                │
    endif                        │
    i ← i － 1                   │
  endwhile                       ┘
  n ← n ＋ 1
endwhile
```

最初に示した小学生７人分の身長値を使って，トレースしてみましょう。７人分の値がきちんと昇順に並べ替わります。このアルゴリズムでは，変数 i の初期値やスキャン処理の継続条件は，この例のデータ数である“7”という値になっています。

しかし，このデータ数は整列の対象によって違ってきます。当然，データ数が違えば，この“7”という値も変わってきます。例えば，データ数をそのまま変数の「データ数」として扱えば，次のようなアルゴリズムになります。

```
n ← 1
while (n ＜ データ数)
  i ← データ数
  while (i ＞ n)
    if (A[i－1] ＞ A[i])
      w ← A[i]
      A[i] ← A[i－1]
      A[i－1] ← w
    endif
    i ← i － 1
  endwhile
  n ← n ＋ 1
endwhile
```

3. 選択法

昇順の整列とは，値の小さい順（小→大）に値を並べ替えることです。このためには，まず，すべてのデータの中で最小の値を探し，その値を最初に置きます。次に，残りのデータの中で最小の値を探し，最初に置いた値の次に並べる，といった操作を繰り返していけばよいことになります。

先ほど紹介した交換法では，隣り合う二つの値を比較・交換するという操作を繰り返しました。そうすることで，まず，最小の値が先頭（左端）に，そして 2 番目に小さい値がその次へと並ぶことになりました。そして，これを 3 番目，4 番目と繰り返していくと最終的にすべてのデータが昇順に並ぶというものでした。

隣り合う二つのデータに対する比較・交換という操作を繰り返すというのが，結果的には，最小の値を選び，その値を先頭に置くということになるのです。しかし，このことを，直感的に理解するというのは難しいと思います。具体的な値を使ったトレースによって，そうなることが確認できれば，いまは十分です。

(1) 選択法の考え方

選択法

選択法（sorting by selection）は，交換法に比べれば直感的に理解しやすい方法です。まず，データ全体の中から最小の値を選択し，先頭に置きます。そして，「残りのデータの中で最小の値を選択し，その次に並べる」ということを繰り返します。

ただし，選択法によって整列を行うためのアルゴリズムを考える場合にも，交換法で前提としたことと同じ制限があります。それは，二つの値の比較しか行えないこと，そして，データが入っている場所（配列）を使って整列するということです。

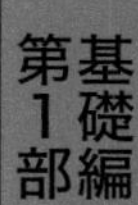

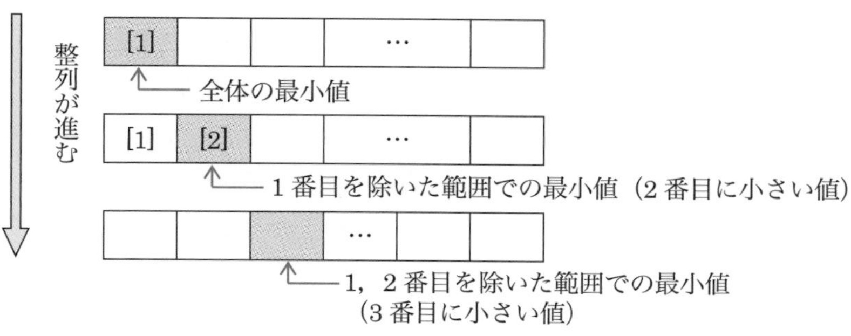

図　選択法で整列が進んでいく様子

交換法で用いた，小学生の身長を昇順に整列する例を使って同じように考えてみましょう。

（整列前）

1	150
2	120
3	160
4	130
5	155
6	125
7	140

（整列後）

120
125
130
140
150
155
160

まず，7 人分のデータの中から，最小のものを選び，先頭に置くということを考えてみます。値を見渡す限り，120 というのが最小ですから，これが先頭にくるはずです。

たくさんのデータの中から，最小の値を探す方法については，第１部１章で学習しました。もちろん，この方法を使って最小の値を選択し，それを配列の先頭に入れるという方法で選択法のアルゴリズムを実現することもできます。しかし，ここではバブルソートを応用した方法で実現してみます。

この方法では，範囲の左端（1 番目）を基準として比較・交換を行っていきます。具体的には，まず，1 番目の 150 と 2 番目の 120 を比較します。2 番目のほうが小さいですから，とりあえず，この値（120）が最小値の候補となります。この時点ではとりあえずの候補ですが，2 番目の 120 を 1 番目の位置に移します。さて，移すということですから，2 番目の値を 1 番目に入れればよいのですが，それだけでは 1 番目の値が上書きされて，なくなってしまいます。そうです，移すのではなく，1 番目の値と 2 番目の値を交換します。

選択法は次々に比較・交換する要素を変えていきます。その結果，常に先頭に最小値が置かれることになります。

次は，この交換を行った状態で，1 番目の 120 と 3 番目の 160 を比較します。1 番目のほうが小さいので，交換は不要です。しかし，この時点で 1 番目に置かれている値は，1 番目〜3 番目の中で最小のものであるというチェックが済んでいることに注意してください。これを 4 番目の値，5 番目の値との比較というように繰り返していきます。具体的な様子は，次のとおりです。

① 1周目

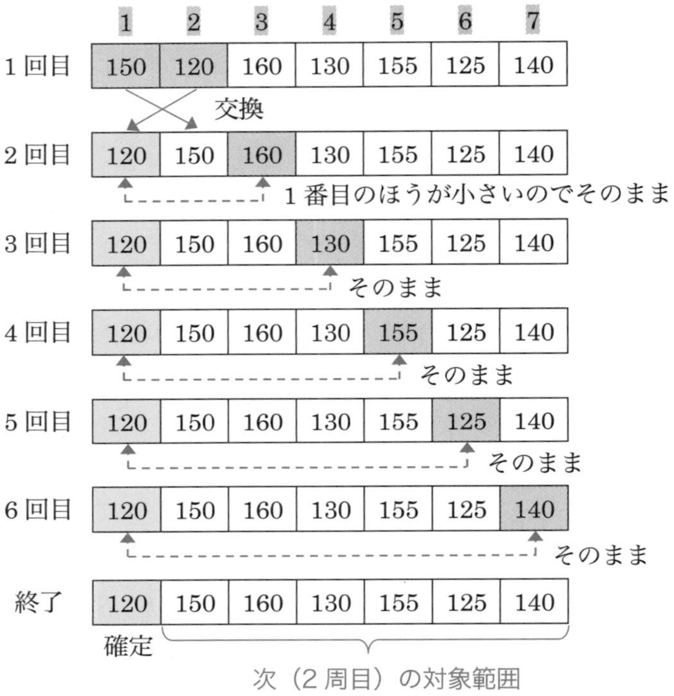

この例では，結果的に 1 回目の比較・交換のときにだけ実際の交換が行われ，それ以降には値の交換はありませんでした。しかし，例えば 3 回目の比較・交換では 1〜4 番目の中の最小値が，そして，4 回目の比較・交換では 1〜5 番目の中の最小値というように，最小値であることの確認が進んでいきます。そして，6 回目の比較・交換が行われた時点では，1〜7 番目，つまり，すべての値の中で最小値のものが 1 番目に置かれているということになるのです。当然，データの内容が違っていれば，何度も値の交換が行われることもあります。

これで，最小の値を先頭に置くということが実現できました。しかし，残りの部分については，整列が済んでいません。次は，2 番目に小さな値を選択して，2 番目の位置に置くことを考えます。このためには，いま見てきた方法を使い，2〜7 番目について同じことを行えばよいのです。これが終われば，全体で 2 番目に小さいものが，2 番目に置かれることになります。方法は最小（1 番目）の値を選ぶときと同じです。ただし，今回は範囲が一つ狭くなり，2〜7 番目となるので，範囲の先頭位置は 2 番目です。

具体的な様子は，次のようになります。

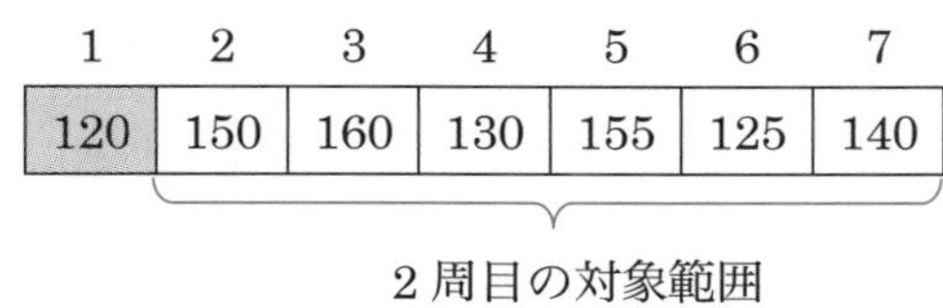

② 2 周目

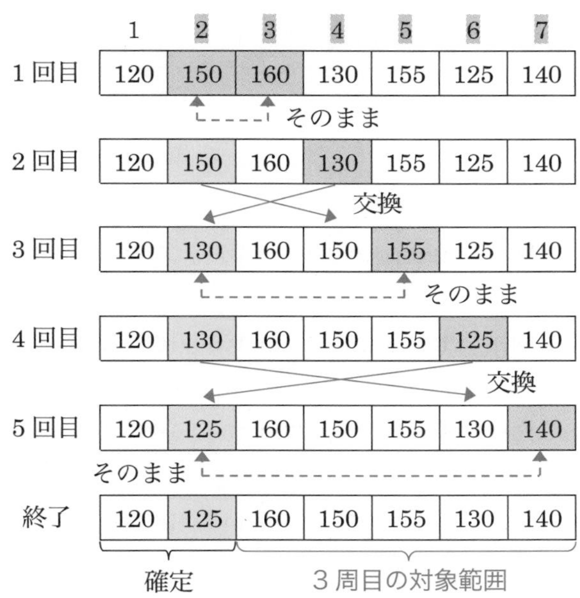

さて，2 番目に小さい値を，配列の 2 番目に移すことができました。昇順の整列という目的を考えると，2 番目の要素まで，つまり，1 番目と 2 番目まで整列済みとして確定したことになります。

以下，3 周目以降も同様に続けていきます。

③　３周目

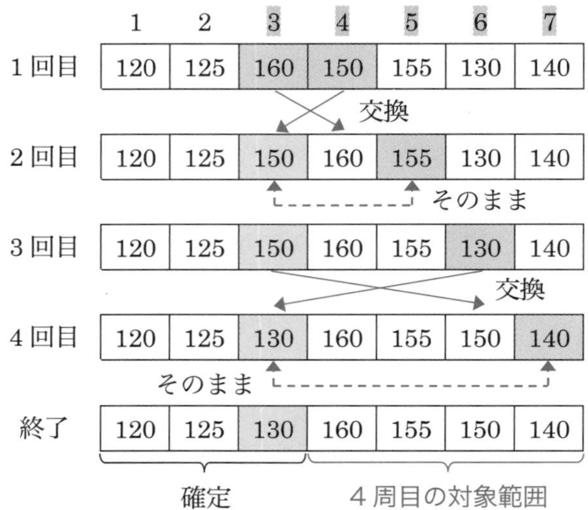

④　４周目

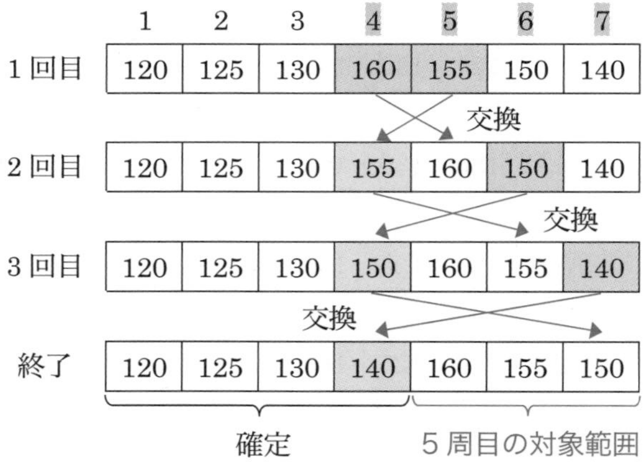

⑤　５周目

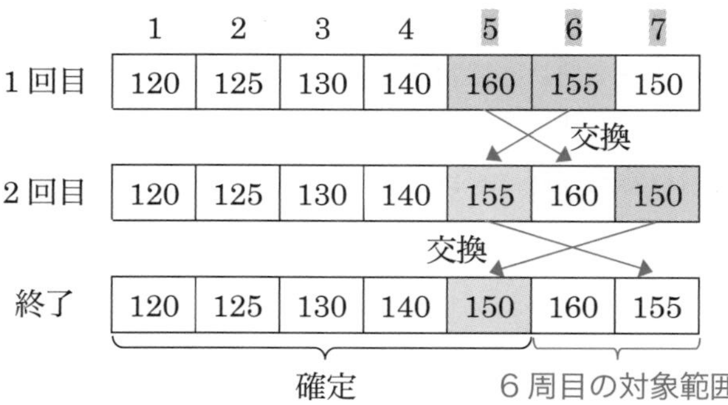

⑥　６周目

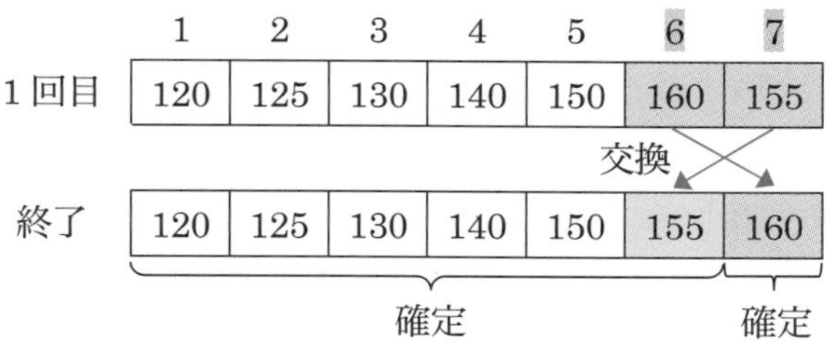

6 周目が終わった時点で，すべての値が昇順に並んでいることを確認してください。本来，6 周目では 6 番目の位置が確定するのですが，残りは 7 番目一つになってしまいますから，必然的に確定します。

選択法の考え方をまとめておきましょう。

すべての値から最小値を選び，その値を配列の先頭（1 番目）に置きます。次に，残りの値から最小値（全体としては 2 番目に小さい値）を選び，配列の 2 番目に置きます。これを 3 番目，4 番目と繰り返し，6 番目に小さい値を配列の 6 番目に置くと昇順の整列が完了しました。

最小値を選び，配列の先頭に置くためには，まず，1 番目と 2 番目のうち，小さいほうの値を 1 番目に置き，次にその値と 3 番目の値を比較して，1 番目～3 番目の最小値が配列の先頭にくるようにします。これを 4 番目，5 番目と配列の最後まで繰り返せばよいのでした。

また，2 番目に小さい値を選び，その値を配列の 2 番目に置くためには，比較・交換の範囲を一つ狭めて 2 番目～7 番目に対して，同じことを行えばよかったのですね。当然，このときの配列の先頭とは，配列の 2 番目の位置になります。

この方法で，3 番目，4 番目と確定していきます。もう一度，n 番目の要素が確定するための方法と，これを繰り返すことによって，昇順の整列が進んでいく様子を，自分自身で確認しておいてください。

確認が済んだら，バブルソートと同様，この内容をアルゴリズムとして，擬似言語によって，表現していきましょう。

(2) 選択法のアルゴリズム

これまでに，処理を繰り返すことで，簡単なアルゴリズムを使って，複雑な処理が行えることを学んできました。

今回の選択法では，範囲中の最小値を先頭に移すという処理を繰り返すことで，結果的に整列を行っています。1 周目，2 周目という範囲を狭めながらの繰返しの中に，範囲中で最も小さな値を先頭に移すための繰返し処理が入っています。

バブルソートのときもそうでしたが，慣れないうちは，この二つの繰返しを一度に考えないようにしましょう。

まず，おおまかな流れを考えましょう。

範囲中で最も小さな値を先頭に移す処理を「最小値の選択」と呼ぶことにしましょう。選択法のアルゴリズムとは，1 周目，2 周目と「最小値の選択」を繰り返すというように，おおまかなとらえ方ができます。

次に，各周の「最小値の選択」では何が違ったかを考えます。先ほどの例では，1 周目の「最小値の選択」では，1 番目～7 番目（最後）の値から最小値を選び，先頭に移しました。2 周目の処理では，2 番目～7 番目（最後）の値から最小値を選び，2 番目の位置にその値を，そして，6 周目の処理では，6 番目と 7 番目（最後）の値から最小値を選び，6 番目の位置にその値を移します。

このように，範囲の先頭を 1 周目の 1 番目から順に右方向に狭めながら，「最小値の選択」を繰り返しています。つまり，繰返しごとに変化するのは，範囲の先頭です。この内容を擬似言語で表現すると，次のようになります。

範囲の先頭 i は，右端の手前（n−1）まで増やしていきます。先頭がn−1 の範囲になるまで行うので，その直後 i の値に 1 加算し，i＝nとなったら終了です。
i の値は 1 から順に増えていきますから，「i＜n」というのが継続条件です。

```
i ← 1
n ← 7 ………………………… データ数
while (i < n) …………… n−1 番目を左端とする範囲まで行う
  [i 番目から n 番目の要素に対して「最小値の選択」を行う]
  i ← i + 1 ………………範囲の左端を一つ狭める
endwhile
```

(3) 最小値の選択のアルゴリズム

これで，アルゴリズムのおおまかな構造が完成しました。

次は，細かな流れだけに注目します。

次は，「最小値の選択」の部分だけに注目して考えます。「最小値の選択」は，i 番目の値と i+1～最後までの値を順番に比較・交換する処理でした。i 番目と i+1 番目，i 番目と i+2 番目，というように，比較する片方の位置を i 番目に固定し，もう一方の位置を一つずつ右にずらしていきます。そして，最後の位置，(1)の例ならば，7 番目の位置まで比較・交換を終えた時点で「最小値の選択」は終了となります。

ここでも，値の数と i の関係を理解する必要があります。整列したい値が配列 A に入っているとすると，i 番目の要素は A[i]です。

この条件で，「最小値の選択」を擬似言語で表現すると，次のようになります。範囲の先頭，つまり，A[i]との比較対象は，i+1 番目，i+2 番目，…，n 番目と変化していきますから，この位置を示すために変数 j を使います。また，n 番目の値までが比較の対象ですから，「j＝n」のときも行わなければなりません。したがって，継続条件としては「j≦n」となることに注意してください。

```
j ← i + 1
while (j ≦ n)
  if (A[i] > A[j])
    [A[i] と A[j] を交換]
  endif
  j ← j + 1
endwhile
```

これで，アルゴリズムはほとんど完成です。A[i]と A[j]の交換は，バブルソートで使った方法で行いましょう。単純に A[i]を A[j]に入れると上書きされて，値がなくなってしまうのでしたね。そこで，値がなくならないように，A[j]の値を w という変数に退避してから，A[i]の値を A[j]に入れ，そして w の値を A[i]に戻すという方法で交換を行いました。

この部分を含めると，「最小値の選択」は，次のようなアルゴリズムとして完成します。

```
j ← i + 1
while (j ≦ n)
  if (A[i] > A[j])
    w ← A[j]
    A[j] ← A[i]
    A[i] ← w
  endif
  j ← j + 1
endwhile
```

(4) 選択法のアルゴリズムを仕上げる

ポイント！

細かな流れを，おおまかな流れの中に組み込みます。

完成した「最小値の選択」を，(2)の選択法のおおまかな構造に組み込めば，選択法のアルゴリズムは完成し，次のようになります。

```
i ← 1
n ← 7 ……………………データ数
while (i < n)
  j ← i + 1
  while (j ≦ n)
    if (A[i] > A[j])
      w ← A[j]
      A[j] ← A[i]
      A[i] ← w
    endif
    j ← j + 1
  endwhile
  i ← i + 1 ………… 範囲の左端を一つ狭める
endwhile
```

今回の選択法でも，最初に示した小学生７人分の身長のデータを使って，トレースしてみましょう。

７個の値がきちんと昇順に並べ替わります。このアルゴリズムでも，n（データ数）の初期値を，例に従って「7」にしています。この値はデータ数ですから，整列するデータ数が変われば，その値に変える必要があります。

4. 挿入法

交換法，選択法と整列の方法を学習してきました。交換法では隣り合う要素に対する比較・交換を繰り返すうちに，結果として全体を整列することができました。また，選択法では，最小値を選択するという操作を，範囲を狭めながら行っていくことによって，結果として全体を整列することができました。

どちらも，全体を整列するという目的から少し離れて，交換や選択といった単純な操作を繰り返すことで，結果的に目的が達成できたことに注目してください。アルゴリズムでは，最終目的が複雑な場合でも，単純な操作を繰り返すことで目的を実現することができます。

(1) 挿入法の考え方

挿入法

ここで学習する**挿入法**（sorting by insertion）もその一つです。一つの要素を適切な位置に挿入するという単純な操作を繰り返すことによって，結果的に全体を整列します。挿入法の基本となる考え方は，「整列済みのデータに新たな値を一つ追加するとき，その値を適切な位置に挿入すれば，挿入後も整列済みになっている」というものです。

例えば，転校生がいるとします。朝礼などで身長順に並ぶときに，どこに並んだらよいでしょう。これはつまり，身長の昇順の整列です。しかし，転校生を除いたほかの生徒の並び方がすでに決まっているとすれば，もう一度，最初から整列する必要はありません。昇順に並んだ列に対して，転校生を適切な位置に入れる（挿入する）ことで，整列が完了します。ここで前提となるのは，「転校生以外の生徒はすでに整列済みである」ということです。この前提がなければ，転校生だけを適切な位置に入れるということはできません。

転校生以外がきちんと整列されているというところがポイントです。

これまで考えてきた小学生の身長を昇順に整列するという例では，整列前の小学生の身長は，規則的な順番で並んでいませんでした。挿入法の前提条件となる「整列済み」ではないので，どうしたらよいのかと悩んでしまうかもしれませんが，心配はいりません。整列されていないところから，一つずつ整列済みの範囲を広げていけばよいのです。しかし，範囲を広げていくといっても，最初はどうしたらよいのでしょうか。

最初の範囲で，値は一つだけです。一つですから並び方は 1 通りです。つまり，一つの値だけを範囲とすれば，昇順であろうと降順であろうと，はじめから整列済みとみなすことができるのです。

これまでと同様に小学生の身長の例で考えれば，整列前の先頭の値は「150」です。この一つだけであれば，昇順に整列されているとみなすことができますし，逆に降順に整列されているとみなすこともできます。

（整列前）

1	150
2	120
3	160
4	130
5	155
6	125
7	140

（整列後）

120
125
130
140
150
155
160

図　身長の整列

アルゴリズムでは，常識にとらわれない柔軟な考え方も必要です。

値が一つならば，最初から整列済みです。この一つの値を整列済みの範囲として，挿入をはじめます。普通は一つしかないものについて，その並び方などということを考えることはないでしょう。しかし，言われてみれば，昇順とも，降順ともみなせるわけですね。

アルゴリズムでは，こうした発想を利用することが多いので，この考え方も覚えておきましょう。

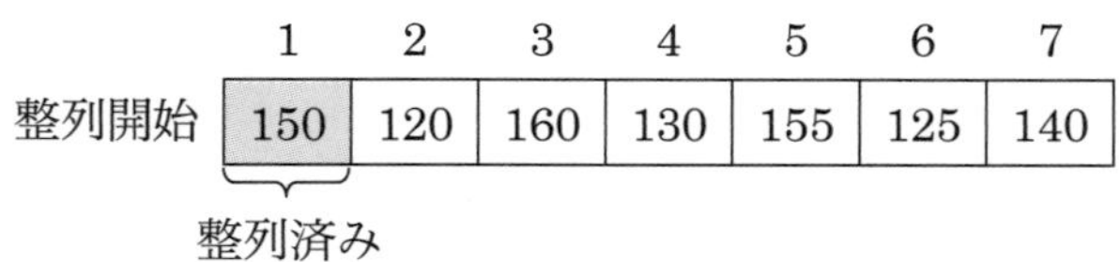

整列済みの範囲に 2 番目を追加します。追加といっても範囲中の適切な位置に値を挿入することです。この場合は整列済みの範囲は一つだけですから，前か後ろに入れることになります。この例では，追加する値のほうが小さいので，150 の位置に 120 を入れると，次のようになります。

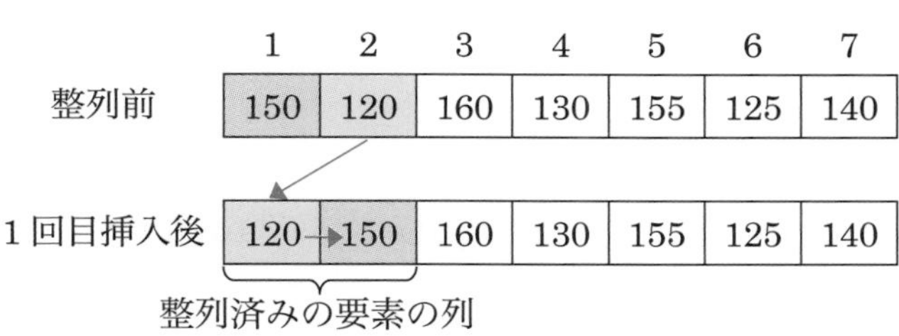

続いて，3番目の160を，左側の整列済みの範囲に追加します。160は，整列済みの範囲のどれよりも大きい値ですので，次のようになります。

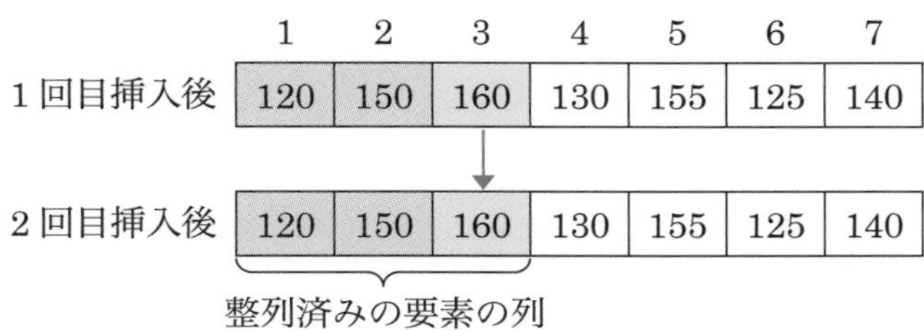

4番目の130を整列済みの範囲に追加します。120と150の間が適切な位置ですから，次のようになります。

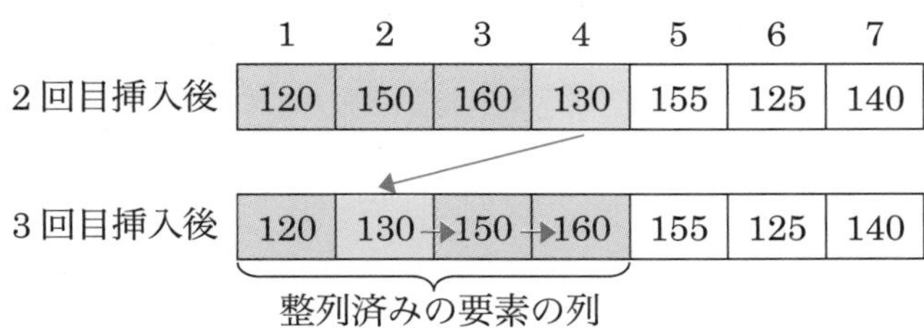

5番目の155は，150と160の間に入れます。その結果は，次のようになります。

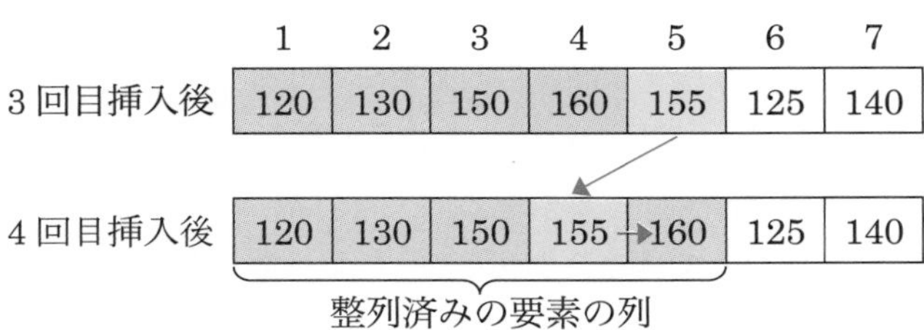

6 番目の値 125 は，120 と 130 の間です。

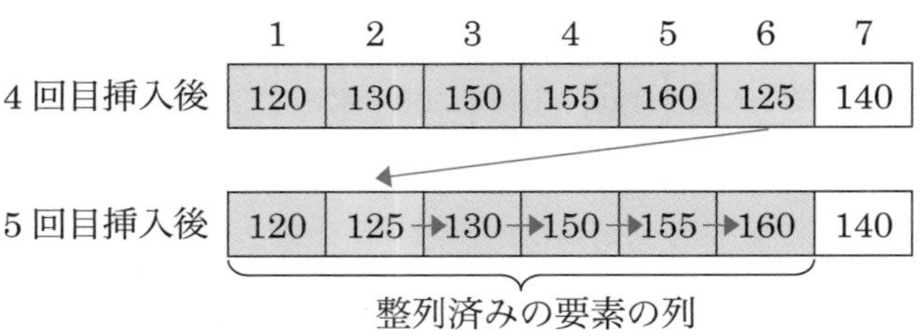

最後の 7 番目の 140 は，130 と 150 の間です。この挿入によって，すべての値が昇順に整列されていることを確認してください。

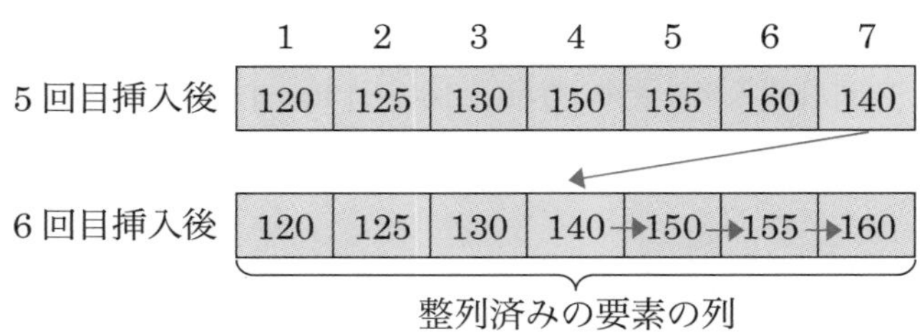

以上をまとめると，まず 1 番目の値は整列されているとみなして，整列済みの範囲を一つ広げるために，2 番目の値を適切な位置に挿入します。次に，3 番目の値を適切な位置に挿入し，整列済みの範囲をもう一つ広げます。これを 4 番目，5 番目と繰り返し，7 番目（最後）の値を挿入することで，7 個全部を整列済みとすることができました。

(2) 適切な位置

(a) 挿入処理の考え方

おおまかなことが分かったら，細かなことを考えましょう。

これまでの内容で，感覚的に挿入法のイメージがつかめたのではないかと思います。しかし，アルゴリズムとして組み立てるためには，「適切な位置に挿入する」という操作について，もう少し検討する必要がありそうです。まず，「適切な位置に挿入する」ためには，「適切な位置」というのを探さなくてはいけません。

いま考えているのは，昇順に整列するというのが目的ですから，挿入後もデータが昇順に並んでいなくてはなりません。したがって，「前のデータ＜挿入するデータ＜次のデータ」となるような位置が，適切な位置になります。この位置を見つけるのは，少し複雑なチェックが必要になりそうですが，前提条件を忘れてはいけません。

前提条件とは，「整列済み」ということです。挿入位置を見つけるときの前提として，整列済みであるということが使えます。つまり，「前のデータ＜次のデータ」という条件が成り立っているのです。このことを利用すると，「先頭のデータから順番に値を比べていって，挿入するデータよりも大きな値が見つかったらその前」が適切な挿入位置です。先頭から順に比べていきますから，挿入する値よりも大きな値が見つかったとき，その直前のデータは挿入する値よりも小さいものであったはずです。このため，この位置に新しい値を挿入すれば「前のデータ＜挿入するデータ＜次のデータ」という条件が満たされることになります。

ポイント！

整列済みのデータを先頭から順にチェックしていって，はじめて挿入する値よりも大きな値が見つかったということは，その前の値までは挿入する値よりも小さかったということです。

また，整列済みなので，その位置より後ろに挿入する値よりも小さな値はありません。

適切な位置が見つかったら，その位置に挿入しますが，この「挿入する」という処理は，そんなに単純ではありません。見つかった位置に，挿入するデータをそのまま置いたらどうなってしまうでしょうか。交換法のときの「交換」という操作でもそうでしたが，上書きされてしまって元の値が分からなくなってしまいます。それでは，挿入位置にあるデータを w などの変数に退避しておけばよいでしょうか。しかし，それだけでもいけないようです。交換法では「交換」でしたが，今度は「挿入」です。二つのデータだけが関係するのではありません。挿入位置より後ろのデータをすべて一つずつ後ろにずらす必要があります。

4 番目の 130 を整列済みの範囲に追加する 3 回目の挿入を例に考えてみましょう。4 番目の 130 を，整列済みの 1～3 番目の中で適切な位置に挿入します。

まず，挿入位置を決定します。1 番目のデータから順に，挿入する 4 番目の値 130 と比較していき，4 番目の値よりも大きな値が見つかったら，そのデータの位置が挿入位置となります。この例では 2 番目の 150 が，4 番目の 130 よりも大きいので，2 番目というのが挿入位置です。

次に，2 番目以降の値を，順に一つずつ後ろにずらしていきます。といっても，範囲は 3 番目まででしたから，2 番目のデータを 3 番目に，3 番目のデータを 4 番目にずらせばよいでしょう。しかし，この「ずらす」という操作によって，挿入する 4 番目のデータが上書きされてしまいますから，「交換する処理」で行ったように，「ずらす」前に 4 番目のデータを変数 w に退避しておく必要があります。

ここまでの処理の流れをおおまかに見ると，次のようになります。

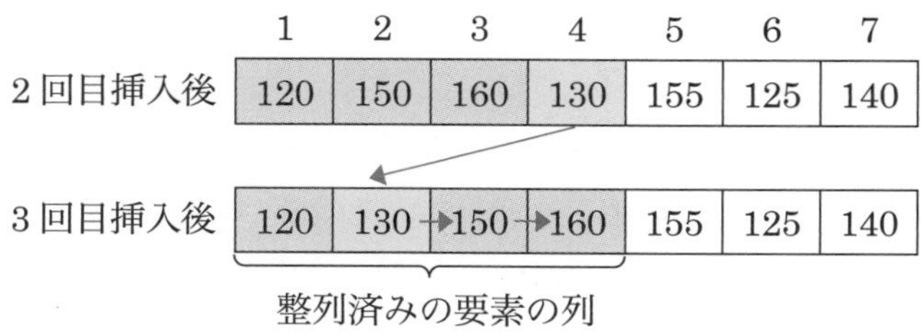

(b) 挿入処理の手順

3 回目の挿入処理を少し細かく見ていきます。

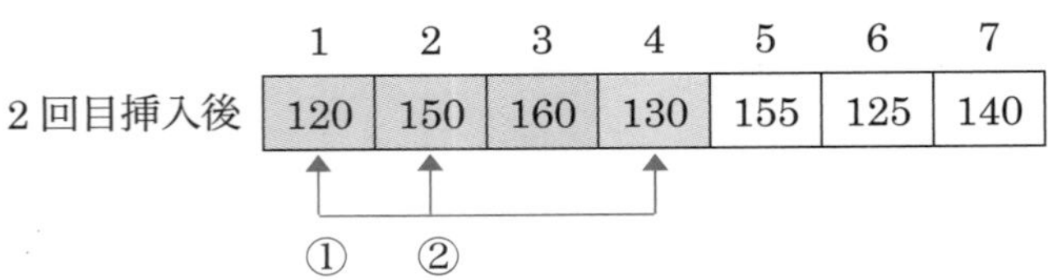

① 比較：1 番目の値 120 のほうが 130 より小さいので次へ。

② 比較：2 番目の値 150 のほうが 130 より大きいので挿入位置が決定します。

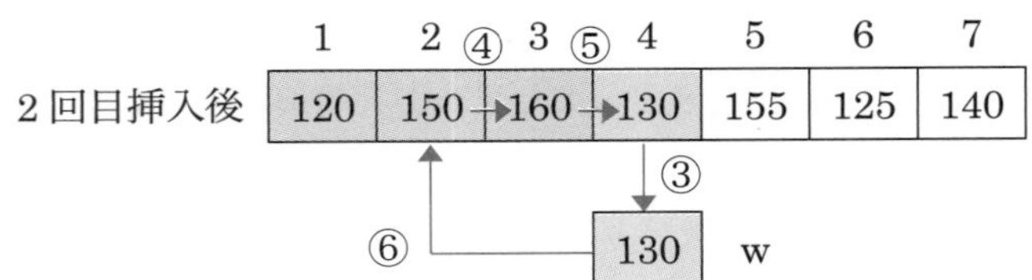

③ 「ずらす」処理に備えて，4 番目の要素 130 を変数 w に退避します。

④ 2 番目の値を 3 番目にずらします。

⑤ 3 番目の値を 4 番目にずらします。

⑥ 変数 w から 2 番目に値を戻します。……？？？

こうした問題をとおして，アルゴリズム特有の注意事項を一つずつ身につけていきましょう。

ところが，ここで問題が発生してしまいました。みなさん，気がついたでしょうか。それは⑤の結果です。④の操作を行った結果，3 番目には 2 番目の値である 150 が入ります。この後に，3 番目の値を 4 番目に移すと，4 番目にも 150 が入ってしまいます。

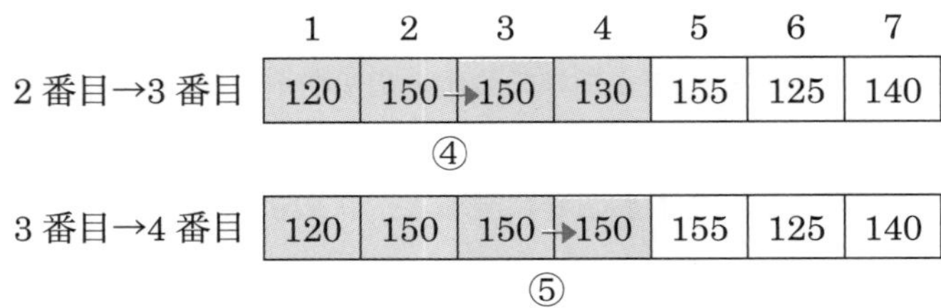

(c) 挿入処理の手順を修正

これでは困りますね，どうしたらよいでしょうか。ずらす順番を変えればよさそうですね。まず，3 番目の値を 4 番目に，その後で，2 番目の値を 3 番目にずらします（④と⑤の処理順序を反対にします）。こうすれば，ずらして上書きする前に値が後ろにずれていますから，値が消えてしまうことはありません。

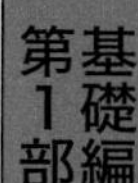

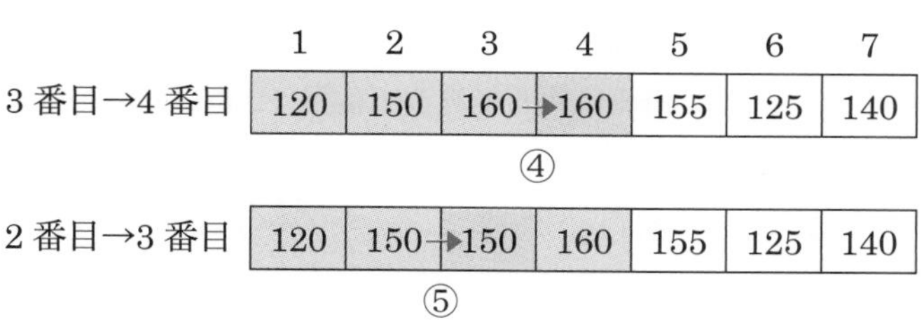

そして，最後は変数 w に退避しておいた 4 番目の値を，挿入位置に戻せば，挿入が完了します。

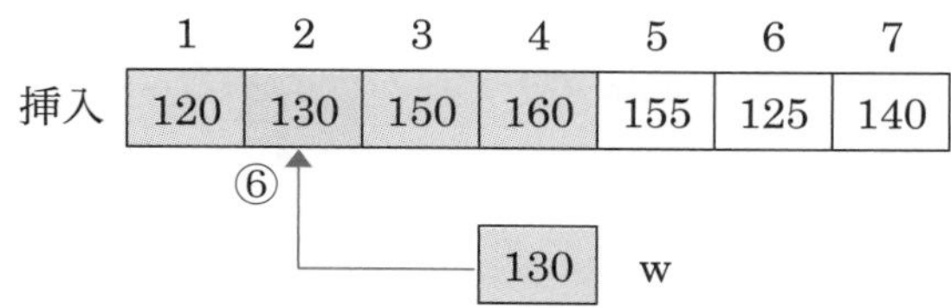

これで，なんとかアルゴリズムにまとめられそうです。しかし，もう一つだけ考えておかなくてはならない問題があります。それは，先ほど見た 3 番目の 160 を整列済みの範囲に追加する 2 回目の挿入のところで現れています。

2 回目の挿入では，結局，何もしないで挿入が完了しました。とくに問題はなさそうですが，いま考えた方法で行うと問題が発生するのです。それは，挿入位置の決定です。いま考えた方法では，先頭から順に値と値を比較して，挿入する値より大きい値が見つかったとき，その位置を挿入位置としました。しかし，2 回目の挿入では，1，2 番目の値よりも，挿入する 3 番目の値のほうが大きな値なので，挿入位置が見つけられないのです。

こうした場合に，どうしたらよいかということも考えておかないと，完全なアルゴリズムにはなりません。では，その場合にはどうしたらよいかを考えておきましょう。

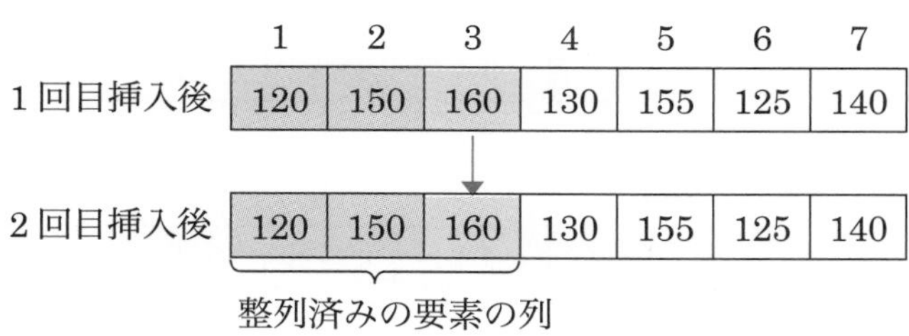

(3) 範囲内に挿入位置が見つからないときには

2回目の挿入では，整列済みの範囲である1番目，2番目の値が3番目の値よりも小さいので「挿入位置が見つからない（3 番目の値よりも大きい値)」という条件だけで挿入位置探しの継続判定をすると，この後も3番目，4番目と比較が続けられていきます。そして，その後ろへと永遠に探し続けるということになります。

ところが，3 番目以降の比較は，本来，行う必要はありません。つまり，整列済みの範囲について，すべての値（この例では 1，2 番目）との比較が終わっても挿入位置が見つからない場合には，その時点で終了してよいのです。

したがって，挿入位置を探し続ける条件として「挿入位置が見つからない」ということだけではなく，「探索位置が範囲内である」という条件も加えればよいことになります。では，範囲内に見つからないという場合には，何をしたらよいでしょうか。そうですね，何もしなくてもよいのです。

(4) 挿入法の考え方をまとめると

さて，これでいよいよアルゴリズムとして組み立てられそうです。それでは，これまでの内容を整理しておきましょう。

挿入法とは「整列済みのデータに新たな値を一つ追加するとき，その値を適切な位置に挿入すれば，挿入後も整列済みになる」という考え方に基づく方法でした。そこで，最初は先頭の値だけを整列済みとみなして，2 番目の値を挿入します。その結果，1 番目～2 番目の範囲が整列済みになりますから，今度は，この範囲に 3 番目の値を挿入します。このように，4 番目，5 番目と整列済みの範囲を広げていって，最後の値を適切な位置に挿入すれば，結果として全体が整列済みになるのでした。

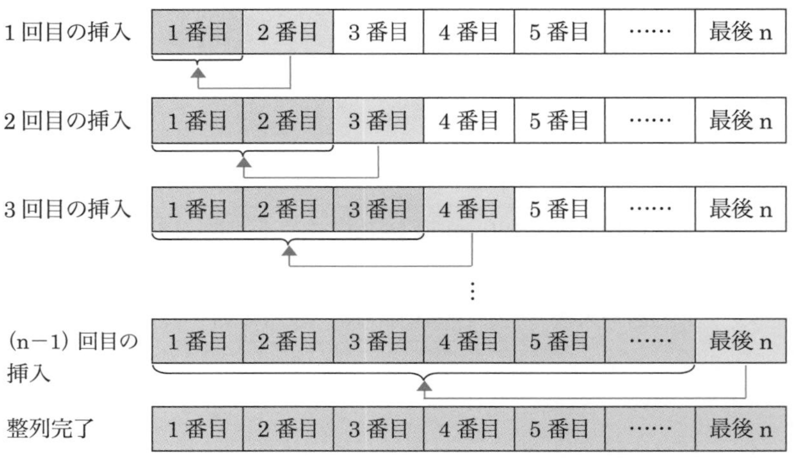

そして，範囲を一つずつ広げて繰り返される挿入とは，まず，挿入位置を決定し，その位置に値を挿入するという手順で行いました。挿入位置を決定するためには，整列済みの範囲の先頭から，挿入する値との比較を行い，挿入する値よりも大きな値を探します。見つかれば，その位置が挿入位置となります。

しかし，整列済みの範囲内に条件を満たす値が見つからないこともあります。この場合には，整列済みの範囲の最後の値との比較を終えた時点で，探すのを終了しなくてはいけませんでした。

次に，挿入位置が決定できた場合は，値を挿入します。しかし，挿入の前に，挿入位置以降の値を一つずつ後ろにずらす必要があり，このとき二つの注意がありました。一つは，挿入する要素が上書きされて，なくならないように，変数 w に退避することです。そして，もう一つは，後ろから順にずらしていかなくてはならないことです。確認ができたら，擬似言語を使ってアルゴリズムにまとめていきましょう。

(5) 挿入法のおおまかな構造

まずは大きな構造を考えます。

これまでと同じように，大きな構造から考えましょう。挿入位置を決定して挿入する，という部分を「挿入処理」というようにとらえれば，2 番目の値から順に，挿入する値をずらしながら，「挿入処理」を繰り返すと考えることができます。そして，最後（n 番目）の値に対する「挿入処理」が済んだら，整列は完了ですから，次のようになります。

ｉは2から順に1ずつ増えていき，ｉ＝ｎのときの「挿入処理」が終わったら終了です。この直後にｉは1加算されますから，ｉ＝ｎ＋1になったら終了となります。これを継続条件として表すと「ｉ≦ｎ」ですね。

```
n ← 7 ………………… データ数
i ← 2
while (i ≦ n)
  [i 番目の値に対する「挿入処理」を行う]
  i ← i + 1 ………… 次の値を対象とする
endwhile
```

(6) 挿入処理のアルゴリズム

続いて部分を見ていきます。

次は，「挿入処理」の部分について考えていきましょう。「挿入処理」とは，i 番目の値を，1〜i−1 番目の範囲の適切な位置に挿入することです。まず，挿入位置の決定，そして，その位置への挿入という流れです。しかし，挿入位置の決定では，見つかった場合と，範囲内に挿入する位置がないので何もしない（そのままの位置でよい）場合がありました。

擬似言語のほうが，文章よりも分かりやすくなるくらいに慣れていきましょう。

こうして文章にするとなかなか複雑です。擬似言語による記述は，文章では複雑になる内容を簡潔にするためなのです。そろそろ慣れてきたと思いますが，まずは言葉も使って，挿入処理を表現してみましょう。

（挿入処理）

```
[挿入位置を決定する]
if（挿入位置が見つかった）
  [その位置に値を挿入する]
endif
```

言葉で表現した部分は，それぞれ，これまでに考えてきたような内容になります。一度に考えると混乱しますから，それぞれ部分ごとにアルゴリズムにして，最後にまとめるようにします。

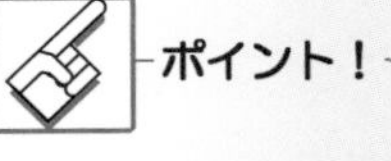

ポイント！

変数 i は追加（挿入）する要素の位置を示すために使っています。この値を壊してはいけないので，変数 j を使います。

まず，「挿入位置を決定する」の部分です。この内容は，1〜i−1番目の整列済みの範囲を対象として，i 番目の値についての挿入位置を探すというものでした。このとき，i−1番目まで探して見つからないときには，終了しなければいけないことに注意しましょう。

値が配列 A に入っているものとして，値の参照位置は，変数 j を使いましょう。1〜i−1番目までの値を順に調べていくのですから，j の初期値を 1 として，順に 1 ずつ加えながら繰り返すことになります。そして，挿入位置が見つかった（A[i]＜A[j]）になるか，見つからない（i＝j）となったら，繰返しを終了します。

この繰返し終了条件を，難なく継続条件として記述できれば問題はないのですが，慣れていないと，混乱してしまうことが多いようです。本題からは少し離れますが，条件の整理をしてみましょう。

二つ以上の条件を整理するときには，表を使うとよいでしょう。いま考えている条件の場合には，次のように整理します。なお，表中の○はその条件が成り立つ，そして，×は成り立たないことを示します。

	A[i] ＜ A[j]	i ＝ j	結果
①	○	○	終了
②	○	×	終了
③	×	○	終了
④	×	×	継続

ポイント！

j の値が減少していき「j=i」となったときに終了するのであれば，「j>i」が継続条件です。

上の表は二つの条件の真偽（○と×）の組合せですから，四つのパターンとなります。そして，①〜③の場合は終了し，④のときには継続します。したがって，継続条件としては，④の内容を記述します。

まず，「A[i]＜A[j]ではない」のですから「A[i]≧A[j]」です。そして，「i＝j ではない」のですから「i≠j」です。ただし，変数 j の値は 1 を初期値として増加していき，i となったときに終了するのですから「j＜i」とするほうがよいでしょう。

次にこの二つの条件をつなぐのですが，④のときだけですから，両方とも成り立たなくてはいけません。こうした場合は，かつ（and）でつなぎます。

それでは，この内容を擬似言語で表現してみましょう。

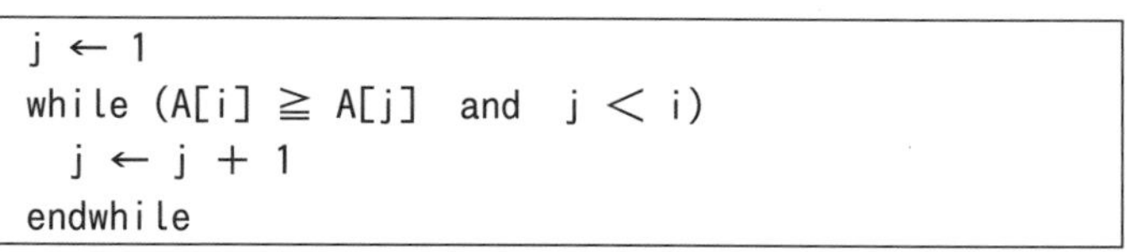

```
j ← 1
while (A[i] ≧ A[j]  and  j < i)
  j ← j + 1
endwhile
```

次は，「挿入位置が見つかった」という判定です。これは「A[i]<A[j]」という条件になります。

最後は，「その位置に値を挿入する」処理です。この部分については，挿入する前に，該当位置以降の値を，それぞれ一つ後ろにずらす必要があります。そして，ずらすときには，後ろの値から先にずらさなくてはいけませんでした。

挿入位置とは，「A[i]<A[j]」が成立したときの j の位置です。そして，その位置から i−1 番目までの値をずらします。しかし，実際には，その逆で，i−1 番目，i−2 番目，……，j 番目の順にずらしていきます。そして，それぞれ一つ後ろの位置にずらします。

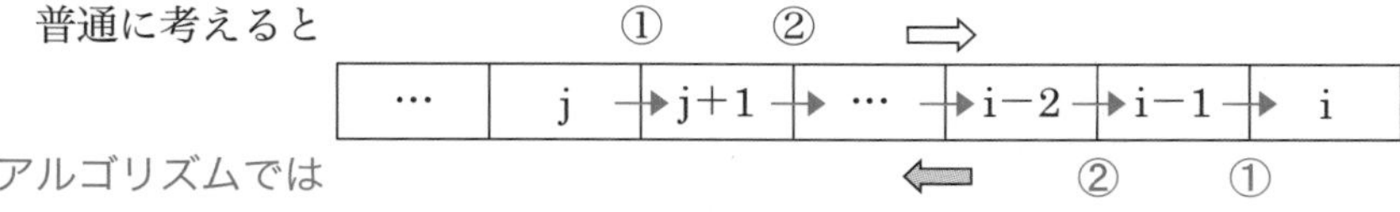

変数 i，j の値は，このときに必要となりますから，途中で値が変わってはいけません。

ずらすときに配列の位置を決める変数は，新たにもう一つ必要です。i，j と使いましたから，次は変数 k を使うことにします。そうすると，変数 k の値を i−1，i−2，……，j と，1 ずつ減らしながら，「A[k+1]←A[k]」（A[k]の内容を一つ後ろの A[k+1]に入れる）を繰り返していけばよいので，擬似言語で表現すると，次のようになります。

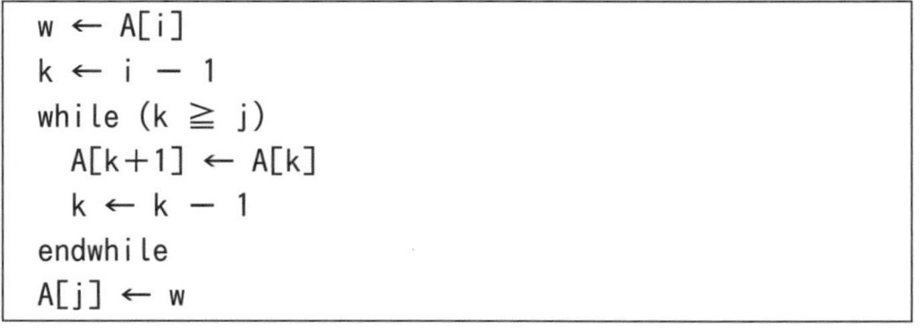

```
w ← A[i]
k ← i − 1
while (k ≧ j)
  A[k+1] ← A[k]
  k ← k − 1
endwhile
A[j] ← w
```

アドバイス

複数の条件をどうつなげるかについては，とても間違えやすい内容です。慣れるまでは，表などに整理して落ち着いて考えましょう。

A[k]の一つ後がA[k+1]になることが分かりにくいようならば，図を描いて確認しましょう。

さて，これで完成です。それぞれをまとめてみましょう。

(7) 挿入処理のアルゴリズムをまとめる

挿入処理の概要は，次のとおりです。それぞれの部分を擬似言語による表現に置き換えていけばよいでしょう。

```
[挿入位置を決定する]
if (挿入位置が見つかった)
  [その位置に値を挿入する]
endif
```

```
j ← 1
while (A[i] ≧ A[j]  and  i > j)  ┐
  j ← j + 1 ························├···挿入位置を決定する
endwhile                          ┘
if (A[i] < A[j]) ·····················挿入位置が見つかった
  w ← A[i]                        ┐
  k ← i − 1                       │
  while (k ≧ j)                   │
    A[k+1] ← A[k]                 ├···その位置に値を挿入する
    k ← k − 1                     │
  endwhile                        │
  A[j] ← w                        │
endif                             ┘
```

(8) 挿入法のアルゴリズムを仕上げる

なんとかまとまりました。この部分は１回分の挿入処理なので，あと一歩です。これと同じことを i=2，3，…，n（=7）まで繰り返すのでしたね。つまり，次のようなアルゴリズムでした。これを置き換えたら完成です。

```
n ← 7 …………………… データ数
i ← 2
while (i ≦ n)
  [i 番目の値に対する「挿入処理」を行う]
  i ← i ＋ 1 ………… 次の値を対象とする
endwhile
```

```
n ← 7 …………………… データ数
i ← 2
while (i ≦ n)
  j ← 1
  while (A[i] ≧ A[j]  and  i ＞ j)
    j ← j ＋ 1
  endwhile
  if (A[i] ＜ A[j])
    w ← A[i]
    k ← i － 1
    while (k ≧ j)
      A[k＋1] ← A[k]
      k ← k － 1
    endwhile
    A[j] ← w
  endif
  i ← i ＋ 1
endwhile
```

ポイント！

複雑な問題のおおまかな構造を先に考えて，部分に分けていくことで，問題を単純にしていく考え方が構造化です。

これで完成です。少し複雑なアルゴリズムになりました。しかし，おおまかな構造をとらえて，部分ごとに詳細に考え，最後にまとめるようにすれば，複雑なアルゴリズムでも，意外とすんなりとできてしまうのです。これが構造化の威力です。擬似言語による記述形式とともに，この考え方にも慣れていきましょう。

章末問題

問 3-1〜問 3-7 の整列対象データは，配列 A に入っているものとし，要素の数を「データ数」として，アルゴリズムを作成しなさい。

（基礎編）問 3-1

交換法（バブルソート）を使って，降順に整列するためのアルゴリズムを作成せよ。

（参考）

「2. 交換法（バブルソート）　(5)バブルソートのアルゴリズムを仕上げる」

（基礎編）問 3-2

「2. 交換法（バブルソート）」で考えたバブルソートのアルゴリズムは，昇順に整列するとき，先頭から順に位置が確定していく。しかし，最後尾に最大値が来るように考えると，最後尾から順に位置を確定していっても，最終的に昇順に整列できる。このためのアルゴリズムを作成せよ。

（参考）

「2. 交換法（バブルソート）　(5)バブルソートのアルゴリズムを仕上げる」

（基礎編）問 3-3

選択法を使って，降順に整列するためのアルゴリズムを作成せよ。

（参考）

「3. 選択法　(4)選択法のアルゴリズムを仕上げる」

（基礎編）問 3-4

「3. 選択法」で考えた選択法のアルゴリズムは，昇順に整列するとき，先頭から順に位置が確定していく。しかし，最後尾に最大値が来るように考えると，最後尾から順に位置を確定していっても，最終的に昇順に整列できる。このためのアルゴリズムを作成せよ。

（参考）

「3. 選択法　(4)選択法のアルゴリズムを仕上げる」

（基礎編）問 3-5

第１部第１章で学習した配列中から最小値を求める方法を使って，選択法によって昇順に整列するアルゴリズムを作成せよ。なお，選択した最小値を対象範囲の先頭に入れることになるが，このとき，先頭の位置にあった値がなくならないように注意すること。つまり，対象範囲における先頭の値と最小値を，交換しながら整列を進めるため，最小値の値と位置をそれぞれ変数に求めておくアルゴリズムにする必要がある。

（参考）

「第１部１章 6. 配列処理と繰返し　(4)配列データの最小値を求める」

「3. 選択法　(4)選択法のアルゴリズムを仕上げる」

（基礎編）問 3-6

挿入法を使って，降順に整列するためのアルゴリズムを作成せよ。

（参考）

「4. 挿入法　(8)挿入法のアルゴリズムを仕上げる」

（基礎編）問 3-7

「4. 挿入法」で考えた挿入法のアルゴリズムは，昇順に整列するとき，先頭から順に整列済みの範囲を広げていく。しかし，最後尾から順に整列済みの範囲を広げていっても，最終的に昇順に整列できる。このためのアルゴリズムを作成せよ。

（参考）

「4. 挿入法　(8)挿入法のアルゴリズムを仕上げる」

（基礎編）問 3-8

「2. 交換法（バブルソート）」で考えたアルゴリズムで，次の５個の要素をもつ配列を昇順に整列（ソート）する。スキャンを行った後の各周の配列内容を記入しなさい。

整列前の配列	52	10	31	26	8
1 周目の後					
	(確定)				
2 周目の後					
	(確定)	(確定)			
3 周目の後					
	(確定)	(確定)	(確定)		
4 周目の後					
	(確定)	(確定)	(確定)	(確定)	
5 周目の後					
(終了)	(確定)	(確定)	(確定)	(確定)	(確定)

（基礎編）問 3-9

「3. 選択法」で考えたアルゴリズムで，問 3-8 の 5 個の要素をもつ配列を昇順に整列（ソート）する。各周の配列内容を問 3-8 と同様に記入しなさい。

整列前の配列	52	10	31	26	8
1 周目の後					
	(確定)				
2 周目の後					
	(確定)	(確定)			
3 周目の後					
	(確定)	(確定)	(確定)		
4 周目の後					
	(確定)	(確定)	(確定)	(確定)	
5 周目の後					
(終了)	(確定)	(確定)	(確定)	(確定)	(確定)

（基礎編）問 3-10

「4. 挿入法」で考えたアルゴリズムで，問 3-8 の 5 個の要素をもつ配列を昇順に整列（ソート）する。各周の配列内容を記入しなさい。

整列前の配列	52	10	31	26	8
	(整列済)				
1 回目の挿入					
	(整列済)	(整列済)			
2 回目の挿入					
	(整列済)	(整列済)	(整列済)		
3 回目の挿入					
	(整列済)	(整列済)	(整列済)	(整列済)	
4 回目の挿入 (終了)					
	(整列済)	(整列済)	(整列済)	(整列済)	(整列済)

第4章

データ構造

Pascal というプログラム言語の開発者である N.Wirth 氏は「アルゴリズム＋データ構造＝プログラム」という本を書いています。この本のタイトルが示すように，プログラムを作成するときには，アルゴリズムだけでなく，適切なデータ構造を利用することも大切です。

複雑なアルゴリズムを考えるときに，適切なデータ構造を利用すると，アルゴリズムを単純にすることができます。データ構造を使ってアルゴリズムを考えるときには，そのデータ構造や操作の実現方法はひとまず忘れて，データ構造をブラックボックスとして扱います。つまり，データ構造を利用することだけを考えて，目的のアルゴリズムを単純化します。今後，アルゴリズムの作成能力を身につけていくためには，データ構造の知識を知っているというだけではなく，それを適切に利用してアルゴリズムが考えられるようになることが大切です。

この章の学習ポイントは次のような内容になります。

・データ構造とは何か？

・リストの特徴と基本的な実現方法

・スタックの特徴と基本的な実現方法

・キューの特徴と基本的な実現方法

・木の考え方と木の種類

・2 分木の探索方法

第1部　基礎編

第1章　アルゴリズムの基本

第2章　探索アルゴリズム

第3章　整列アルゴリズム

第4章　データ構造

1．データ構造とは
2．リスト
3．スタック
4．キュー
5．木

1. データ構造とは

配列に格納されたデータを対象にして，繰返し処理の基本的な考え方からはじめて，整列・探索処理のアルゴリズムを学習しました。どのアルゴリズムも，「同じ形式のデータが連続した領域に記録されている」という配列の性質を利用して，繰返し処理を行いました。この章では，配列以外のデータの構造について学習します。

(1) データ構造とは

配列のように「関連する複数のデータを，アルゴリズムで扱いやすいように，一定の形式で格納したもの」を**データ構造**といいます。また，基本となるデータ構造には，配列のほかに**構造体**があります。

データ構造

構造体

例えば，学生の国語と数学の点を管理するような場合，「学生番号」と「国語の点数」，「数学の点数」が一つのまとまりになります。そして，三つのデータのまとまりを「成績」という名前で扱うとすると，「成績」は構造体変数，「学生番号」，「国語の点数」，「数学の点数」は**メンバ変数**と呼ばれます。

メンバ変数

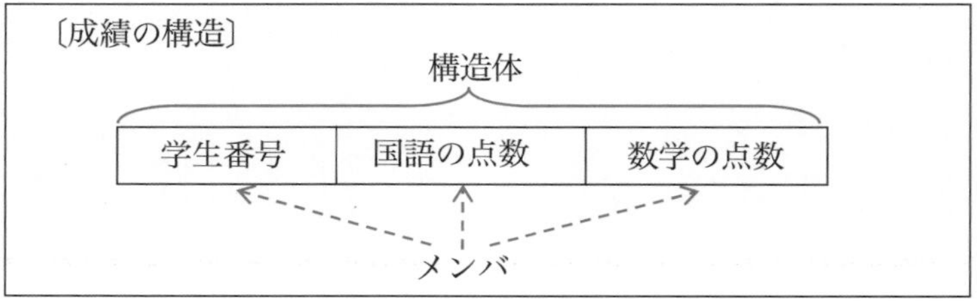

処理の方法に合わせたデータの記録方法がデータ構造です。適切なデータ構造を利用すると，アルゴリズムが考えやすくなります。

構造体の扱い方には，それぞれの構造体を別の変数として単独で扱う場合と，同一形式の複数の構造体を構造体配列として扱う場合があります。単独で扱う場合には，それぞれの変数に対して位置を格納したポインタ変数を用意して，そのポインタ変数の値を使って対応する変数を参照します。一方，構造体配列として扱う場合には，通常の配列と同じように，要素番号を用いて参照します。

メンバ変数を参照するときには，ポインタ変数や配列要素の後ろに“.”（ピリオド）を付けて，その後ろにメンバ変数名を記述します。例えば，対象となるデータの「成績」の位置がポインタ変数 p に格納されている場合，メンバ変数である「学生番号」は「p.学生番号」，また，構造体配列の 10 番目の「成績」に格納されているメンバ変数の「国語の点数」の場合，「成績[10].国語の点数」というように記述します。

配列と構造体は，データ構造として最も基本的なものです。ほかにも様々なデータ構造が存在しますが，それらのデータ構造の多くは，配列や構造体を使って実現することになります。

(2) 代表的なデータ構造

この章では，代表的なデータ構造として，リスト，スタック，キュー，木があります。それぞれのイメージを最もおおまかに表現すると，次のようになります。

① リスト

リスト

まず，代表的なデータ構造をおおまかにながめましょう。

図　リストのイメージ

② スタック

スタック

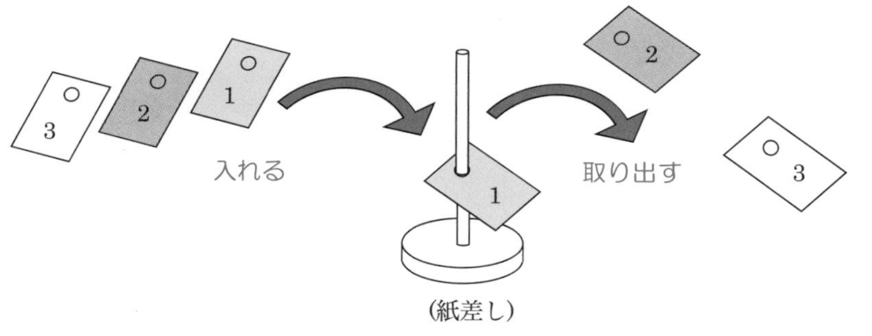

図　スタックのイメージ

キュー　③　キュー

先に入れたデータが先に出てくる

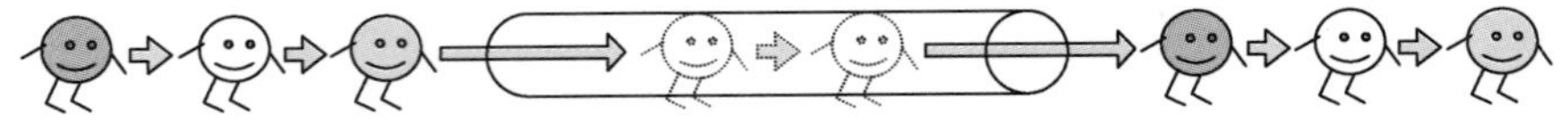

図　キューのイメージ

木　④　木

階層関係や親子関係を表現する

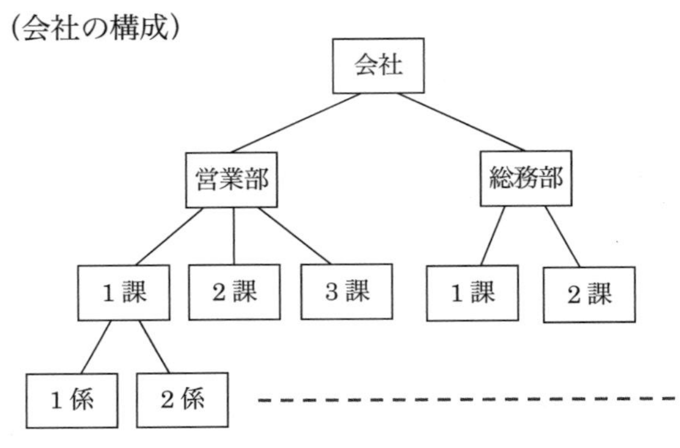

図　木のイメージ

これらのデータ構造について，それぞれの特徴を学習していきましょう。

2. リスト

リスト（list）とは，昇順，降順など，データを一定のルールで並べたデータ構造です。配列を使って実現することもできますが，データの追加や削除の効率を考えて，データが格納された位置を表す情報を使ってデータ同士をつないでいく形式で実現されることがほとんどです。

リスト

ポイント！

位置を示す情報は，配列の要素番号や主記憶の位置（アドレス）になります。

(1) リストデータの構造

リストのデータは，データの値そのものと次につながるデータの位置を示す情報を組み合わせた構造体に記録されます。この構造体はセル（cell）とも呼ばれ，データの値そのものはデータ部に入れ，次につながるデータの位置を示す情報（ポインタといいます）はポインタ部に格納されます。このセルを順次つないでいくことによって，リストのデータは構成されます。

セル

ポインタ

〔リストデータの構造〕

データ部	ポインタ部

データ部……データの値を格納します。
ポインタ部……次のデータの位置を示す情報（ポインタ）を格納します。

リストを使って，例えば，東海道新幹線が止まる駅のデータを次のように作成することができます。リストの先頭データの位置は「先頭要素へのポインタ」で表し，リストデータとは別に必要になります。この情報によって，リストの先頭の位置が分かれば，後はポインタを使って次々にデータをたどることができます。また，最後のデータのポインタ部には，次の要素がないことを示す特別な値を格納します（図中では，ポインタ部◩が，特別な値が入ることを示しています）。

ポイント！

ポインタの最後を示す特別な値はnilやnullという記号でよく表します。
「空値」ともいいます。また，擬似言語では「未定義の値」ともいいます。

nil
null
空値
未定義の値

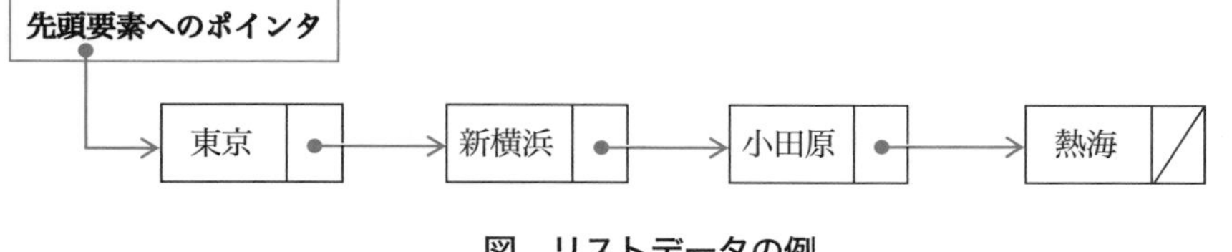

図　リストデータの例

(2) 配列データの追加と削除

このリストが表現しているデータを，リストと同じ順番で配列に入れて実現することを考えてみましょう。

配列

[1]	東京
[2]	新横浜
[3]	小田原
[4]	熱海
[5]	(終わり)

図　配列に入れた駅のデータ

この配列でも表現したい内容は同じなのですが，データを途中に追加したり，データを削除したりした場合は，データを後ろにずらしたり，前につめたりする処理を行わなければいけません。

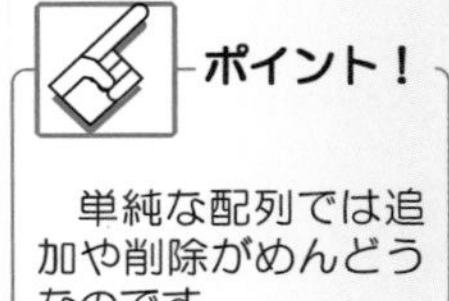

単純な配列では追加や削除がめんどうなのです。

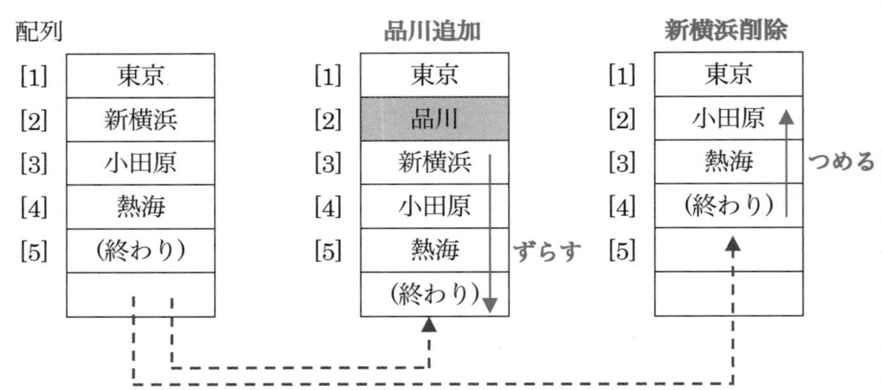

図　配列データの追加と削除

(3) リストデータを配列に入れる

そこで，リストのデータ部とポインタ部という二つのメンバをもった，構造体配列で実現してみます。ここで，配列要素の各ポインタ部には，次につながるデータの要素番号を格納します。なお，次の要素がない場合，ここではポインタ部に０を格納することにします。

先頭要素へのポインタ

5

配列	データ部	ポインタ部
[1]	……	……
[2]	新横浜	7
[3]	熱海	0
[4]	……	……
[5]	東京	2
[6]	……	……
[7]	小田原	3
⋮	⋮	⋮

図　リストのデータを配列でもつ

データの順序がばらばらでも，ポインタ部をたどることによって，東海道新幹線の停車順（東京→新横浜→小田原→熱海）に駅がつながっていることを確認してください。

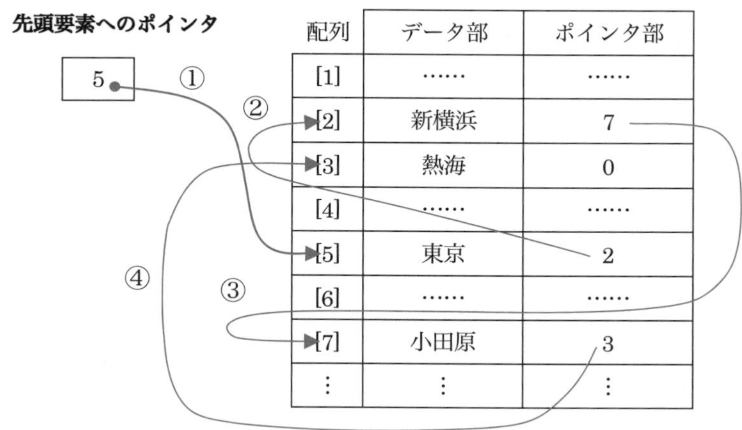

配列	データ部	ポインタ部
[1]	……	……
[2]	新横浜	7
[3]	熱海	0
[4]	……	……
[5]	東京	2
[6]	……	……
[7]	小田原	3
⋮	⋮	⋮

図　リストのデータをポインタでたどる

このように，リストではデータがつながる順序と配列に格納されている順序が同じである必要はありません。データ部とは別に，ポインタ部の値によってつながっているからです。

(4) リストへのデータ追加

リストでは，それぞれのデータが次のデータの位置を表すポインタでつながっているだけなので，新しくデータを入れる要素を作ってポインタでつなげれば，いくらでも要素数を増やすことができます。

先ほどの例でいえば，“東京”と“新横浜”の間に，“品川”という新しい駅を入れる場合，次のような考え方で，リストにデータを追加します。

① データ追加用の箱を作成して，そのデータ部に“品川”を格納します。

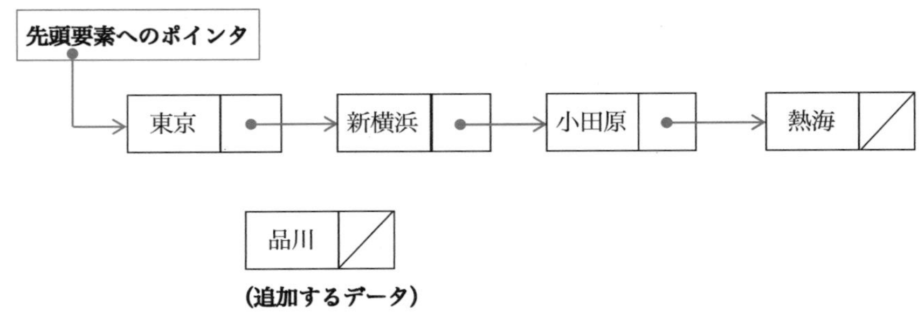

② “東京”→“品川”→“新横浜”の順になるようにポインタを入れ替えます。

(a) “東京”→“新横浜”とたどるポインタを，追加するデータ“品川”のポインタ部に入れます。

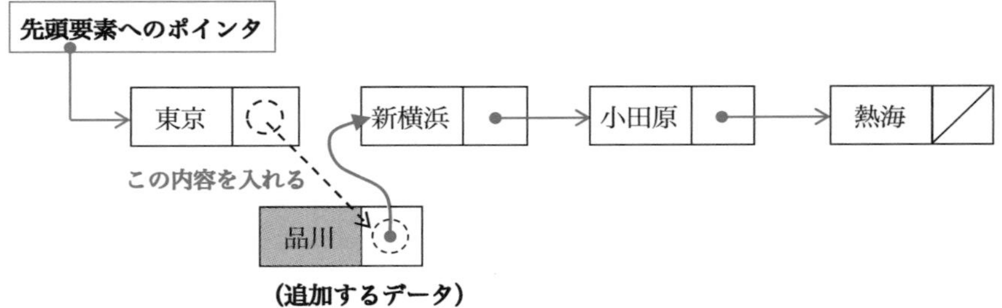

(b) “東京”→ 追加するデータ“品川”とたどるポインタを，“東京”のポインタ部に入れます。

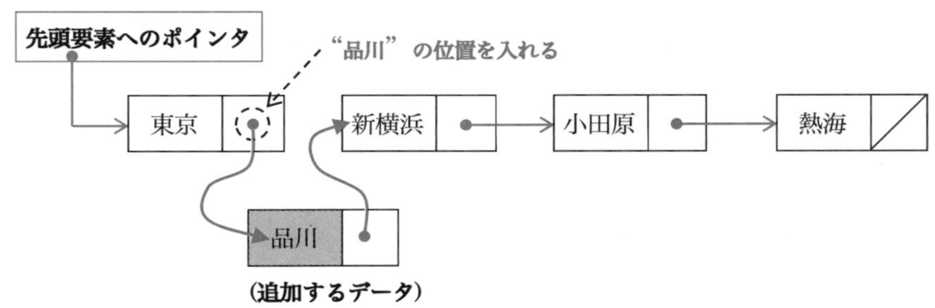

(5) リストへのデータ追加を配列で考える

これを先ほどの配列データで考えてみると，配列の中の空いている位置を探し，そのデータ部に追加したいデータを入れます。例えば，配列の６番目の要素が空いていたとして，そこに“品川”を追加する場合，次のようになります。

① “品川”を空いている要素（6 番目）のデータ部に入れます。

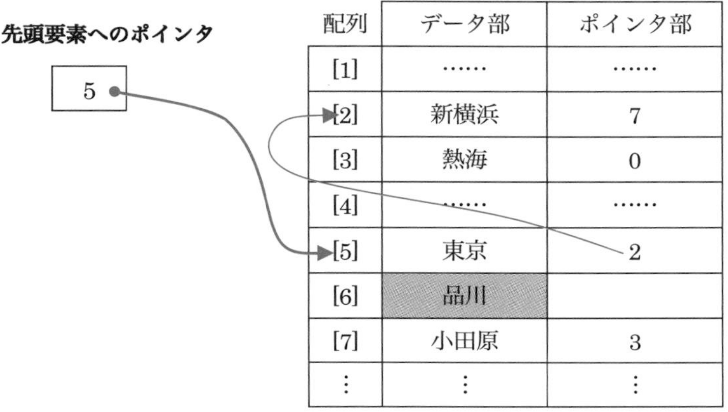

配列	データ部	ポインタ部
[1]	……	……
[2]	新横浜	7
[3]	熱海	0
[4]	……	……
[5]	東京	2
[6]	品川	
[7]	小田原	3
⋮	⋮	⋮

② (a) “品川”のポインタ部に“新横浜”を示すポインタを入れます。

先頭要素へのポインタ

5

配列	データ部	ポインタ部
[1]	……	……
[2]	新横浜	7
[3]	熱海	0
[4]	……	……
[5]	東京	
[6]	品川	2
[7]	小田原	3
⋮	⋮	⋮

(b) “品川” が格納された配列の要素番号 6 を “東京” のポインタ部に入れます。

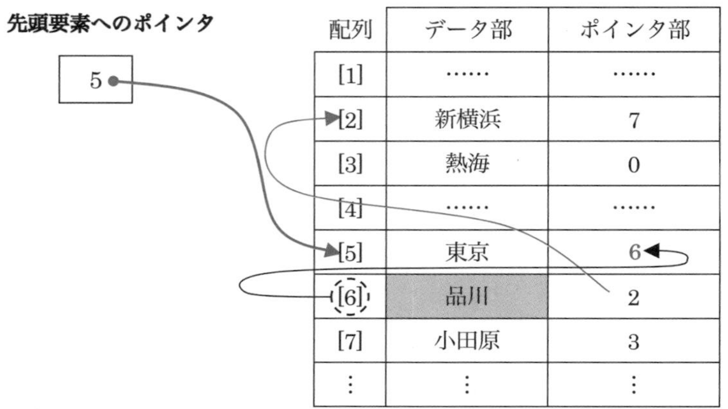

逆だと品川のポインタ部の値も6になってしまいます。

この②の(a)(b)の順序を逆にすると，うまくデータが追加できません。自分自身で確認してみましょう。

(6) リストからのデータ削除

最後に，リストからデータを削除することを考えます。繰返しになりますが，リストは，それぞれのデータが次のデータの位置を表すポインタでつながっているだけなので，削除するデータをポインタのつながりからはずせば，削除することができます。

先ほどの例でいえば，“東京” と “新横浜” の間に，“品川” という新しい駅を入れましたが，今度は，“新横浜” の次の停車駅である “小田原” を削除して，次の停車駅を “熱海” にすることを考えます。

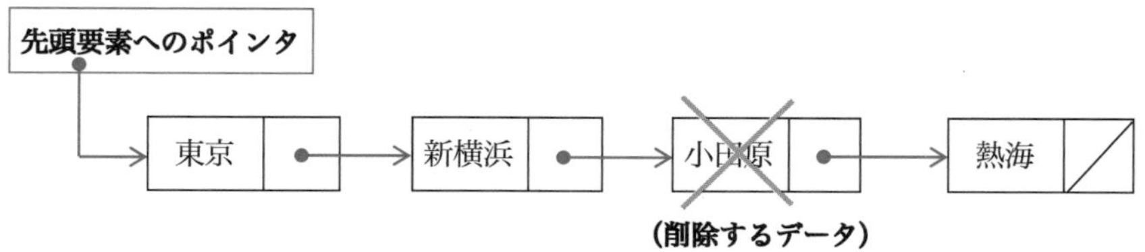

“東京” → “新横浜” → “熱海” の順になるようにポインタを入れ替えます。

削除する “小田原” のポインタは，次の停車駅である “熱海” を指しているので，その内容を “新横浜” のポインタ部に入れます。

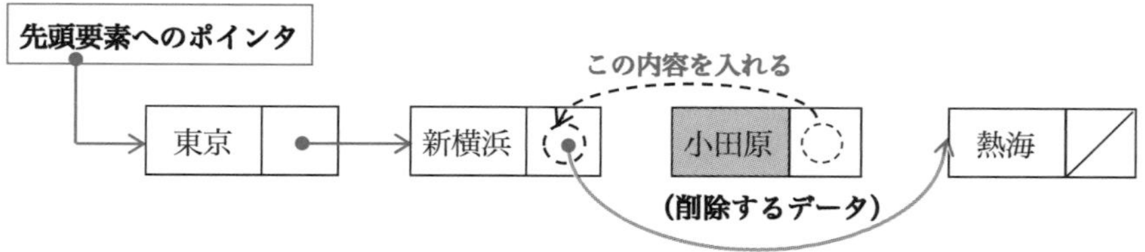

コラム

リストからデータを削除するには，ポインタ部の値を更新するだけで実現できますが，残ったデータはどうするのだろうと思った人もいたかもしれません。リストの操作としては，これだけでよいのですが，コンピュータ上で動作させる場合，不要となったメモリ領域が解放されない，メモリリークという問題が発生します。

このような問題が発生しないように，コンピュータ上のプログラムでは，削除したデータのメモリ領域を解放したり，削除したデータが格納されている配列要素の値を初期化したりしてデータ追加ができるようにします。

(7) いろいろなリスト

これまで見てきたように，データが一方向につながったリストを線形リスト，または単方向リストと呼びます。これ以外にもいくつかの種類がありますので，まとめておきます。

①　線形リスト（単方向リスト）

線形リスト
単方向リスト

各データは一つのポインタをもっていて，後のデータだけを，たどれるようになっているリストです。

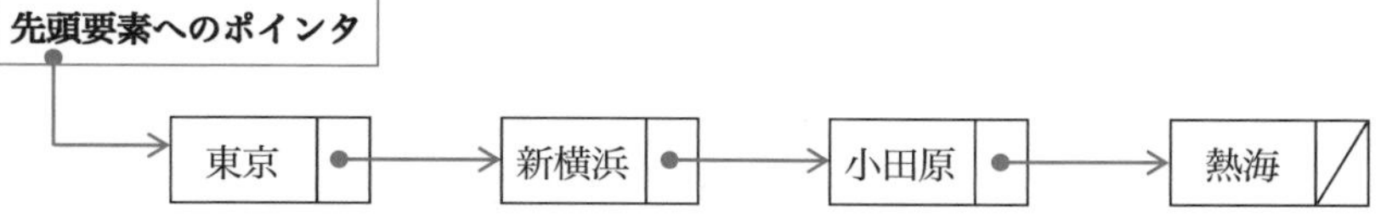

②　双方向リスト

双方向リスト

各データが二つのポインタをもっていて，前後のデータをたどれるようになっているリストです。

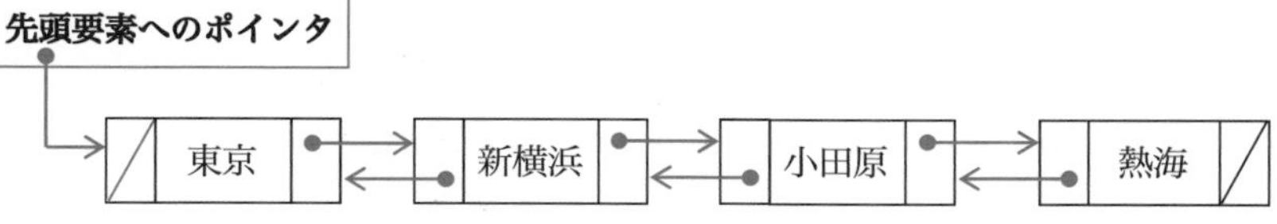

③　環状リスト（循環リスト）

環状リスト
循環リスト

リストの端のデータが特に意味がないとき，最後まで行ったらまた先頭に戻るようになっているリストです。

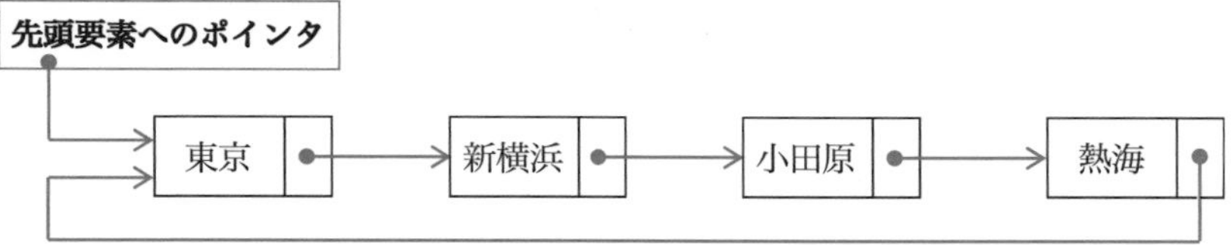

例題４－１

次の図のように，本店および支店の売上順につながった単方向リストがある。データは配列に格納されていて，ポインタ部は配列の要素番号を表している。なお，ポインタ部の0は最後のデータであることを示している。

先頭データへのポインタ：3

要素番号	データ部		ポインタ部
1	新宿支店	2,800,000	5
2	渋谷支店	1,800,000	0
3	日本橋本店	3,500,000	1
4	池袋支店	2,000,000	2
5	新橋支店	2,500,000	4
6			

図　リストのデータ（最初の状態）

設問１　このリストに売上が 2,300,000 の品川支店のデータを追加するとき，どのようにポインタを変更すればよいか。次の文章の［　　　］に入る適切な字句を答えよ。なお，品川支店のデータは配列の６番目に入るものとする。

〔ポインタの変更〕

売上が2,300,000 の品川支店のデータを追加すると，新橋支店の次に入り，日本橋本店→新宿支店→新橋支店→品川支店→池袋支店→渋谷支店の順番になる。よって，新橋支店のポインタを［　a　］とし，［　b　］支店のポインタを［　c　］にすればよいことになる。

設問２　図のような，リストのデータ（最初の状態）において，池袋支店のデータを削除する場合，どのようにポインタを変更すればよいか。次の文章の［　　　］に入る適切な字句を答えよ。

〔ポインタの変更〕

池袋支店のデータを削除すると，日本橋本店→新宿支店→新橋支店→渋谷支店のような順番になる。よって，新橋支店のポインタを［　d　］にすればよいことになる。

この例題の解答を考えてみましょう。

設問１　新橋支店(4) →(4)池袋支店になっているつながりを，新橋支店(6) →(6)品川支店(4) →(4)池袋支店の順にすればよいので，新橋支店のポインタ（池袋支店の位置）を品川支店のポインタに入れ，次に新橋支店のポインタに品川支店の位置を入れればよいことになります。

よって，新橋支店のポインタを６に，品川支店のポインタを４にすればよいことになります（a：6，b：品川，c：4）。

先頭データへのポインタ：3

要素番号	データ部		ポインタ部
1	新宿支店	2,800,000	5
2	渋谷支店	1,800,000	0
3	日本橋本店	3,500,000	1
4	池袋支店	2,000,000	2
5	新橋支店	2,500,000	6
6	品川支店	2,300,000	4

図　リストのデータ（品川支店の追加後）

設問２　新橋支店(4) →(4)池袋支店(2) →(2)渋谷支店(0) になっているつながりを，新橋支店(2) →(2)渋谷支店(0) にすればよいので，池袋支店のポインタ（渋谷支店の位置２）を新橋支店のポインタに入れればよいことになります（d：2）。

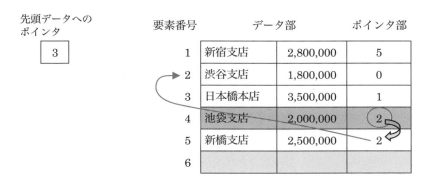

先頭データへのポインタ：3

要素番号	データ部		ポインタ部
1	新宿支店	2,800,000	5
2	渋谷支店	1,800,000	0
3	日本橋本店	3,500,000	1
4	池袋支店	2,000,000	2
5	新橋支店	2,500,000	2
6			

図　リストのデータ（池袋支店の削除）

3. スタック

スタック
後入れ先出し
LIFO

スタック（stack）は，「後から入れたデータを先に取り出す」という操作で扱われるデータ構造です。この操作は“**後入れ先出し**”（**LIFO**；Last In First Out）と呼ばれます。私たちが暮らしている中で，後から入れたものを先に出すという決まりで行っていることはあまり見当たりませんが，例を考えてみましょう。

(1) 後入れ先出しで処理する例

料理の手順を例としてみます。ここでは，ハプニングもあり，少し段取りの悪い料理の作り方をしてしまったときの成り行きを考えてみます。料理をする人は忘れっぽいので，次に行うことをメモする習慣があるとします。

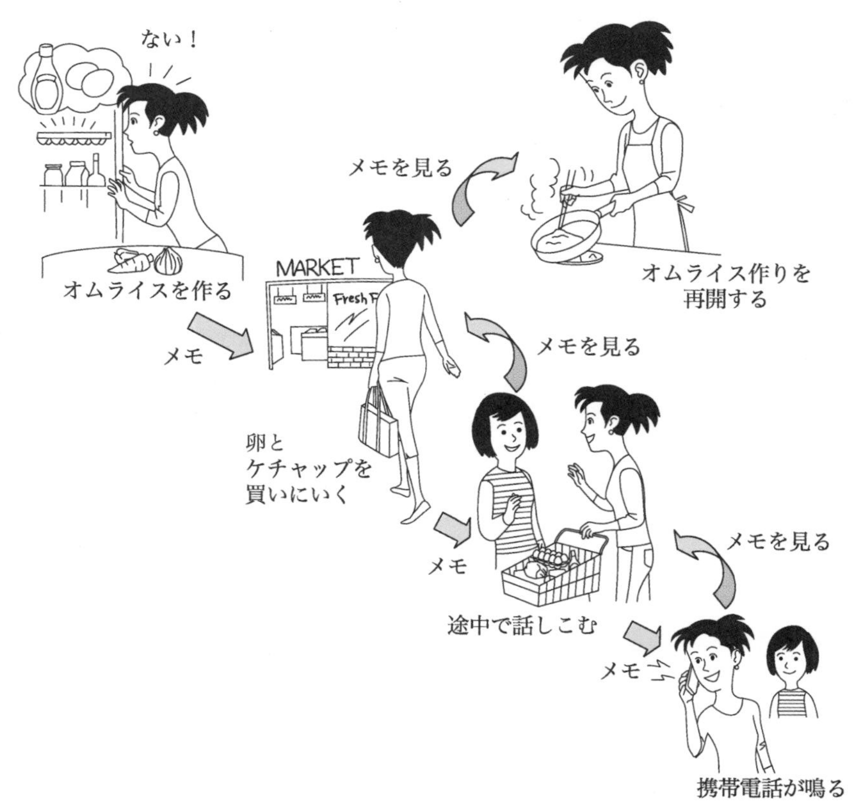
ない！
オムライスを作る
メモ
MARKET
Fresh
卵と
ケチャップを
買いにいく
メモ
途中で話しこむ
メモ
携帯電話が鳴る
メモを見る
メモを見る
メモを見る
オムライス作りを
再開する

〔残ったご飯を使ってオムライスを作る〕

・コンロに火を付け，フライパンに油をひく。
・冷やご飯をフライパンにあけ，ほぐしながら炒める。
・卵を焼くため，別のコンロに火を付ける。
×途中，卵とケチャップがないことに気がつく。
・近所の店に買いに行くため，火を止める。
メモ　買い物したら，火を付けてオムライスを作ること。
　・近所の店に行き，卵を探す。
　・卵を買い物かごに入れたとき，友達に偶然会い，話しはじめる。
　メモ　話が終わったら，卵とケチャップを買うこと。
　　・「中学校のときの○○ちゃん，結婚したんだって。……」
　　・携帯電話が鳴る。
　　メモ　電話が終わったら，友達と結婚の話の続きをすること。
　　　・「もしもし，………」
　　　・「……じゃ，さようなら。」
　　メモ取出し
　　・結婚の話の続きをする。
　　・「じゃ，またね。さようなら。」
　メモ取出し
　・卵とケチャップを買って，買い物終了。
　・お金を払って，家に戻る。
メモ取出し
・火を付けて，オムライス作りの続きをする。
・あっ！ご飯に混ぜる野菜のことを忘れていた！
・　　　　　　⋮
(以下，すったもんだのあげくオムライス完成)

この例では，続きの作業の内容を忘れないようにメモをとり，続きを行うときはメモを取り出してから行っています。ここで，たまっているメモを取り出す順番は，後入れ先出し（LIFO）でなければいけません。違う順番で取り出すと，「電話の後，買い物も忘れて家に帰ってしまい，話をしていた友達に怒られ，おまけにオムライスもできなかった」ということになりかねません。

ここで書いたメモは，はじめに図で見たように，紙差しに順番に差していき，上から順番にLIFO方式で取り出す必要があります。

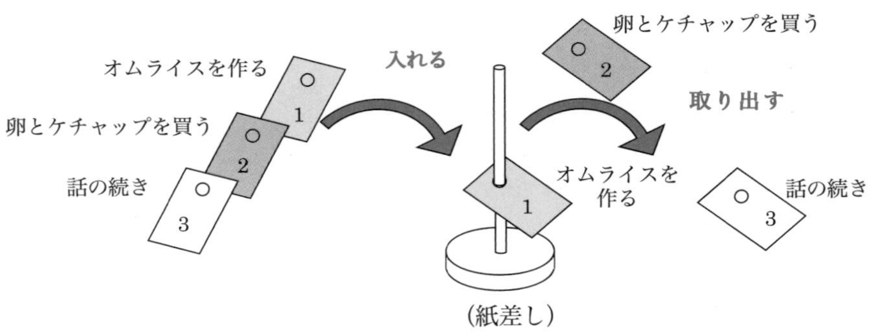

図　LIFO方式のメモの取出し

このように，処理のどこから続きを行えばよいかという情報を残したり，取り出したりすることは，じつはコンピュータの中で頻繁に行われています。これらの情報は，ここで説明するスタックと呼ばれるデータ構造で管理されています。

(2) スタックの基本操作

スタックに対するデータの基本操作は，データを格納する push（プッシュ）と，データを取り出す pop（ポップ）の二つがあります。

push
① push

プッシュダウン
プッシュ

スタックにデータを格納することで，**プッシュダウン**，または単に**プッシュ**といいます。データは下から上に積み上げるイメージで考えるとよいでしょう。

pop
② pop

ポップアップ
ポップ

スタックからデータを取り出すことで，**ポップアップ**，または単に**ポップ**といいます。データは上から順に取り出していくイメージで考えるとよいでしょう。

① 格納するとき

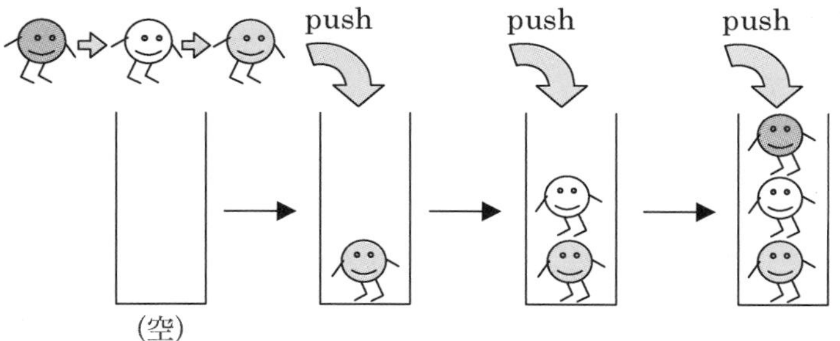

② 取り出すとき

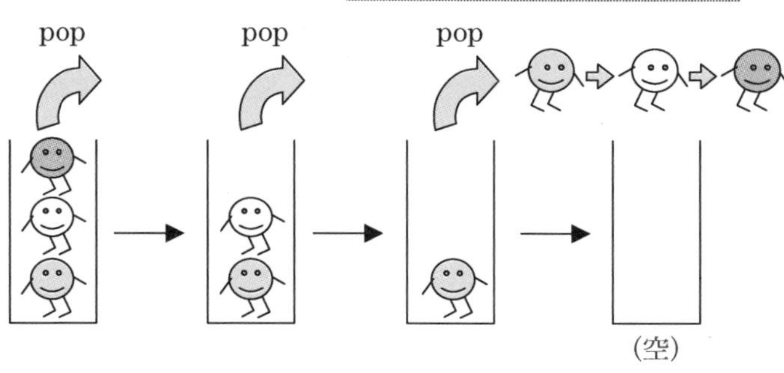

図　スタックのイメージ

(3) 配列を用いたスタックの表現

スタックも，リストと同じように配列を使って実現することができます。スタックにデータを格納したり，取り出したりする対象になるのは端のデータだけです。また，出し入れするたびに配列内のデータが増えたり減ったりしますので，その時点でどこまでデータが格納されているか（端がどこか）を示す位置の情報が必要です。この位置を**スタックポインタ**（stack pointer）といいます。

スタックポインタ

ここでは，例として大きさ 100 の配列を前から後ろに向かってスタックとして利用する場合を考えてみます。

① データを push したとき

スタックポインタ sp の現在の値は 1 とします。sp の値に 1 を加え，配列[sp]にデータを格納します。

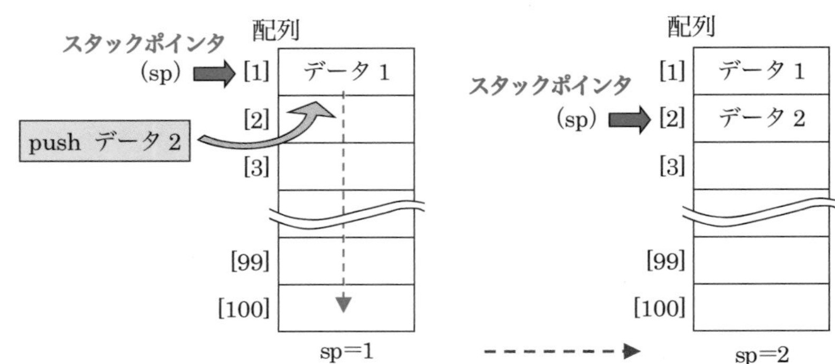

スタックオーバーフロー

スタックにデータを格納し続けていくと，スタック用の配列の大きさを超えてしまうことがあります。このような状態を**スタックオーバーフロー**と呼び，エラー処理をする必要があります。通常，このようなことが起きないように十分な大きさの配列を用意します。

pop では，直前にスタックに入れた（push）データを取り出します。その位置は sp に格納されていますね。

② データを pop したとき

スタックポインタ sp の値を使って配列[sp]のデータを取り出し，スタックポインタの値を 1 減らします。

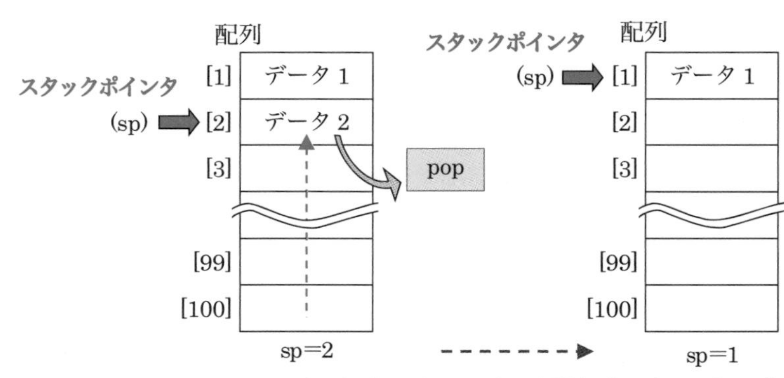

例題４－２

次の二つのスタック操作を定義する。

push n：スタックにデータ（整数値 n）をプッシュする。

pop　：スタックからデータをポップする。

空のスタックに対して，次の順序でスタック操作を行った結果はどれになるか。

push 3 → push 7 → pop → push 5 → push 4→ pop → push 6

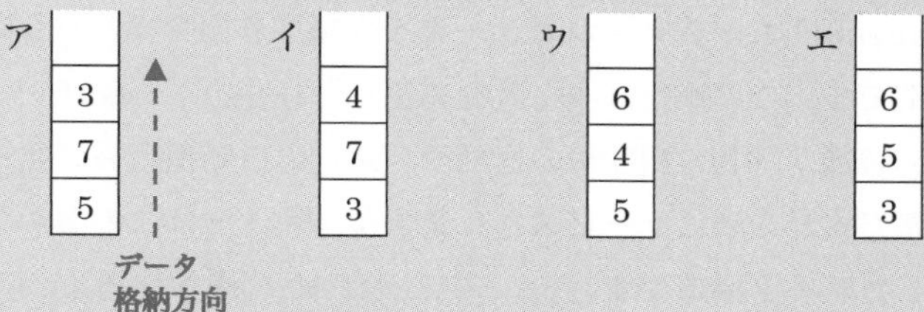

この例題の解答を考えてみましょう。

push と pop によって，スタックがどのように変わっていくか，一つずつ確認していきましょう。

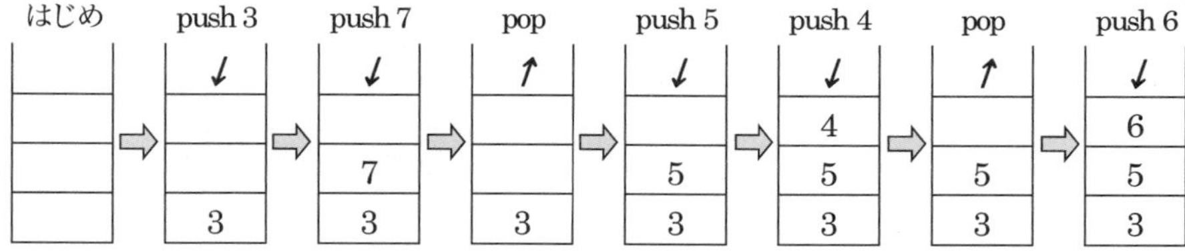

この結果から，(エ) が答えになることが分かります。スタックで操作対象になるのは端だけであることに注意しましょう。pop の対象になるのは直前に push されたデータです。

4. キュー

キュー
先入れ先出し
FIFO

スタックのLIFO，キューのFIFO，まぎらわしいですが，きちんと理解してください。

キュー（queue）は，「先に入れたデータを先に取り出す」という操作で扱われるデータ構造です。この操作は“先入れ先出し”（FIFO；First In First Out）と呼ばれます。普通，評判の観覧車の行列や，銀行の自動預金機に並んだ人に対して，先に並んだ人から順にサービスされますが，キューはこのようなデータを扱うときに適したデータ構造です。キューはこのため，“待ち行列”とも呼ばれます。

図　キュー（観覧車の待ち行列の例）

コンピュータの世界では，例えば，ネットワークを通じて次々とデータが送られてきて，到着した順序で一つずつ処理を実行していくといった場合に，データを一時的に待たせておく場所としてキューが利用されます。なお，キューにデータを格納する処理をエンキュー（enqueue），キューからデータを取得する処理をデキュー（dequeue）ということがあります。

エンキュー
デキュー

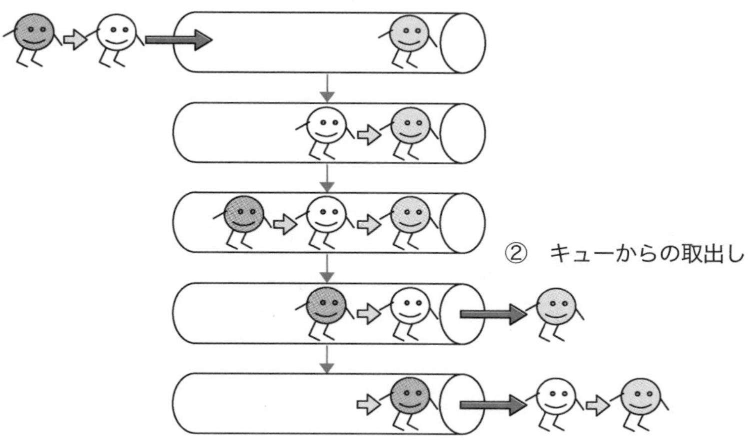

図　キューのイメージ

配列を用いたキューの表現

キューのデータもスタックと同じように配列を使って実現することができます。もし，スタックと同じように配列の端の（ここでは先端）のデータしか操作の対象にならないとするとどうなるでしょうか。キューに入ってきたデータを単純に配列の先頭から入れていき，また，先頭データから単純に出て行く場合を考えてみます。

例えば，最初に入ったデータ１が配列の先頭から出て行ったとすると，出て空いたところに後ろのデータを順番に前につめなければいけません。これではデータが多いと無駄な手間がかかるので，別の方法を考えます。

ポイント！

いつでも先頭から取り出せるようにするためには，データを取り出すたびにデータを前につめなくてはいけないので，めんどうです。

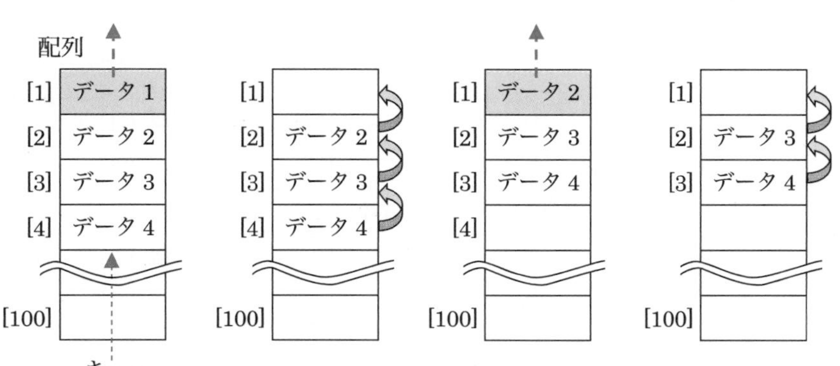

図　キューのデータをずらす

ポイント！

キューでは，データの取出し位置と格納位置を示す二つの情報が必要です。

スタックの場合は格納された端のデータが出し入れの対象だったのでスタックポインタだけで管理できました。しかし，キューの場合，配列のデータは最後に入ったデータの次に追加するので，どの位置が次に取出し対象になる先頭データで，どの位置がキューの最後に入ったデータかという，二つの情報が必要になるわけです。

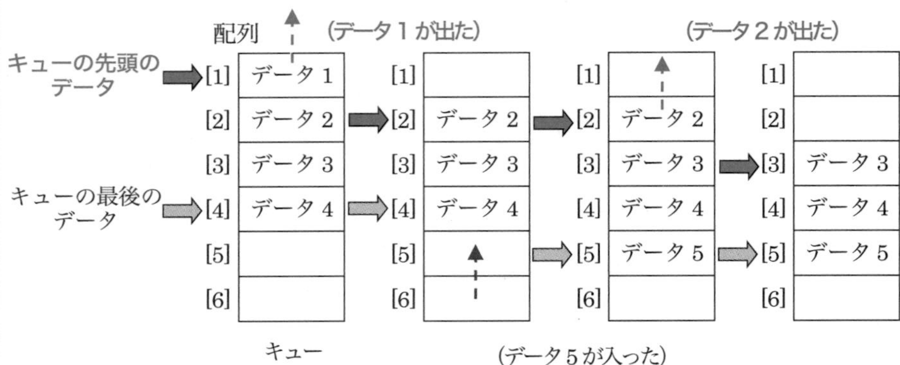

図　キューの先頭のデータと最後のデータ

キューの先頭のデータの位置と最後のデータの位置は，両方とも配列の後ろに向かってずれていきます。そして，データが続けて入ってくると，いつかは配列の最後に達してしまいます。配列の大きさが絶対不足することがないように，十分とることができればよいのですが，先頭のほうには出て行った空きがあるので，この部分を利用することを考えます。

ポイント！

データが取り出され，空いた部分を再利用します。

次のように，配列の最後までデータを格納したら，配列の最後と先頭がつながっていると考えて，キューに入ってきたデータを配列の先頭から，また格納していく方法もあります。この考え方は環状リストと同じです。

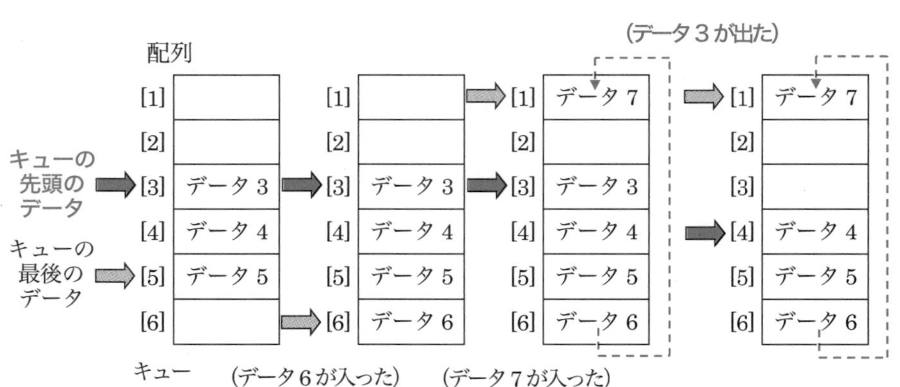

図　キューの先頭のデータと最後のデータ

例題４－３

キューに値７が最初に格納され，続けて２，５，８の順で値が格納されたとする。このキューから最初に取り出される値はいくつか。

ア　2　　　　イ　5　　　　ウ　7　　　　エ　8

この例題の解答を考えてみましょう。

キューは先入れ先出しの FIFO 方式で，データの格納と取出しを行うデータ構造でしたね。入った値は，７，２，５，８の順ですから，最初に入った値７が取り出されます。したがって，正解は（ウ）です。

5. 木

木 (tree) は，リストと同様にデータとデータを連結していくデータ構造です。ある要素が複数の要素に枝分かれするような関係を表現するのに適しています。例えば，はじめに紹介した会社の組織のような階層的な関係や親子関係を表現するのに利用されます。表現した形が，木を逆さにしたようになることから，“木”または“木構造”と呼ばれます。

木

木構造

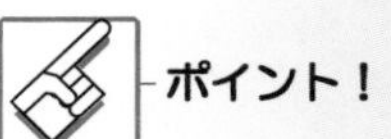

本当の木は根が下ですが，データ構造では上になります。

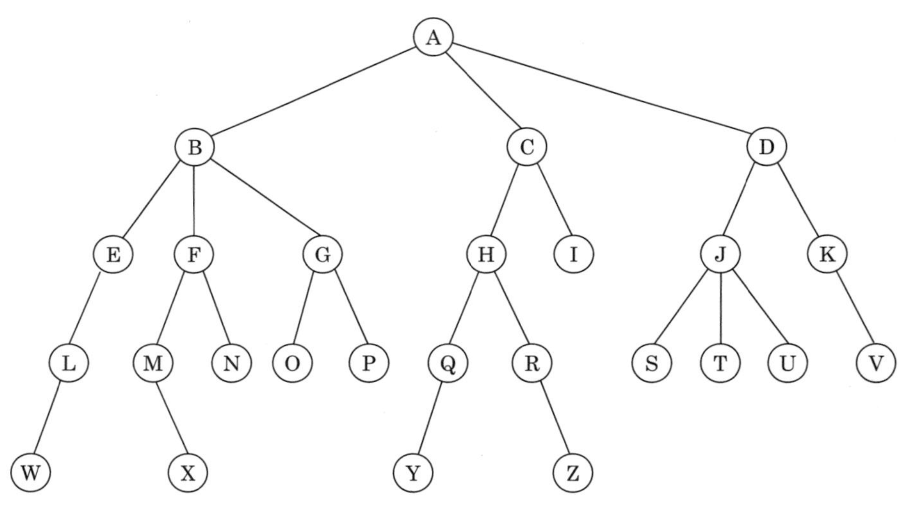

図 木

(1) 木の要素

木の要素を指すときに使われる用語がいくつかあります。木の図では◯の部分がデータになり，これを節（node）または節点といいます。また，最も上の位置に来る◯を根（root）といいます。節同士が線で上下に結ばれている関係から，上位にある節を親（parent），下位にある節を子（child）といいます。親と子を結ぶ線は枝（branch edge）または辺といいます。なお，子をもたない節点は特に葉（leaf）と呼ばれます。

節
節点
根
親
子
枝
辺
葉

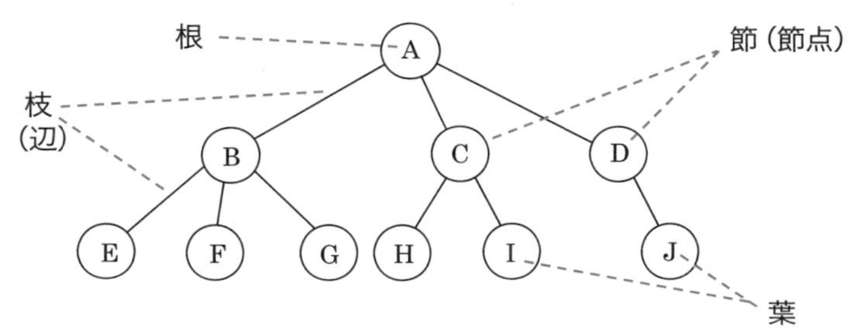

図　木の要素の名称

(2) 部分木

部分木（subtree）とは，ある節につながる子を根とする木のことです。左側の子を根とする部分木は左部分木，右側の子を根とする部分木を右部分木といいます。部分木の中には，同じ考え方で，さらに部分木を考えることができます。

部分木
左部分木
右部分木

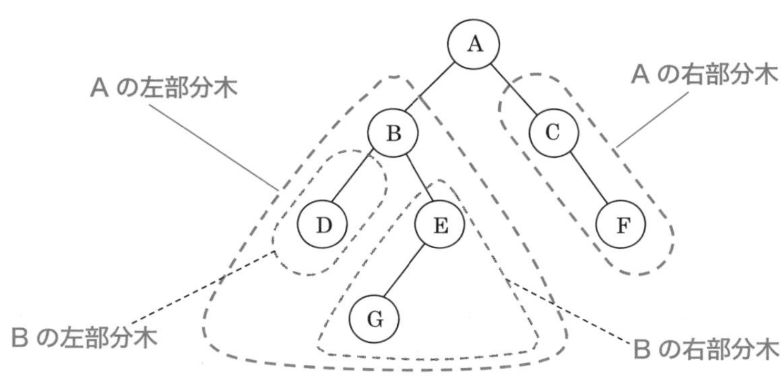

図　部分木

(3) 木の種類

木にはいくつかの種類があります。ここではその中で，基本的なものを説明します。

① 2分木

2分木

節とつながる子の数が，多くても2個の木を**2分木**といいます。

「多くても2個」，つまり最大2個のことを「高々2個」ともいいます。

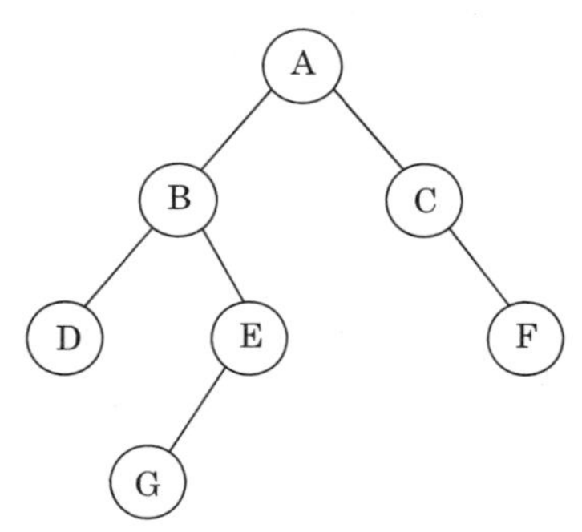

図　2分木

② 2分探索木

2分探索木

2分探索木とは，どの節を見ても，次の二つの条件を満たす2分木として定義されます。

・左部分木に含まれるすべての節の値は，その節（親）の値より小さい。

・右部分木に含まれるすべての節の値は，その節（親）の値より大きい。

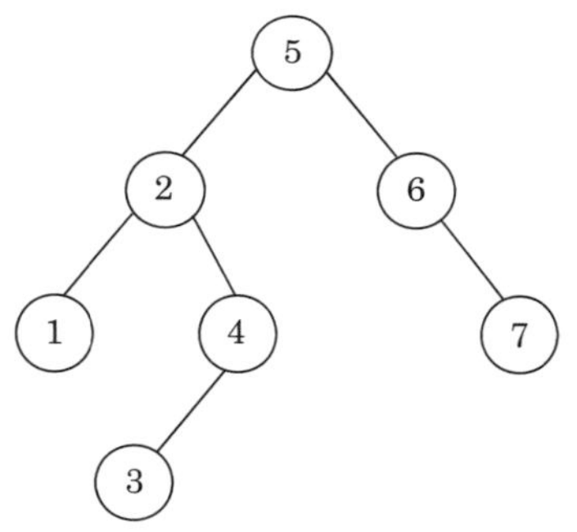

図　2分探索木の例

要素1から7で構成されるこの2分探索木の例では，どの節をとっても上の条件を満たしています。

・左部分木に含まれるすべての節の値（1，2，3，4）は，その節（親=5）の値より小さい。

> この 2 を根とする節 5 の左部分木については，さらに次のことを満たしています。
> ・左部分木に含まれるすべての節の値（1）は，その節（親=2）の値より小さい。
> ・右部分木に含まれるすべての節の値（3，4）は，その節（親=2）の値より大きい。
>
> > この 4 を根とする節 2 の右部分木については，さらに次のことを満たしています。
> > ・左部分木に含まれるすべての節の値（3）は，その節（親=4）の値より小さい。
> > ・右部分木はないので検討しなくてよい。

・右部分木に含まれるすべての節の値（6，7）は，その節（親=5）の値より大きい。

> この 6 を根とする節 5 の右部分木については，さらに次のことを満たしています。
> ・左部分木はないので検討しなくてよい。
> ・右部分木に含まれるすべての節の値（7）は，その節（親=6）の値より大きい。

2 分探索木では，この性質を満たすことから，あるデータを探索する場合，根から順に探索するデータと比較して，どちらの部分木にデータがあるかを絞り込んでいきます。例えば，4 を探索する場合は次のように進んでいきます。

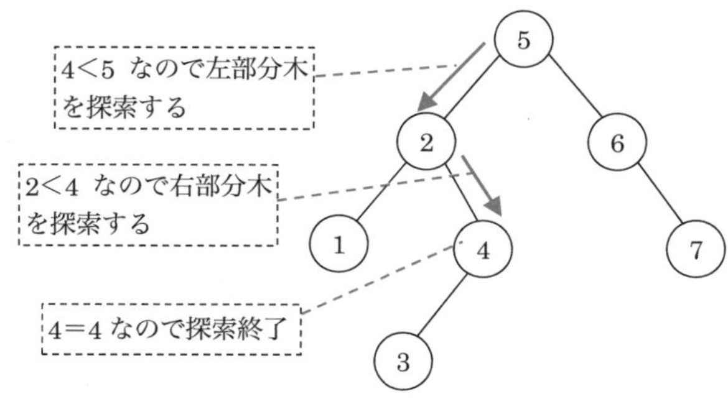

図　2 分探索木からデータを探索する方法

③　完全２分木

根から葉までの距離（枝の数）がどこでも等しい木を完全２分木といいます。根からある節にたどり着くまでに通る枝の数を深さ（depth）といい，深さの最も大きい値をその木の高さといいます。

完全２分木
深さ
高さ

この言葉を使えば，完全２分木は根から葉までの深さがすべて等しい木とも表せます。

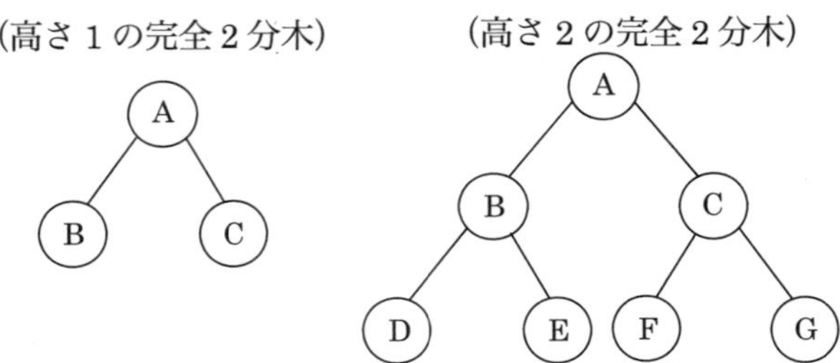

図　完全２分木の例

実際には，「根から葉までの深さがすべて等しい木」という条件は厳しすぎるので，条件をゆるくして，「根からすべての葉，および，葉を二つもたない節までの深さの差が最大で１である木」を完全２分木とする場合もあります。

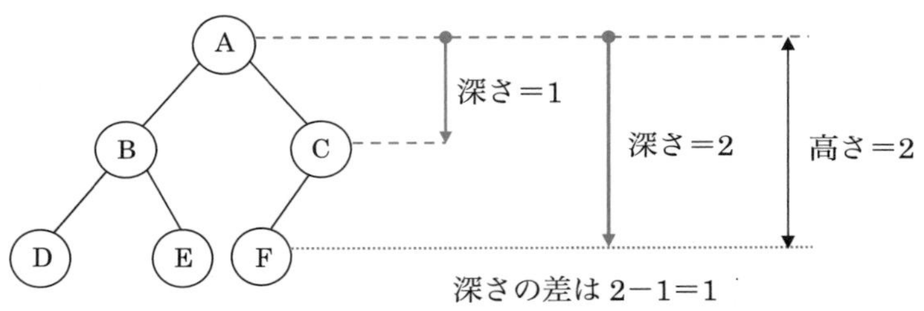

図　条件をゆるくした完全２分木の例

(4) ヒープ

ヒープ

どの節をとっても親子の間に決まった大小関係が成り立つ完全２分木を**ヒープ**（heap）といいます。ここでの完全２分木は条件のゆるいほうを適用します。

なお，ヒープは２分探索木と違い右の子，左の子の大小関係は問いません。

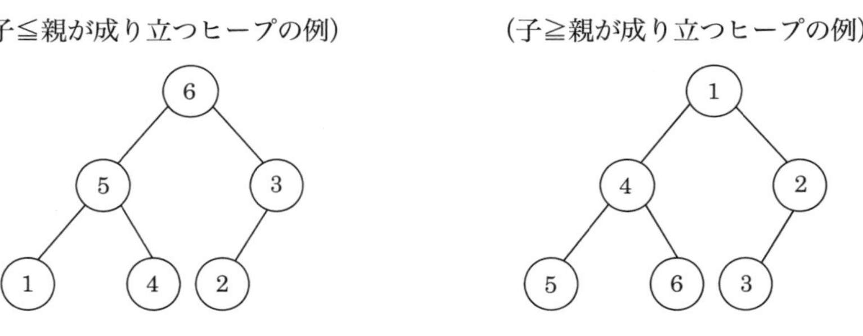

図　ヒープの例

(5) ２分木の配列表現

２分木のデータには，左と右の二つの子がつながるので，どのデータにつながるかを二つのポインタとしてもちます。

配列で表現する場合は，ポインタは配列のどこにそのデータが格納されているか，つまり，その要素番号になります。次の例では左ポインタで左部分木に，右ポインタで右部分木につながっています。つながる子がない場合は，ポインタの値は０にしています。

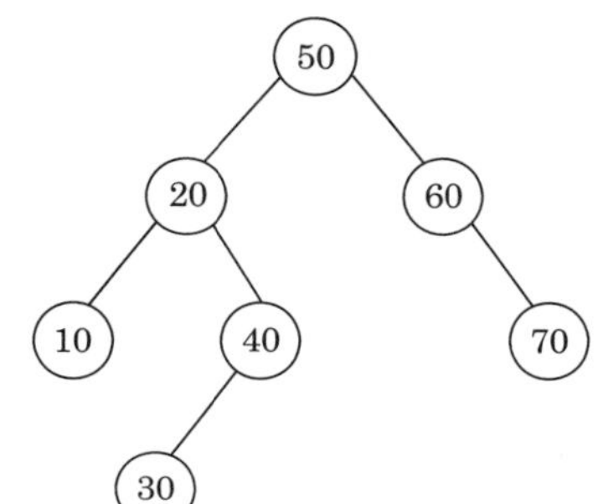

要素番号	値	左ポインタ	右ポインタ
1	50	4	2
2	60	0	3
3	70	0	0
4	20	7	5
5	40	6	0
6	30	0	0
7	10	0	0

図　２分木の配列表現

例題４－４

１から３までの三つの要素でできる２分探索木をすべて表せ。

この例題の解答を考えてみましょう。

２分探索木の条件を満たすように要素をつなげると，次の５種類のパターンが出てきます。

(1)

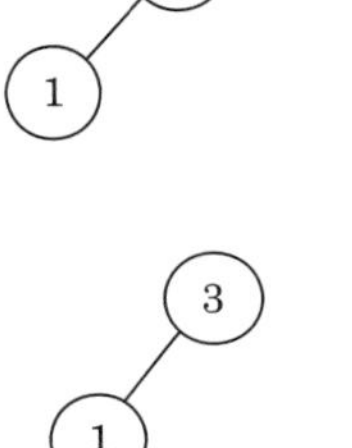

(2)

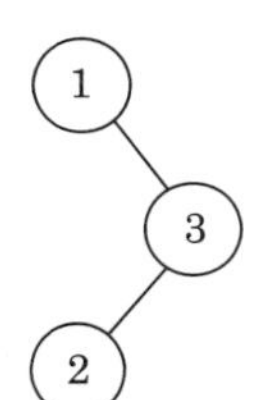

(3)

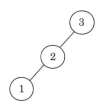

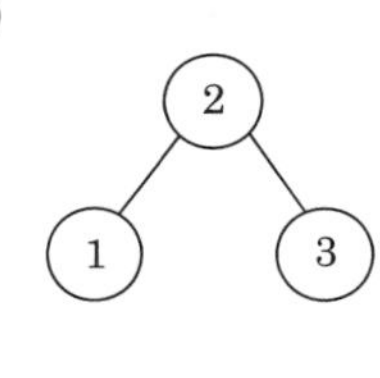

(4)

(5)

アドバイス

図の２分木と配列との関係を確認しておきましょう。

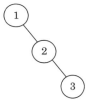

(6) 木の探索法

探索

走査

木のデータを一つずつ調べることを木の探索，または，走査といいます。適当に木のデータを調べるのではなく，すべてのデータを残らず調べるには，一定の規則に基づいて行う必要があります。探索法には，大きく分けて，幅優先順探索と深さ優先順探索という方法があります。ここでは考え方を学ぶため，一般的な木ではなく，2分木で考えてみます。

幅優先順探索

① 幅優先順探索

深さの小さい順に探索していく方法です。すぐに思いつくのがこの方法で，木の根から順に深さの小さい順に探索します。なお，同じ深さのデータでは左から右に順番に探索していきます。

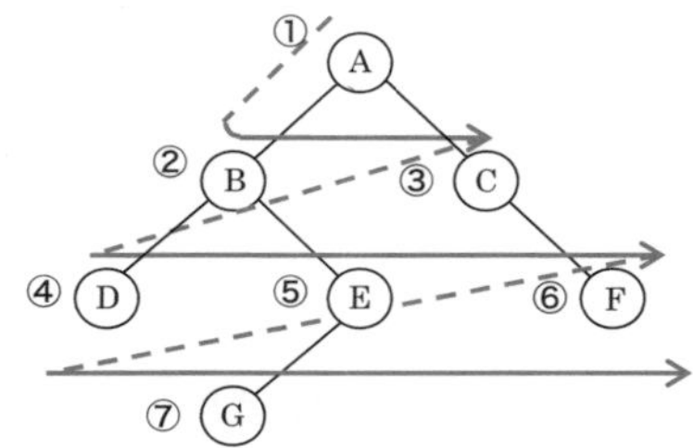

探索順：A→B→C→D→E→F→G

図　幅優先順探索

深さ優先順探索

ポイント！

この場合の探索とは，表示などの処理を行いながらデータをたどることです。

② 深さ優先順探索

この方法は木の特徴を活かした探索法で，親と子の間で探索する優先順位を付け，その規則ですべてのデータを探索していく方法です。規則に基づいて行けるところまで行き，行き止まりになったら元の場所に戻って，別の道を探します。親と子（左と右の2通りあり）のデータで，親をいつ探索するかによって，次の三つの方法に分けられます。

先行順探索

前順探索

(a) 先行順探索（前順探索）

親に当たる節の探索を，部分木の探索の前に行う方法です。

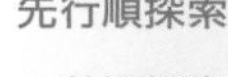

親→左の子→右の子

という順番に探索していきます。

ポイント！

先行順探索では，親が先行して探索されます。

なお，子にさらに子どもがある場合，次のような探索順になります。

・左の子にさらに子がある場合，

親→左の子（**自分→自分の左の子→自分の右の子**）→右の子

・右の子にさらに子がある場合,

親→左の子→右の子（**自分→自分の左の子→自分の右の子**）

・左の子にも，右の子にもさらに子がある場合,

親→左の子（**自分→自分の左の子→自分の右の子**） →右の子（**自分→自分の左の子→自分の右の子**）

という順番になります。

以下，子にさらに子が出てくる場合は，子がない葉が出てくるまで，深さの深いほうへ深いほうへと探索を進めていきます。

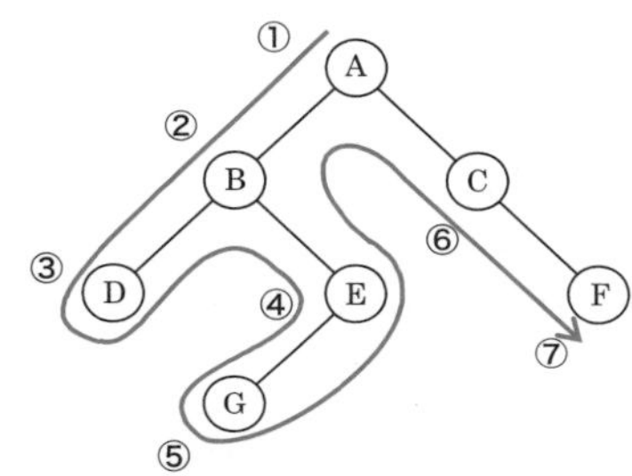

探索順：A→B→D→E→G→C→F

図　先行順探索（深さ優先）

(b) 中間順探索（間順探索）

中間順探索
間順探索

左部分木の探索をしてから，親に当たる節を探索し，その後で右部分木の探索を行う方法です。左部分木と右部分木の探索の中間で，親の節を探索するので，中間順といいます。

左の子→親→右の子

という順番に探索していきます。

ポイント！

中間順探索では，左の子と右の子の間（中間）で親が探索されます。

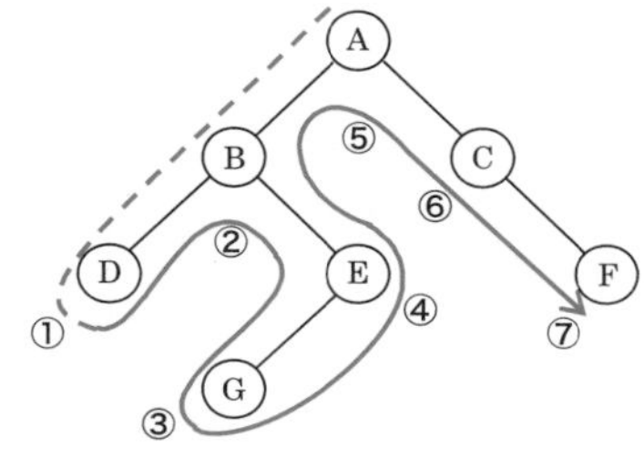

探索順：D→B→G→E→A→C→F

図　中間順探索（深さ優先）

後行順探索
後順探索

(c) 後行順探索（後順探索）

左部分木の探索をしてから，親を飛ばして，右部分木の探索を行い，最後に親の節を探索する方法です。左部分木と右部分木の探索の後に，親の節を探索するので，後行順といいます。

左の子→右の子→親

という順番に探索していきます。

ポイント！

後行順探索では，親が最後に探索されます。

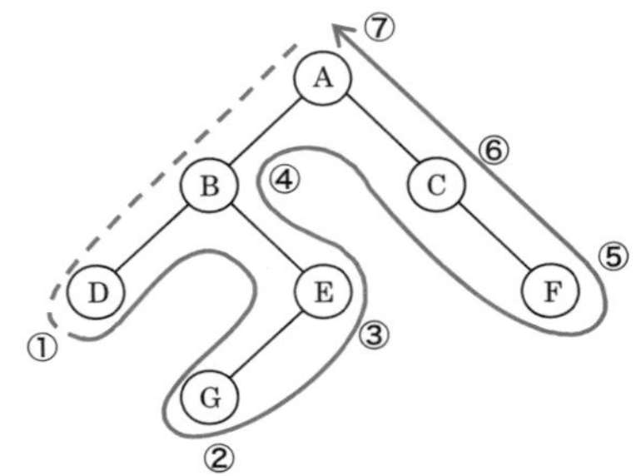

図　後行順探索（深さ優先）

例題4－5

次の木を探索したところ，次のような順番で値をたどった。それぞれの探索法は何か。

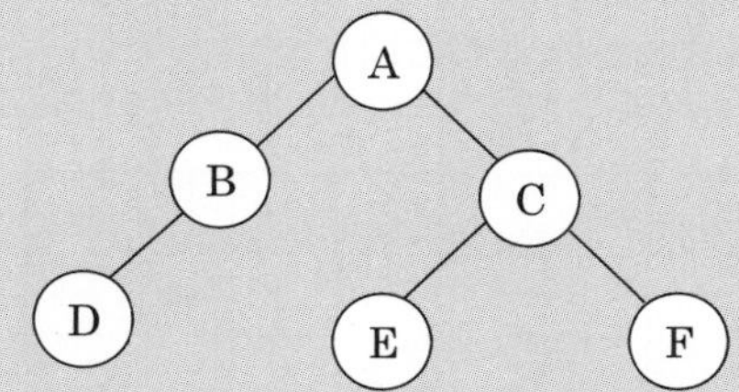

(1) D→B→A→E→C→F

(2) A→B→C→D→E→F

(3) A→B→D→C→E→F

(4) D→B→E→F→C→A

この例題の解答を考えてみましょう。

(1) ((D→B)→A→(E→C→F))

左の子→親→右の子の順番で探索しているので，中間順探索です。

(2) A→B→C→D→E→F

根から深さの小さい順に探索していて，同じ深さでは左の子→右の子の順番に探索しているので，幅優先順探索です。

(3) (A→(B→D)→(C→E→F))

親→左の子→右の子の順番で探索しているので，先行順探索です。

(4) ((D→B)→(E→F→C)→A)

左の子→右の子→親の順番で探索しているので，後行順探索です。

コラム

スタックの応用例として，次のような迷路を探索して，正しい経路を探す場合を考えてみましょう。ちなみに，この方法はロボットが迷路を探索するときのアルゴリズムと基本的に同じです。

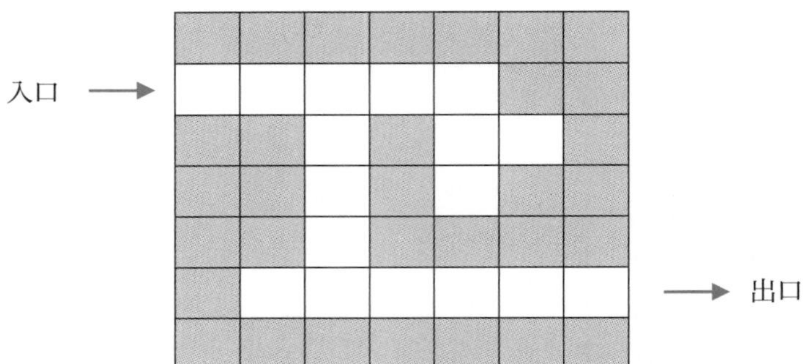

この迷路を解くため，次のような手順で経路を選択していくものとします。

1. 「前」方向への進路を選択。
2. 「右」方向への進路を選択。
3. 「左」方向への進路を選択。
4. 「前」「右」「左」がすべてだめなら，来た道を戻って別の道を探す。

この手順に従うと，次のような経路が選択されることになります。

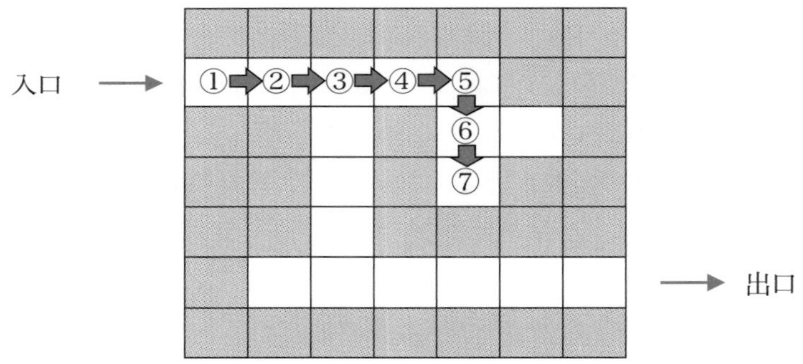

この経路ではこれ以上，前にも右にも左にも進むことはできませんので，一度来た道を戻って経路を選択し直す必要があります。しかし，来た道を正しく戻るためには，どの道順でそこまでたどり着いたのかをきちんと記録しておく必要があります。位置を戻してから同じ経路をまた選んでしまっては，永遠に出口にたどり着くことはできなくなります。

そこで，スタックの登場です。迷路の道を進むたびにどのような経路選択をしたか，スタックに記録しながら進んでいけば，来たのとは逆の順で引き返したいときでも，正しい順序で引き返すことが可能となります。前記の経路選択の仕方をスタックに記録すると次のようになります。

⋮	⋮
⑦	×
⑥	前
⑤	右
④	前
③	前
②	前
①	前

これ以上前に進めない。（⑦の「×」を指す矢印）

⑦番の位置で行き詰まってしまったので，⑥番の位置まで戻ります。ここで，⑥番の位置では最初に「前」を選択しているので，次に「右」へ進もうとします。しかし，行き止まりなので，今度は「左」へ進もうとします。今度は進むことができます。しかし，やはり行き詰まってしまうため，再び⑥の位置へと戻ってきます。

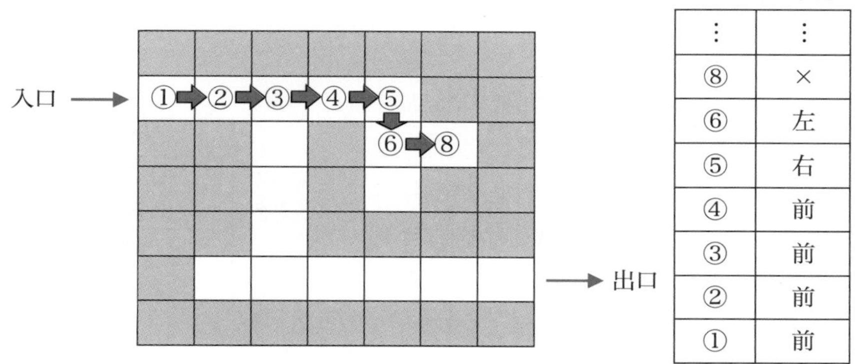

スタックの状態

⋮	⋮
⑧	×
⑥	左
⑤	右
④	前
③	前
②	前
①	前

⑥ではすでに「左」方向も試してしまっているので，「前」「右」「左」がすべてだめだったことが分かります。そのため，元の経路を戻っていくしかありません。同じことが⑤の位置や④の位置で繰り返され，③で右に曲がり，また行き止まりになったら同じように戻って，最終的には出口まで無事にたどり着くことができます。

章末問題

（基礎編）問4-1

図は単方向リストを表している。“東京”がリストの先頭であり，そのポインタには次のデータのアドレスが入っている。また，“名古屋”はリストの最後であり，そのポインタには0が入っている。

アドレス 150 に置かれた“新駅候補”を，“新横浜”と“小田原”の間に挿入する処理として，正しいものはどれか。

先頭へのポインタ

10

アドレス	データ	ポインタ
10	東京	50
30	名古屋	0
50	新横浜	90
70	静岡	30
90	小田原	70
150	新駅候補	

ア　新駅候補のポインタを 50 とし，新横浜のポインタを 150 とする。

イ　新駅候補のポインタを 70 とし，小田原のポインタを 150 とする。

ウ　新駅候補のポインタを 90 とし，新横浜のポインタを 150 とする。

エ　新駅候補のポインタを 150 とし，小田原のポインタを 90 とする。

（基礎編）問4-2

表は，配列を用いたリストの内部表現であり，リスト［東京，品川，名古屋，新大阪］を表している。このリストを［東京，新横浜，名古屋，新大阪］に変化させる操作はどれか。ここで，A[*i*, *j*]は表の第 *i* 行第 *j* 列の要素を表す。例えば，A[3, 1]＝“名古屋”であり，A[3, 2]＝4 である。また，←は代入を表す。

A[ ]	列 1	列 2
行 1	“東京”	2
行 2	“品川”	3
行 3	“名古屋”	4
行 4	“新大阪”	0
行 5	“新横浜”	

(H18 秋-FE 問 13 改)

	第 1 の操作	第 2 の操作
ア	A[1, 2] ← 5	A[5, 2] ← A[A[1, 2], 2]
イ	A[1, 2] ← 5	A[5, 2] ← A[A[2, 2], 2]
ウ	A[5, 2] ← A[A[1, 2], 2]	A[1, 2] ← 5
エ	A[5, 2] ← A[A[2, 2], 2]	A[1, 2] ← 5

（基礎編）問4-3

スタックに四つの値 5，3，4，6 がこの順序で入力された。このスタックから最初に取り出される値はどれか。

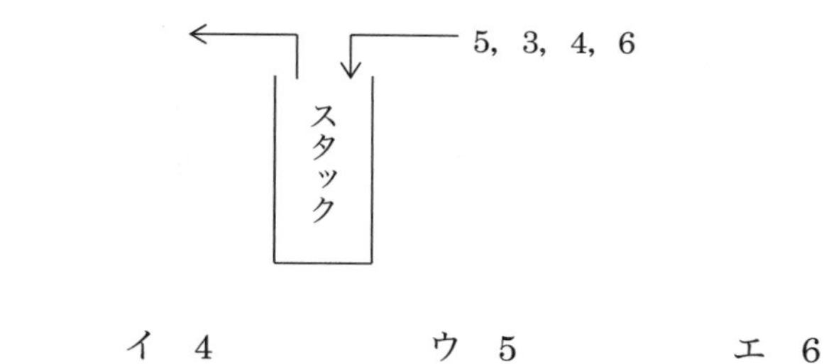

ア　3　　イ　4　　ウ　5　　エ　6

（基礎編）問4-4

PUSH 命令でスタックにデータを入れ，POP 命令でスタックからデータを取り出す。ある状態から次の順で 6 個の命令を実行したとき，スタックの中のデータは図のようになった。1 番目の PUSH 命令でスタックに入れたデータはどれか。

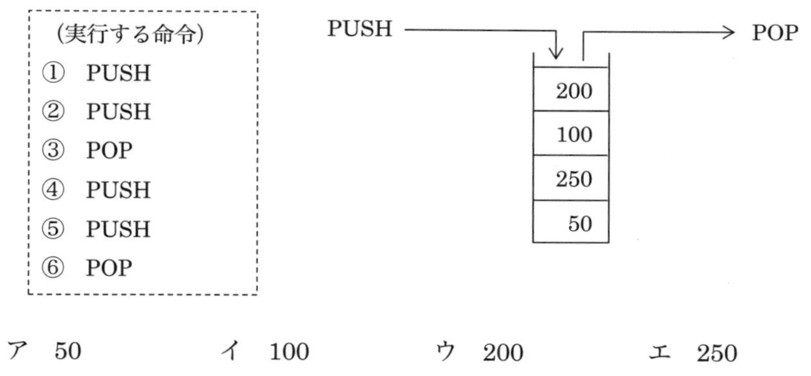

ア　50　　イ　100　　ウ　200　　エ　250

（基礎編）問4-5

キューに四つの値 9，3，5，1 がこの順で格納されている。このキューから最初に取り出される値はどれか。

ア　1　　イ　3　　ウ　5　　エ　9

（基礎編）問4-6

キューへのデータ格納と取出し処理のアルゴリズムを次に示す。

キュー用の配列に関して，本文で説明したように配列の先頭から（前から）データを格納していき，配列の要素番号は1からはじまるものとする。また，キュー用の配列の最後までデータを格納したときは，配列の最後と先頭がつながっていると考え，配列の先頭から，またデータを格納するものとする。

キューに格納されているデータの先頭位置をsq，最後の位置をeqとしたとき，［ a ］，［ b ］に入る適切な字句はどれか。なお，sizeには配列の大きさ（最後の要素番号）が格納されているものとする。

```
（キューへのデータ格納と取出し）
if (キューにデータを格納するか？)
    [  a  ]                              ┐
    if (eq ＞ size)                      │
        eq ← 1                           ├ データの格納
    endif                                │
    配列[eq] ← データ                    ┘
else
    配列[sq]のデータを取り出す            ┐
    [  b  ]                              │
    if (sq ＞ size)                      ├ データの取出し
        sq ← 1                           │
    endif                                ┘
endif
```

	a	b
ア	eq ← eq ＋ 1	sq ← sq ＋ 1
イ	eq ← eq ＋ 1	sq ← sq － 1
ウ	eq ← eq － 1	sq ← sq ＋ 1
エ	eq ← eq － 1	sq ← sq － 1

（基礎編）問4-7

空の状態のキューとスタックの二つのデータ構造がある。次の手続を順に実行した場合，変数 x に代入されるデータはどれか。ここで，手続で引用している関数は，次のとおりとする。

（H26 春·FE 問 7）

〔関数の定義〕

push(y)：データ y をスタックに積む。

pop()：データをスタックから取り出して，その値を返す。

enq(y)：データ y をキューに挿入する。

deq()：データをキューから取り出して，その値を返す。

〔手続〕

```
push(a)
push(b)
enq(pop())
enq(c)
push(d)
push(deq())
x ← pop()
```

ア　a　　　イ　b　　　ウ　c　　　エ　d

（基礎編）問4-8

スタックのpush処理とpop処理のアルゴリズムを次に示す。スタック用の配列に関して，本文で説明したように配列の先頭から（前から）データをpushしていき，配列の要素番号は1からはじまるものとする。

スタックポインタをsp，スタック用の配列の大きさをsizeとしたとき，［ a ］，［ b ］に入る適切な字句はどれか。

```
(push処理　スタックオーバーフローを考慮している)

if (sp ≧ size)      /* スタック用の配列に空きがないとき */
    [エラー処理]
else
    [   a   ]
    配列[sp] ← データ
endif
```

(注) スタックオーバーフロー……スタック用の配列の大きさを超えてデータを格納してしまうこと

```
(pop処理　スタックが空の状態を考慮している)

if (sp = 0)
    [エラー処理]
else
    配列[sp]の取出し
    [   b   ]
endif
```

	a	b
ア	sp ← sp ＋ 1	sp ← sp ＋ 1
イ	sp ← sp ＋ 1	sp ← sp － 1
ウ	sp ← sp － 1	sp ← sp ＋ 1
エ	sp ← sp － 1	sp ← sp － 1

（基礎編）問 4-9

図１の２分木を配列で表現したものが図２である。［ a ］，［ b ］に入る値はどれか。

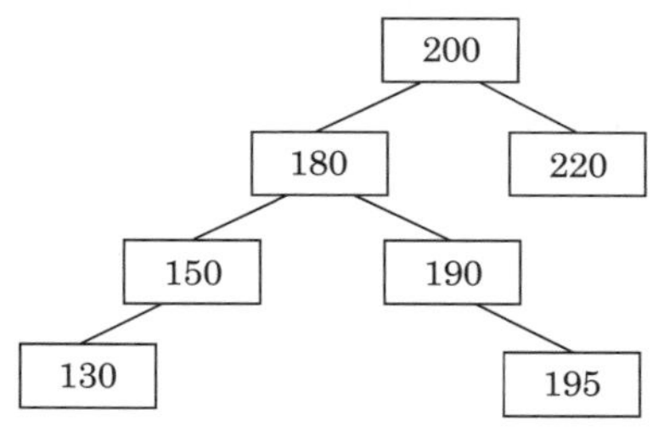

図1　２分木

要素番号	値	ポインタ1	ポインタ2
1	200	3	2
2	220	0	0
3	180	5	a
4	190	0	7
5	150	b	0
6	130	0	0
7	195	0	0

図2　２分木の配列表現

ア　2　　イ　3　　ウ　4　　エ　6

（基礎編）問 4-10

次の２分探索木に 12 を追加したとき，追加された節 12 の位置を正しく表している図はどれか。

（H19 春-FE 問 12 改）

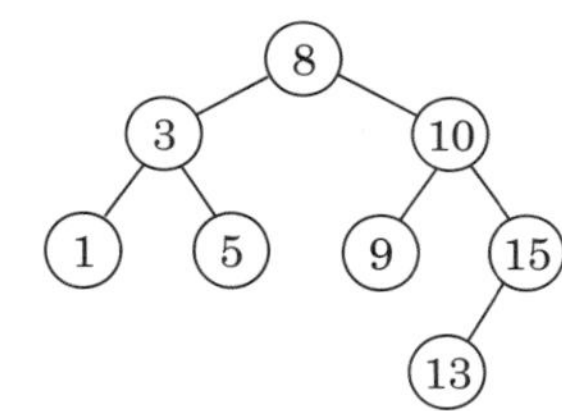

ア

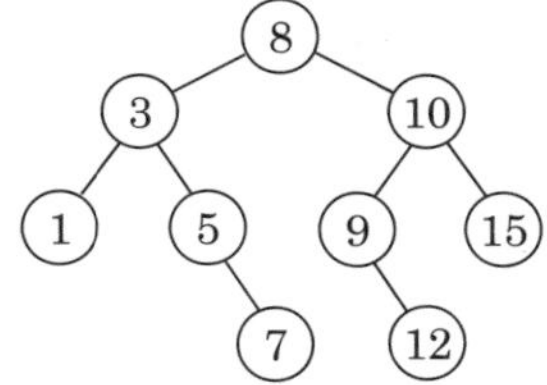

イ

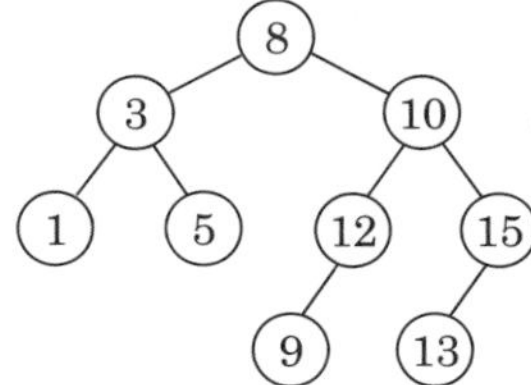

ウ

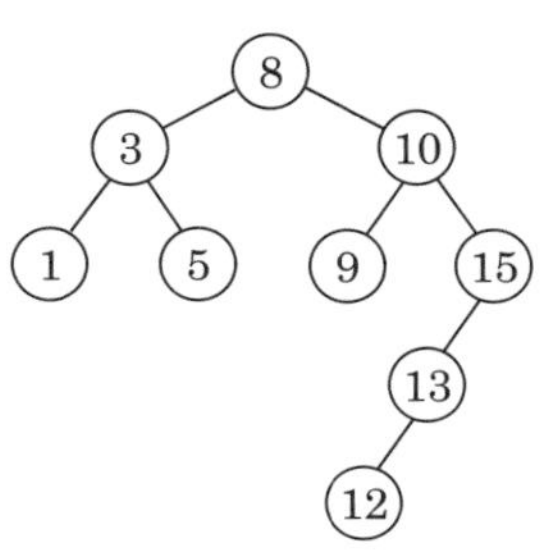

エ

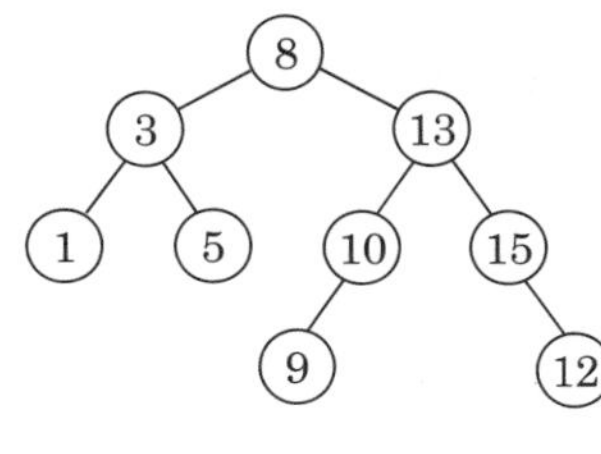

（基礎編）問 4-11

1 から 4 までの四つの要素でできる 2 分探索木をすべて表せ。

（基礎編）問 4-12

次の木をそれぞれの探索法で巡回したとき，たどる値の順番はどうなるか。例にならって答えよ。

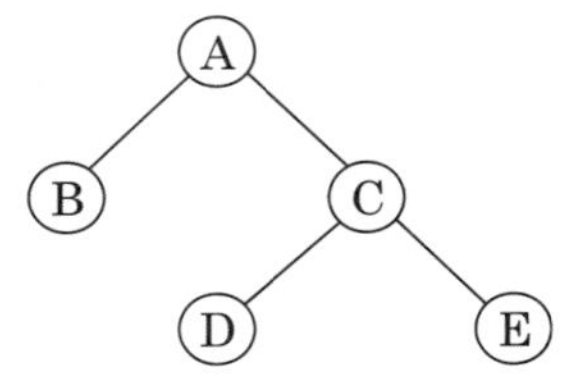

（例）幅優先順探索のとき…… A → B → C → D → E

設問 1　先行順探索のとき……　[　→　→　→　→　]

設問 2　中間順探索のとき……　[　→　→　→　→　]

設問 3　後行順探索のとき……　[　→　→　→　→　]

（基礎編）問 4-13

（この問題は「第 2 部第 2 章 再帰アルゴリズム」を学習した後に解いてください）

2 分木の各ノードがもつ記号を出力する再帰的なプログラム Proc(*n*) の定義は，次のとおりである。このプログラムを，図の 2 分木の根（最上位のノード）に適用したときの出力はどれか。　(H26 春-FE 問 6)

Proc(*n*) {
　n に左の子 *l* があれば Proc(*l*) を呼び出す。
　n に右の子 *r* があれば Proc(*r*) を呼び出す。
　n の記号を出力して終了する。
}

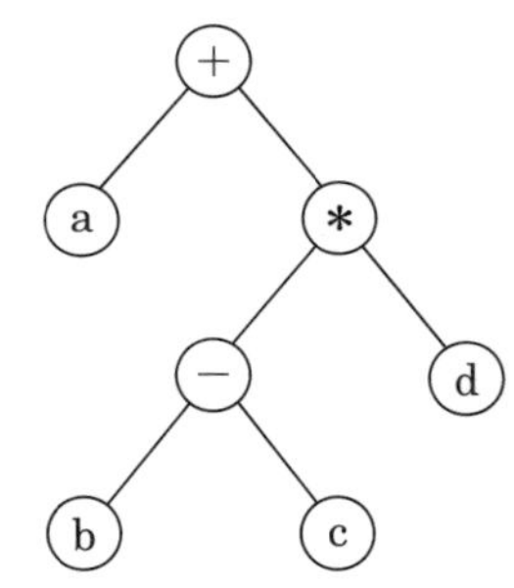

ア　+a＊−bcd　　　イ　a+b−c＊d

ウ　abc−d＊+　　　エ　b−c＊d+a

第2部 応用編

第1章

文字列処理

これまで学習してきた整列と探索では，数値を中心に，配列の要素を処理する単位として考えてきました。文字列は文字という単位が複数集まったものです。ここでは，文字列を題材として，“複数のものをまとめて扱う方法”について学習していきます。文字列処理では，これまでに学習したアルゴリズムと比べると，少し複雑な考え方が必要になります。基礎編 1 章で説明したように，複雑なアルゴリズムを考える場合，おおまかな見方，そして，部分ごとの細かな見方，と考え方を変えることがポイントになります。部分ごとにアルゴリズムを考え，それを組み立てて複雑なアルゴリズムを組み立てるという方法についても，併せて学習していきましょう。

この章の学習ポイントは次のような内容になります。

・文字列探索の考え方とアルゴリズム
・文字列置換の考え方とアルゴリズム
・文字列挿入の考え方とアルゴリズム

応用編

第１章　文字列処理

1．文字列の探索　　2．文字列の置換
3．文字列の挿入

第２章　再帰アルゴリズム

第３章　数値計算のアルゴリズム

第４章　ファイル処理のアルゴリズム

1. 文字列の探索

文字列

文字列とは，複数の文字が集まったものです。これまで学習してきた整列と探索では，数値などを中心に，配列の要素を単位として考えてきました。文字列は，文字という単位が複数集まったものです。複数のものをまとめて扱う方法について学習していきましょう。

文字列の探索
テキスト
パターン

文字列の探索とは，ある文字列（一般に**テキスト**と呼びます）から，指定された文字列（こちらは**パターン**と呼ばれます）と同じ文字列を探す処理のことです。テキスト中から，パターンと一致するすべての文字列を探すこともありますが，まずは，テキストの先頭から探索していき，最初に出現したもの一つだけを探すということを考えましょう。

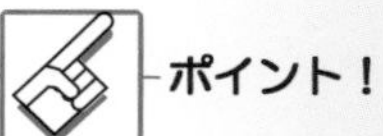

文字列を単位とした扱い方もできますが，ここでは，各文字がそれぞれ配列の要素であると考えて文字列処理の基本を学習していきます。

(1) 文字列探索と逐次探索

これまでに学習したアルゴリズムの中で，これと同じようなことをするものがありましたが，お分かりですか？　そうです，逐次探索です。逐次探索とは，たくさんのデータの中から，指定された値と同じものを探すためのアルゴリズムで，次のように，先頭のデータから順に調べていく方法でしたね。文字列探索も，基本的にはこの方法によって行うことができます。

逐次探索のアルゴリズム

```
i ← 1
while ( A[i] ≠ x  and  i ＜ N )
  i ← i + 1
endwhile
if (A[i] = x)
  ［見つかったときの処理内容］
else
  ［見つからなかったときの処理内容］
endif
```

もちろん，違う部分もあります。逐次探索では，データはそれぞれ，配列の要素となっていましたし，探索対象の値も一つの変数の中に記録されていました。したがって，配列中のある要素の値と，探索対象の値が入っている変数の値が一致するという条件で，探索対象かどうかが判断できました。

ところが，文字列探索ではそうはいきません。いま考えている前提として，文字列を構成する文字一つずつが，それぞれ配列の要素として記録されていることにしていますから，探索値であるパターンも配列中に複数の要素として記録されています。

部分文字列

テキスト中から，パターンと同じ文字数の文字列（これを**部分文字列**と呼びます）を取り出し，その内容が，パターンの内容と位置も値もすべて一致しているということが「探索した」，つまり，「パターンと同じ部分文字列が見つかった」ということの条件となります。

① 部分文字列　ス　モ　モ
↑ ↑ ↑
× ○ ×
↓ ↓ ↓
パターン　モ　モ　の

似ていますが，同じなのは 2 文字目だけです。したがって，不一致です。

② 部分文字列　モ　の　モ
↑ ↑ ↑
○ × ×
↓ ↓ ↓
パターン　モ　モ　の

それぞれ，同じ文字から構成されていますが，位置も同じなのは 1 文字目だけです。したがって，不一致です。

③ 部分文字列　モ　モ　も
↑ ↑ ↑
○ ○ ×
↓ ↓ ↓
パターン　モ　モ　の

惜しい。あと 1 文字です。しかし，それでも不一致であることには，変わりありません。

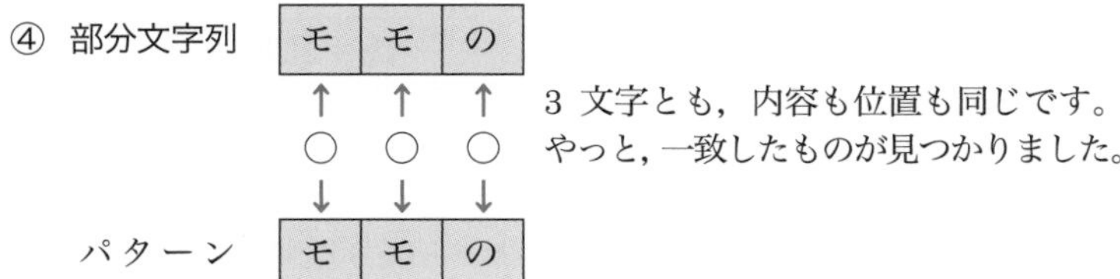

図　パターンとの比較

(2) 文字列の比較

文字列の比較を行う処理が，逐次探索と大きく違うところなので，まず，この処理をどうやって実現したらよいかということを考えましょう。人間なら 3 文字くらいの文字列であれば，一目見て一致，不一致を判定できます。しかし，これまでに考えてきたアルゴリズムでは，一つずつしか比較できないということを前提にしていましたから，部分文字列とパターンについてもそれぞれ 1 文字ずつ比較し，すべてが同じであれば一致したとみなします。この例では，パターンが 3 文字ですから 3 回の比較が必要となります。

パターンと部分文字列の各文字について，位置が同じもの同士を比較してすべて一致していたら，文字列として一致しているとみなします。先頭から比較しても，最後からでも，真ん中からでも，とにかくすべての文字について比較を行えばよいのですが，繰返しということを考えると，先頭から，または，最後からというのが無難でしょう。ここでは，単純に先頭から順に比較していくことにします。

ポイント！

パターンとテキストの i 番目の文字からはじまる部分文字列との比較を考えます。

この方法を，アルゴリズムとして組み立てたいので，前提としてテキスト，パターンは，それぞれ配列 T と配列 P に入っていることにしましょう。そして，いま考えているのは，テキストから取り出した部分文字列とパターンとの一致・不一致の判定ですから，部分文字列として，テキストの i 番目の文字，つまり，T[i] からはじまる 3 文字（T[i]，T[i+1]，T[i+2]）を使いましょう。

パターンを「モモの」という例で考えると，配列 P は次のようになります。

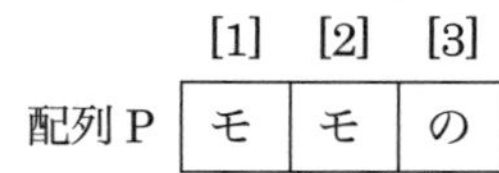

これと部分文字列 T[i]～T[i+2] について，一つずつ順番に比較します。つまり，次のようになります。

アドバイス

パターン（配列 P）とテキストの部分文字列（配列 T）の要素番号の関係に注意してください。

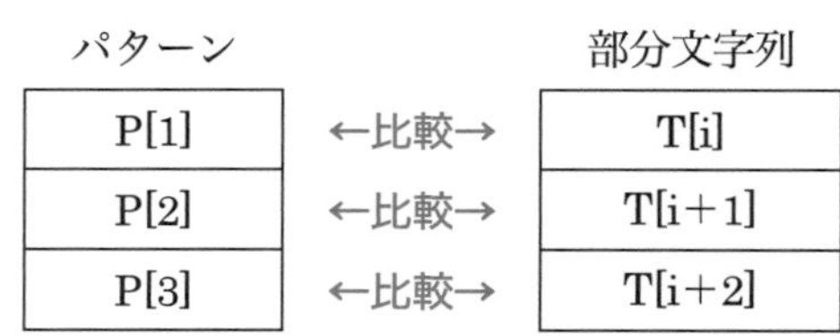

この内容を繰返し構造を使ったアルゴリズムで実現します。それぞれの文字の位置，つまり，配列の要素番号を変化させながら繰り返すことになりますが，配列 P の要素番号の値が，1，2，3 というように変化するので，この値には変数 j を使いましょう。P[j] と比較する部分文字列中の文字は T[i+j−1] と表すことがで

きますが，“－1”が入っていて分かりにくければ，さらに次のような対応を実際に書いて確認してみるとよいでしょう。

j	1	2	3
i+j−1	i	i+1	i+2

最初のうちはこの要素番号の関係を見つけるのが難しいですが，単純な具体例を使って考え，慣れていくようにします。

さて，このアルゴリズムの目的は，パターンと部分文字列の先頭から最後まで，1 文字ずつ順に比較を行うことで，文字列の一致を判定することでした。これを配列や変数を使って言い換えると「P[j] ＝ T[i＋j−1]という比較を，j の初期値を 1 として 1 ずつ増やしながら，パターンの文字数分繰り返す」ということになります。

変数 j の初期値は 1 ですから，その値を 1 ずつ増やしながら繰り返すと，パターンの文字数分の比較がすべて終わっていない段階では，j がパターンの文字数以下，つまり，「j ≦ パターン文字数」という条件が成り立ちます。これまでの部分を，擬似言語を使って表現すると，次のようになります。

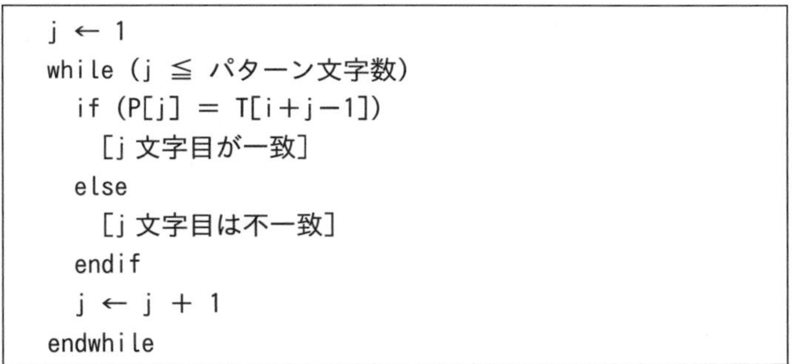

```
j ← 1
while (j ≦ パターン文字数)
  if (P[j] = T[i+j−1])
    [j 文字目が一致]
  else
    [j 文字目は不一致]
  endif
  j ← j + 1
endwhile
```

しかし，これでは 1 文字ずつ比較しているだけです。結果として文字列が一致しているかどうかは分かりません。また，文字列の一致とは，文字列を構成するすべての文字について，位置と内容が一致することでしたから，1 文字でも不一致があれば，文字列として一致していないことになります。その場合，その文字より後ろの比較は不要です。

アドバイス

アルゴリズムでは，変数間の規則性を利用することがよくあります。自分で考えた規則性に自信がもてないときには，簡単な例で検証していくようにします。

ポイント！

パターンと部分文字列の一致判定の部分だけに注目して考えています。

ポイント！

１文字でも一致しないものがあれば，文字列は不一致です。

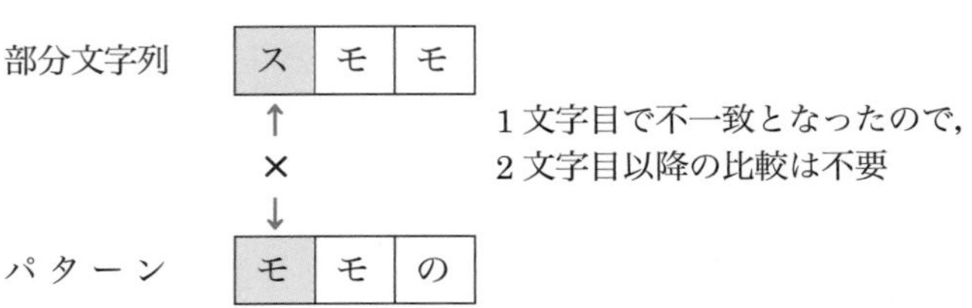

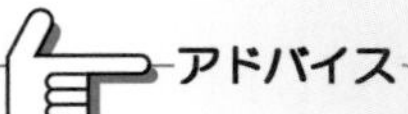

学習したアルゴリズムは積極的に利用することで身につきます。利用するときには，同じところ，違うところを整理します。

これまでに学習したアルゴリズムの中に，似たようなものはありませんでしたか？　じつは，この部分も逐次探索と似ています。先ほどは，文字列探索の全体的な構造が，逐次探索と似ていると説明しましたが，その繰返しの中で行う「文字列の一致判定」の部分も，逐次探索が応用できるのです。

逐次探索では，一致するものが見つかるまで比較を繰り返しましたが，「文字列の一致判定」では，文字が一致している間，繰り返すことになります。また，逐次探索では，目的のデータ（変数 x の値）との比較を繰り返しましたが，「文字列の一致判定」では，目的のデータが繰返しのたびに変わっていきます。違いはこのくらいです。

パターンのデータを P[j]としておいて，繰り返すたびに j に 1 を加えるようにすれば，P[1]→P[2]→…というように変えることができます。擬似言語を使って表現してみましょう。

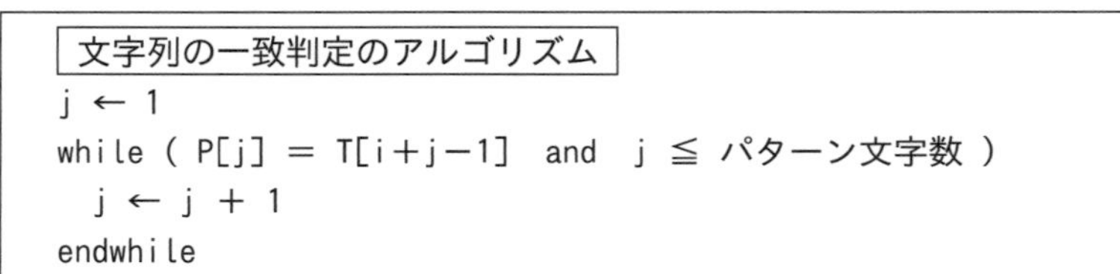

```
文字列の一致判定のアルゴリズム
j ← 1
while ( P[j] = T[i+j−1]  and  j ≦ パターン文字数 )
  j ← j + 1
endwhile
```

この繰返しは，パターンとテキストの文字が同じで，かつ，比較文字数がパターン文字数以下の間，処理を繰り返します。

部分文字列とパターンの文字比較は，先頭から順に 1 文字ずつ行われ，一致しているときは変数 j の値が 1 加算され，次の文字の比較へと進みます。つまり，変数 j の値が 2 であれば 1 文字目は一致している，また，3 であれば 1 文字目と 2 文字目が一致しているということになります。このように，繰返しの終了時点での変数 j の値によって，1 文字目～ (j−1) 文字目まで一致しているということが分かるのです。

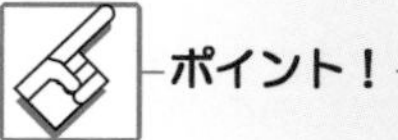

j≦パターン文字数は，パターンの最後まで比較していないことを示します。

したがって，j の値が加算され，「j ＞ パターン文字数」になったときに，1 文字目からパターン文字数分の文字が一致している，つまり，すべての文字が一致したということを示すことになります。

(3) 文字列探索のアルゴリズム

それでは，今度は視点を文字列探索という全体のテーマに移して，アルゴリズムを完成させていきましょう。まず，「スモモもモモもモモのうち」というテキスト中から，「モモの」というパターンを探す例を使って，具体的な流れを見ていきます。

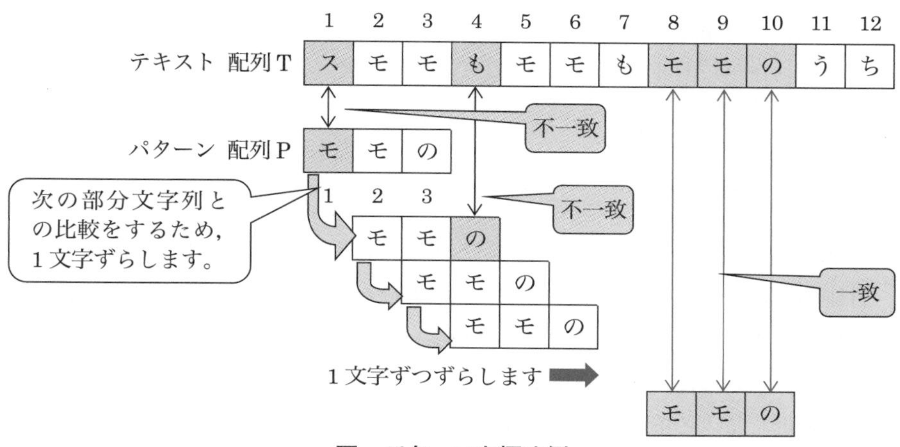

図　パターンを探す例

パターンとテキストの部分文字列との一致を判定し，不一致のときには，部分文字列の比較開始位置を１文字分後ろにずらします。これを繰り返すのですから基本的には逐次探索と同じです。

ただし，見つかったという条件が，逐次探索のように単純ではなかったので，この部分の条件をとりあえず，「文字列が途中まで一致している」としておきましょう。逐次探索のアルゴリズムを参考にして，擬似言語で表現すると，次のようになります。

ここで，テキストの部分文字列の比較開始位置を示す i は，テキスト文字列の領域からはみ出さないようにテキスト文字数以下の値でなければなりません。このため「i ≦ テキスト文字数」という条件も付いていることに注意してください。

```
i ← 1
while (「文字列が途中まで一致している」 and i ≦ テキスト文字数 )
  [文字列の一致判定]
  i ← i + 1
endwhile
```

アドバイス

部分文字列の何文字目で不一致になっても，１文字分だけ後ろにずらすことに注意してください。

［文字列の一致判定］については，すでにアルゴリズムが完成しています。そして，そのときに，「文字列が一致した」ときには「j＞パターン文字数」になることも説明しました。これを使って，アルゴリズムを完成させましょう。

```
i ← 1
while ( j ≦ パターン文字数  and  i ≦ テキスト文字数 )
  j ← 1
  while ( P[j] = T[i+j−1]  and  j ≦ パターン文字数 )
    j ← j + 1
  endwhile
  i ← i + 1
endwhile
```

変数を使うときには，初期値に注意しましょう。

完成したアルゴリズムを眺めて，何か気になるところはありませんか？

外側の繰返し処理の継続条件として，いきなり「j ≦ パターン文字数」という式が出てきます。しかし，最初にこの判定を行う時点では，変数jに何も値が設定されていないので，この判定結果がどうなるか分かりません。これを防ぐためには，繰返しに入る前に変数jの初期値を設定しておく必要があります。

一般のプログラム言語では，数字型の変数の場合，何もしなくても初期値0が設定されることもありますが，絶対という保証はありません。はじめて参照する前に，変数には初期値を設定しておくのがルールです。ここでも，初期値として1を設定しておきましょう。

(4) 文字列探索のアルゴリズムのトレース

それでは，このアルゴリズムについて，先ほどの文字列探索の例をトレースしていきましょう。作成したアルゴリズムは，必ずトレースをして確認するようにします。なお，この例ではテキスト文字数は12，パターン文字数は3となります。

```
① i ← 1
② j ← 1
③ while ( j ≦ パターン文字数  and  i ≦ テキスト文字数 )
④   j ← 1
⑤   while ( P[j] = T[i+j−1]  and  j ≦ パターン文字数 )
⑥     j ← j + 1
    endwhile
⑦   i ← i + 1
  endwhile
```

	1	2	3	4	5	6	7	8	9	10	11	12
テキスト 配列T	ス	モ	モ	も	モ	モ	も	モ	モ	の	う	ち
パターン 配列P	モ	モ	の									

(No)	処理	i	j	i+j−1	P[j]	T[i+j−1]	説　明
1	①	1					
2	②		1				
3	③						継続条件を満たすので，継続
4	④		1				
5	⑤		1	1	モ	ス	不一致のため，繰返し終了
6	⑦	2					
7	③						継続条件を満たすので，継続
8	④		1				
9	⑤		1	2	モ	モ	一致したので，継続
10	⑥		2				
11	⑤		2	3	モ	モ	一致したので，継続
12	⑥		3				
13	⑤		3	4	の	も	不一致のため，繰返し終了
14	⑦	3					
15	③						継続条件を満たすので，継続
16	④		1				
17	⑤		1	3	モ	モ	一致したので，継続
18	⑥		2				
19	⑤		2	4	モ	も	不一致のため，繰返し終了
20	⑦	4					
21	③						継続条件を満たすので，継続
22	④		1				
23	⑤		1	4	モ	も	不一致のため，繰返し終了
24	⑦	5					
25	③						継続条件を満たすので，継続
26	④		1				
27	⑤		1	5	モ	モ	一致したので，継続
28	⑥		2				
29	⑤		2	6	モ	モ	一致したので，継続
30	⑥		3				
31	⑤		3	7	の	も	不一致のため，繰返し終了
32	⑦	6					
33	③						継続条件を満たすので，継続

少し長いですが，根気よくトレースしてください。

(No)	処理	i	j	i+j−1	P[j]	T[i+j−1]	説　明
34	④		**1**				
35	⑤		1	6	モ	モ	一致したので，継続
36	⑥		**2**				
37	⑤		2	7	モ	も	不一致のため，繰返し終了
38	⑦	**7**					
39	③						継続条件を満たすので，継続
40	④		**1**				
41	⑤		1	7	モ	も	不一致のため，繰返し終了
42	⑦	**8**					
43	③						継続条件を満たすので，継続
44	④		**1**				
45	⑤		1	8	モ	モ	一致したので，継続
46	⑥		**2**				
47	⑤		2	9	モ	モ	一致したので，継続
48	⑥		**3**				
49	⑤		3	10	の	の	一致したので，継続
50	⑥		**4**				
51	⑤		4				j>パターン文字数なので終了
52	⑦	**9**					
53	③		4				j>パターン文字数なので終了

図　アルゴリズムのトレース（パターン：モモの）

一致する文字列が見つかったときの変数iの値に注意してください。

ずいぶん長いので疲れたかもしれませんが，最初のうちは，きちんとトレースをして，トレースのコツをつかみましょう。慣れてくれば，No.7〜42 の部分が同じような処理の繰返しなので，省略して考えることもできるようになります。

パターンと同じ文字列はテキストの８文字目からはじまる部分文字列にありますが，終了時点ではｉの値が，それより１大きい９となっていることに注意しましょう。

(5) 文字列探索アルゴリズムを仕上げる

逐次探索のときにも，見つからない場合について例を使って考えました。このアルゴリズムについても見つからない場合の例を考えてみましょう。パターンを「モモは」にしてみます。

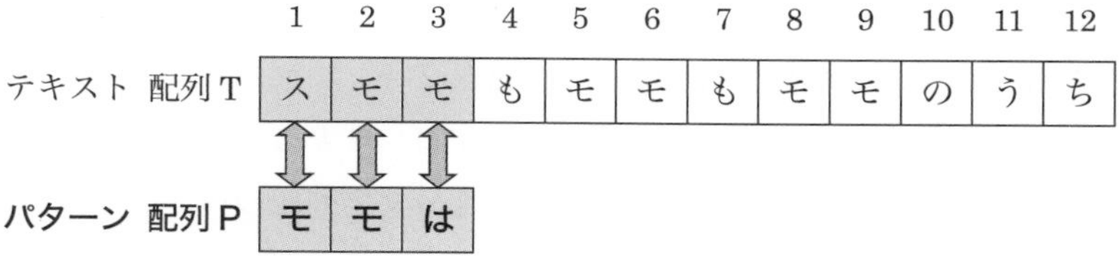

	1	2	3	4	5	6	7	8	9	10	11	12
テキスト 配列T	ス	モ	モ	も	モ	モ	も	モ	モ	の	う	ち
パターン 配列P	モ	モ	は									

1〜7 文字目からはじまる部分文字列は，「モモは」と一致しないので No.1〜41 のトレースは省略し，8 文字目からはじまる比較からトレースしましょう。

(No)	処理	i	j	i+j−1	P[j]	T[i+j−1]	説　明
1〜41							(省略)
42	⑦	**8**					
43	③						継続条件を満たすので，継続
44	④		**1**				
45	⑤		1	8	モ	モ	一致したので，継続
46	⑥		**2**				
47	⑤		2	9	モ	モ	一致したので，継続
48	⑥		**3**				
49	⑤		3	10	は	の	不一致のため，繰返し終了
50	⑦	**9**					
51	③						継続条件を満たすので，継続
52	④		**1**				
53	⑤		1	9	モ	モ	一致したので，継続
54	⑥		**2**				
55	⑤		2	10	モ	の	不一致のため，繰返し終了
56	⑦	**10**					
57	③						継続条件を満たすので，継続
58	④		**1**				
59	⑤		1	10	モ	の	不一致のため，繰返し終了
60	⑦	**11**					
61	③						継続条件を満たすので，継続
62	④		**1**				
63	⑤		1	11	モ	う	不一致のため，繰返し終了
64	⑦	**12**					
65	③						継続条件を満たすので，継続
66	④		**1**				
67	⑤		1	12	モ	ち	不一致のため，繰返し終了
68	⑦	**13**					
69	③	13					i>テキスト文字数なので終了

図　アルゴリズムのトレース（パターン：モモは）

ポイント！

パターンよりも短い文字列と一致することはありません。

見つからない場合でも，きちんと終了しますね。しかし，じつは少し無駄な比較が行われているのですが，気がつきましたか？

それはNo.60以降の部分です。文字列探索では，テキストからパターンと同じ文字数の部分文字列を取り出し，パターンと部分文字列についての一致を調べていきます。

ところが，テキストの長さが12文字ですから，11文字目や12文字目からはじめてもパターンの長さの文字は残っていません。つまり，部分文字列が存在しないのです。したがって，10文字目からはじまる部分文字列との一致判定が終了すれば，それ以降の一致判定は不要になります。

ポイント！

パターン文字数が3のとき，10文字目からはじまる部分文字列の最終文字は12文字目になります。

テキストの長さが12，パターンの長さが3の場合，最後の部分文字列は10文字目からはじまる3文字になります。それでは，テキスト文字数とパターン文字数を使って，最後に比較する部分文字列の先頭文字の位置を表すとどうなるでしょうか。最後の部分文字列とは，比較する最終文字がテキストの最後の文字になっているものです。

最後に比較する部分文字列の最終文字の位置は，部分文字列の先頭からパターン文字数より少ない分だけ後ろですから，「部分文字列の先頭位置＋パターン文字数－1」によって求めることができます。したがって，「部分文字列の先頭位置＋パターン文字数－1」が「テキスト文字数」と一致する部分文字列が，最後ということになります。

この式を整理すると次のようになり，最後の部分文字列の先頭位置は，「テキスト文字数－パターン文字数＋1」となることが分かります。

アドバイス

また，分かりにくい関係が出てきました。具体例で確認してください。

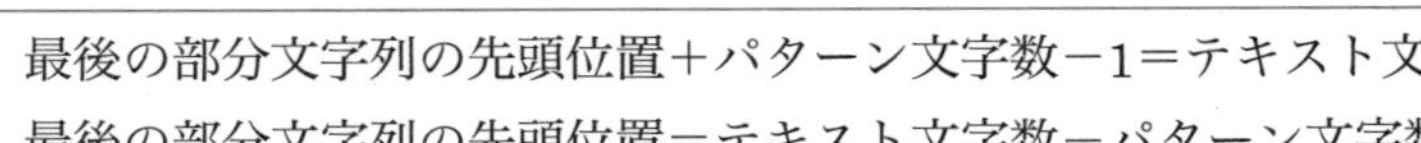

最後の部分文字列の先頭位置＋パターン文字数－1＝テキスト文字数
最後の部分文字列の先頭位置＝テキスト文字数－パターン文字数＋1

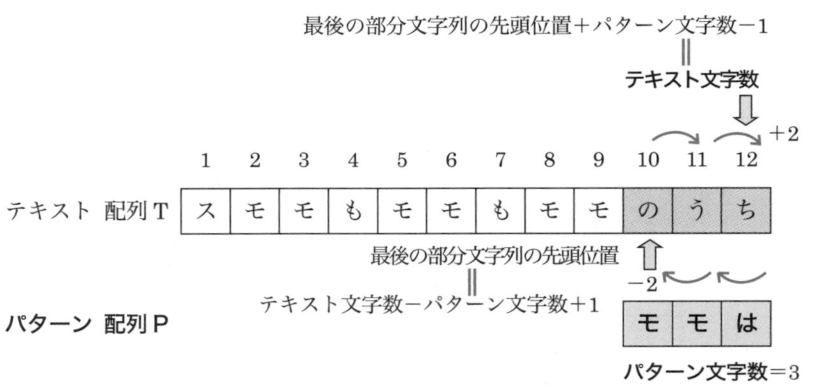

さて，この内容を盛り込んで，アルゴリズムを完成させましょう。

先ほどのアルゴリズムでは，見つかった場合に何もしていませんでしたから，見つかった場合には，その部分文字列の先頭位置を表示することにします。なお，見つかった場合でも，変数ｉの値が⑦で加算されており，一致した部分文字列の先頭位置より１大きくなっていることに注意してください。

```
① i ← 1
② j ← 1
③ while ( j ≦ パターン文字数  and  i ≦ (テキスト文字数 － パターン文字数 ＋ 1) )
④   j ← 1
⑤   while ( P[j] ＝ T[i＋j－1]  and  j ≦ パターン文字数 )
⑥     j ← j ＋ 1
    endwhile
⑦   i ← i ＋ 1
  endwhile
⑧ if (j ＞ パターン文字数)
⑨   i－1 を表示
  endif
```

それでは，「モモの」，「モモは」のそれぞれについてトレースしてみましょう。ほとんどの部分は，先ほどのトレースと同じ結果になるはずですから，ここでは終わりのほうだけを示します。みなさんは，同じところもトレースしてください。

パターン「モモの」

(No)	処理	i	j	i+j−1	P[j]	T[i+j−1]	説　明
1～41							（省略）
42	⑦	**8**					
43	③						継続条件を満たすので，継続
44	④		**1**				
45	⑤		1	8	モ	モ	一致したので，継続
46	⑥		**2**				
47	⑤		2	9	モ	モ	一致したので，継続
48	⑥		**3**				
49	⑤		3	10	の	の	一致したので，継続
50	⑥		**4**				
51	⑤		4				j>パターン文字数なので終了
52	⑦	**9**					
53	③		4				j>パターン文字数なので終了
54	⑧		4				j>パターン文字数
55	⑨	9					8（=i−1）と表示

パターン「モモは」

(No)	処理	i	j	i+j−1	P[j]	T[i+j−1]	説　明
1～55							（省略）
56	⑦	**10**					
57	③						継続条件を満たすので，継続
58	④		**1**				
59	⑤		1	10	モ	の	不一致のため，繰返し終了
60	⑦	**11**					
61	③	11					i>テキスト文字数－パターン文字数+1（=10）なので終了
62	⑧		1				j<パターン文字数

　これで，文字列探索のアルゴリズムが完成し，そのトレースも終わりました。ここでは最初にパターンと同じ文字列が見つかったら，そこでやめるという条件でアルゴリズムを考えました。

　次に，このアルゴリズムを利用して，一つ見つかったからといって探索を止めずに，パターンと一致する部分文字列すべての先頭位置を表示するようにアルゴリズムを変更してみましょう。

(6) 続けて文字列を探索する

今まで考えてきたアルゴリズムでは，一つ見つかったら終了するように，探索の継続条件（③）に「j ≦ パターン文字数」という条件が入っていました。これを取り除けば，一つ見つかったからといって，探索を終了しなくなります。しかし，それだけではいけません。見つかった文字列の先頭位置を表示する処理（⑧，⑨）が，探索の繰返しを終わった後にあるので，先頭位置が正しく表示できません。この部分を，探索の繰返しの中に入れて複数表示できるようにする必要があります。

この修正を行うと，次のようになります。

```
① i ← 1
② j ← 1
③ while (i ≦ (テキスト文字数 － パターン文字数 ＋ 1))
④   j ← 1
⑤   while ( P[j] ＝ T[i＋j－1]  and  j ≦ パターン文字数 )
⑥     j ← j ＋ 1
     endwhile
⑦   i ← i ＋ 1
⑧   if (j ＞ パターン文字数)
⑨     i－1 を表示
     endif
   endwhile
```

でき上がったアルゴリズムを眺めてみましょう。

⑦を⑧と⑨の下に移動すると，i－1 を表示するというような先頭文字位置の調整がいらなくなることに気がつきますか？　わざわざ1を引いてi－1を表示するというのは，あまり格好よくないので，順番を変更しておきましょう。

(7) 処理の順番を変更した文字列探索のアルゴリズム

ポイント！

i に 1 加算する前に表示すれば，先頭文字は i の値になります。

```
①  i ← 1
②  j ← 1
③  while (i ≦ (テキスト文字数 − パターン文字数 ＋ 1))
④    j ← 1
⑤    while ( P[j] ＝ T[i＋j−1]  and  j ≦ パターン文字数 )
⑥      j ← j ＋ 1
      endwhile
⑦    if (j ＞ パターン文字数)
⑧      i を表示
      endif
⑨    i ← i ＋ 1
    endwhile
```

これで，文字列探索のアルゴリズムについての学習は終わりです。最後に完成したアルゴリズムについて，パターンを「モモ」としてトレースしてみてください。「2，5，8」と順に先頭位置が表示されるはずです。

2. 文字列の置換

次は，**文字列の置換**（replace）について学習していきましょう。文字列の置換は，ワープロソフトやエディタなどのソフトウェアで用語の統一をするときなどに使います。

文字列の置換

例えば，「アルゴリズム」と「算法」という用語を「アルゴリズム」に統一するときは，「算法」という文字列を「アルゴリズム」に置き換えます。置き換えるためには，まず，目的（置換前）の文字列を探さなくてはいけません。そして，その文字列が見つかったら，その文字列を置換後の文字列で置き換えることになります。

(1) 文字列を置き換えるアルゴリズム

目的の文字列を探す部分は，文字列探索のアルゴリズムが使えそうです。そして，文字列探索のアルゴリズムでは，目的の文字列が見つかった場合，その先頭位置を表示するだけでしたが，その表示する処理に変えて，その文字列を置換する処理を入れればよいことになります。

このとき，1 文字の置換であれば簡単ですが，文字列の置換ですから，文字数分だけ文字を置き換える必要があります。

例えば，置換前の文字列を「モモ」，置換後の文字列を「イカ」として，先ほどの例で処理の様子を見てみましょう。ここでは配列 T のテキストの文字列から配列 P の置換前文字列（パターン）「モモ」を，配列 N の置換後文字列「イカ」に置換することにします。

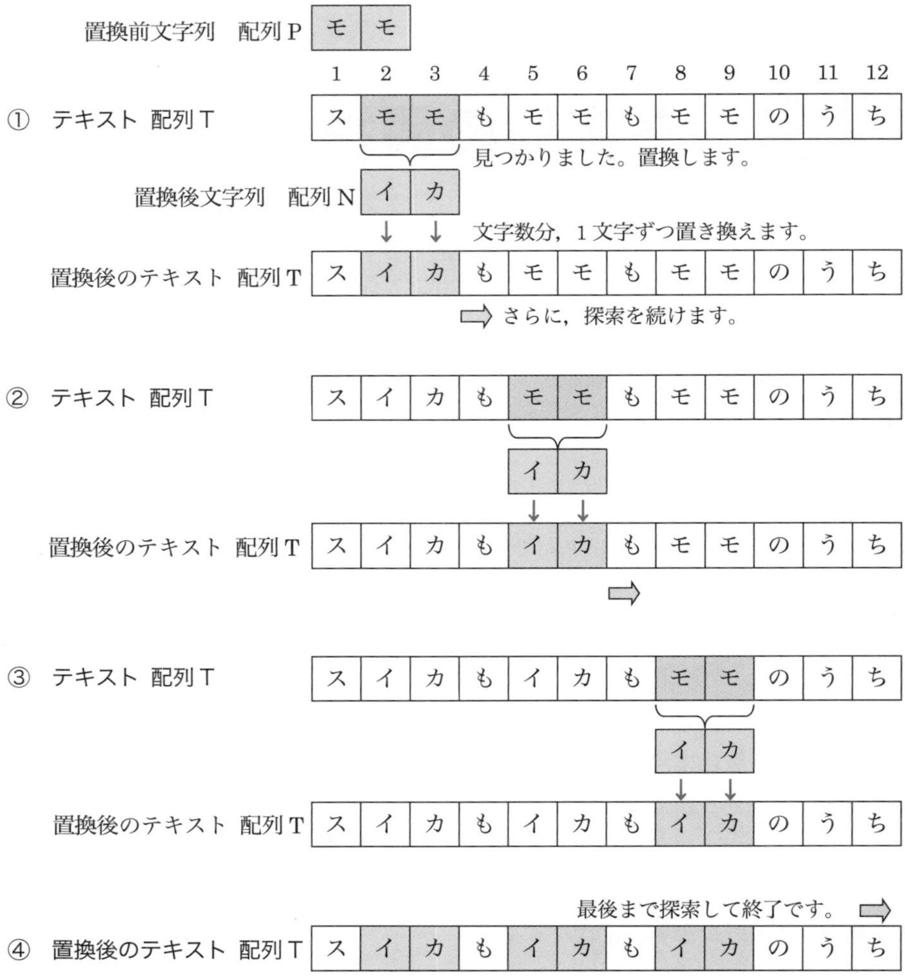

置換前文字列　配列 P

モ	モ

① テキスト 配列 T

1	2	3	4	5	6	7	8	9	10	11	12
ス	モ	モ	も	モ	モ	も	モ	モ	の	う	ち

見つかりました。置換します。

置換後文字列　配列 N

イ	カ

文字数分，1 文字ずつ置き換えます。

置換後のテキスト 配列 T

ス	イ	カ	も	モ	モ	も	モ	モ	の	う	ち

さらに，探索を続けます。

② テキスト 配列 T

ス	イ	カ	も	モ	モ	も	モ	モ	の	う	ち

イ	カ

置換後のテキスト 配列 T

ス	イ	カ	も	イ	カ	も	モ	モ	の	う	ち

③ テキスト 配列 T

ス	イ	カ	も	イ	カ	も	モ	モ	の	う	ち

イ	カ

置換後のテキスト 配列 T

ス	イ	カ	も	イ	カ	も	イ	カ	の	う	ち

最後まで探索して終了です。

④ 置換後のテキスト 配列 T

ス	イ	カ	も	イ	カ	も	イ	カ	の	う	ち

結局，3 か所の文字列が置換され「スイカもイカもイカのうち」という奇妙な内容になりました。置換前として指定された文字列パターンが見つかったら，置換後の文字数分だけ，1 文字ずつ文字を移していけばよいので，見つかった文字列パターンの先頭位置が変数 i で求められているとすると，次のようなアルゴリズムで文字 T[i]から置換が可能です。

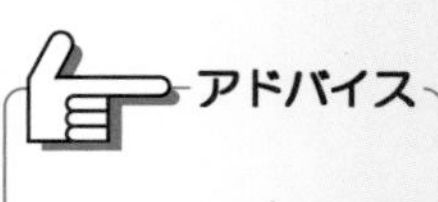

T[i ＋ j － 1]とN[j]の関係については，文字列探索のパターンと部分文字列の比較のときと同じです。忘れていたら復習しましょう。

```
j ← 1
while (j ≦ 置換後パターンの文字数)
  T[i＋j－1] ← N[j]
  j ← j ＋ 1
endwhile
```

置換後文字列のｊ文字目は，テキストの（i+j−1）文字目に移されることになります。これは，文字列の一致判定と同じですね。

ところが，本当はこれではうまくいきません。いまの例では，置換前の文字列の文字数と，置換後の文字列の文字数が同じだったので，これで済みました。しかし，一般的にはそうはいきません。「サーチ」を「探索」に置換する場合を考えると，置換前の文字数は３，置換後の文字数は２というように一致していません。

文字数が一致しないときには，どうしたらよいのか，「私の好きな果物はりんごです」の「りんご」を，ほかの果物の名前に変えるという例で考えてみましょう。

① 置換前文字列のほうが長い場合には

まず，「りんご」を「もも」に置換する例を考えてみましょう。つまり，置換前文字列の文字数のほうが，置換後文字列の文字数よりも長い場合です。りんご（３文字）－もも（２文字）＝１文字です。よって，１文字ずつ前（左）にずらす必要があります。なお，ここから置換前文字列の文字数を置換前文字数，置換後の文字列の文字数を置換後文字数と呼ぶことにします。

おおまかなことが分かったところで，アルゴリズムにまとめていきましょう。まず，置換前文字列より後ろにある文字列を，１文字ずつずらしていきます。

このときの最初の文字位置は，どのようにすれば分かるでしょうか。見つかった置換前文字列の先頭位置がｉだとすると，置換前文字列の最後の文字位置は，「i＋置換前文字数－1」です。ずらさなくてはいけないのは，この次の文字からになるので，「i＋置換前文字数」の位置からということになります。

また，分かりにくい関係が出てきました。図を描いて具体例で確認しましょう。

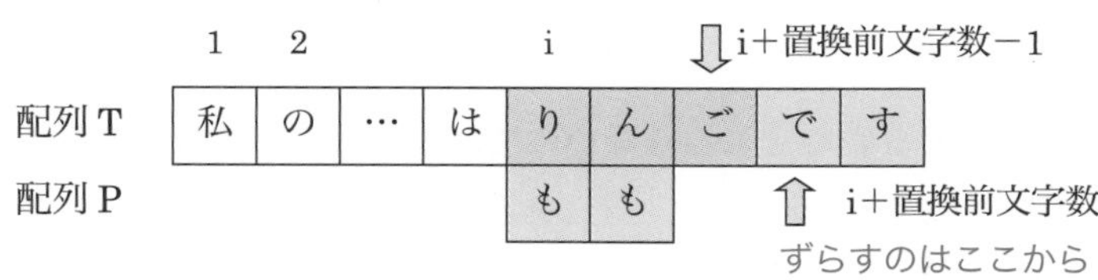

この位置からテキストの最後の文字まで１文字ずつずらしますが，それぞれ何文字分前にずらすのでしょうか。これは，先ほど検討しました。「置換前文字数－

置換後文字数」でしたね。したがって，i＋置換前文字数の位置にある文字から，テキストの最後の文字まで，それぞれ，置換前文字数－置換後文字数分ずつだけ前の位置にずらしていくということになります。

置換前文字数－置換後文字数という記述が少し長いので，この値を変数 k に入れておくとすれば，移動前文字 T[j]は T[j－k]に移します。つまり，「T[j－k]←T[j]」となりますね。そして，この移動を j=i＋置換前文字数から，順に，j=テキスト文字数となるまで繰り返せばよいようです。擬似言語で表現すると，次のようになります。

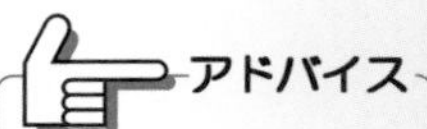

アドバイス

T[j －k]←T[j]の部分が分かりにくいかもしれません。図を描いて具体例で確認しましょう。

ポイント！

j=テキスト文字数のとき，最後の文字をずらした後に j の値は 1 加算されるので，継続条件は「j≦テキスト文字数」になります。

```
j ← i ＋ 置換前文字数 …… 変数 i の値は置換前文字列の先頭位置
k ← 置換前文字数 － 置換後文字数
while (j ≦ テキスト文字数)
  T[j－k] ← T[j]
  j ← j ＋ 1
endwhile
```

しかし，じつはこれだけでもまだ不十分です。左にずらしたといっても，配列 T の要素から配列 T の要素へ文字を 1 文字ずつ移しただけです。そして，この移すという操作を行っても，元の内容が消えてしまうわけではないのです。先ほどの例では，最後の文字「す」が文字列の最後に残ってしまいます。

いま考えている例では，テキスト文字数は 13 です。そして，最後の 1 文字「す」の位置は 12（テキスト文字数－1）ではなくて，テキスト文字数の 13 となります。

1	2	3	4	5	6	7	8	9	10	11	12	13
私	の	好	き	な	果	物	は	り	ん	ご	で	す

私	の	好	き	な	果	物	は	も	も	で	す	す

ポイント！

不要な文字が残っていたのでは，正しくずらしたことにはなりません。ここでは空白を消しゴム代わりにしましょう。

これでは正しくずらしたことにならないので，不要な文字は消しておきましょう。一般に，文字のないところには，空白を入れることになりますから，ずらすことで不要となった部分には空白を入れておくことにします。

この例では，1 文字分前にずらしたので，最後の 1 文字にだけ空白を入れます。しかし，いつも 1 文字とは限りません。n 文字分前にずらしたとすれば，最後の

n 文字分に空白を入れる必要があります。この処理も該当する配列要素に対して，一つずつ空白を入れていけば実現できるので，該当する範囲の先頭位置と最終位置が分かれば簡単そうです。範囲は最後の n 文字分ということですから，空白を入れる先頭位置は，テキスト文字数－n+1 となります。テキスト文字数－n でなく，それに 1 を足した位置となりますが，具体例で考えれば理解できると思います。また，最終位置は，テキストの最後，つまり，テキスト文字数の位置ということになりますね。

これを擬似言語で表現してみましょう。何文字分前にずらすか（n の値）は，すでに変数 k に求めてありましたから，この値を使います。

```
j ← テキスト文字数 － k ＋ 1
while (j ≦ テキスト文字数)
  T[j] ← 空白
  j ← j ＋ 1
endwhile
```

この処理を，文字をずらす部分のアルゴリズムの後ろにつければ，置換前文字列のほうが長い場合の処理は完成です。そして，この置換によってテキスト文字数が「置換前文字数－置換後文字数」だけ減りましたから，その修正もしておきましょう。

```
j ← i ＋ 置換前文字数
k ← 置換前文字数 － 置換後文字数
while (j ≦ テキスト文字数)
  T[j－k] ← T[j]
  j ← j ＋ 1
endwhile
j ← テキスト文字数 － k ＋ 1
while (j ≦ テキスト文字数)
  T[j] ← 空白
  j ← j ＋ 1
endwhile
テキスト文字数 ← テキスト文字数 － k
```

アドバイス

先頭位置についても紛らわしいので，図を描いて具体例で確認しましょう。

ポイント！

左にずらすとテキストの文字数が減ります。テキスト文字数を修正しておきましょう。

コラム

じつは，前半の繰返しを終了した時点で，j の値はテキスト文字数＋1 となっています。したがって，後半の繰返しに入る前の変数 j の値は，この時点での j−k の値と一致するので，変数 j に値の再設定をしないで，次のように処理しても同じ結果となります。

```
j ← i + 置換前文字数
k ← 置換前文字数 − 置換後文字数
while (j ≦ テキスト文字数)
  T[j−k] ← T[j]
  j ← j + 1
endwhile
while ((j − k) ≦ テキスト文字数)
  T[j−k] ← 空白
  j ← j + 1
endwhile
テキスト文字数 ← テキスト文字数 − k
```

さらに，この二つの繰返しをまとめて，テキストの最後まで文字をずらしたら，その後は空白を入れるように処理の選択をすれば，次のようなアルゴリズムでも，結果は同じになります。

```
j ← i + 置換前文字数
k ← 置換前文字数 − 置換後文字数
while ((j − k) ≦ テキスト文字数)
  if (j ≦ テキスト文字数)
    T[j−k] ← T[j]
  else
    T[j−k] ← 空白
  endif
  j ← j + 1
endwhile
テキスト文字数 ← テキスト文字数 − k
```

② 長さが同じ場合

次は，「ぶどう」に置き換える，つまり，文字数が同じ場合です。この場合については，すでに見たように何もする必要はありません。

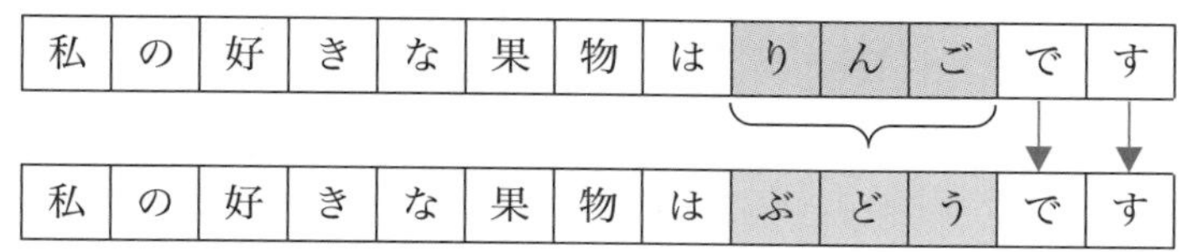

③ 置換後文字列のほうが長い場合

最後に，「キーウィ」に置き換える，つまり，置換後文字列のほうが，置換前文字列よりも長い場合です。置き換えたい文字数の差がいくつあるかを調べると，キーウィ（4 文字）－りんご（3 文字）＝1 文字です。よって，1 文字ずつ右（後）にずらす必要があります。

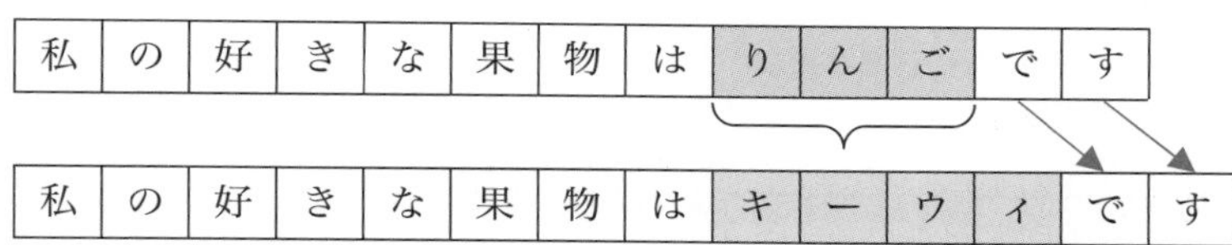

配列の要素を右にずらすというアルゴリズムは，挿入法のところで考えました。覚えているでしょうか？　左の要素から順にずらすと，データが上書きされてうまくいかないという注意事項がありましたが，このアルゴリズムをもとに，どうなるか考えていきましょう。

アドバイス

基本アルゴリズムは分かったというだけではいけません。自分のレパートリーとして活用できることが大切です。

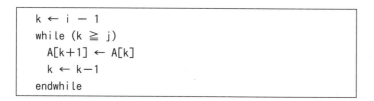

```
k ← i − 1
while (k ≧ j)
  A[k+1] ← A[k]
  k ← k−1
endwhile
```

このアルゴリズムでは，k の初期値は i−1 ですから，配列 A の要素 A[i−1]から順に，A[i−2]，A[i−3]，…，A[j]と，それぞれ右側から一つずつずらしています。繰返しを継続条件で記述するので，「k≧j」となっています。

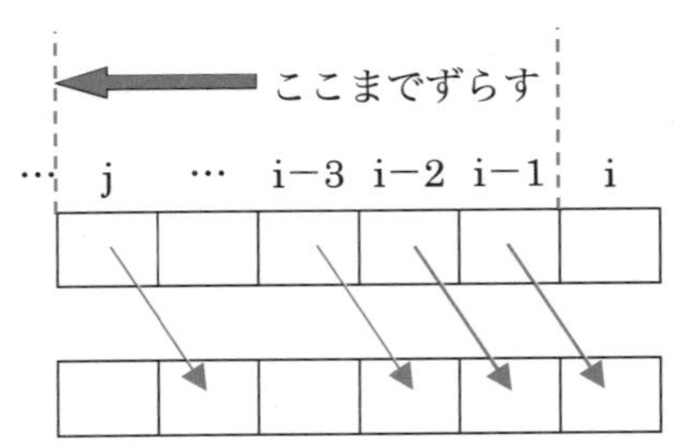

ポイント！

i文字目からはじまる置換前文字列の最後の文字位置は，「i＋置換前文字数−1」です。ずらすのは，その次の文字からになります。

同じように考えると，ずらす最初の文字はテキストの最終文字で，位置はテキスト文字数となります。また，最後にずらす文字は，置換対象となる置換前文字列の次の文字ですから，その位置は，i＋置換前文字数となります。そして，何文字分右にずらすかというと，置換後文字数−置換前文字数でした。先ほどと同様，この値を変数kに入れておくとすれば，T[j]をT[j＋k]に移すということになります。

ここまで整理できれば，擬似言語で記述できるでしょう。次のようになります。また，最後にテキスト文字数の修正もしておきます。

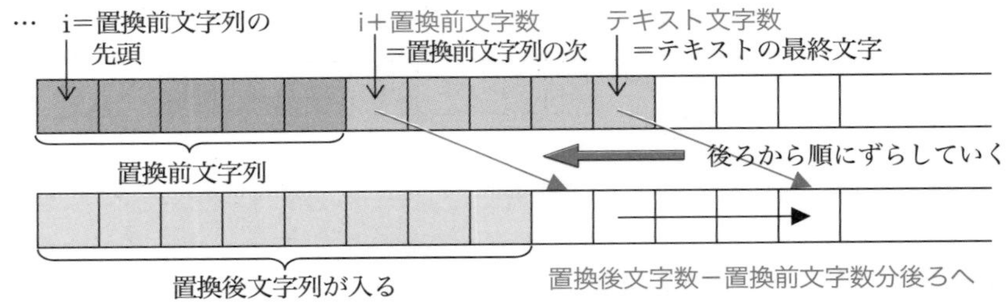

ポイント！

右にずらすとテキストの文字数が増えます。

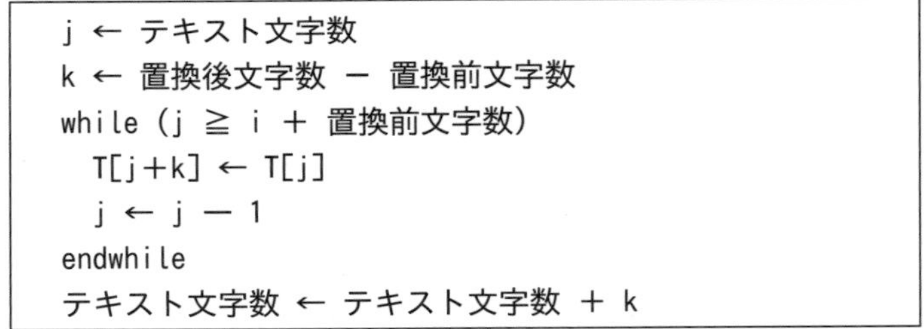

```
j ← テキスト文字数
k ← 置換後文字数 − 置換前文字数
while (j ≧ i ＋ 置換前文字数)
  T[j＋k] ← T[j]
  j ← j − 1
endwhile
テキスト文字数 ← テキスト文字数 ＋ k
```

アドバイス

文字のあふれについては，文字列挿入のところで考えます。

今度は，空白をつめる必要はありませんから，これだけで完成です。なお，右にずらす場合には，用意されている配列に文字が入り切らないという問題が発生する可能性があります。こうした場合，入り切らない文字は，捨てられてしまうことになりますが，ここでは，この問題は考えないことにします。つまり，右に移動しても，すべての文字が入るだけの十分な大きさの配列が用意されているものとします。

(2) 文字列置換のアルゴリズムを組み立てる

これで，すべての部品が用意できましたから，文字列置換のアルゴリズムとして組み立てていきましょう。いくつか場合分けを行って少し複雑になりましたから，まず，処理の概要をまとめておきます。

```
[置換前の文字列を探索する]
if (置換前文字列が見つかった)
  if (置換前文字数 > 置換後文字数)
    [文字を左にずらす]
  else
    if (置換前文字数 < 置換後文字数)
      [文字を右にずらす]
    endif
  endif
  [置換後文字列を移す]
endif
```

それぞれの部分に考えてきた部品を埋め込んで組み立てると，次のようになります。概要と比較しながら確認してください。

(3) 組み立てた文字列置換のアルゴリズム

おおまかな流れと対比しながら確認してください。

```
i ← 1
j ← 1
while ( j ≦ 置換前文字数  and  i ≦ (テキストの文字数 − 置換前文字数 + 1))
  j ← 1
  while ( P[j] = T[i+j−1]  and  j ≦ 置換前文字数 )
    j ← j + 1
  endwhile
  i ← i + 1
endwhile
if (j > 置換前文字数)
  i ← i − 1
  if (置換前文字数 > 置換後文字数)
    j ← i + 置換前文字数
    k ← 置換前文字数 − 置換後文字数
    while (j ≦ テキスト文字数)
      T[j−k] ← T[j]
      j ← j + 1
    endwhile
    j ← テキスト文字数 − k + 1
    while (j ≦ テキスト文字数)
      T[j] ← 空白
      j ← j + 1
    endwhile
    テキスト文字数 ← テキスト文字数 − k
  else
    if (置換前文字数 < 置換後文字数)
      j ← テキスト文字数
      k ← 置換後文字数 − 置換前文字数
      while (j ≧ (i + 置換前文字数))
        T[j+k] ← T[j]
        j ← j − 1
      endwhile
      テキスト文字数 ← テキスト文字数 + k
    endif
  endif
  j ← 1
  while (j ≦ 置換後文字数)
    T[i+j−1] ← N[j]
    j ← j + 1
  endwhile
endif
```

3. 文字列の挿入

文字列の挿入

文字列の挿入とは，指定された文字位置や，指定された文字列の前，または後などに文字列を挿入する処理です。どれも基本は同じですから，指定された文字列の前に挿入する処理について学習していきましょう。

第2部 応用編
第1章
第2章
第3章
第4章

(1) 文字列挿入の考え方

例えば，「2. 文字列の置換」で考えた例「私の好きな果物はりんごです」という文字列に対して，「りんご」の前に「赤い」という文字列を挿入して「私の好きな果物は**赤い**りんごです」とすることを考えてみましょう。

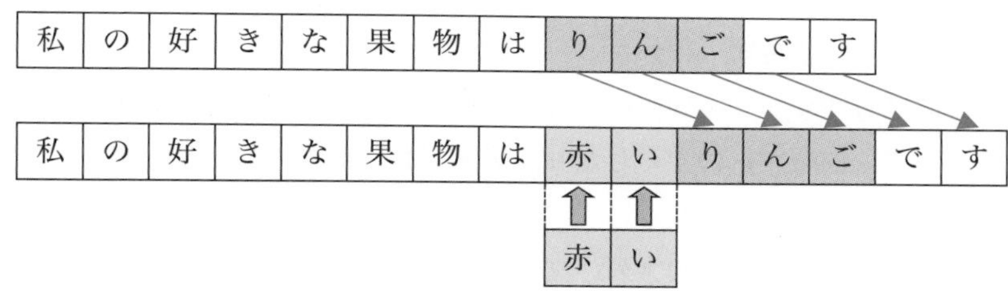

ここまで，文字列処理について学習してきたので，処理の概要は理解できると思います。おおまかな処理は，次のようになりますね。

① 挿入位置を決めるために指定された文字列を探します。

② その位置に文字列を挿入するために，その位置以降の文字を順に後ろ（右）にずらします。

③ 挿入位置に文字列を挿入（1文字ずつ移す）します。

これらの処理を見ると，どの内容も，これまで考えてきたアルゴリズムが利用できそうですね。

細かな流れは部分ごとに考えます。

(2) 文字列を探す

まず，①ですが，これは文字列探索にほかなりません。つまり，次のようなアルゴリズムが使えます。この部分は，文字列置換でも利用しましたから，そのアルゴリズムをもとに考えましょう。

ただし，置換ではないので，置換前文字数というのは少しいただけません。今度は指定された文字列の文字数ですから，簡略化して指定文字数としましょう。この言葉に置き換えた次のアルゴリズムを使うことにします。なお，配列Pが探索する文字列，配列Tが調べるテキストになります。

置換前文字数のところを指定文字数に換えてあります。

```
i ← 1
j ← 1
while ( j ≦ 指定文字数  and  i ≦（テキスト文字数 － 指定文字数 ＋ 1））
  j ← 1
  while ( P[j] ＝ T[i＋j－1]  and  j ≦ 指定文字数 )
    j ← j ＋ 1
  endwhile
  i ← i ＋ 1
endwhile
```

(3) 文字を後ろにずらす

次は②の部分です。文字列置換では，置換前文字列と置換後文字列の文字数の関係によって，前（左）にずらしたり，後ろ（右）にずらしたり，場合によっては何もしないこともありました。

挿入の場合には，置換前文字列の文字数が0と考えることができるので，文字列置換を利用するとすれば，置換前文字数＜置換後文字数のパターンになります。文字列置換ではこのときに，置換前文字列の後ろからテキストの最後までの文字を，それぞれ置換後文字数－置換前文字数ずつずらしました。また，テキストの最後の文字から順にずらさないとうまくいかないことを思い出すと，文字列置換での該当部分は，次のようになります。

```
j ← テキスト文字数
k ← 置換後文字数 － 置換前文字数
while (j ≧ i ＋ 置換前文字数)
  T[j＋k] ← T[j]
  j ← j － 1
endwhile
テキスト文字数 ← テキスト文字数 ＋ k
```

今度は置換後文字数ではなく，挿入する文字列の文字数ですから，挿入文字数に置き換えておきましょう。また，置換前文字数を 0 として考えるので，「−0」や「+0」となる部分は省略してしまいます。ループの継続条件「j≧i+置換前文字数」を「j≧i」とするところが少し気になるかもしれません。

いま考えている挿入処理は，指定された文字列の前に文字列を挿入するので，テキストの最後の文字から指定された文字列の先頭文字までずらします。文字列探索によって，変数 i には指定された文字列の先頭位置が求められているので，この位置の文字までずらすことになります。

ポイント！
置換前文字数が 0 の場合と考えることができる,「j≧i」となります。

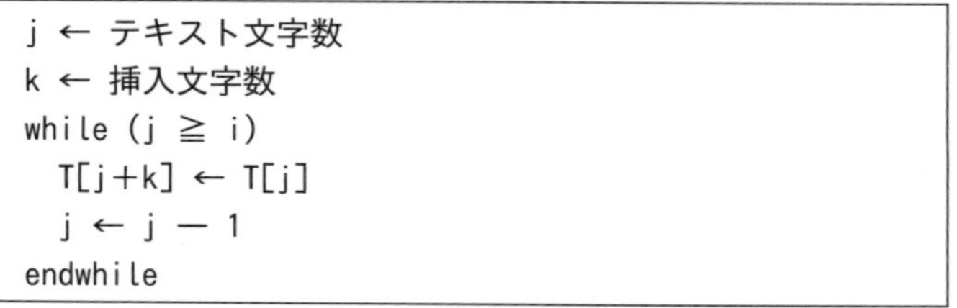

```
j ← テキスト文字数
k ← 挿入文字数
while (j ≧ i)
  T[j+k] ← T[j]
  j ← j − 1
endwhile
```

(4) 文字列を挿入する

③については，挿入文字列を 1 文字ずつ挿入位置に送るだけです。②によってすでに挿入場所にあった文字列をずらし終わっているので，上書きされて消えてしまうことはありません。先頭から順に 1 文字ずつ移していきます。これも文字列置換のときに使っていましたから，それを利用しましょう。

この場合，置換後文字数とは，挿入文字数のことでしたから，この言葉に置き換えます。また，挿入文字列は配列 N に入っていることにしましょう。

```
j ← 1
while (j ≦ 挿入文字数)
  T[i+j−1] ← N[j]
  j ← j + 1
endwhile
```

さて，これで部品はそろいましたから，組み立てれば完成です。ただし，文字列探索が終わったとき，変数 i には，探索した文字列の先頭+1 の値が入っていたことに注意してください。また，指定した文字列が見つからないときは挿入できませんから，このことも考慮しておきましょう。さらに，最後に挿入によって増えた分だけ，テキスト文字数も増やしておきます。

おおまかな流れをもとに，部品を組み立てます。

ポイント！

文字列探索後の i は，探索した文字列の先頭＋1 の値になっているので，i←i−1 の処理を行います。

(5) 文字列挿入のアルゴリズム

```
i ← 1
j ← 1
while ( j ≦ 指定文字数  and  i ≦ (テキスト文字数 − 指定文字数 + 1) )
  j ← 1
  while ( P[j] = T[i+j−1]  and  j ≦ 指定文字数 )
    j ← j + 1
  endwhile
  i ← i + 1
endwhile
i ← i − 1
if (j > 指定文字数)
  j ← テキスト文字数
  k ← 挿入文字数
  while (j ≧ i)
    T[j+k] ← T[j]
    j ← j−1
  endwhile
  j ← 1
  while (j ≦ 挿入文字数)
    T[i+j−1] ← N[j]
    j ← j + 1
  endwhile
  テキスト文字数 ← テキスト文字数 + k
endif
```

どうでしたか？　意外にすんなりと組み立てることができたと思います。複雑なアルゴリズムだと思っても，それを部品に分けてしまえば，よく知っているアルゴリズムを流用できる場合がほとんどです。

アルゴリズムを学習するということは，アルゴリズム特有の考え方を学ぶという目的もありますが，基本的なアルゴリズムを自分のレパートリに加え，部品として活用できるようにするという目的もあります。

(6) 文字のあふれについて考える

あまりにもあっけなかったのでがっかりしている人もいると思います。それでは，文字列置換のときに避けた問題，「あふれ」についても考えておきましょう。

文字列置換のときには，置換前文字数よりも置換後文字数のほうが大きい場合，それによって後ろのほうの文字があふれる（用意した配列に入り切らない）ことはないという前提でアルゴリズムを考えました。この前提を取り除いて考えることにしましょう。

文字列を挿入したときに，文字列の一部があふれるとはどういう場合に発生するのでしょうか。あふれるとは，前で説明したように用意されている配列に入り切らないということですから，挿入後の全体の文字数が，用意した配列の大きさを超えた場合に発生します。

ここで，用意した配列の大きさを最大文字数としましょう。挿入後の全体の文字数は，挿入前の文字数（テキスト文字数）に挿入文字数を加えたものですから，テキスト文字数＋挿入文字数となります。したがって，「最大文字数＜テキスト文字数＋挿入文字数」のときに文字のあふれが発生します。

単純に挿入後の文字列の長さを考えると，テキスト文字数＋挿入文字数になります。この文字数が配列の大きさ（最大文字数）を超えるとあふれます。

先ほどの例で，最大文字数，つまり，配列の大きさを 15 とすると，「赤い」を挿入するときには，文字はあふれませんが，「熟した」にすると 1 文字あふれます。

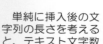

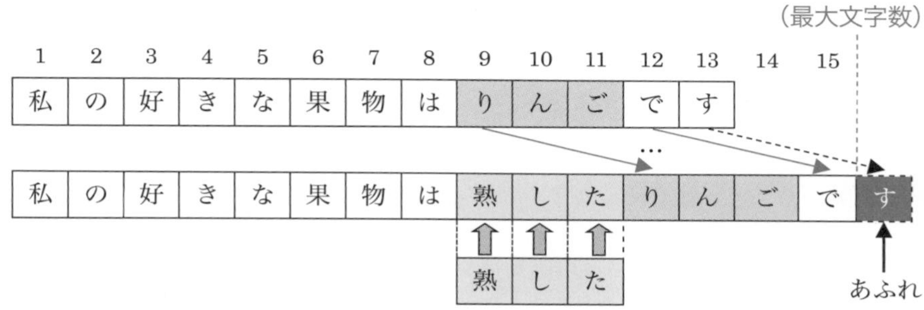

あふれた文字が捨てられてなくなってしまうだけならば，特に気にする必要はないかもしれません。しかし，送り先の配列に該当する場所（要素）がないので，プログラムの誤動作の原因になります。したがって，それなりの対処が必要です。

文字列を右にずらす場合，最後の文字から順に 1 文字ずつずらしていきました。そこで，ずらしたときにあふれてしまう文字については，ずらさない，つまり，対象外とすれば問題は解決できます。つまり，ずらした後に配列の最後尾に入る文字からずらしていくようにすればよいでしょう。まず，この文字の位置を考えましょう。

ずらした後の各文字の位置は，ずらす前の文字位置＋挿入文字数の位置になります。この位置が配列の最後尾，つまり，最大文字数の位置にくるようなものを考えればよいのです。「ずらす前の文字位置＋挿入文字数＝最大文字数」ですから，該当する文字位置は「最大文字数－挿入文字数」となります。

この関係も分かりにくいので，図を描いて確認してください。

先ほどの例では，最大文字数は 15，挿入文字数は 3 でしたから，15－3＝12 文字目の「で」までずらすことになりますが，図と一致していますね。

この内容を，文字列をずらす部分のアルゴリズムに反映します。「あふれ」が出ない場合は，これまでと変わりません。「あふれ」が出る場合に，ずらしはじめる文字位置を，テキストの最後（テキスト文字数の位置）ではなく，最大文字数－挿入文字数の位置にすればよいのですから，次のようになります。

```
if (最大文字数 ＜ (テキスト文字数 ＋ 挿入文字数)) …… あふれるか？
  j ← 最大文字数 － 挿入文字数
else
  j ← テキスト文字数
endif
k ← 挿入文字数
while (j ≧ i)
  T[j＋k] ← T[j]
  j ← j － 1
endwhile
```

これを文字列挿入のアルゴリズムに組み込むと，次のようになります。

(7) 文字のあふれを考慮した文字列挿入のアルゴリズム

```
i ← 1
j ← 1
while ( j ≦ 指定文字数  and  (i ≦ テキスト文字数 − 指定文字数 ＋ 1) )
  j ← 1
  while (P[j] ＝ T[i＋j−1]  and  j ≦ 指定文字数)
    j ← j ＋ 1
  endwhile
  i ← i ＋ 1
endwhile
i ← i − 1
if (j ＞ 指定文字数)
  if (最大文字数 ＜ (テキスト文字数 ＋ 挿入文字数)) …… あふれるか？
    j ← 最大文字数 − 挿入文字数
  else
    j ← テキスト文字数
  endif
  k ← 挿入文字数
  while (j ≧ i)
    T[j＋k] ← T[j]
    j ← j−1
  endwhile
  j ← 1
  while (j ≦ 挿入文字数)
    T[i＋j−1] ← N[j]
    j ← j＋1
  endwhile
  if (最大文字数 ＜ (テキスト文字数 ＋ 挿入文字数))
    テキスト文字数 ← 最大文字数
  else
    テキスト文字数 ← テキスト文字数 ＋ 挿入文字数
  endif
endif
```

最後のテキスト文字数の調整部分で，あふれのことを考慮していることに注意してください。

章末問題

（応用編）問 1-1

テキスト中から，削除文字列（配列 D とする）と一致する文字列を見つけ，その文字列を削除するアルゴリズムを作成した。次のアルゴリズムの空欄に入る適切な字句を答えよ。ただし，削除する文字列の文字数を“削除文字数”としている。

```
i ← 1
j ← 1
while ( j ≦ 削除文字数  and  i ≦（テキストの文字数 − 削除文字数 ＋ 1））
  j ← 1
  while ( [          a          ] )
    j ← j ＋ 1
  endwhile
  i ← i ＋ 1
endwhile
i ← i − 1
if (j ＞ [    b    ] )
  j ← i ＋ 削除文字数
  k ← 削除文字数
  while (j ≦ テキスト文字数)
    T[j−k] ← T[j]
    j ← j ＋ 1
  endwhile
  j ← テキスト文字数 − k ＋ 1
  while (j ≦ テキスト文字数)
    T[j] ← 空白
    j ← j ＋ 1
  endwhile
  テキスト文字数 ← [    c    ]
endif
```

（応用編）問 1-2

文字列探索のアルゴリズムの説明を読んで，設問に答えよ。

探索対象文字列は配列 TXT に格納されており（配列の大きさ TLEN），各文字は TXT[1]，TXT[2]，…，TXT[TLEN]に格納されている。

探索する文字列は配列 PTN に格納されており（配列の大きさ PLEN），各文字は PTN[1]，PTN[2]，…，PTN[PLEN]に格納されている。

配列 TXT の文字列に含まれる配列 PTN の文字列の個数を NUM に求めて，処理の最後で表示する。

設問 1　次のアルゴリズムの空欄に入る適切な字句を答えよ。

```
NUM ← 0
i ← 1
j ← 1
while (i ≦ [     a     ] )
  j ← 1
  while ( PTN[j] = TXT[i+j−1]  and  j ≦ PLEN )
    j ← j + 1
  endwhile
  if (j > PLEN)
    [     b     ]
  endif
  i ← i + 1        ………………※
endwhile
NUM を表示
```

設問 2　各配列が次のような内容であった場合，NUM の値はいくつになるか。

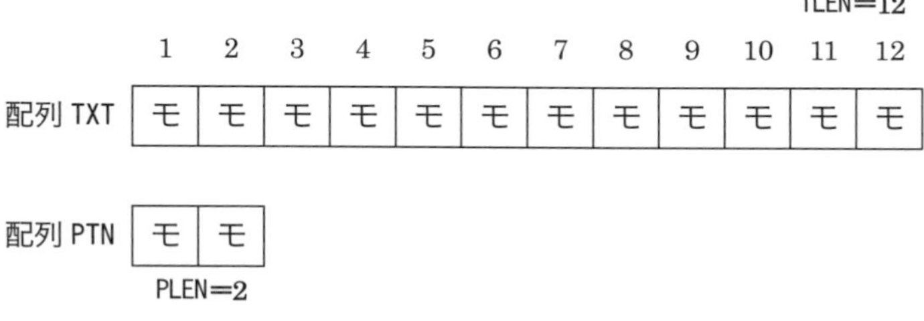

設問 3　文字列 PTN が見つかったとき，次の比較は配列 TXT の見つかった文字列の次の文字から行いたい。アルゴリズム中の※の処理をどのように修正すればよいか。また，この修正後にアルゴリズムを実行したとき，設問２の例では NUM の値はいくつになるか。

（応用編）問 1-3

次のプログラムの説明およびプログラムを読んで，設問に答えよ。

(H11 秋-2K 午後問 1 改)

〔プログラムの説明〕

(1) 配列 A に格納されている文字列の指定された位置に，配列 B に格納されている文字列を挿入する。

(2) 配列 A の大きさは AMAX に，文字列の長さは AX に，各文字は A[1]，A[2]，…，A[AX]に格納されている。

(3) 挿入する文字列の長さは BX に，各文字は B[1]，B[2]，…，B[BX]に格納されている。

(4) 挿入位置は，PX（1≦PX≦AMAX）に格納されている。

(5) PX が AX＋1 より大きい場合は，A[AX＋1]～A[PX－1]に空白を挿入する。

(6) 挿入によって配列 A からあふれる部分は捨てる。

(7) 利用する関数 MIN の仕様は，次のとおりである。

MIN(X，Y)：X<Y のときは X を返し，それ以外のときは Y を返す。

例：

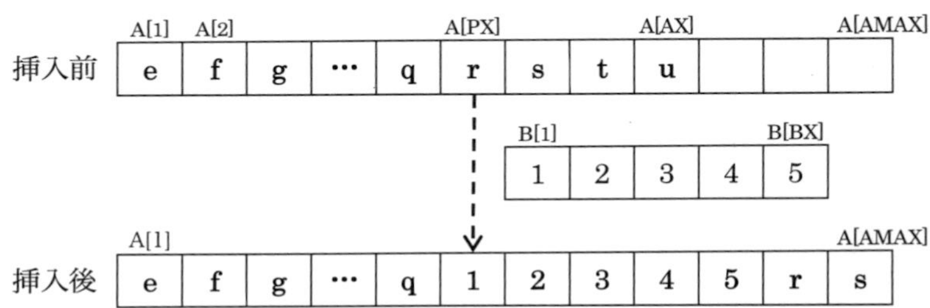

```
〔プログラム〕
 if (PX = AX + 1)
 else
   if (PX < AX + 1)
     Y ← MIN(  a  , AX)
     /* 移動処理 */
     X ← Y
     while (X ≧ PX)
       A[X+BX] ← A[X]
       X ← X−1
     endwhile
   else
     /* 空白挿入処理 */
     X ← AX + 1
     while (X ≦ PX − 1)
       A[X] ← 空白
       X ← X + 1
     endwhile
   endif
 endif
 Y ← MIN(  b  , AMAX)
 /* 文字列挿入処理 */
 X ← PX
 while (X ≦ Y)
   A[X] ←  c
   X ← X + 1
 endwhile
```

設問　プログラム中の空欄に入れる正しい答えを，解答群の中から選べ。

aに関する解答群

ア　AMAX − BX　　イ　AMAX − BX + 1

ウ　AMAX − BX − 1　　エ　AMAX − PX

オ　AMAX − PX + 1　　カ　AMAX − PX − 1

bに関する解答群

ア　AX + BX　　イ　AX + BX + 1

ウ　AX + BX − 1　　エ　PX + BX

オ　PX + BX + 1　　カ　PX + BX − 1

cに関する解答群

ア　B[X+PX]　　イ　B[X+PX+1]

ウ　B[X+PX−1]　　エ　B[X−PX]

オ　B[X−PX+1]　　カ　B[X−PX−1]

第2章

再帰アルゴリズム

あるアルゴリズムの中で，そのアルゴリズム，つまり，自分自身を使うことを再帰といいます。整列や探索では，単純な処理を繰り返すことによって，複雑な処理を実現できることを学習しました。アルゴリズムの一部には，ここで学習する再帰という考え方を利用することで，アルゴリズムがさらに単純になるものがあります。再帰が利用できるアルゴリズムは複雑な内容のものが多いのですが，ここでは，その詳細を理解することが目的ではありません。再帰という考え方があること，そして，その利用例を紹介することを主眼としています。再帰の考え方を応用した具体的なアルゴリズムは，このテキストの学習を終えた後，さらに高度なアルゴリズムを学習していく際の課題となります。

この章の学習ポイントは次のような内容になります。

・再帰という考え方
・再帰を利用した木の探索アルゴリズム
・再帰を利用したクイックソートの考え方

第2部 応用編

第1章　文字列処理

第2章　再帰アルゴリズム

1．階乗の計算
2．木の探索アルゴリズム
3．クイックソート

第3章　数値計算のアルゴリズム

第4章　ファイル処理のアルゴリズム

1. 階乗の計算

この章では，これまで紹介してきたものとは少し違ったアルゴリズムの考え方を紹介します。それは**再帰**（recursive；**リカーシブ**）と呼ばれる考え方です。再帰とは，「自分の中に自分がいて，またその中にも自分が存在する……」ということがいくつも続くことをいいます。なんだか奇妙な話ですね。ちょうど鏡の中に鏡を写し出すようなイメージを想像してみてください。鏡の中に鏡が存在し，その中にもさらに鏡が存在している……，そんな世界です。

再帰

リカーシブ

それが，どのようにアルゴリズムと関係するのか疑問に感じる人もいるかもしれませんが，コンピュータの世界には，この再帰的な処理というものが，実はいたるところに存在しているのです。そのような処理は**再帰呼出し**（recursive call）と呼ばれる手法を用いることによって，とても単純な構造のプログラムにすることができます。この章では，この再帰について学んでいきます。

再帰呼出し

まず手はじめに，再帰の例として次の**階乗の計算**を取り上げてみましょう。

階乗の計算

ポイント！

N×（N−1）×…×2×1 のことをNの階乗といい N!で表します。

5！=5×4×3×2×1

5 の階乗は，この式に示したように，5 から 1 までの数をすべて掛け合わせることによって計算することができます。まずは普通に階乗を計算するためのプログラムを示します。

```
階乗を計算する副プログラム
○プログラム名: Factorial(N)
○整数型: i, R
  i ← 1
  R ← 1
  while (i ≦ N)
    R ← R × i
    i ← i + 1
  endwhile
  return R     /* Rの値を戻り値として返す */
```

擬似言語で戻り値を返すにはreturnを使います。

このプログラムは階乗の計算を行う目的で，ほかのプログラムから呼び出されるので，特に副プログラムという言い方をします。繰返しを使うことによって階乗の計算を行うアルゴリズムになっています。

副プログラム

このプログラムでは，呼び出されるときに整数値を変数Ｎで受け取り，その値に従って計算をします。このような入力値は，引数（ひきすう）またはパラメータ（parameter）と呼ばれます。また，この副プログラムでは今までのプログラムとは違って，プログラムの最後でＮ！の計算結果（変数Ｒの値）を戻り値として返すという処理を行っています。

引数

パラメータ

「戻り値を返す」とは，副プログラム Factorial を実行した結果を値として得られるということです。つまり，この Factorial を使って５の階乗を計算したいと思ったら，次の例で示すように Factorial(5) という形で引数に５を指定して呼び出します。すると，計算結果が Factorial の値という形で得られることになります。

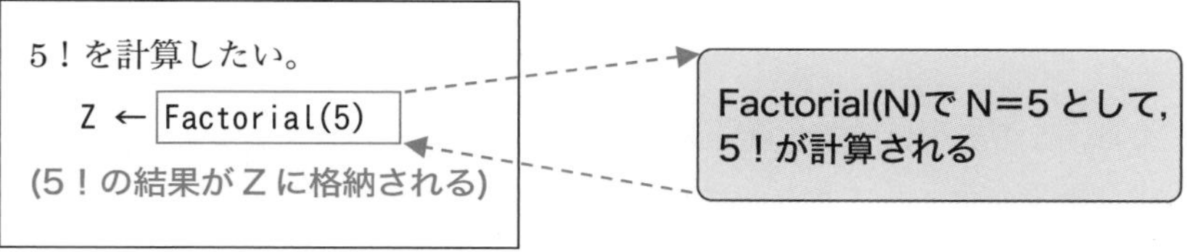
５！を計算したい。
Z ← Factorial(5)
(5！の結果がＺに格納される)
Factorial(N)でN=5として，
5！が計算される

図　副プログラム Factorial の呼出し例

このように，「引数」で入力値を受け取り，「戻り値」でその処理結果を返すような副プログラムは一般に「関数」と呼ばれています。再帰呼出しでは，この関数という考え方がどうしても必要となりますので，ここで理解しておいてください。

関数

さて，５の階乗の計算は，いまの例で示したように，繰返し構造を利用したアルゴリズムによって行うことが可能です。しかし，次のように考えると，繰返しを使わずに計算することも可能です。

５の階乗は，計算中に４の階乗を含んでいると考えることができます。つまり，５！＝5×4×3×2×1 の「4×3×2×1」の部分は４！と表すことができます。

したがって，５！＝5×4！となります。

一般に，Nの階乗は（N−1）の階乗を含んでいるため，常に次のように考えることができます。

N！＝N×(N−1)！

ただし，Nが0のときは注意が必要です。

0！＝0×(0−1)！＝0×(−1)！

ではありません。負の数の階乗は数学で定義されていないからです。0！は計算することはできませんが，1と定義されています。

0！＝1

これらを合わせて，Nの階乗は次のように表現されます。

$$\begin{cases} N!=1 & (N=0\text{ のとき}) \\ N!=N\times(N-1)! & (N>0\text{ のとき}) \end{cases}$$

ただし，Nの値として0まで考える必要がない場合は，次のようにしてもかまいません。この後もN=0の場合は考えずに，階乗計算を扱います。

$$\begin{cases} N!=1 & (N=1\text{ のとき}) \\ N!=N\times(N-1)! & (N>1\text{ のとき}) \end{cases}$$

じつは，この表現はすでに階乗の再帰表現になっています。つまり，「階乗の計算の中に階乗が含まれており，さらにその中にも階乗が含まれ……」と続いていくからです。5！を求めるときに，4！の値が求めてあれば，その値に5を掛けるだけで簡単に求めることができます。そして4！を求めるときにも3！が求めてあれば，その値に4を掛けるだけで，……というように，それぞれ簡単な計算で階乗の値を求めることができます。そして，これを続けていくと，やがて1！にたどり着きます。1！＝1なので計算はいりません。そして，2！＝2×1！から，2！は2と計算できます。そして，2！が求められたので，次は3！の値を簡単に求めることができます。同様に，4！，5！の値をそれぞれ簡単な計算で求めることができます。

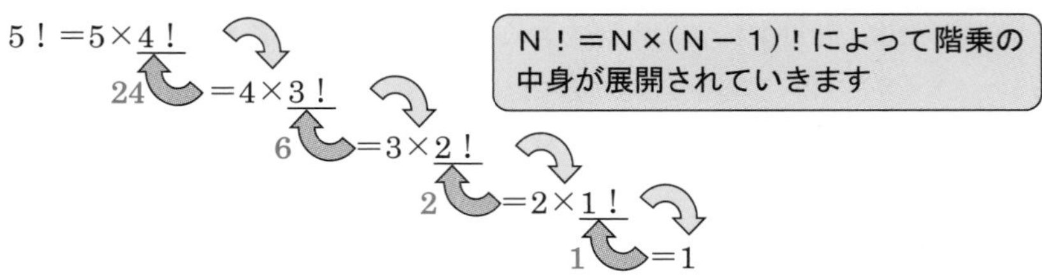

図　再帰による5！の計算イメージ

最終的には，5！＝5×4×3×2×1　が計算されます。

これらのことを踏まえて，先の副プログラム Factorial を再帰による方法に書き換えてみましょう。ここでは，N を正の整数とします。

```
再帰を使った副プログラム Factorial
○副プログラム名: Factorial(N)
  if (N = 1)
    return 1    /* 戻り値として返す */
  else
    return N × Factorial(N−1)   /* 戻り値として返す */
  endif
```

いかがでしょうか？　修正後の副プログラム Factorial は，たったこれだけのプログラムになりました。再帰を使わずに繰返しによって計算するプログラムと比べて，ずいぶんすっきりとシンプル（単純）になったことが分かると思います。

このプログラムでは Factorial の中で Factorial の呼出しを行っています。つまり，自分の中で自分を呼び出しているのです。呼び出された自分は，さらにまた自分を呼び出し，……といったことが繰り返されます。このプログラムのように，自分で自分自身を呼び出すことが再帰呼出しです。

再帰呼出し

ここで，再帰を使う場合の注意点が一つあります。それは，いまの階乗計算の N！＝1（N＝1のとき）のように再帰呼出しの終了条件をきちんと作っておかなければならないということです。そうでなければ，自分から自分を呼び出し，その自分がさらに自分を呼び出し，……といったことを無限に繰り返してしまうことになるからです。つまり，再帰を利用したプログラムには，自分を呼び出さないような場合が必ず含まれていなくてはなりません。

いつも自分自身を呼び出すプログラムでは，永遠に呼出しが続きます。いつかは呼出しを終えるようにしておかなくてはいけません。

再帰という考え方を用いることによって，プログラム（アルゴリズム）が単純になることがあるということを，一応理解できたと思います。しかし，どのようにしたら，このような再帰の考え方が実現できるのだろうという疑問がわいてしまうかもしれません。しかし，そのことはとりあえず後まわしにしましょう。

再帰処理を実現する仕組みは，コンパイラなどの言語プロセッサによって，正しく行えるようになっています。これを前提として，再帰という考え方を使ったアルゴリズムというところだけにポイントを絞って学習を進めていきましょう。

2. 木の探索アルゴリズム

木の探索

次の再帰処理アルゴリズムとして，木の探索について紹介していきたいと思います。「第１部第４章　データ構造」で学んだ基本事項の復習も兼ねてプログラムまで考えてみましょう。

探索

「木の探索」とは，木のすべての節を巡回し，その節がもっている内容（値）をある一定の順序で列挙することをいいます。木は，それ自体，再帰的な構造をもっています。つまり，左部分木，右部分木はともに，元の木と同じように根および左右の部分木をもっているので，「自分（木）の中に自分（木）が入っている」という見方をすることができます。

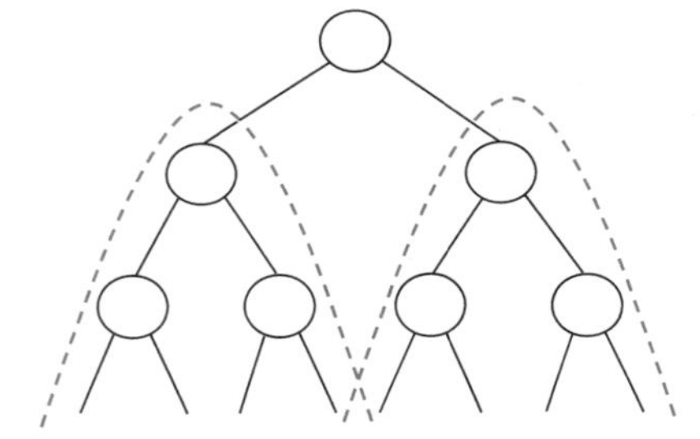

左右の部分木は，それぞれ元の木と同じ構造（再帰構造）をもっているとみなせます。

図　木の構造

木の探索法としては，幅優先順と深さ優先順がありました。ここでは，深さ優先順の先行順探索，中間順探索，後行順探索について考えていきます。

したがって，木の要素を探索する際にも再帰的な考え方を適用することができます。

代表的な木の探索法には，次のものがありました。簡単に復習しておきましょう。

先行順探索　① **先行順探索**：「親 → 左部分木 → 右部分木」の順で列挙していきます。

中間順探索　② **中間順探索**：「左部分木 → 親 → 右部分木」の順で列挙していきます。

後行順探索　③ **後行順探索**：「左部分木 → 右部分木 → 親」の順で列挙していきます。

例えば，次のような２分木について考えていきたいと思います。

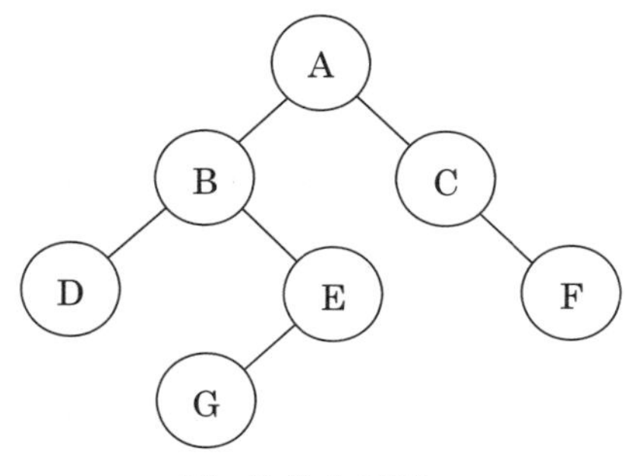

図　２分木の例

節を訪問する方法自体は先行順，中間順，後行順を問わず，まず親からはじまり，左部分木が存在すれば左の子へ，その後，右部分木が存在すれば右の子へという順で行われます。上の木では，いずれの探索法でも各節を「A→B→D→E→G→C→F」の順に訪問していきます。

ところが，例えば，各節がもっている内容を表示するような場合，親の内容を先に表示するのか，それとも子の内容を優先的に表示してから親の内容を表示するのかという点で，各探索方法に違いがあります。

中間順探索では，まず根である節 A を訪問しますが，節 A の内容の表示は行わず，左部分木の表示を優先します。左部分木の表示がすべて終わったうえで A の内容を表示し，それから右部分木の表示へと向かいます。

中間順探索

（A の左部分木の表示）→ A の表示 →（A の右部分木の表示）

それぞれの部分木の中でも，やはり先に左部分木の表示を優先し，それから親の表示，右部分木の表示へと続きます。したがって，最も先に表示されることになるのは，結局，節 D となり，D→B→G→E→A→C→F の順に続きます。

アドバイス

プログラムの内容は，これから説明します。ここでは，とてもシンプルなプログラムであることだけに注目してください。

ポイント！

Node.Left には左の子，そして，Node.Right には右の子の場所を示す値が入っています。

それでは，木の探索を行うプログラムを擬似言語で表現したいと思います。まずは中間順のプログラムを示します。プログラムは，次のようになります。

```
○副プログラム名: MidOrder(Node)
  if (Node.Left が存在)             ┐ 左の子が存在すれば，
    MidOrder(Node.Left)             │ 左の子を訪問（再帰呼出し）
  endif                             ┘
  Node の内容を表示 <------------自分自身の表示
  if (Node.Right が存在)            ┐ 右の子が存在すれば，
    MidOrder(Node.Right)            │ 右の子を訪問（再帰呼出し）
  endif                             ┘
```

中間順で木を探索する副プログラム MidOrder

この副プログラムは，探索の対象となる節を表す Node という引数で受け取ります。Node に左の子が存在すれば，Node.Left によってその左の子の節を訪問し，右の子が存在すれば Node.Right によって右の子の節を訪問できるものとしています。また，このプログラムでは，左右の子（Node.Left と Node.Right）がいずれも存在しないときには，自分自身の表示しか行われません。これが再帰呼出しの終了条件となっています。

いかがでしょうか。プログラムがとてもシンプルというだけではなく，

左部分木を表示 → 自身（親）を表示 → 右部分木を表示

と表示の順序に処理が並んでいるだけですので，感覚的にも非常に理解しやすいプログラムになっていることが分かると思います。このプログラムを使って，木の内容すべてを中間順で表示するときは，主プログラムからこの副プログラム MidOrder を呼び出すときに，根を引数として渡せばよいのです。

この副プログラムを使って上の２分木がどのように表示されていくかをトレースしてみましょう。まず最初に，副プログラム MidOrder は次のような形で木全体の根である節 A を引数として，主プログラムから呼び出されます。

```
MidOrder(節 A)
```

MidOrder の最初の呼出し

この呼出しによって，副プログラム MidOrder の引数 Node には節 A が格納されます。したがって，プログラム中の「Node.Left」は節 A の左の子である節 B を，「Node.Right」は節 A の右の子である節 C をそれぞれ表すことになります。

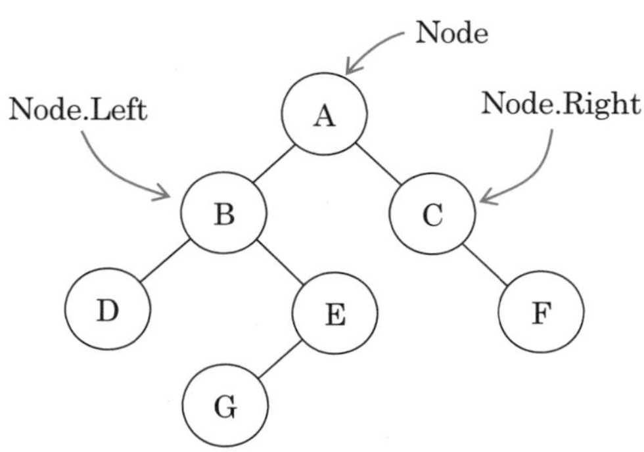

MidOrder（節 A）が主プログラムから呼び出されると，次のように MidOrder の呼出しが続き，①〜⑦の番号の順に各節の値が表示されていきます。

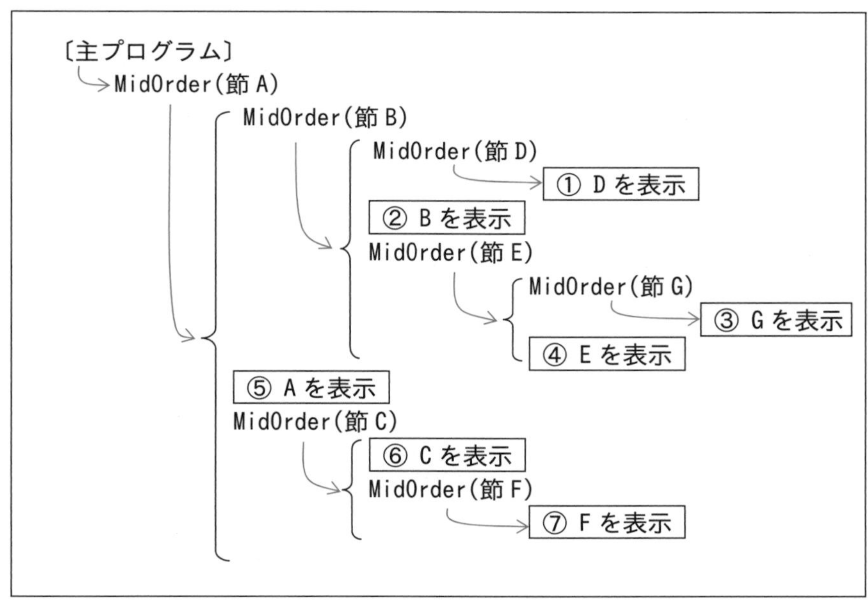

図　MidOrder によるプログラム呼出しの様子

いまの例では，中間順の探索を見てきました。次は，先行順，後行順についても見ていきましょう。

先行順探索

木の先行順探索による表示では，節にたどり着いた順序のとおりに節の値が表示されていきます。親の節は子の節よりも先に訪問されるので，まず親の節の内容が表示されます。そして，左の部分木，右の部分木と表示が行われます。したがって，前の木の例では

A→B→D→E→G→C→F

の順で各節の値が表示されます。

後行順探索

後行順探索では，親の表示は最も後に回され，まず，左部分木の表示，右部分木の表示が済んでから親の表示が行われます。したがって，前の木の例では

D→G→E→B→F→C→A

の順で各節の値が表示されます。

先行順，後行順による表示プログラムも，中間順によるものとほとんど同じ形で作成することができます。

各探索法の訪問順序によって，Node の内容の表示を行うタイミングが違う点に気を付けてください。

```
○副プログラム名: PreOrder(Node)
  Node の内容を表示
  if (Node.Left が存在)
    PreOrder(Node.Left)
  endif
  if (Node.Right が存在)
    PreOrder(Node.Right)
  endif
```

```
○副プログラム名: PostOrder(Node)
  if (Node.Left が存在)
    PostOrder(Node.Left)
  endif
  if (Node.Right が存在)
    PostOrder(Node.Right)
  endif
  Node の内容を表示
```

木を先行順で探索する PreOrder と，後行順で探索する PostOrder

このそれぞれの副プログラムでの，例の木の表示の呼出しの様子を次に示します。これらの副プログラムでも，MidOrder の場合と同様に，

```
PreOrder(節 A)
```

PreOrder の最初の呼出し

```
PostOrder(節 A)
```

PostOrder の最初の呼出し

のようにして，主プログラムから最初の呼出しを行います。

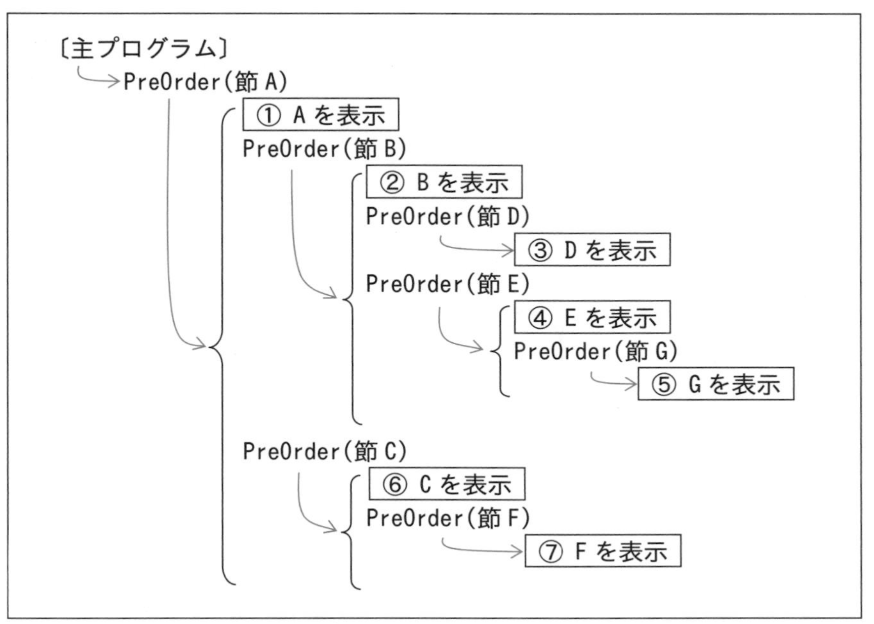

図　PreOrderによるプログラム呼出しの様子

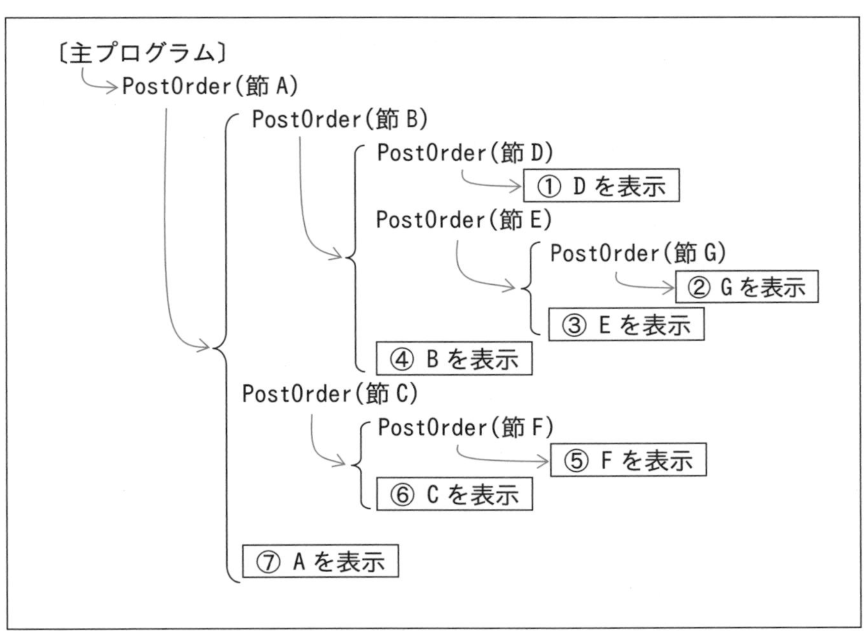

図　PostOrderによるプログラム呼出しの様子

コラム

再帰的な図形

次のような図形を見たことがありますか？

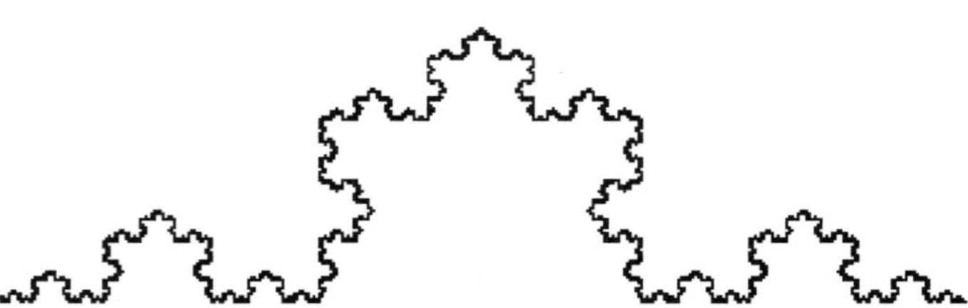

フラクタル
コッホ曲線

これは「**フラクタル**」と呼ばれる図形の一種で「**コッホ曲線**」と呼ばれます。この図形は，次のような規則で描いていくことができます。

(1) まず，最初の線分を用意します。

(2) 線分を3等分して，真ん中の線分を山のように突き出します。

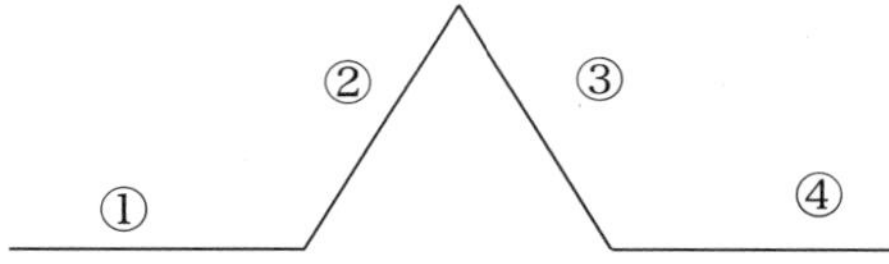

(3) でき上がった図形の各線分①～④に対して(2)の処理を繰り返します。

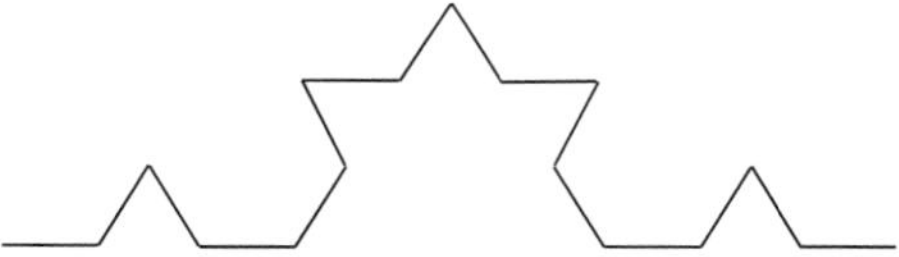

各線分に対して，同じ処理をさらに繰り返していくことによって，コッホ曲線が描かれていきます。

これらの処理をプログラムにすることを考えると，再帰呼出しを使って次のように考えることができます。

（コッホ曲線を描くプログラムの処理）

(1) 線分が入力パラメタとして与えられる。

(2) 線分を３等分し，真ん中の一つを山状に突き出す。

(3) (2)の処理の結果できた四つの線分を引数として，さらに副プログラムを再帰呼出しする。

（※ここでは終了条件は示していません。線分の長さが適当に小さくなるなどしたら終了させると考えましょう）

コッホ曲線以外にもフラクタルの例として，次のようなものがあります。

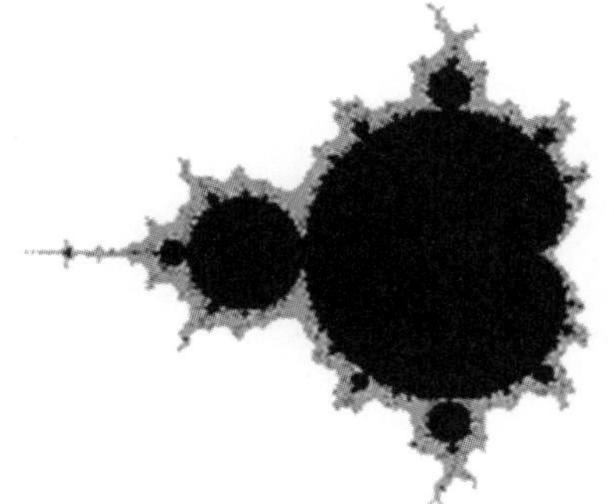

マンデルブロ集合

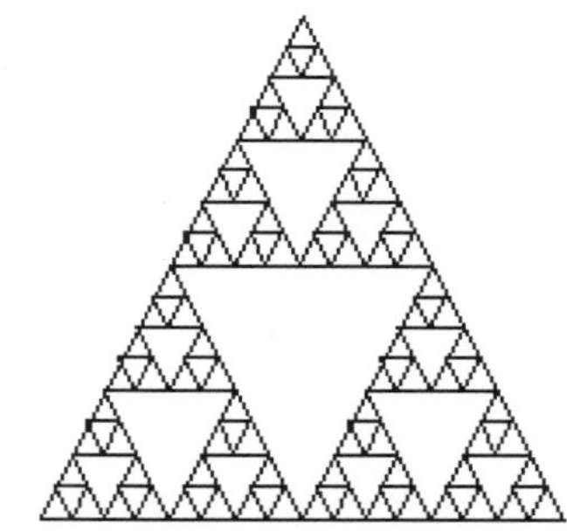

シェルピンスキーのギャスケット

これらの図形も「自分の中に自分がいて，その中にさらに自分がいる……」といった再帰構造をもっています。「再帰」という手法を用いることによって，単純な処理の繰返しで，すごく複雑で神秘的な図形を描くことができるようになるのです。

3. クイックソート

クイックソートはアルゴリズムが複雑なので，最後の学習にしてもかまいません。

最後に，再帰を使った応用例としてクイックソートを取り上げましょう。

クイックソート

クイックソート（quick sort）とは，整列アルゴリズムの一つで，乱雑な並びをした要素も非常に速く（クイック）整列させることができることから，この名前がつきました。クイックソートの基本的な考え方は，次のとおりです。

軸

ピボット

まず，たくさんの要素をもった配列を考えてみましょう。そのすべての要素に乱雑に数値が格納されているものとします。その中のどれでもいいので，基準値となる要素を一つ選びます。基準値となる要素は**軸**（pivot；**ピボット**）と呼ばれます。そして，配列の要素全体を，軸より大きい要素のグループと，軸より小さい要素のグループに分割します。

あくまでもイメージです。軸となる要素はどれでもよいので，軸の要素が真ん中あたりにくるとは限りません。

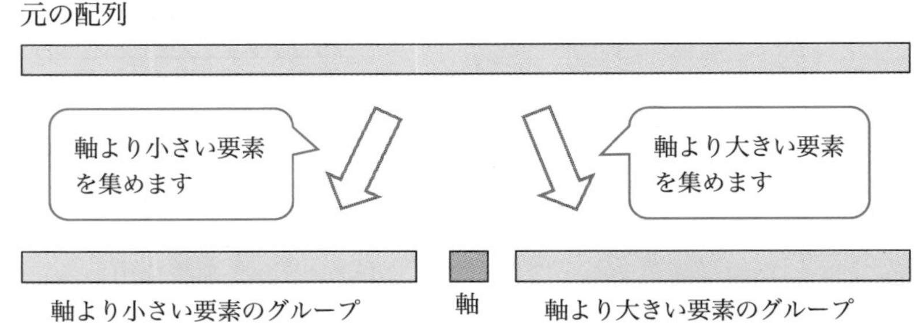

図　分割の基準となる軸

この分割されたそれぞれのグループ（配列）に対しても，同様の処理を繰り返します。

（クイックソートが進む様子）

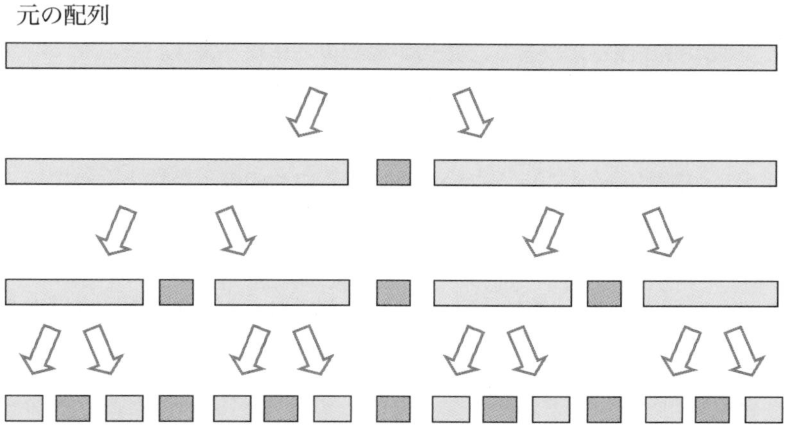

元の配列

図　クイックソートで分割が進む様子

分割したグループの要素数が１になると，分割は終了します。すべてのグループの分割が終了したとき，配列の各要素は整列された順序に並んでいます。

このように，クイックソートとは「配列の分割を繰り返す」ことによって，要素を整列していくアルゴリズムです。要素の一つ一つを丹念に比較して，交換していくアルゴリズムとは違って，まずは大雑把に「軸より大きい要素のグループ」と「軸より小さい要素のグループ」に分けるといった作業からはじめて，徐々に細かくしていくという方法で整列を行います。そうすることによって，クイックソートは，交換法や選択法などの基本整列法に比べて，要素の比較と交換の回数が大幅に少ない，効率的な整列アルゴリズムとなっています。

さて，このクイックソートのアルゴリズムですが，やはり再帰の考え方を使ってプログラムを作成することができます。もちろん，再帰を使わずに単なる繰返しだけでプログラムを作成することもできますが，かなり複雑なものになってしまいます。再帰を使ったクイックソートを行うプログラムの処理は，次のように考えることができます。

（クイックソートプログラムの処理）

① 要素数が１なら何もせずに終了。

② 要素数が２以上なら，要素の中のどれかを軸に決めて，二つのグループに分割する。

③ 分割されたそれぞれのグループをさらにクイックソートプログラムに渡す（再帰呼出し）。

アドバイス

これもイメージです。実際には，こんなにきれいな形で分割が進むとは限りません。

ポイント！

再帰の考え方を使うと，複雑な問題を単純にすることができます。

いつかは呼出しをやめないと，永遠に止まりません。

「１回のプログラム呼出しの中では１回の分割だけを行えばよい」という考え方が重要です。そういう単純な処理が再帰的に繰り返されることによって，隅々にまで処理が行き渡る，つまり，整列が進むことになります。

ただし，先ほど述べた「再帰呼出しの終了条件を必ず作る」という点には特に気をつけておいてください。ここでは，「①要素数が１なら何もせずに終了」が，再帰呼出しが無限に続くことがないようにするための終了条件となっています。

それでは，いま述べた考え方に従って，クイックソートを行うプログラムを擬似言語を使って表現してみましょう。ただし，擬似言語を使ってプログラムを作成する場合には，もう少し細かい点についてもきちんと考えておく必要があります。

例えば，配列のどの要素を軸として選択するのかということがあります。クイックソートでは，軸はできるだけ要素全体の中央値を選択するようにすると効率がよいということが知られています。ですから，効率を上げるために軸の選択方法もいろいろと工夫した方法が考えられています。しかし，今回はアルゴリズムを簡単にするために，「配列の左端の要素」を軸にするとしておきましょう。

（軸の選択方法）
配列の左端の要素を軸として選択する。

あとは，配列の要素をどのように分割していくかですが，今回は次のような方針で考えていきたいと思います。ここでは，配列の左端はLeft，右端はRightで表現しています。

①　まず，配列の左端の要素（軸として選択されます）を除いた残りについて，左の要素から順に軸と比較していき，軸より大きい要素を見つけ出す（変数ｉにその位置が格納されるとします）。

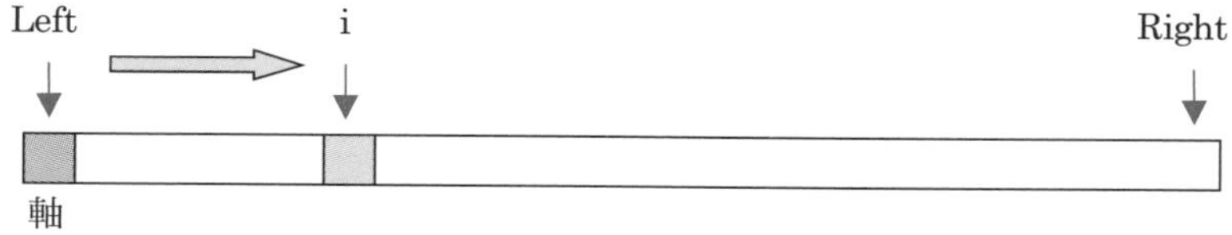

②　同様に，今度は右端の要素から順に軸と比較していき，軸より小さい要素を見つけ出す（変数ｊにその位置が格納されるとします）。

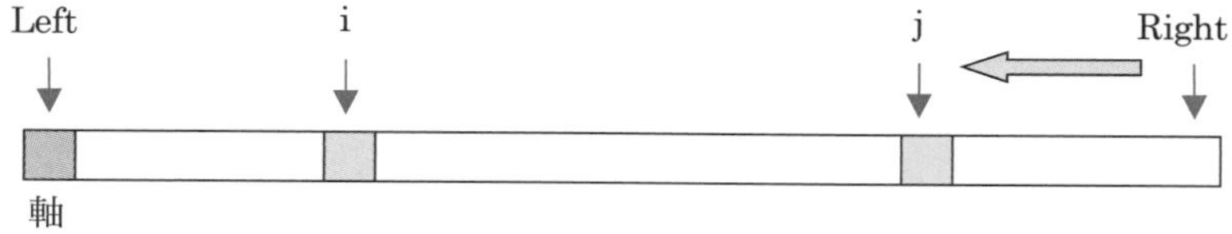

③　①と②で見つけた要素を交換する（軸より小さい要素はｉの位置に，軸より大きい要素はｊの位置にそれぞれ移動されます）。

④　ｉの位置とｊの位置が同じ位置に来るか，またはｉよりもｊのほうが前に来る（ｉとｊの位置が逆転する）まで，①～③を繰り返す。

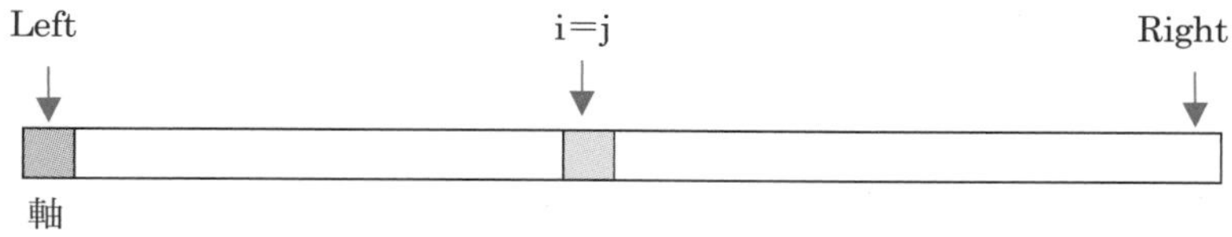

または

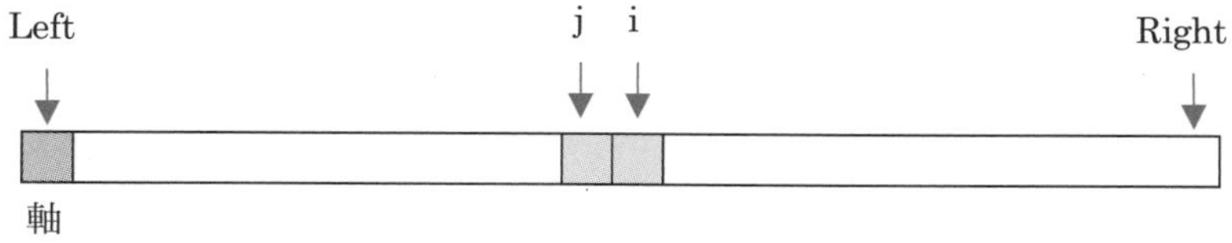

図　配列の分割処理の方針

アドバイス

おおまかな流れについて，理解してください。なぜこの方法で，要素の分割ができるのかということについては，付録に説明があります。この部分の学習を終えてから読んでみましょう。

これらの操作が終了すると，配列の左端の軸を除いた位置から j までは軸より小さい要素だけになり，i 以降は軸より大きい要素ばかりになります。ただし，軸と等しい要素については，どちらに入ってもかまわないものとします。

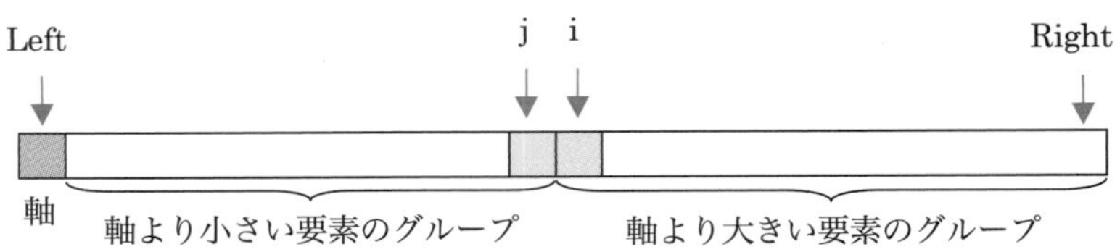

最後に，軸の要素を，分割した配列の間に入れましょう。それには，軸と j の位置の要素を交換します。そうすると，次のような形に配列を分割することができます。

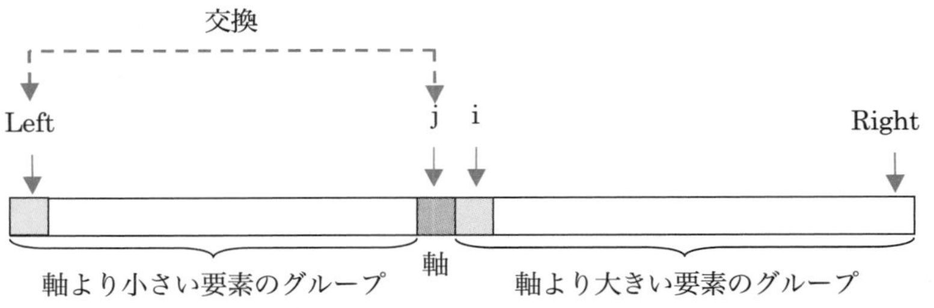

これで，少なくとも軸の要素は正しい位置に来ています。この後，Left～（j－1）の配列（軸より小さい要素のグループ），および（j+1）～Right の配列（軸より大きい要素のグループ）について分割を続けます。これを繰り返していけば，最終的に配列全体が正しく整列されます。

この方法では，要素をグループ分けし，さらに，そのグループごとにそれぞれグループ分け（分割）を進めていきますが，グループごとの分割について，アルゴリズムを別に考えるのではなく，配列の範囲の指定を変えて，さらに自分自身を呼び出す（再帰呼出し）という操作に置き換えているところがポイントです。整列という複雑なアルゴリズムを，グループ分けという比較的単純なアルゴリズムの繰返しによって実現するのですが，その繰返しという部分を，再帰呼出しで実現しているのです。

いま説明した処理の流れをまとめて，擬似言語で表現すると，次のようになります。

なお，整列対象の配列名はＡとし，繰返し処理を抜けるための変数（区別するための旗（はた）の意味でフラグ）としてFlagを用いています。

アドバイス

細かな部分にはこだわらず，おおまかな流れとの対応を中心に見てください。

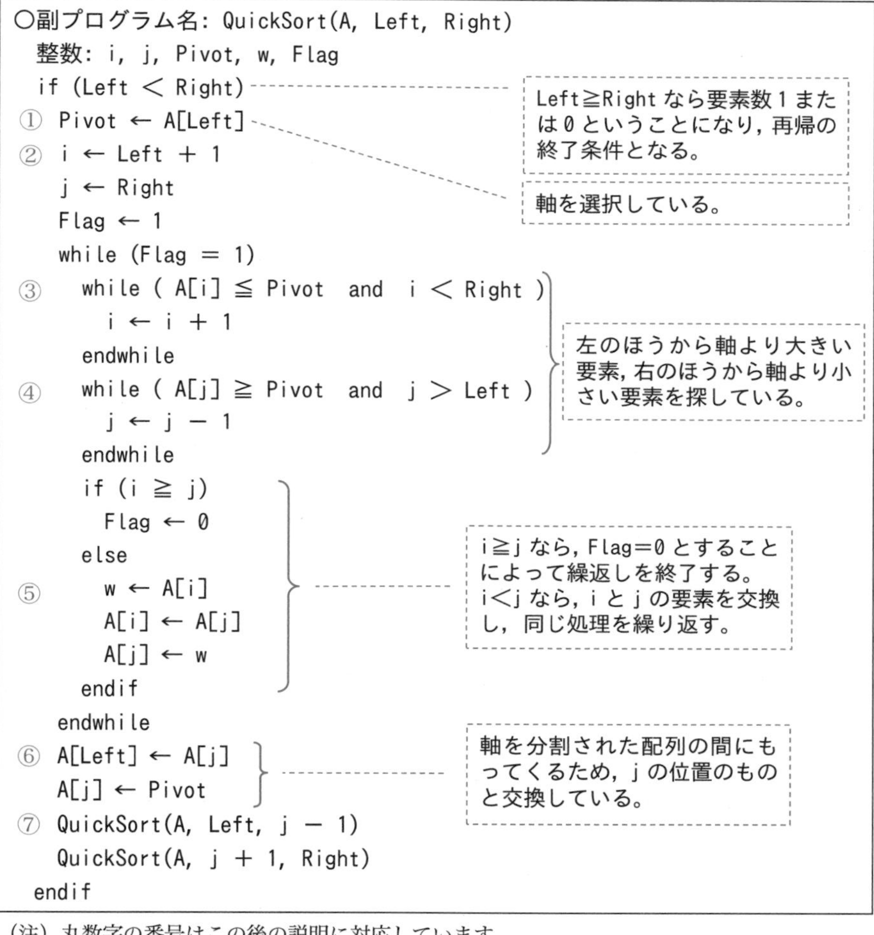

```
○副プログラム名: QuickSort(A, Left, Right)
  整数: i, j, Pivot, w, Flag
  if (Left ＜ Right)
①  Pivot ← A[Left]
②  i ← Left ＋ 1
    j ← Right
    Flag ← 1
    while (Flag ＝ 1)
③    while ( A[i] ≦ Pivot  and  i ＜ Right )
        i ← i ＋ 1
      endwhile
④    while ( A[j] ≧ Pivot  and  j ＞ Left )
        j ← j － 1
      endwhile
      if (i ≧ j)
        Flag ← 0
      else
⑤      w ← A[i]
        A[i] ← A[j]
        A[j] ← w
      endif
    endwhile
⑥  A[Left] ← A[j]
    A[j] ← Pivot
⑦  QuickSort(A, Left, j － 1)
    QuickSort(A, j ＋ 1, Right)
  endif
```

Left≧Right なら要素数１または０ということになり，再帰の終了条件となる。
軸を選択している。
左のほうから軸より大きい要素，右のほうから軸より小さい要素を探している。
i≧j なら，Flag=0 とすることによって繰返しを終了する。i＜j なら，i と j の要素を交換し，同じ処理を繰り返す。
軸を分割された配列の間にもってくるため，j の位置のものと交換している。

（注）丸数字の番号はこの後の説明に対応しています。

分割後のそれぞれの部分配列をさらに分割していく処理は，QuickSortプログラムを再帰的に呼び出すことで行っています（最後２行）。クイックソートは効率よく整列を行う方法で，その分，アルゴリズムが複雑になります。しかし，再帰を使用することによって，アルゴリズムは大幅に単純化されています。

この副プログラム QuickSort を使用して，配列が実際にどのように整列されていくかをトレースしてみましょう。ここでは，例として次の配列を使用します。

要素番号	1	2	3	4	5	6	7	8	9	10	11	12	13	14	15
値	51	14	24	69	32	84	46	29	72	43	55	62	12	78	58

QuickSort を呼び出す主プログラムは，次のようになります。

なお，Quick Sort(A, 1, 15)の A は配列名ですが，引数として配列全体を渡すという意味です。

```
数値型：A[15] ＝ {51, 14, 24, 69, 32, 84, 46, 29, 72, 43,
                  55, 62, 12, 78, 58}
QuickSort(A, 1, 15)
```

今回扱う配列は要素番号が 1 からはじまり 15 で終わるので，QuickSort の呼出しでは 1 と 15 を引数に渡しています。最初の呼出しでは，引数 Left と Right には，1 と 15 が設定されています。

```
① Pivot ← A[Left]
```

によって，Pivot には 51 が設定されます。

51 を軸としたグループ分けが行われることを，トレースによって確認してください。

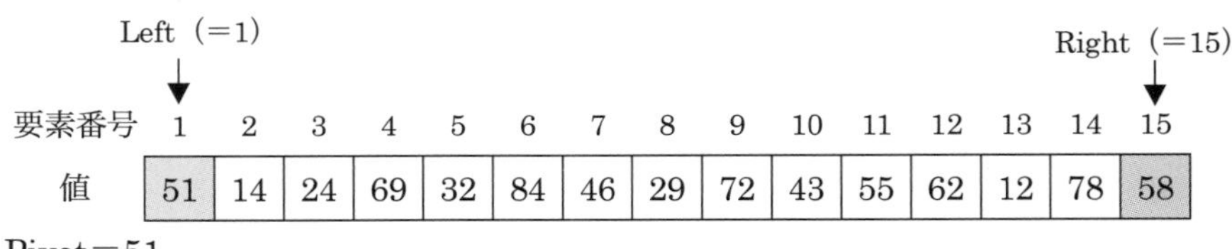

Pivot＝51

```
② i ← Left + 1
   j ← Right
```

によって，i には 2，j には 15 が格納されます。

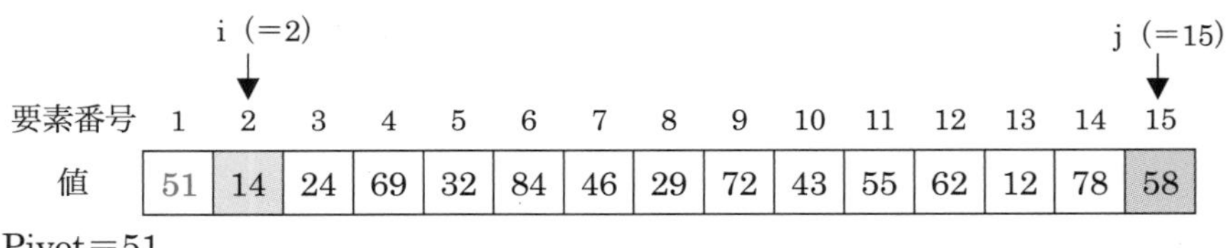

Pivot＝51

```
③ while ( A[i] ≦ Pivot  and  i < Right )
     i ← i + 1
   endwhile
```

③は，「A[i] ≦ Pivot　and　i ＜ Right」の条件が成立している間，繰り返し実行されます。つまり，A[i] ＞ Pivot（＝51）となる要素が見つかるか，または i が配列の右端に到達するまでは，「i ← i ＋ 1」の処理が繰り返されます。A[i] ＞ Pivot を満たす最初の要素の値は 69 なので，変数 i は 4 になるまで 1 が加算されていきます。

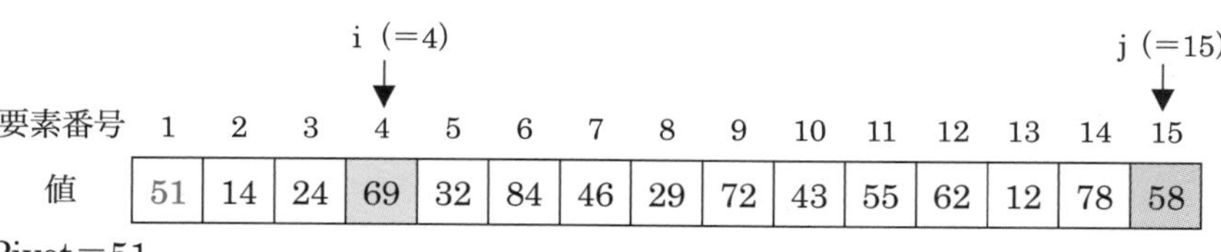

要素番号	1	2	3	4	5	6	7	8	9	10	11	12	13	14	15
値	51	14	24	69	32	84	46	29	72	43	55	62	12	78	58

Pivot＝51

同様に，

```
④ while ( A[j] ≧ Pivot  and  j > Left )
     j ← j − 1
   endwhile
```

によって，変数 j の値は Pivot（＝51）よりも小さな要素を見つけ出すか，または配列の左端へ到達するまで，減算され続けます。その結果，j の値は 13（要素の値 12）まで減算されることになります。

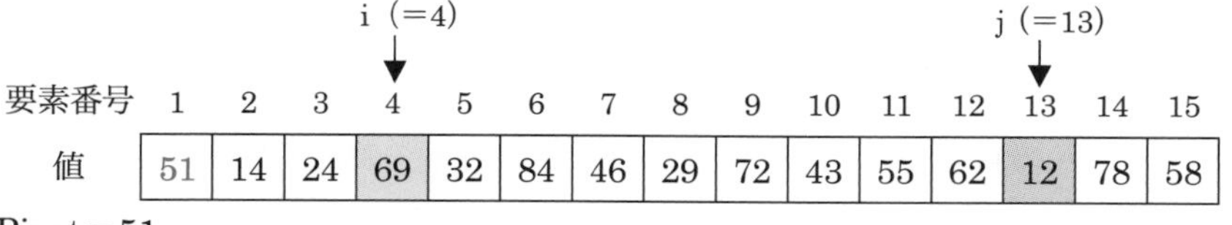

要素番号	1	2	3	4	5	6	7	8	9	10	11	12	13	14	15
値	51	14	24	69	32	84	46	29	72	43	55	62	12	78	58

Pivot＝51

```
   i<j なので（4<13 なので）
⑤ w ← A[i]
   A[i] ← A[j]
   A[j] ← w
```

が実行されて，A[4] と A[13]の要素の値が交換されます。

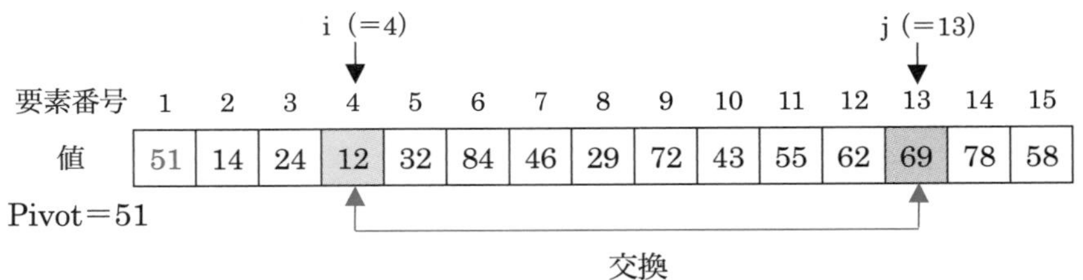

以上の処理が繰り返されます。要素の交換は，A[6]と A[10]の間でも行われます。

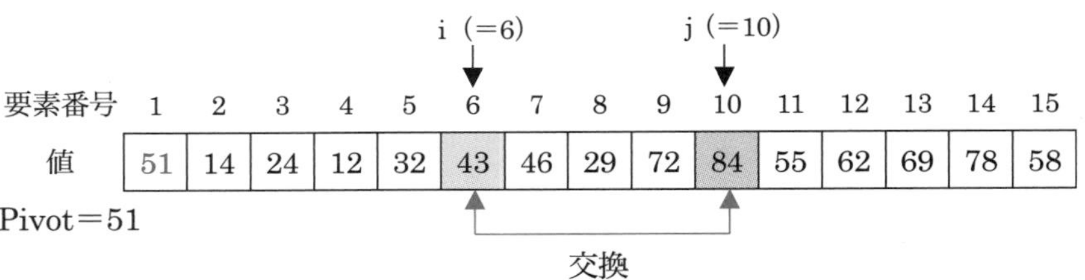

その後，変数iの値は9，変数jの値は8となり，iとjの大小が逆転するため，繰返しは終了します。

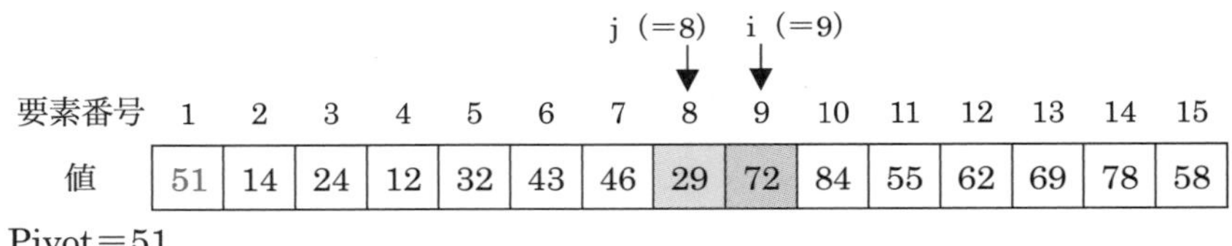


```
⑥  A[Left] ← A[j]
    A[j] ← Pivot
```

この⑥の処理によって，j の位置には Pivot（=A[1]=51）の値が，A[1] には，A[8]（=29）の値が格納されます（つまり，軸と左端の値を交換しています）。

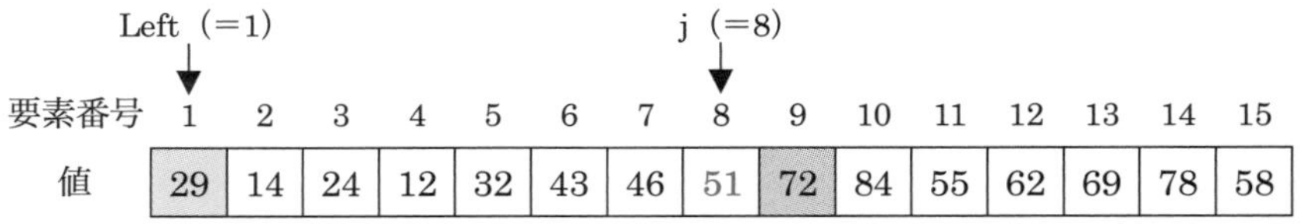

これで，51 の要素の位置は 8 に確定することになります。これで要素番号 8 から左側は 51 よりも小さい要素のグループ，右側は 51 より大きい要素のグループに分割されたことになります。

この後は，

```
⑦ QuickSort(A, Left, j − 1)
   QuickSort(A, j ＋ 1, Right)
```

によって，それぞれの部分配列の要素番号の範囲が与えられて，QuickSort が再帰呼出しされます。

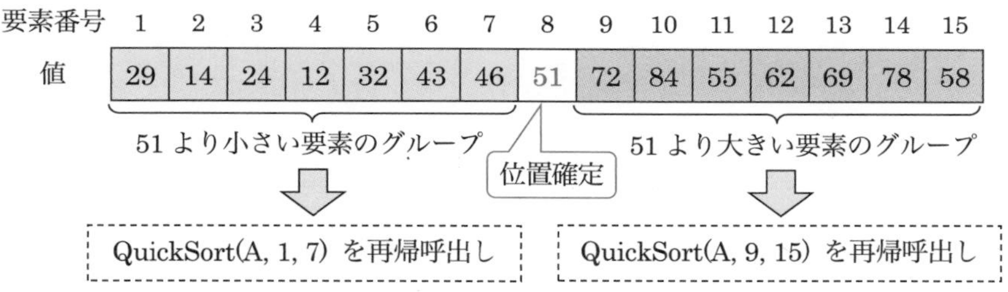

再帰呼出しされたそれぞれの QuickSort で，同様の処理が繰り返されます。

最終的に要素数が１になれば，プログラムの最初の条件文である，

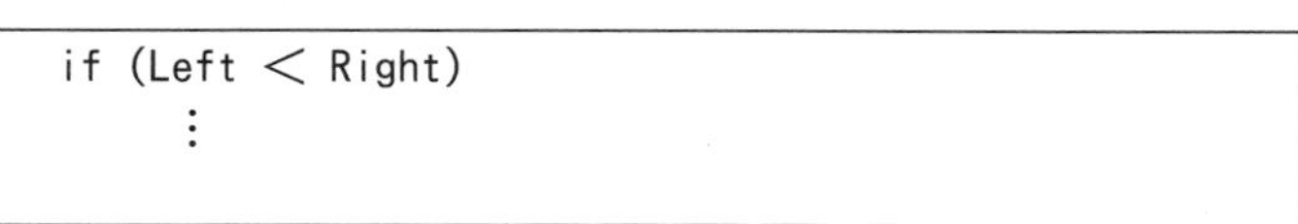

```
if (Left < Right)
    ⋮
```

が成立しなくなるので，そこで再帰呼出しは終了となります。すべての再帰呼出しが終了すれば，配列は正しく整列され，次のようになります。

要素番号	1	2	3	4	5	6	7	8	9	10	11	12	13	14	15
値	12	14	24	29	32	43	46	51	55	58	62	69	72	78	84

いつのまにか整列が完了してしまいました。不思議なアルゴリズムです。

最後に，グループ分けを繰り返すことで，なぜ整列ができるのかということについて考えていきましょう。先ほどの例では，次のようにグループ分けが繰り返されて，最終的に整列が完了します。

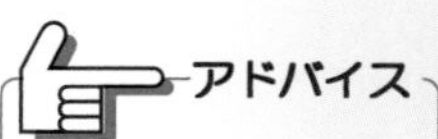

それぞれのグループ分けの後，最初は範囲の左端の要素が軸になります。

(注) 途中から QuickSort を Q と省略して表記

↕ は，Left≧Right となり，すぐに終了する。Q()〜は一部省略

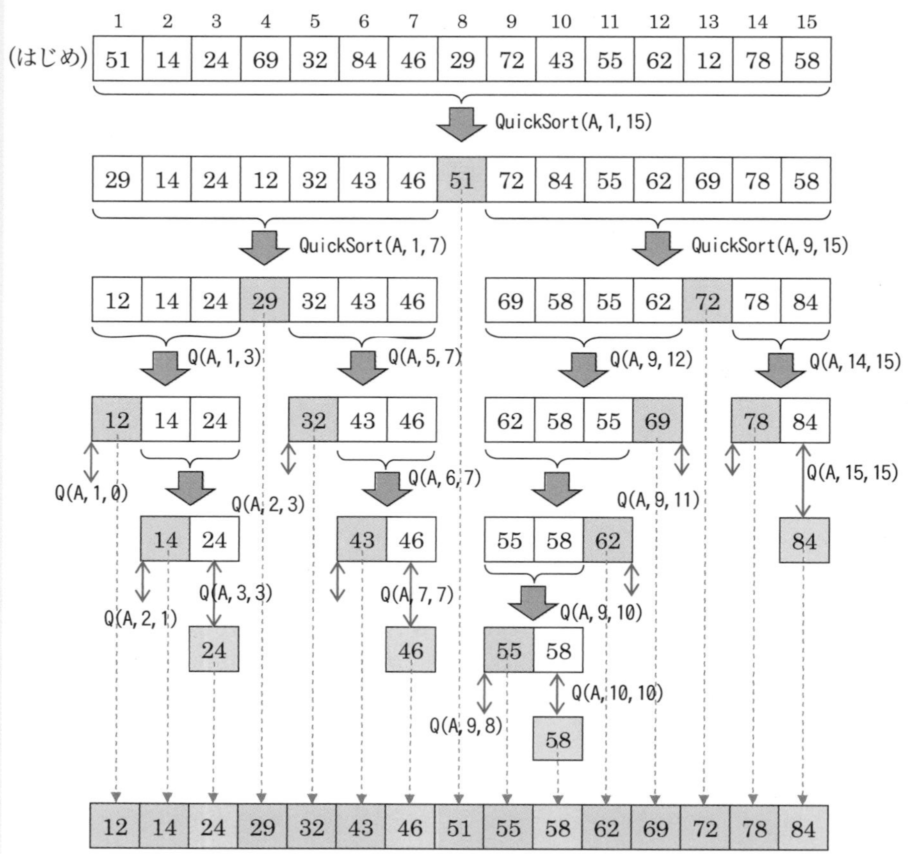

図　クイックソートで位置が確定していく様子

位置が確定していく様子を見ると分かるように，軸の要素はそのグループ分けで位置が確定するので，次の呼出しの範囲から除外され，範囲の幅が狭くなります。これを繰り返していくといずれは対象範囲の幅が１以下になり，再帰呼出しが終わります。そのことで，全体の処理も終了します。しかし，この様子から，最終的に整列されていることは分かりますが，なぜ，これで整列されるのか考えてみましょう。

まず，グループ分けを行った結果，どちらかのグループが偶然順番どおりに並んでいて整列された状態になっていたとします。クイックソートでは，偶然でも整列されていれば，その結果は活かされることになります。そのグループについては，その後，順に左端の要素が軸として範囲から取り除かれて，再帰呼出しが進み，最終的に範囲の要素が一つになると，再帰呼出しが終わります。この間，要素の順番が変わることはありません。

1	2	3	…	n

軸

2	3	…	n

軸

…

n−1	n

軸

n

要素が一つなので，呼出し終了

1	2	3	…	n−1	n

要素の順番は変わらない

ポイント！

昇順に並んでいても，グループ分けの結果は左端の要素が次の範囲から外れるだけです。範囲が１になるまで，再帰呼出しは続きます。しかし，そのことで要素の位置が変わることはありません。

最も理想的なパターンでは，範囲の要素が三つに絞られたときに，その範囲の整列が完了します。つまり，三つの要素のうち，真ん中の大きさの値が軸となったときには，グループ分けの結果，軸より小さい値，軸，軸より大きい値の順に並びますから，整列が完了します。

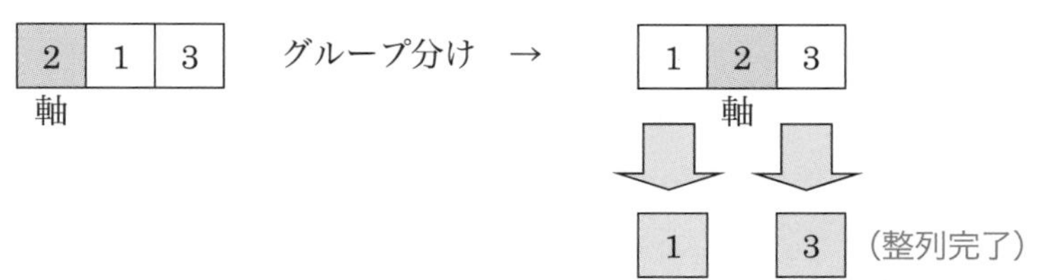

ポイント！

昇順に並びました。しかし，その後，範囲が１となった左右のグループに対して再帰呼出しが行われ，そこで再帰呼出しが終わります。

しかし，範囲の要素が三つになっても，軸の値が三つの要素の真ん中の大きさでない（最小値か最大値）場合には整列が完了しないことがあります。この場合，軸の値は，最小値であれば左端，最大値であれば右端に置かれることになります（次の図参照)。これで軸の位置は確定しますが，残りの二つについての順番は保証されません。その後，軸を除いた二つの要素を範囲として再帰呼出しが行われて，整列が完了します。

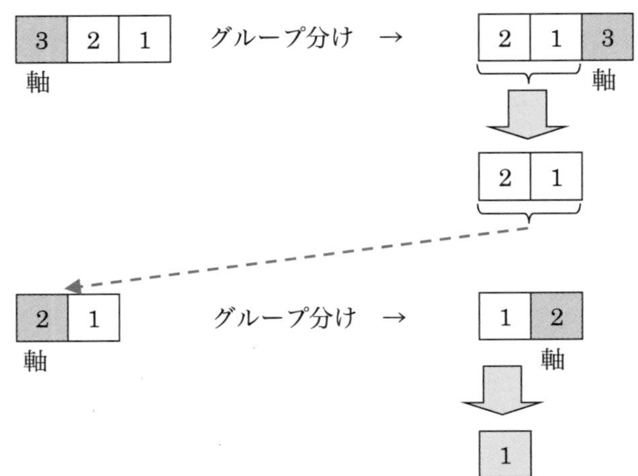

二つの要素が範囲の場合，軸を除いた要素は一つだけですから，グループ分けの結果，軸の値が前に置かれるにしろ，後ろに置かれるにしろ，二つの要素は整列されたことになります。そして，軸ではないほうの要素を一つとした範囲でもう一度，再帰呼出しが行われ，整列が完了します。

このようにして，順に範囲の要素数を絞りながら，グループ分けを繰り返すと，結果として，全体が整列されることになるのです。

章末問題

（応用編）問２-１

自然数 n に対して，次のとおり再帰的に定義される関数 $f(n)$を考える。$f(5)$の値はどれか。

(R1 秋-FE 問 11)

$f(n)$： if　$n \leqq 1$　then　return 1　else　return $n+f(n-1)$

ア　0　　イ　9　　ウ　15　　エ　25

（応用編）問２-２

関数 $f(x,\ y)$が次のように定義されているとき，$f(775,\ 527)$の値は幾らか。ここで，x mod y は x を y で割った余りを返す。

(H23 春-FE 問 6)

$f(x,\ y)$： if　$y = 0$　then　return x　else　return $f(y,\ x \bmod y)$

ア　0　　イ　31　　ウ　248　　エ　527

（応用編）問２-３

非負の整数 n に対して次のように定義された副プログラム F(n)，G(n)がある。主プログラムから F(5)を呼び出したときの戻り値はいくらか。

(H11 春-PE 問 11 改)

```
○副プログラム名: F(n)
  if (n ≦ 1)
    1 を戻り値として返す
  else
    n × G(n−1) を戻り値として返す
  endif
```

```
○副プログラム名: G(n)
  if (n = 0)
    1 を戻り値として返す
  else
    n + F(n−1) を戻り値として返す
  endif
```

（応用編）問2-4

再帰的に定義された次の副プログラム G(x) と同じ処理を行う副プログラム F(x) はどれか。ここで，x は非負の整数とする。

(H12春-PE 問14改)

```
○副プログラム名: G(x)
  if (x = 0)
    0 を戻り値として返す
  else
    x + G(x−1)を戻り値として返す
  endif
```

ア

```
○副プログラム名: F(x)
  while (x > 0)
    x ← x − 1
  endwhile
  x の値を戻り値として返す
```

イ

```
○副プログラム名: F(x)
  while (x = 0)
    x ← x − 1
  endwhile
  x の値を戻り値として返す
```

ウ

```
○副プログラム名: F(x)
  整数型: sum
  sum ← 0
  while (x > 0)
    sum ← sum + x
    x ← x − 1
  endwhile
  sum の値を戻り値として返す
```

エ

```
○副プログラム名: F(x)
  整数型: sum
  sum ← 0
  while (x > 0)
    x ← x − 1
    sum ← sum + x
  endwhile
  sum の値を戻り値として返す
```

（応用編）問2-5

次のような規則に従う数列をフィボナッチ数列という。

```
F(1) = 1
F(2) = 1
F(N) = F(N−1) + F(N−2)      (N≧3)
```

この数列の値を1番目から列挙していくと次のようになる。

1，1，2，3，5，8，13，21，34，……

3番目の数値は1番目と2番目の数値の和，4番目の数値は2番目と3番目の数値の和，……という具合に計算していく。このフィボナッチ数列のN番目の値を求めるための副プログラム Fibonacci(N)を擬似言語で作成せよ。

（注）フィボナッチ（Fibonacci, Leonardo）はイタリアの数学者

（応用編）問2-6

再帰的に定義された手続 proc で，proc(5)を実行したとき，印字される数字を順番に並べたものはどれか。

（H25秋-AP 問8改）

〔プログラム〕

```
○proc(n)
  if (n = 0)
    呼出し元に戻る
  else
    n を印字する
    proc(n−1) を呼び出す
    n を印字する
    呼出し元に戻る
  endif
```

ア　543212345　　　　イ　5432112345

ウ　54321012345　　　エ　543210012345

（応用編）問 2-7

三つのスタック A，B，C のいずれの初期状態も［1，2，3］であるとき，再帰的に定義された関数 $f()$を呼び出して終了した後の B の状態はどれか。ここで，スタックが［a_1，a_2，…，a_{n-1}］の状態のときに a_n を push した後のスタックの状態は［a_1，a_2，…，a_{n-1}，a_n］で表す。

(H31 春-FE 問 6)

```
f(){
  A が空ならば{
    何もしない。
  }
  そうでない場合{
    A から pop した値を C に push する。
    f()を呼び出す。
    C から pop した値を B に push する。
  }
}
```

ア ［1，2，3，1，2，3］　　イ ［1，2，3，3，2，1］

ウ ［3，2，1，1，2，3］　　エ ［3，2，1，3，2，1］

第3章

数値計算のアルゴリズム

"computer" は日本語でもコンピュータです。しかし，以前は電子計算機と呼ばれていた時代があります。このことからも分かるように，コンピュータはそもそも計算をする機械，つまり，計算機でした。したがって，コンピュータを利用した数値計算のアルゴリズムは，数多く考案されています。本章では，こうしたアルゴリズムの中から，代表的なものを学習します。学習の目的は，それらのアルゴリズムを学習することによって，ほかのアルゴリズムに活用できるようなアイディアを学習することです。数学が苦手な人にとっては，取り組みにくいテーマかもしれません。しかし，ここでも，数学的な知識を学習するということが目的ではありません。紹介するアルゴリズムで利用されている考え方を学習してください。

この章の学習ポイントは，次のような内容になります。

・素数を求めるアルゴリズム

・最大公約数を求めるアルゴリズム（ユークリッドの互助法）

・行列の演算に関するアルゴリズム

・平方根の近似値を求めるアルゴリズム（ニュートン法）

第2部　応用編

第1章　文字列処理

第2章　再帰アルゴリズム

第3章　数値計算のアルゴリズム

1．素数
2．最大公約数
3．行列の演算
4．ニュートン法

第4章　ファイル処理のアルゴリズム

1. 素数

(1) 素数とは？

素数　素数とは，1より大きい整数 n について，1 とその数自身以外に割れる数がない数のことです。言い換えると，1 と n のほかに約数をもたない数のことで，例えば，2，3，5，7，11，13，…といった数です。

n	約数	素数
2	1，2	○
3	1，3	○
4	1，2，4	×
5	1，5	○
6	1，2，3，6	×
7	1，7	○
8	1，2，4，8	×
9	1，3，9	×
10	1，2，5，10	×
11	1，11	○
12	1，2，3，4，6，12	×
13	1，13	○
⋮	⋮	⋮

(2) 素数かどうかの判定方法

素数かどうかの判定方法について考えてみましょう。まずは最も単純な方法で求めてみます。

> (考え方)
> ある数 k について，2 から k−1 まで順に割っていき，割り切れる数がなければ素数と判断する。

例えば，7 について考えると，2 から 6（=7−1）までの数で割った余りは，次のようになります。この表から分かるように，2 から 6 までの数で割って余りが 0 になることが一度もなかったので，7 は素数です。

割られる数	割る数	(商)	余り
7	2	(3)	1
7	3	(2)	1
7	4	(1)	3
7	5	(1)	2
7	6	(1)	1

割り算をして，割り切れたかどうかの判断は，このように余りが 0 になるかどうかを調べればよいことになります。余りの求め方は，関数が使える場合には，その指定をします。関数が使えない場合には，次の「②直接計算させる方法」の割り算の式を基にして計算します。なお，ここでは②の方法を使います。

余り

①　関数を使う方法（関数を mod とします）
　　余り＝mod（割られる数，割る数）
②　直接計算させる方法
　　（割られる数）÷（割る数）＝商 … 余り　　（商は割り算の答えのこと）
　　（割られる数）＝（割る数）×商＋余り
　　余り＝（割られる数）－（割る数）×商

商

9 の場合で，余りを計算する式を確かめてみると，次のようになります。なお，3 で割ったときに余りが 0 になるので，この時点で 9 が素数でないことが分かり，判定は終わります。

割られる数	割る数	(商)	余り	余りの計算
9	2	(4)	1	1=9−2×4
9	3	(3)	0	0=9−3×3
9	4	(2)	1	1=9−4×2
9	5	(1)	4	4=9−5×1
9	6	(1)	3	3=9−6×1
9	7	(1)	2	2=9−7×1
9	8	(1)	1	1=9−8×1

余りが 0 になった時点で判定終了

ほかの数についてもどうなるか，自分で確かめてみましょう。

この考え方を使って，変数 i に与えられた整数が素数かどうかの判定をするアルゴリズムにまとめます。

9 が素数かどうかを判定するために，9 を 2，3，…，8 と順に割っていき，割り切れるかどうかを確かめました。変数 i に与えられた整数の場合には，変数 i の値を，2，3，…，i−1 で順に割っていきます。そして，すべて割り切れなければ素数です。一方，途中で割り切れたときには，素数ではないことが分かります。

2，3，…，i−1 と割る数を 1 ずつ増やしながら割り切れるかどうかを確かめるためには，割る数を変数 j とした繰返し処理を使います。繰返しの都度，変数 j の値を 1 加算して割り算を行い，余りを求めます。そして，変数 j の値が i になったときに，繰返しを終了します。また，途中で割り切れたときには，それ以上調べる必要はないので，これも終了条件に加えます。

判定のための繰返し処理は，変数 j の値が i になるか，余りが 0 になったときに終了するので，繰返し処理が終了した時点で，どちらの条件で終了したかを判定して，素数か素数でないかを判断します。

この内容をアルゴリズムとしてまとめると，次のようになります。なお，擬似言語の mod 演算子を使うと余りは mod(i, j)で直接求められますが，ここでは商を求めてから余りを計算する方法で求めています。

余りが 0 のとき，While 文の繰返しを実行しないので，初期値として 0 以外の値を設定します。

```
余り ← 1    /* 0 でなければよい */
j ← 2
while ( j < i  and  余り ≠ 0 )
  商 ← i ÷ j
  余り ← i − (j × 商)
  if (余り ≠ 0)
    j ← j + 1
  endif
endwhile
if (余り ≠ 0)
  [素数である]
else
  [素数でない]
endif
```

（注）割り算の結果（商）は，小数点以下を切り捨てた整数部分になるとする。

(3) 素数を順に表示するアルゴリズム

素数かどうかの判定するアルゴリズムを利用して，2 から a までの整数について，素数かどうかを調べ，素数であればその数を画面に表示するための，アルゴリズムを考えてみましょう。まずは最も単純な方法で考えます。

割られる数をi，割る数をjとします。このとき，商はi÷jの答えの整数部分（小数点以下を切り捨てた値）になります。なお，ここでは余りが0のとき，繰返し処理が実行されないので，余りの初期値として1を設定しています。

2からaまでの素数を画面に表示するための，アルゴリズムは次のようになります。なお，変数aには，あらかじめ2以上の整数が設定されているものとします。

```
i ← 2
while (i ≦ a)
  余り ← 1     /* 0でなければよい */
  j ← 2
  while ( j ＜ i  and  余り ≠ 0 )
    商 ← i ÷ j
    余り ← i − (j × 商)
    if (余り ≠ 0)
      j ← j + 1
    endif
  endwhile
  if (余り ≠ 0)
    i の表示
  endif
  i ← i + 1
endwhile
```

（注）割り算の結果（商）は，小数点以下を切り捨てた整数部分になるとする。

(4) 素数を順に表示するアルゴリズムの改善

いま考えた素数判定のアルゴリズムを，少しでも早く実行できるように修正してみましょう。これまでのアルゴリズムでは，“割る数j”は2からはじめて，“割られる数i”−1まで1ずつ増やしながら余りを調べました。

しかし，割られる数を2で割った値（小数点以下切捨て）まで余りを調べれば素数かどうかの判定ができます。(2)の説明に，9の場合で余りの求め方を計算した表がありましたが，この場合4（＝9÷2＝4.5で小数点以下切捨て）まで調べれば十分です。理由は，割る数が5以上（9÷2より大きい）であれば，商は必ず1になり，余りも必ず出ることが分かっているからです。

改善後のアルゴリズムは，次のようになります。

```
i ← 2
while (i ≦ a)
  余り ← 1    /* 0でなければよい */
  j ← 2
  while ( j ≦ i ÷ 2  and  余り ≠ 0 )
    商 ← i ÷ j
    余り ← i − (j × 商)
    if (余り ≠ 0)
      j ← j + 1
    endif
  endwhile
  if (余り ≠ 0)
    i の表示
  endif
  i ← i + 1
endwhile
```

（注）割り算の結果（商）は，小数点以下を切り捨てた整数部分になるとする。

〔結果の出力例〕　見出しなどは，プログラムの中で指定した場合の例です。

```
100までの素数＝
2,3,5,7,11,13,17,19,23,29,31,37,41,43,47,53,59,61,67,71,73,
79,83,89,97
```

コラム

先ほど見た素数判定のプログラムでは，j の値を i÷2 までとすることによって，調べる範囲を半分に減らすことができました。ところが，j の値を $\sqrt{i}$ （小数点以下切捨て）までとすると，調べる範囲をさらに減らすことができます。

次の例を見てください。

（100 を整数の積で表してみる）

1×100 → 2×50 → 4×25 → 5×20 → 10×10

100×1 ← 50×2 ← 25×4 ← 20×5 ←

10×10 が出た後の数字の組合せは，それまでに出てきた数字の左右が逆になったパターンです。このことから，100 が素数かどうか調べて余りが 0 になる場合があるとすれば，必ず $\sqrt{100}$ =10 までの数が出てくることになります。

完成したプログラム

```
i ← 2
while (i ≦ a)
  余り ← 1     /* 0でなければよい */
  j ← 2
  while ( j ≦ √i   and  余り ≠ 0 )
    商 ← i ÷ j
    余り ← i − (j × 商)
    if (余り ≠ 0)
      j ← j + 1
    endif
  endwhile
  if (余り ≠ 0)
    i の表示
  endif
  i ← i + 1
endwhile
```

（注）割り算の結果（商）は，小数点以下を切り捨てた整数部分になるとする。

2. 最大公約数

最大公約数
ユークリッドの互除法

二つの数の最大公約数を求める方法を紹介します。これはユークリッドの互除法と呼ばれる方法で，次のように考えます。なお，このテキストは数学の本ではないので，ユークリッドの互除法の証明などの説明はしません。どのようにして求めるのか見てください。

(1) ユークリッドの互除法の考え方

二つの数のうち，大きいほうの数を“割られる数”，小さいほうの数を“割る数”として，大きいほうの数を小さいほうの数で割り，その余りを求めます。次に小さいほうの数を“割られる数”，求めた余りを“割る数”として割り算を行い，また余りを求めます。この計算を，余りが0になるまで繰り返していき，余りが0になったときの“割る数”が二つの数の最大公約数になります。

例えば，124 と 96 の最大公約数を求めてみます。124＞96 なので 124 が割られる数，96 が割る数になります。

大きいほうの数	小さいほうの数	計算	余り
124	96	124÷96＝1 … 28	28
96	28	96÷28＝3 … 12	12
28	12	28÷12＝2 … 4	4
12	4	12÷ 4＝3 … 0	0

最大公約数

先ほどの計算を続けていくと割る数が 4 になったとき余りが 0 になるので，最大公約数は 4 であることが分かります。

(2) ユークリッドの互除法のアルゴリズム

あらかじめ変数 a，b に設定されている二つの数の最大公約数を求めます。なお，変数 a に設定されている値は，変数 b に設定されている値よりも大きいものとします。このアルゴリズムでも，繰返し処理を必ず１回は実行するように，余りの初期値には０以外の値（ここでは 1）を設定します。

```
余り ← 1
while (余り ≠ 0)
  商 ← a ÷ b
  余り ← a − (b × 商)
  if (余り ≠ 0)
    a ← b
    b ← 余り
  endif
endwhile
b の表示
```

（注）割り算の結果（商）は，小数点以下を切り捨てた整数部分になるとする。

コラム

どうしてユークリッドの互除法で最大公約数が求められるのか，もう少し理由が知りたい！

どうしてこの方法で最大公約数が計算できるのか，狐につままれた気持ちになっている人も多いと思います。式の証明はしないと言いましたが，説明した計算で分かることを次のように考えると，その理由が少し見えてきます。

例えば，18 と 12 の最大公約数をいまと同じ方法で求めると，

> 18÷12＝1 … 6　← ※この余りに注目！
> 12÷ 6＝2 … 0　から，
> 18＝12×1＋6＝(6×2＋0)＋6＝(6×2)＋(6×1)＝6×3

となり，18 と 12 の最大公約数は※で求めた余りの倍数で表現でき，6×3 と 6×2 の最大公約数を求めることと同じになります。よって，両方に共通な値 6 が最大公約数になります。これは，余りが 0 になったときの計算式で“割る数”にあたる 6 が最大公約数になることを示しています。

念のため，もう一つ例を見てみます。96 と 28 の最大公約数を求めてみると，

> ①　96÷28＝3…12 から，96＝28×3＋12
> ②　28÷12＝2…4 から，28＝12×2＋4
> よって，96＝(12×2＋4)×3＋12
> ③　12÷ [4] ＝3…0 から，12＝4×3＋0

これらの式から，

> 96＝((4×3＋0)×2＋4)×3＋(4×3＋0)＝((4×3)×2＋4)×3＋(4×3)
> 　＝(4×3×2×3)＋(4×3)＋(4×3)＝ [4] ×24
> 28＝(4×3＋0)×2＋4
> 　＝(4×3×2)＋(4×1)＝ [4] ×7

よって，96 と 28 の最大公約数は 4 になります。

このようにいくつか例で考えると，少しはユークリッドの互除法のイメージがつかめるのではないでしょうか。ほかの数の場合はどうなるか，みなさん自身で確かめてみましょう。

3. 行列の演算

(1) 行列とは？

行列とは，数字や文字などの複数の値を矩形（四角形）に並べたもので，この矩形に並んだ複数の値を，一つのまとまりとして扱うものです。行列に含まれる複数の値は，行列の要素と呼ばれますが，横方向に並ぶ一行の要素を行，縦方向に並ぶ一列の要素を列と呼びます。行列のサイズ（大きさ）は，行数と列数を用いて m 行 n 列の行列と表現されます。

行列
要素
行
列

$$
\begin{pmatrix}
a_{11} & a_{12} & \cdots\cdots & a_{1n} \\
a_{21} & a_{22} & \cdots\cdots & a_{2n} \\
\vdots & \vdots & & \vdots \\
a_{m1} & a_{m2} & \cdots\cdots & a_{mn}
\end{pmatrix}
\begin{matrix}
\leftarrow \ 1行 \\
\leftarrow \ 2行 \\
\\
\leftarrow \ m行
\end{matrix}
$$

↑ 1列　↑ 2列　↑ n列

図　行列の一般形（m 行 n 列の行列）

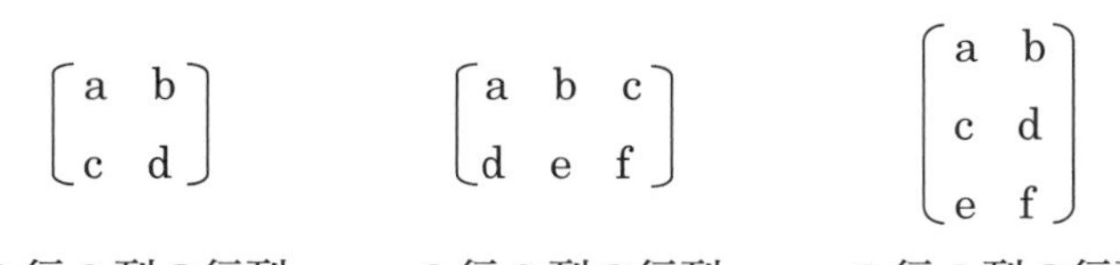

2行2列の行列　2行3列の行列　3行2列の行列

図　行列の具体例

行列には，通常の数と同じように，定数倍（スカラー倍），足し算，掛け算などの演算が定義されています。この三つの演算を行うためのアルゴリズムについて考えていきましょう。

アドバイス

行列は，データ分析やAIの分野でよく使われます。

(2) 行列のスカラー倍

スカラー

スカラー倍

複数の値をひとまとめにして扱う行列やベクトルに対して，一つの値しかもたない通常の数のことを**スカラー**（値）と呼びます。行列に対しては，ある一つの数に行列を乗じる**スカラー倍**（定数倍）という演算が定義されています。スカラー値を k，行列を A としたとき，スカラー倍は kA と記述されますが，その演算結果は，行列 A の各要素の値を k 倍したものになります。

$$
\mathrm{kA} = \begin{pmatrix} k\times a_{11} & k\times a_{12} & \cdots\cdots & k\times a_{1n} \\ k\times a_{21} & k\times a_{22} & \cdots\cdots & k\times a_{2n} \\ \vdots & \vdots & & \vdots \\ k\times a_{m1} & k\times a_{m2} & \cdots\cdots & k\times a_{mn} \end{pmatrix}
$$

図　行列のスカラー倍

(3) スカラー倍のアルゴリズム

アルゴリズムでは，行列を各要素の値を格納した 2 次元配列として扱うので，行列のスカラー倍の結果は，行列の各要素の値を格納した 2 次元配列の各要素の値を定数倍したものになります。なお，行列の各要素を格納する 2 次元配列では，行番号を 1 次元目の要素番号，列番号を 2 次元目の要素番号として扱います。例えば，行列 A の i 行 j 列の要素は，A[i, j] に対応させます。

m 行 n 列の行列であれば，要素の数は m×n 個ですから，m×n 回の繰返し処理によって，要素を一つずつ定数倍すれば，スカラー倍の結果を求めることができます。しかし，実際に手計算で行うときには，このような繰返し処理として考えるでしょうか？　1 行目，2 行目，…というように，行単位に順番に処理していくと考える方が一般的でしょう。そして，行ごとの計算では，1 列目，2 列目，…というように，一つずつ順番に計算していくでしょう。つまり，行ごとの繰返し処理の中で，その行の列ごとの繰返し処理を行うという流れになります。そして，この処理の流れは，処理の対象である 2 次元配列の構造に対応しているので，分かりやすい処理構造になります。

ポイント！

処理の流れを，処理対象のデータ構造に合わせると，分かりやすくなります。

この考え方に基づいて，配列 A に格納されている行列 A の要素をスカラー倍した結果を，配列 B の対応する要素に格納するアルゴリズムをまとめると，次のようになります。なお，対象の行列は m 行 n 列であり，行列の行番号，つまり，配列の 1 次元目の要素番号を示す変数を i，行列の列番号，つまり，配列の 2 次元目の要素番号を示す変数を j とします。

```
for (i を 1 から m まで 1 ずつ増やす)     /* 行方向の繰返し */
  for (j を 1 から n まで 1 ずつ増やす)   /* 列方向の繰返し */
    B[i, j] ← k × A[i, j]              /* 各要素の値を格納 */
  endfor
endfor
```

図　行列をスカラー倍するアルゴリズム

(4) 行列の足し算と足し算のアルゴリズム

行列の足し算の結果は，対象となる二つの行列の同じ位置にある要素を足したものになります。予想できる単純な演算ですが，この演算が成立するためには，対象となる二つの行列の行数と列数がそれぞれ同じでなくてはいけません。

足し算

$$\begin{pmatrix} a_{11} & a_{12} & \cdots\cdots & a_{1n} \\ a_{21} & a_{22} & \cdots\cdots & a_{2n} \\ \vdots & \vdots & & \vdots \\ a_{m1} & a_{m2} & \cdots\cdots & a_{mn} \end{pmatrix} + \begin{pmatrix} b_{11} & b_{12} & \cdots\cdots & b_{1n} \\ b_{21} & b_{22} & \cdots\cdots & b_{2n} \\ \vdots & \vdots & & \vdots \\ b_{m1} & b_{m2} & \cdots\cdots & b_{mn} \end{pmatrix}$$

$$= \begin{pmatrix} a_{11}+b_{11} & a_{12}+b_{12} & \cdots\cdots & a_{1n}+b_{1n} \\ a_{21}+b_{21} & a_{22}+b_{22} & \cdots\cdots & a_{2n}+b_{2n} \\ \vdots & \vdots & & \vdots \\ a_{m1}+b_{m1} & a_{m2}+b_{m2} & \cdots\cdots & a_{mn}+b_{mn} \end{pmatrix}$$

図　行列の足し算

行列の足し算のアルゴリズムも行列をスカラー倍するアルゴリズムと同じ処理構造で実現できるので，特に説明はいらないでしょう。配列Ａに格納されている行列Ａと配列Ｂに格納されている行列Ｂの足し算の結果を配列Ｃに求めるアルゴリズムは，次のようになります。

```
for (i を 1 から m まで 1 ずつ増やす)     /*  行方向の繰返し */
  for (j を 1 から n まで 1 ずつ増やす)   /*  列方向の繰返し */
    C[i, j] ← A[i, j] + B[i, j]        /*  各要素の値を格納 */
  endfor
endfor
```

図　行列の足し算のアルゴリズム

(5) 行列の掛け算と掛け算のアルゴリズム

① 行列の掛け算

掛け算

行列の足し算の結果は，対象となる二つの行列の同じ位置にある要素を足したものでしたから，掛け算も同じ位置の要素を掛けた結果になると思うかもしれませんが，そうではありません。掛け算の計算は少し複雑で，例えば，2行2列の行列同士の掛け算は，次のようになります。

$$\begin{bmatrix} a & b \\ c & d \end{bmatrix} \times \begin{bmatrix} e & f \\ g & h \end{bmatrix} = \begin{bmatrix} a \times e + b \times g & a \times f + b \times h \\ c \times e + d \times g & c \times f + d \times h \end{bmatrix}$$

また，2行3列の行列と3行2列の行列の掛け算の結果は，次のような2行2列の行列となります。

$$\begin{bmatrix} a & b & c \\ d & e & f \end{bmatrix} \times \begin{bmatrix} g & h \\ i & j \\ k & \ell \end{bmatrix} = \begin{bmatrix} a \times g + b \times i + c \times k & a \times h + b \times j + c \times \ell \\ d \times g + e \times i + f \times k & d \times h + e \times j + f \times \ell \end{bmatrix}$$

おおまかに考えると，行列A，Bの掛け算の結果の1行1列目の要素の値は，行列Aの1行目の要素の値に，行列Bの1列目の対応する要素の値を掛けて足し合わせたもの，結果の1行2列目の値は，行列Aの1行目の要素の値に，行列Bの2列目の対応する要素の値を掛けて足し合わせたもの，…，結果のi行j列目の要素の値は，行列Aのi行目の要素の値に，行列Bのj列目の対応する要素の値を掛けて足し合わせたものです。

行列の掛け算（行列A×行列B）が成立するためには，行列Aの列数と行列Bの行数が同じである必要があります。例えば，行列A（m行n列）と行列B（n行m列）の掛け算の結果を行列Cとすると，行列Cはm行m列になり，各要素の値は，次のようになります。

1行1列目： $c_{11} = a_{11} \times b_{11} + a_{12} \times b_{21} + \cdots + a_{1n} \times b_{n1}$

1行2列目： $c_{12} = a_{11} \times b_{12} + a_{12} \times b_{22} + \cdots + a_{1n} \times b_{n2}$

$\vdots$

1行m列目： $c_{1m} = a_{11} \times b_{1m} + a_{12} \times b_{2m} + \cdots + a_{1n} \times b_{nm}$

2行1列目： $c_{21} = a_{21} \times b_{11} + a_{22} \times b_{21} + \cdots + a_{2n} \times b_{n1}$

$\vdots$

i行j列目 ： $c_{ij} = a_{i1} \times b_{1j} + a_{i2} \times b_{2j} + \cdots + a_{jn} \times b_{nj}$

$\vdots$

m行m列目： $c_{mm} = a_{m1} \times b_{1m} + a_{m2} \times b_{2m} + \cdots + a_{mn} \times b_{nm}$

〔行列Ａ（ｍ行ｎ列）と行列Ｂ（ｎ行ｍ列）の掛け算〕

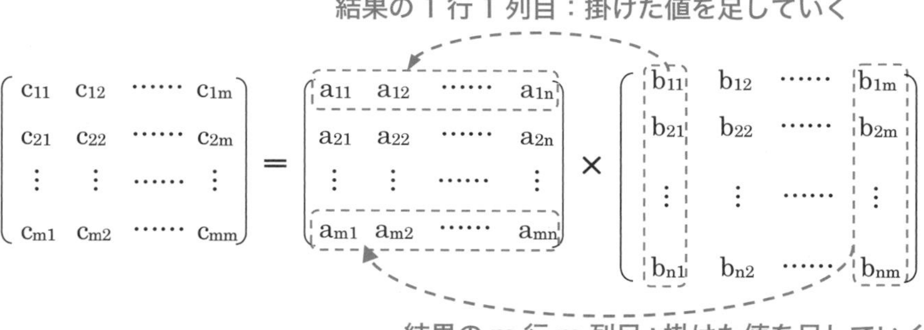

（結果）

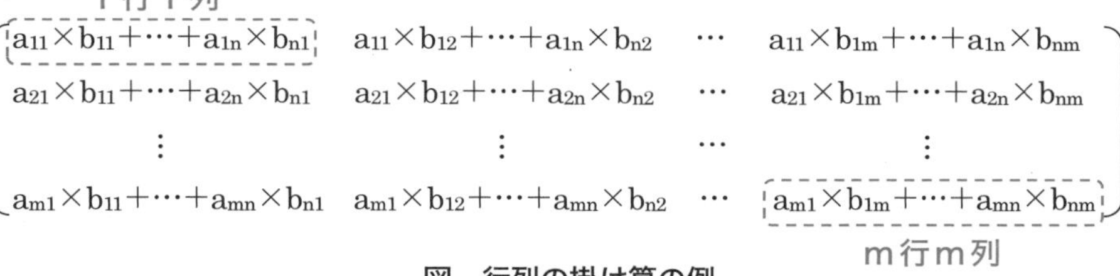

図　行列の掛け算の例

② 行列の掛け算のアルゴリズム

スカラー倍や足し算に比べて，掛け算は計算が少し複雑で面倒です。行列Ａの要素は足し算と同じように行方向（右方向）に繰り返していきますが，それらに掛ける行列Ｂの要素は列方向（下方向）への繰返しになります。こうしたことから，アルゴリズムを組み立てるときに繰返し部分について悩むかもしれません。しかし，掛け算の結果である行列Ｃの各要素の値を求めていくときの進め方に着目すると，c_{11}，c_{12}，…，c_{1m} というように１行目の要素の値を順番に求めていき，次は２行目，そして，３行目というように，各行の要素の値を順番に求め，終わったら次の行というように進めていくことが普通でしょう。そして，この進め方は，スカラー倍や足し算のときと同じです。とりあえず各要素の値を求める処理を「**要素の値を求める処理**」として，アルゴリズムを組み立てると，次のようになります。

なお，行方向の繰返しは行列Ａの行に対するものですが，各行に対して行われる列方向の繰返しは，行列Ａの列ではなく，ｍ列ある行列Ｂの列に対するものなので，ｊを１～ｍまで１ずつ増やしながら繰り返すことに注意しましょう。

```
for (i を 1 から m まで 1 ずつ増やす)      /* 行列 A の行方向 */
  for (j を 1 から m まで 1 ずつ増やす)  /* 行列 B の列方向 */
    「要素の値を求める処理」              /* 要素の値を求める */
  endfor
endfor
```

図　行列の掛け算のアルゴリズム

③　要素の値を求める処理

行列 A と行列 B の掛け算の結果は，行列 C に求めますが，ここの「要素の値を求める処理」では行列 C の i 行 j 列の要素の値を計算します。そして，その求め方は，行列 A の i 行 1 列の要素の値に行列 B の 1 行 j 列目の要素の値を掛けた値，行列 A の i 行 2 列の要素の値に行列 B の 2 行 j 列目の要素の値を掛けた値，…，行列 A の i 行 n 列の要素の値に行列 B の n 行 j 列目の要素の値を掛けた値を求め，すべてを合計するのでした。

行列 A，B の要素の値は，配列 A，B の要素として格納されていて，掛け算の結果は配列 C の i 行 j 列に対応する C[i, j]に求めますが，この部分の計算は，次のようになります。

$$C[i, j] = A[i, 1] \times B[1, j] + A[i, 2] \times B[2, j] + \cdots + A[i, n] \times B[n, j]$$

この計算内容をよく見ると，配列 A の要素は，列番号が 1〜n まで増えていきます。そして，それぞれの要素に掛ける配列 B の要素は，配列 A の要素の列番号と同じ値の行番号の要素です。その値を k とすると A[i, k]×B[k, j] と表すことができます。そして，k の値を行列 A の各列に対応するように，1〜n まで増やしていき，その合計を C[i, j] に求めるのですから，C[i, j]に A[i, k]×B[k, j] の値を順に足していけばよいことになります。

これを，for 文を使った繰返し構造のアルゴリズムとしてまとめると，次のようになります。

```
for (k を 1 から n まで 1 ずつ増やす)
  C[i, j] ← C[i, j] + A[i, k] × B[k, j]
endfor
```

図　要素の値を求める処理

④　行列の掛け算のアルゴリズムを仕上げる

要素の値を求める処理のアルゴリズムが完成したので，先ほどのアルゴリズムに組み込んで，行列の掛け算のアルゴリズムを仕上げます。しかし，要素の値を求めるアルゴリズムには一つ問題があるのですが，気がついたでしょうか。

繰返しによって，順に値を加算していき合計を求めるときには，合計を求める変数の値を，繰返しの前に初期値の0にしておく必要があります。このことに注意してアルゴリズムを仕上げると，次のようになります。

```
for (i を 1 から m まで 1 ずつ増やす)      /* 行列 A の行方向 */
  for (j を 1 から m まで 1 ずつ増やす)    /* 行列 B の列方向 */
    C[i, j] ← 0                              ┐
    for (k を 1 から n まで 1 ずつ増やす)    │
      C[i, j] ← C[i, j] + A[i, k] × B[k, j]  ├ 要素の値を求める処理
    endfor                                   ┘
  endfor
endfor
```

図　行列の掛け算のアルゴリズム

4. ニュートン法

ニュートン法

ここでは平方根を計算するために利用されるニュートン法を紹介します。

(1) ニュートン法とは

ニュートン・ラフソン法

ニュートン法は，ニュートン・ラフソン法ともいわれ，方程式の解を適当な近似値からはじめて，同じ計算を繰り返し行って，徐々に真の値に近い解を求めていきます。例えば，方程式 $x^2-2=0$ の解で正の数のほうは $x=\sqrt{2}$ になりますが，これは $y=x^2-2$ のグラフと x 軸との交点（$x>0$）が $\sqrt{2}$ になることを示しています。このことを利用して，$\sqrt{2}$ の近似値を求めることを考えます。

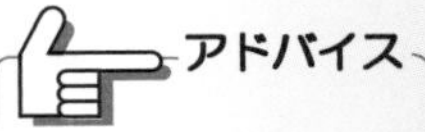

電卓で $\sqrt{2}$ の計算などをする場合に，ニュートン法のような数値計算のアルゴリズムが使われています。

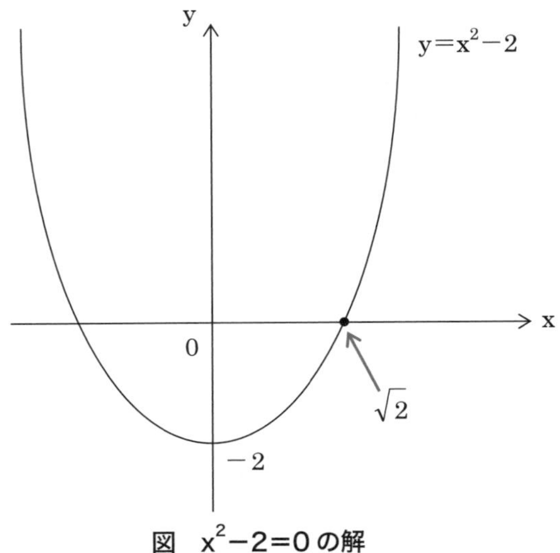

図　$x^2-2=0$ の解

ニュートン法では $x^2-2=0$ の解を，次の順序で求めていきます。

① x_0 を初期値とします。

② x_0 に対応する曲線上の点（x_0，$x_0{}^2-2$）を求めます。

③ ②で求めた点から，グラフ $y=x^2-2$ の接線を引きます。
　この接線の方程式は $y=2x_0\times x-x_0{}^2-2$ です。

（理由）微分の知識を使っていますので，飛ばしてもかまいません。
y を x で微分した関数 $y'=2x$ から，点（x_0，x_0^2-2）における接線の傾きは $2x_0$ になります。これより，接線の式を $y=2x_0\times x+b$ とすると，点の座標（x_0，x_0^2-2）を代入して，$x_0^2-2=2x_0\times x_0+b$
よって，$b=-x_0^2-2$ となり，求める接線の式は $y=2x_0\times x-x_0^2-2$ となります。

④　③で求めた接線と x 軸の交点を（x_1，0）とすると，
接線の方程式 $y=2x_0\times x-x_0{}^2-2$ にこの座標を代入して

$$0=2x_0\times x_1-x_0{}^2-2$$

よって，$x_1=\dfrac{x_0^2+2}{2x_0}$ となります。

この値は，相加平均≧相乗平均の関係から，

$$x_1=\frac{x_0^2+2}{2x_0}=\frac{1}{2}\left(x_0+\frac{2}{x_0}\right)\geqq\sqrt{x_0\times\frac{2}{x_0}}\geqq\sqrt{2}$$

となります。

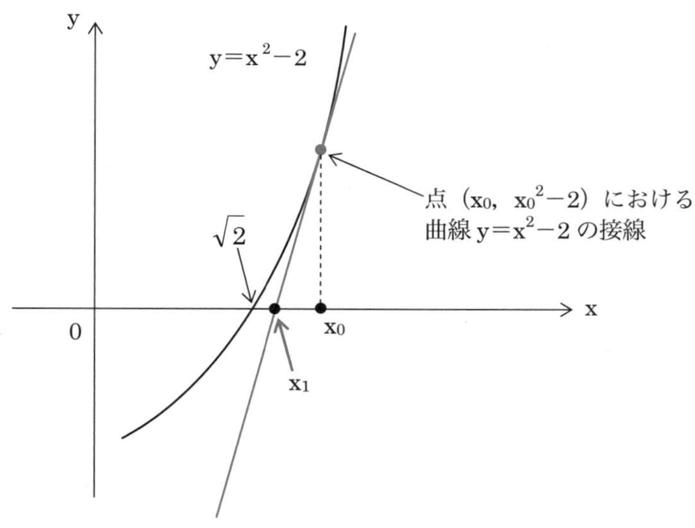

図　接線と x 軸との交点（その 1）

ポイント！
$A>0$，$b>0$ のとき，$\dfrac{a+b}{2}\geqq\sqrt{ab}$ という関係です。

x_1 はグラフから分かるように $\sqrt{2}$ と x_0 の間にあり，$\sqrt{2}$ にさらに近づいています。続けてグラフ上の点（x_1，$x_1{}^2-2$）における接線と x 軸との交点 x_2 を同様に考えていきます。

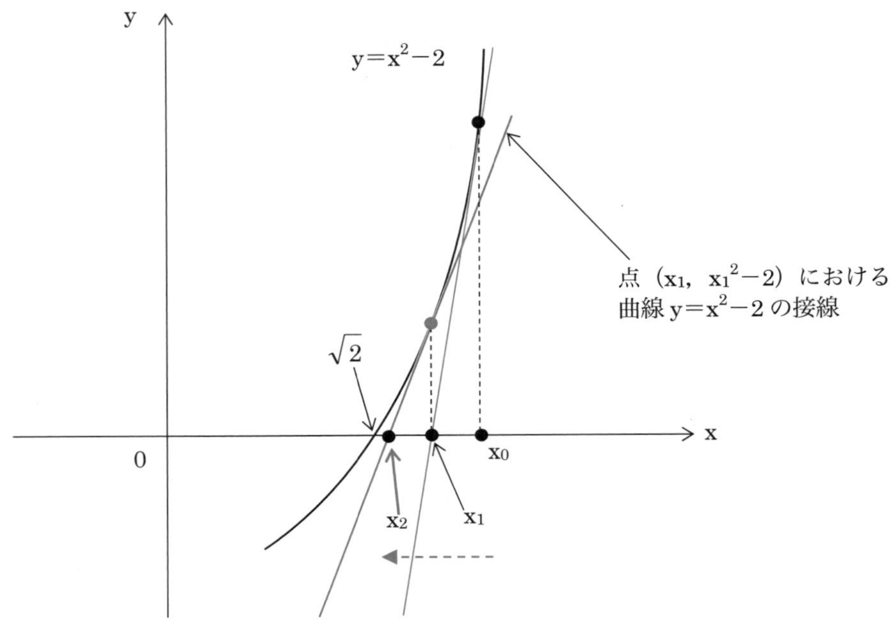

図　接線と x 軸との交点（その 2）

このようにして，②～④の処理を繰り返して，以下 x_2，x_3，x_4，……の値を順に求めていきます。ところで，この計算はいつまで続ければよいのでしょうか。その考え方としては新しく計算した値とその前に求めた値との差 $x_{i+1}-x_i$ が十分小さくなり，求める精度に達したら，満足する答え（解）が求められたことにします。差は＋または－の符号とは関係ないので絶対値の記号｜｜で表し，精度を表す差を数学では ε（イプシロン）で表現することが多いため，計算を終了する条件は，

精度

$|x_{i+1}-x_i| < \varepsilon$　になります。

例えば，$10^{-6}=0.000001$ の精度で結果が必要であれば，x_{100} と一つ前に求めた値 x_{99} の差 $|x_{100}-x_{99}|<10^{-6}$ になったとき，繰返し処理を終了します。

(2) ニュートン法のアルゴリズム

ニュートン法を用いて変数 a に設定されている値の平方根 $\sqrt{a}$ の値を，精度（ε）$10^{-6}=0.000001$ として求めます。x_0 の初期値は 1 とし，x_1 の値が期待する精度になったとき，a の値とともに画面に表示するものとします。

先ほどの説明では，初期値 x_0 からはじめて，$x_1=\dfrac{x_0^2+2}{2x_0}$ を計算し，以下 x_2 値を使って x_3，x_3 の値を使って x_4，……というように，順次，値を求めました。

ここでは繰返し処理の中で，次のように一つ前の値が x_0 に，最後に計算した値が x_1 になるように値を入れ替えていきます。

項目名	1回目	2回目	3回目	4回目	5回目	6回目	……
x_0	x_0	x_1	x_2	x_3	x_4	x_5	……
x_1	x_1	x_2	x_3	x_4	x_5	x_6	……
x_1-x_0	x_1-x_0	x_2-x_1	x_3-x_2	x_4-x_3	x_5-x_4	x_6-x_5	……

これまで説明してきたニュートン法の考え方をアルゴリズムにまとめると，次のようになります。

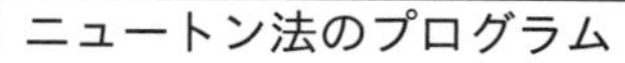


```
x0 ← 1
x1 ← (x0 × x0 + a) ÷ (2 × x0)
while (|x1−x0| ≧ 0.000001)
  x0 ← x1
  x1 ← (x0 × x0 + a) ÷ (2 × x0)
endwhile
[a と a の平方根(x1)を表示する]
```

擬似言語では X_0 を X0，X_1 を X1，X_0^2 を X0×X0 と表現しています。

〔結果の出力例〕　　繰返し処理の中での結果も表示した例です。

```
2の平方根
回数   x0                 x1                 x1−x0
1   1.0000000000000   1.5000000000000   0.5000000
2   1.5000000000000   1.4166666666667   0.0833333
3   1.4166666666667   1.4142156862745   0.0024510
4   1.4142156862745   1.4142135623747   0.0000021
5   1.4142135623747   1.4142135623731   0.0000000
a=2, √2=1.4142135623731
```

ニュートン法は，本来，2次以上の方程式の近似解を求めるための方法です。しかし，$x^2-a=0$ の解は $\pm\sqrt{a}$ になることが分かっているので，$x^2-a=0$ にこのニュートン法を適用することで，$\sqrt{a}$ の近似値を求めることができ，ここで紹介したように，平方根を求める方法（求根法）としても利用されています。

章末問題

（応用編）問 3-1

“エラトステネスのふるい”という方法を使って，整数の 2 から 500 までの素数を求め，画面に表示するプログラムを考える。

〔エラトステネスのふるい〕及び〔プログラム〕を読んで，設問に答えよ。

〔エラトステネスのふるい〕

エラトステネスのふるい

この“**エラトステネスのふるい**”（Eratosthenes's sieve）という方法は，まず，調べる整数すべてに対応させた配列を用意する。

例えば，100 までの整数の中で素数を求めたいのであれば，要素数が 100 の配列を用意し，初期値として 0 を入れておく。

素数は 1 とその数自身しか約数をもたないので，ある数の倍数になっている数は素数ではない。これを利用して，まず，配列要素で 2 の倍数に対応する部分（2×2，2×3，2×4，…）に，素数ではないことを表す 1 を代入する。続けて，3 の倍数に対応する部分（3×2，3×3，3×4，…），4 の倍数に対応する部分（4×2，4×3，4×4，…）に 1 を代入する。以下，……，98 の倍数，99 の倍数についても同じ処理を行う。

ここまで行うと，100 までの数で，ある数の倍数になっている場所にはすべて 1 が入っているので，0 のままになっている場所の要素番号を表示すれば，それが素数である。

（はじめ）

1	2	3	4	5	6	7	8	9	10	11	12	13	14	15	16	17	18	…	99	100
×	0	0	0	0	0	0	0	0	0	0	0	0	0	0	0	0	0	……	0	0

（2 の倍数を消す）

1	2	3	4	5	6	7	8	9	10	11	12	13	14	15	16	17	18	…	99	100
×	0	0	1	0	1	0	1	0	1	0	1	0	1	0	1	0	1	……	0	1

（3 の倍数を消す）

1	2	3	4	5	6	7	8	9	10	11	12	13	14	15	16	17	18	…	99	100
×	0	0	1	0	1	0	1	1	1	0	1	0	1	1	1	0	1	……	1	1

(99 の倍数を消す)

1	2	3	4	5	6	7	8	9	10	11	12	13	14	15	16	17	18	…	99	100
☒	0	0	1	0	1	0	1	1	1	0	1	0	1	1	1	0	1	……	1	1

配列要素の 2 番目から 99 番目の要素で，値が 0 になっている要素番号（2, 3, 5, 7, 11, 13, 17, …）が素数になる。

〔プログラム〕

```
a ← 2
while (a ≦ 500)
  配列[a] ← 0
  a ← a + 1
endwhile
a ← 2
while (a ≦ 500) ----------- ※（設問 2 参照）
  j ← a × 2
  while (j ≦ 500)
    [        a        ]
    j ← j + a
  endwhile
  [        b        ]
endwhile
a ← 2
while (a ≦ 500)
  if ([        c        ])
    a を表示する
  endif
  a ← a + 1
endwhile
```

設問 1　プログラム中の ［　　　］ に入る処理を答えよ。

設問 2　次の文章の ［　　　］ に入る式を答えよ。

繰返し処理の※の判定を ［　d　］ と変更すると，それぞれの j の値ごとに素数かどうか調べる範囲を半分にすることができるので，プログラムを早く終了させることができる。ここで条件を改良して，［　e　］ と変更すれば，さらに早くプログラムを終了させることができる。

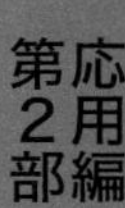

（応用編）問3-2

配列Aに対して次のプログラムを実行して，2≦ k ≦100である素数kだけをすべて出力したい。a，b，cに入る繰返し処理の初期値，条件式，増分として，適切な組合せはどれか。

(H25春-AP 問7改)

〔プログラム〕

```
for (k を 2 から 100 まで 1 ずつ増やす)
  A[k] ← 1
endfor
for (m を 2 から 10 まで 1 ずつ増やす)
  for (k を [ a ] から [ b ] まで [ c ] ずつ増やす)
    A[k] ← 0
  endfor
endfor
for (k を 2 から 100 まで 1 ずつ増やす)
  if (k ≠ 0 )
    k を出力する
  endif
endfor
```

	a	b	c
ア	2	m^2	1
イ	2m	100	m
ウ	m	m^2	m
エ	m^2	100	1

（応用編）問 3-3

次に示すユークリッドの互除法のプログラムで，正の整数 a，b の最大公約数を求める（a＞b とする）。なお，割り算の商は小数点以下を切り捨てた整数になるとする。

〔プログラム〕

```
m ← a
n ← b
s ← m ÷ n
r ← m − (n × s)    /* m÷n の余りを r に代入する */
while (r ≠ 0)
  m ← n
  n ← r
  s ← m ÷ n
  r ← m − (n × s)    /* m÷n の余りを r に代入する */
endwhile
```

設問１　a と b の最大公約数は，どの変数に求められるか。

設問２　a＝104，b＝76 のとき，プログラムが終了するまでに，繰返し条件「r ≠ 0」は何回判定されるか。

設問３　求められた最大公約数はいくつか。

（応用編）問 3-4

ある行列の行の要素と列の要素を入れ替えた行列をその行列の転置行列という。行列の足し算を求めるアルゴリズムを参考にして，m 行 n 列の行列 A の転置行列を行列 B に求めるアルゴリズムを作成せよ。

〔転置行列の例〕

2 行 3 列の行列 A の転置行列 B は次のように 3 行 2 列の行列になる。

$$A=\begin{pmatrix}3 & 2 & 1\\ 6 & 5 & 4\end{pmatrix} \xrightarrow{\text{転置行列}} B=\begin{pmatrix}3 & 6\\ 2 & 5\\ 1 & 4\end{pmatrix}$$

（応用編）問 3-5

関数 $f(x)$は，引数も戻り値も実数型である。この関数を使った，①～⑤から成る手続を考える。手続の実行を開始してから②～⑤を十分に繰り返した後に，③で表示される y の値に変化がなくなった。このとき成立する関係式はどれか。

(H27 秋-FE 問 3)

① $x \leftarrow a$

② $y \leftarrow f(x)$

③ y の値を表示する。

④ $x \leftarrow y$

⑤ ②に戻る。

ア $f(a)=y$　　イ $f(y)=0$　　ウ $f(y)=a$　　エ $f(y)=y$

第4章

ファイル処理のアルゴリズム

コンピュータの使い方も多種多様になっています。しかし，業務処理の分野では，古くからコンピュータが活用されてきましたし，それは現在でも変わりません。大量のデータをハードディスクなどのコンピュータで扱える装置にファイルとして記録し，そのデータを集計したり，結果を帳票として印刷したり，また，記録されているデータを最新に保つために更新したりというファイル処理が中心になります。このファイル処理に利用されるアルゴリズムは，業務内容などによって細かいところは違いますが，基本的な考え方は共通しています。本章では，ファイル処理で利用される代表的なアルゴリズムについて学習します。

この章の学習ポイントは，次のような内容になります。

・ファイル処理の概要と代表的なファイル処理
・グループトータル処理とその基本アルゴリズム
・マッチング処理とその基本アルゴリズム
・マージ処理とその基本アルゴリズム

第2部　応用編

第１章　文字列処理

第２章　再帰アルゴリズム

第３章　数値計算のアルゴリズム

第４章　ファイル処理のアルゴリズム

1．ファイル処理の概要
2．グループトータル（集計処理）
3．マッチング（突合せ処理）
4．マージ（併合処理）

1. ファイル処理の概要

C 言語では，レコードのことを構造体といいます。

(1) ファイルとレコード

コンピュータで繰返し処理されるデータは，1 回の売上内容，1 商品のデータ，ある学生の成績データなど，同じ目的で使用するデータごとにまとめ，磁気ディスク装置などの記憶装置に記録されます。これを**ファイル**（file）といい，あるファイルに含まれる個々のデータを**レコード**（record）といいます。

ファイル
レコード

レコードとはコンピュータで処理される項目がいくつか集まって構成されたもので，この項目の組合せや内容をまとめたものを**レコード形式**や**ファイルフォーマット**といいます。

レコード形式
ファイルフォーマット

次の例は，ある商店のお客様ごとの売上データをまとめた売上ファイルのレコード形式と，その内容を表したものです。

（例）売上ファイルのレコード形式

お客様番号	売上日付	商品コード	商品名	売上金額

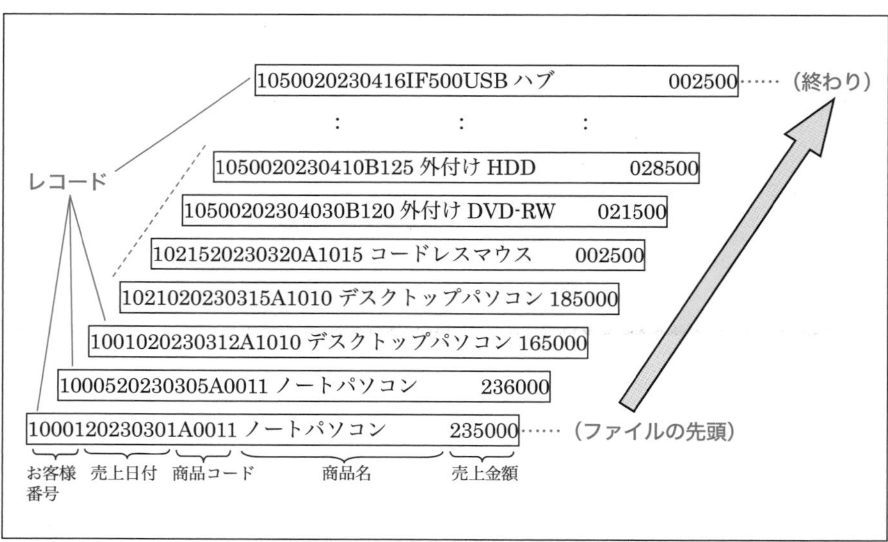

図　売上ファイルとレコードの例

(2) ファイルの扱い方

ファイルを扱うことができるプログラム言語には，ファイルからレコードを読み出したり，ファイルにレコードを書き出したりする命令が用意されているので，そうした命令を使ってファイルを扱います。流れ図や擬似言語には，こうした命令はありませんから，このテキストでは，レコードの読出し，書込みを「レコードを読み出す」，「レコードを書き込む」と表記します。また，複数のファイルを扱う場合には，「○○ファイルから…」，「○○ファイルへ」のようにファイルの名前を付記します。

ファイルからレコードを読み出したり，ファイルにレコードを書き込んだりするためには，その前の準備や，後始末が必要になります。これらの処理をプログラムが直接行う必要はありませんが，OS などにこうした処理を依頼するために，使いはじめる前に，「ファイルを開く」（open），使い終わった後に「ファイルを閉じる」（close）という処理を記述する必要があります。

ファイルを開く
ファイルを閉じる

(3) 1 件のレコードを処理する

ファイルのレコードを 1 件処理するときの基本的な流れは，次のようになります。

```
（開始）
　・ファイルを開く
　・レコードを読み出す　　　　　　　　　　{レコードの入力}
　・レコードのデータを使った処理をする　　{データを使った処理}
　・ファイルを閉じる
（終了）
```

(4) 複数件のレコードを処理する

それでは，複数件のレコードを処理するアルゴリズムはどのようになるでしょうか。直感的に分かることは，「ファイル中のレコードがなくなるまで，レコードを順に入力し，入力したレコードのデータを使った処理を行う」ということでしょう。実際に，この考え方をそのままアルゴリズムで表現すればよいのです。では，ファイルの終了と呼ばれる，ファイル中のレコードがなくなったということをどうやって調べるのでしょうか。

①　ファイルの終了判定

ファイルの先頭からレコードを順に記録していったファイルを順編成ファイル（順ファイル）といいます。このファイルからレコードを順に読み込んでいくと，やがて，読み込むレコードがない状態になります。この状態を“**ファイルの終了**”（**EOF**；End Of File）といいます。実際のプログラムでは，終了状態になったということをプログラム言語の命令によって知ることができます。流れ図や擬似言語には，そうした命令がないので，アルゴリズムの中では「ファイルの終わり」という条件を記述します。

ファイルの終了
EOF

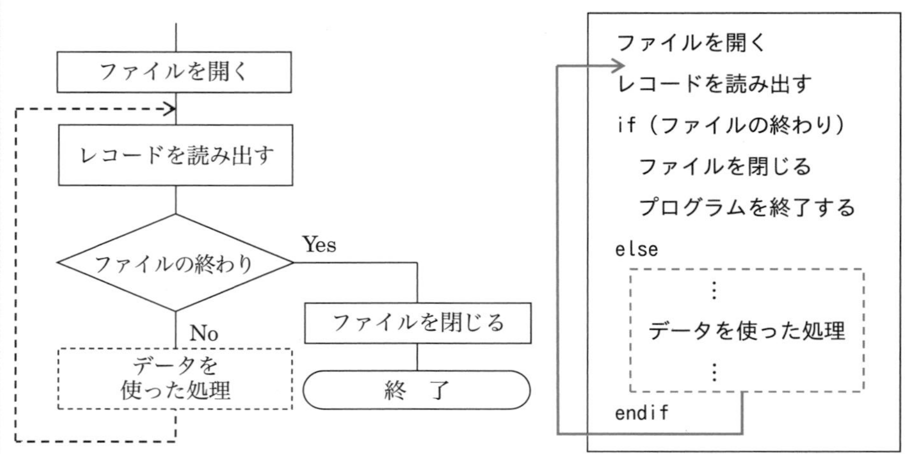

図　ファイルを使うために行う指定例（流れ図と擬似言語）

②　繰返し処理を使ってアルゴリズムを記述する

このアルゴリズムでは，1 件のデータを処理した後，次のレコードを読み出す処理に分岐命令を使って，直接戻っています。これを次のように 2 回に分けてレコードを読み出すと分岐命令を使わずに行うことができます。

はじめのレコード読出しは 1 件目のレコードを読み出すためのもので，もし，ここでファイルが終わりであれば処理を全く行わずに終了します。繰返し処理の中の読出し処理は 2 件目以降のデータを読み出すためのもので，前判定で繰返し処理を続けるかどうかを調べます。

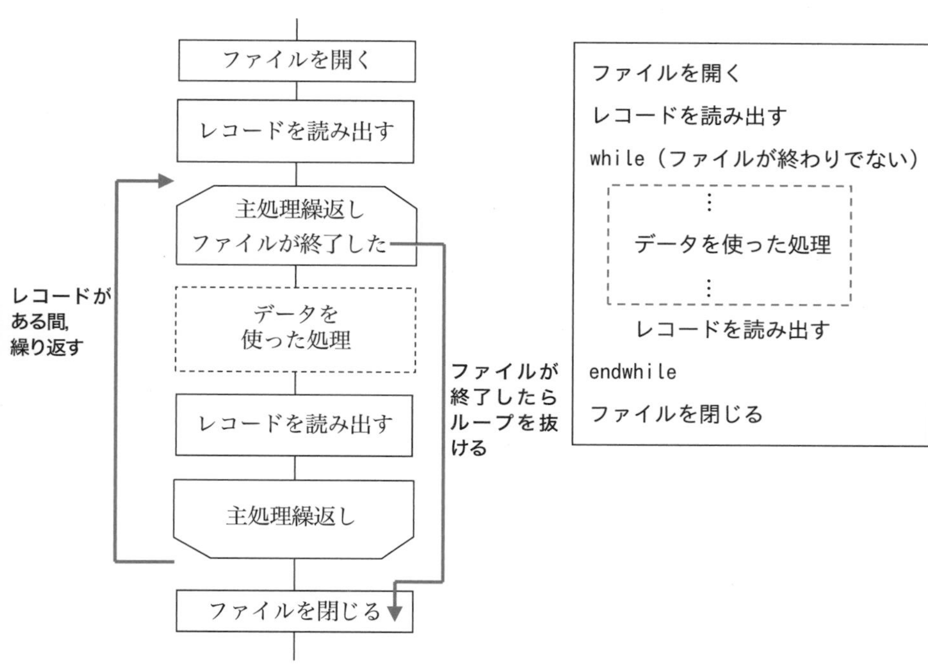

図　繰返し処理で表現したファイル処理の流れ（流れ図と擬似言語）

処理全体を前処理，主処理，後処理の三つに分けて考えた場合，ファイルを開く処理と繰返し処理の前に１件目のレコードを読み出す処理が前処理に当たり，繰返し処理の中のデータ加工処理と２件目以降のレコード読出しが主処理，ファイルを閉じる処理が後処理になります。

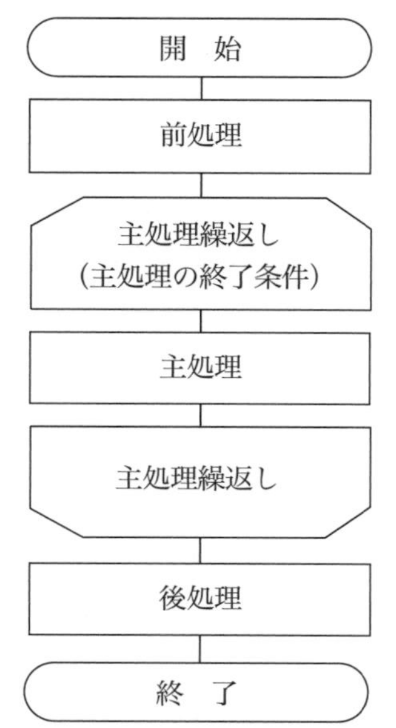

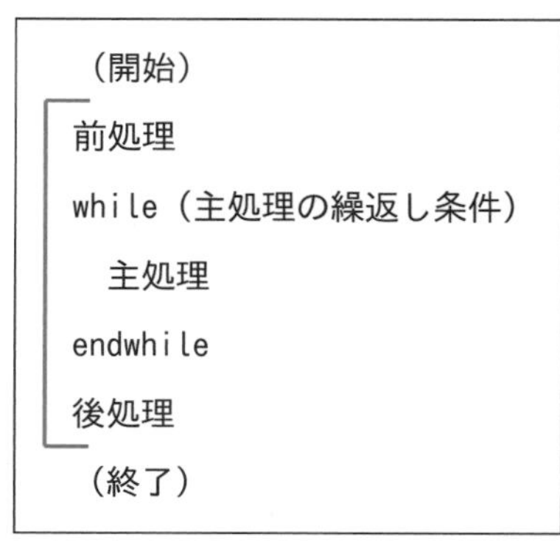

（注）擬似言語では，繰返し処理の指定を“繰返し条件”で行うので，注意が必要です。

（注）JIS の流れ図では，繰返し処理の指定を“終了条件”で行います。

図　前処理，主処理，後処理の構造（流れ図と擬似言語）

コラム

フラグを使って繰返し処理を記述する

フラグ

いくつかの異なる状態を区別するのに用いる変数を**フラグ**（flag）といいます。フラグの値と区別したい状態の関係は，プログラム設計時に決めておきます。例えば，二つの状態を区別したいときは，０と１がよく使われます。

ファイルからレコードを読んで加工処理を繰り返す処理を，“終了フラグ”という名前のフラグを使って記述すると，次のようになります。終了フラグは，0 が終了していない状態，1 が終了した状態を表すことにします。

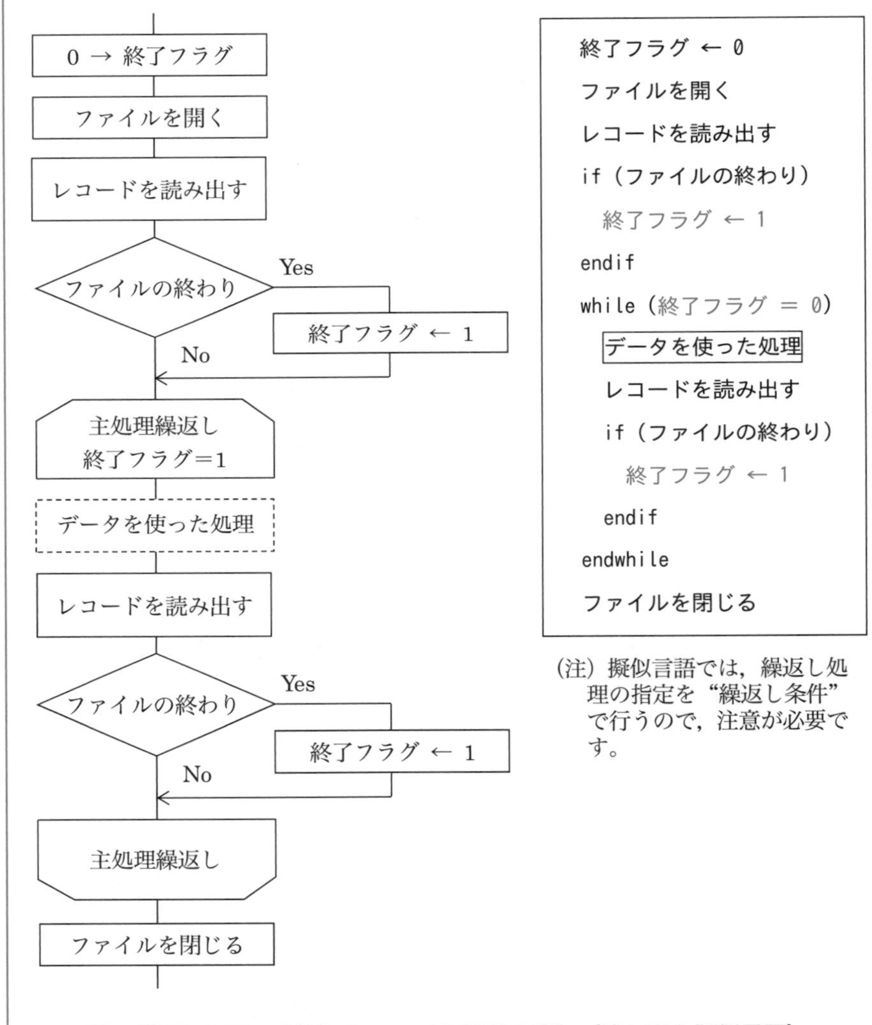


```
終了フラグ ← 0
ファイルを開く
レコードを読み出す
if（ファイルの終わり）
  終了フラグ ← 1
endif
while（終了フラグ ＝ 0）
  データを使った処理
  レコードを読み出す
  if（ファイルの終わり）
    終了フラグ ← 1
  endif
endwhile
ファイルを閉じる
```

（注）擬似言語では，繰返し処理の指定を“繰返し条件”で行うので，注意が必要です。

図　繰返し処理で表現したファイル処理の流れ（流れ図と擬似言語）

ファイル処理プログラムを作成するためによく使われる COBOL 言語では，知らせを受け取る指定をすると，レコードを読み込む命令の結果として，ファイルの終了が知らされます。そして，その事実は，フラグなどの値として記録に残しておかない限り，後で知ることはできません。このために，ファイル処理のアルゴリズムでは，慣習として終了フラグを用いるような設計が多いようです。

(5) 代表的なファイル処理

ファイルを使った処理の内容は，それぞれの組織によって異なります。しかし，グループごとのデータ集計，ファイル中のデータの更新，複数のファイルを一つにまとめるといった，おおまかな処理の種類は共通しています。このテキストでは，そうした処理の種類の中から，グループごとにデータを集計するグループトータル，更新データファイルとマスターファイルを突き合わせてマスターファイルの更新を行うマッチング，複数のファイルをまとめて一つのファイルにするマージの三つについて扱います。

（グループトータル）

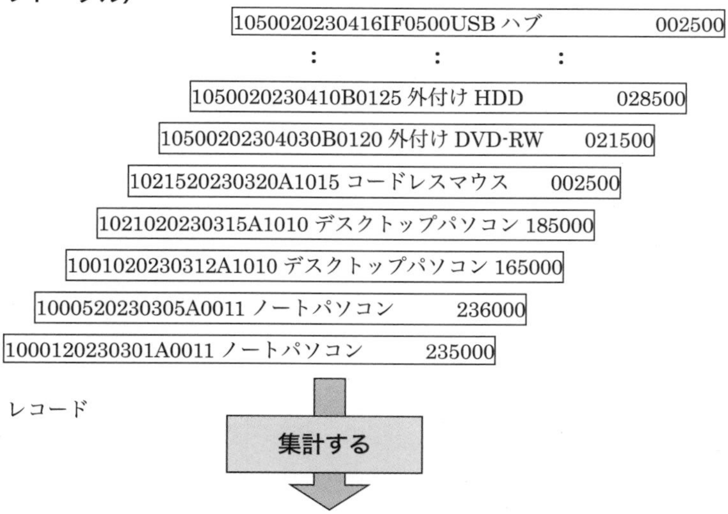

1050020230416IF0500USB ハブ　002500
:　:　:
1050020230410B0125 外付け HDD　028500
10500202304030B0120 外付け DVD-RW　021500
1021520230320A1015 コードレスマウス　002500
1021020230315A1010 デスクトップパソコン 185000
1001020230312A1010 デスクトップパソコン 165000
1000520230305A0011 ノートパソコン　236000
1000120230301A0011 ノートパソコン　235000

レコード

集計する

A0011	ノートパソコン	471,000
A1010	デスクトップパソコン	350,000
A1015	コードレスマウス	2,500
B0120	外付け DVD-RW	21,500
⋮	⋮	⋮

図　代表的なファイル処理（グループトータル）

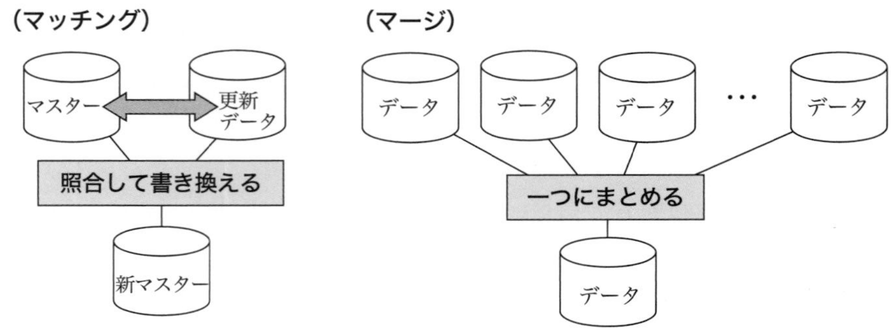

図　代表的なファイル処理（マッチングとマージ）

2. グループトータル（集計処理）

ファイル処理では，同じグループに入るデータ同士をまとめて合計を求めたり，平均を出したりする処理がよく行われます。例えば，全国に店舗をもつコンビニエンスストアでは，売上の状況を把握するために，店舗ごとの売上合計，市町村ごとの売上合計，県ごとの売上合計，全国の売上合計という具合に，グループの範囲を大きくしながら計算していくことがあります。このようにグループ単位にデータを集計する処理を**グループトータル**（group total）といいます。

グループトータル

(1) コントロールブレイク

グループトータルの処理を行うにはどうしたらよいでしょうか。処理するすべてのデータを１件ずつ順番に読み出し，どの店舗のデータかを調べて店舗別に合計を計算していくという方法を考えてみましょう。

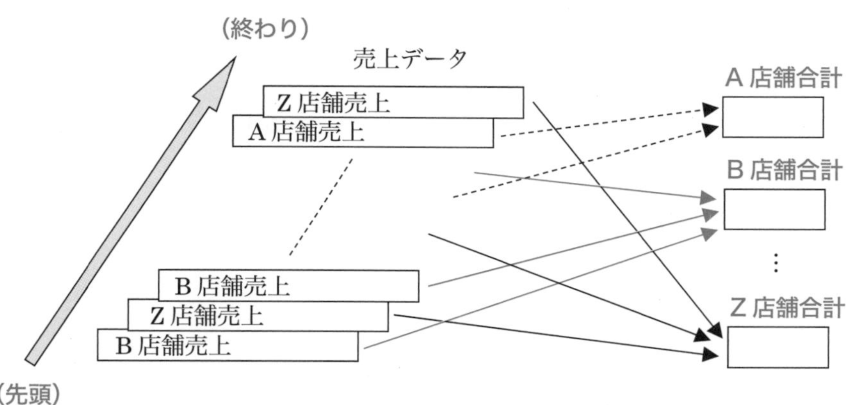

図　店舗ごとに別々の合計を計算する

この方法で考えると，店舗の数だけ合計を記録しておくための変数が必要になります。そして店舗数が多くなればなるほど，用意する変数の数が増えてしまい，プログラムも複雑になってしまいます。

そこで，次のように処理するデータを，店舗順にあらかじめ整列させておき，データを読み出したら一つ前のデータと同じ店舗のデータかどうか調べながら処理を進めていく方法を考えます。

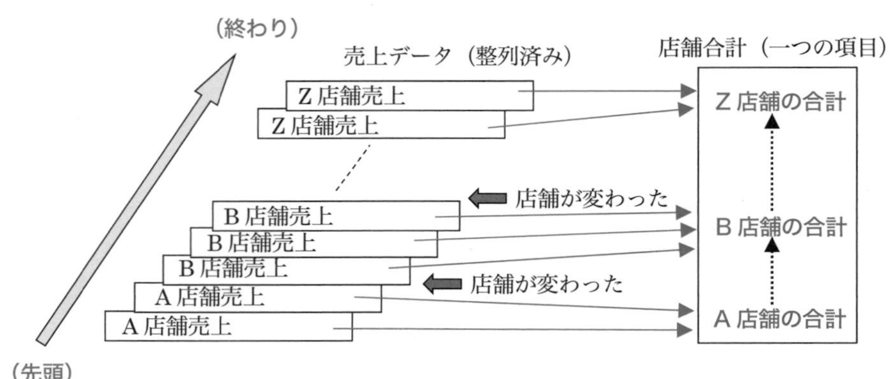

図　店舗ごとにデータを並べ替えて合計を計算する

この方法では，まず店舗ごとの合計を入れておく変数を一つ用意し，初期値を 0 にしておきます。そして，売上データが店舗順に整列済みになっていることを上手に利用して，店舗が同じ間は売上を合計していき，店舗が変わったらその値を合計として出力します。

コントロールブレイク
コントロールブレイクキー
ブレイクキー

このように，店舗を示す店舗番号など，同じグループであることを示す項目の値が変わったことをきっかけにして処理を行うことを**コントロールブレイク**（control break）といい，その項目を**コントロールブレイクキー**といいます。このテキストでは，以下，コントロールブレイクキーを単に“**ブレイクキー**”というように略して表現します。

(2) グループトータル処理の内容

店舗合計を0にする。
↓
売上データ（A店舗）を読む。
↓
はじめなので，売上を店舗合計に加算する。
↓
売上データ（A店舗）を読む。
↓
前のデータと同じA店舗なので，売上を店舗合計に加算する。
↓
売上データ（B店舗）を読む。
↓ ⇐ 店舗が変わった
前のデータと違う店舗なので，
店舗合計の現在の値をA店舗合計として出力する。
↓
店舗合計を0にする。
↓
売上を店舗合計に加算する。
↓
（以下，ファイルが終了するまで同様に続ける）

それでは，具体的な例題でグループトータルのアルゴリズムを考えてみましょう。

(3) 同じグループかどうかの判定

読み出したレコードが処理しているグループと同じかどうか，どのように判定したらよいか考えてみます。これには，ファイル内のレコードがブレイクキーの順に整列されていることを利用します。つまり，現在処理しているグループのブレイクキーを変数に保存しておき（退避するともいいます），その内容と読み出したレコードのブレイクキーが同じ値かどうかで判断するわけです。

つまり，読み出したレコードのブレイクキーが変数の内容と同じ値であれば，同じグループのレコードと考え，読み出したレコードのブレイクキーが変数の内容と違えば，違うグループのレコードと考えるわけです。この考え方が，コントロールブレイクのアルゴリズムの心臓部になります。

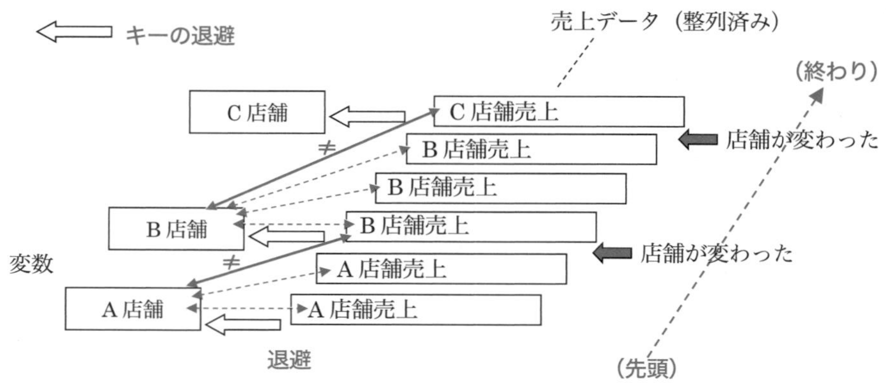

図　店舗ごとにデータを並べ替えて合計を計算する

店舗別合計の例について，具体的な処理内容で考えると次のようになります。ブレイクキーを退避する変数は“処理中グループ”としています。なお，繰返し処理の中でファイルが終了した場合の扱いについては，次の(4)で考えますので，ここでは入れてありません。ここでも，1 件目のレコード読出しと 2 件目以降の読出しを分けていることに注意してください。また，入力ファイルに 1 件もレコードがなくても，ファイルを閉じて終了することを確認してください。

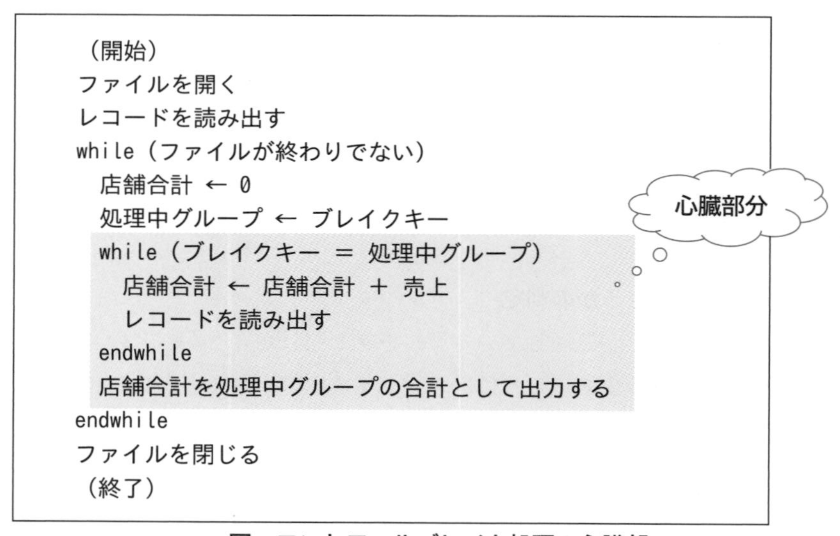

```
（開始）
ファイルを開く
レコードを読み出す
while（ファイルが終わりでない）
  店舗合計 ← 0
  処理中グループ ← ブレイクキー
  while（ブレイクキー ＝ 処理中グループ）
    店舗合計 ← 店舗合計 ＋ 売上
    レコードを読み出す
  endwhile
  店舗合計を処理中グループの合計として出力する
endwhile
ファイルを閉じる
（終了）
```


図　コントロールブレイク処理の心臓部

(4) ファイルの終了を考慮する

(3)では，繰返し処理の中のレコード読出し処理に対するファイルの終了を省いて考えましたが，この部分の処理を詳しく考えてみましょう。

ファイルが終了した場合は，それまで処理していたグループが終わりになったと考えて，コントロールブレイクが発生した場合と同じ処理（店舗合計を出力）をすればよいことになります。ただし，ファイルが終了したのですから，店舗合計を0にする処理，ブレイクキーを退避する処理は行う必要はありません。よって，（ブレイクキー＝処理中グループ）を繰返し条件にしていた処理を，次のような“かつ”（and のこと）で結んだ複合条件で処理すればよいことになります。

> 繰返し条件
>
> （ブレイクキー ＝ 処理中グループ） かつ （ファイルが終わりでない）

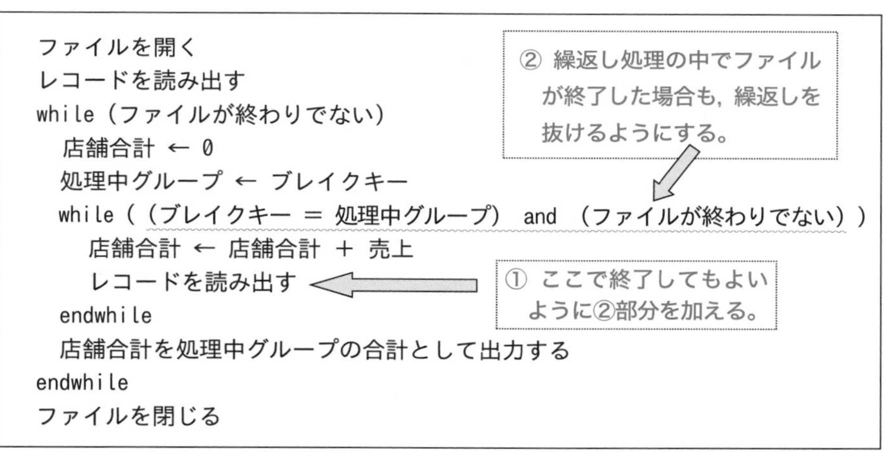

```
ファイルを開く
レコードを読み出す
while (ファイルが終わりでない)
  店舗合計 ← 0
  処理中グループ ← ブレイクキー
  while ( (ブレイクキー ＝ 処理中グループ) and (ファイルが終わりでない) )
    店舗合計 ← 店舗合計 ＋ 売上
    レコードを読み出す
  endwhile
  店舗合計を処理中グループの合計として出力する
endwhile
ファイルを閉じる
```

② 繰返し処理の中でファイルが終了した場合も，繰返しを抜けるようにする。
① ここで終了してもよいように②部分を加える。

この場合，どちらか一方の条件でも満たさなくなると繰返し条件全体も満たさなくなり，繰返し処理から抜けることになります。それぞれの条件が満たされない場合に，正しく動作するかを確認してみます。

① ブレイクキー ≠ 処理中グループ になったとき（ファイルは終わりでない）

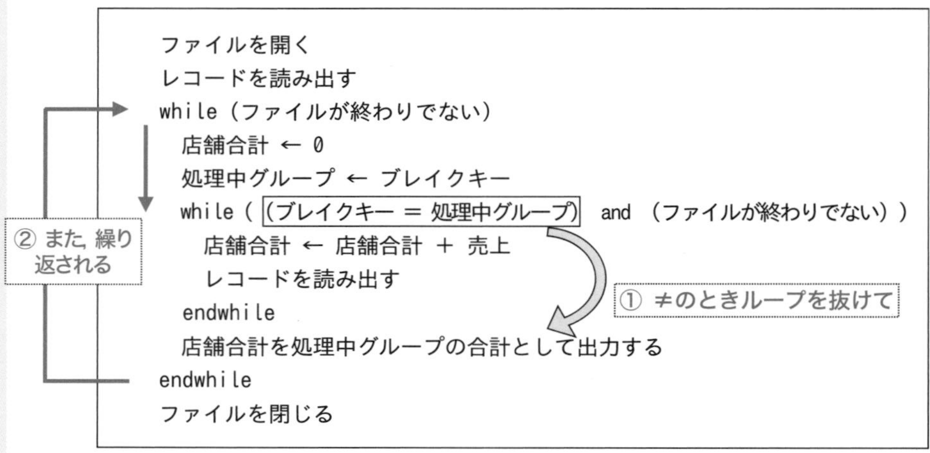
ファイルを開く
レコードを読み出す
while（ファイルが終わりでない）
店舗合計 ← 0
処理中グループ ← ブレイクキー
while（（ブレイクキー ＝ 処理中グループ） and （ファイルが終わりでない））
店舗合計 ← 店舗合計 ＋ 売上
レコードを読み出す
endwhile
店舗合計を処理中グループの合計として出力する
endwhile
ファイルを閉じる
② また，繰り返される
① ≠のときループを抜けて

② ファイルが終了したとき

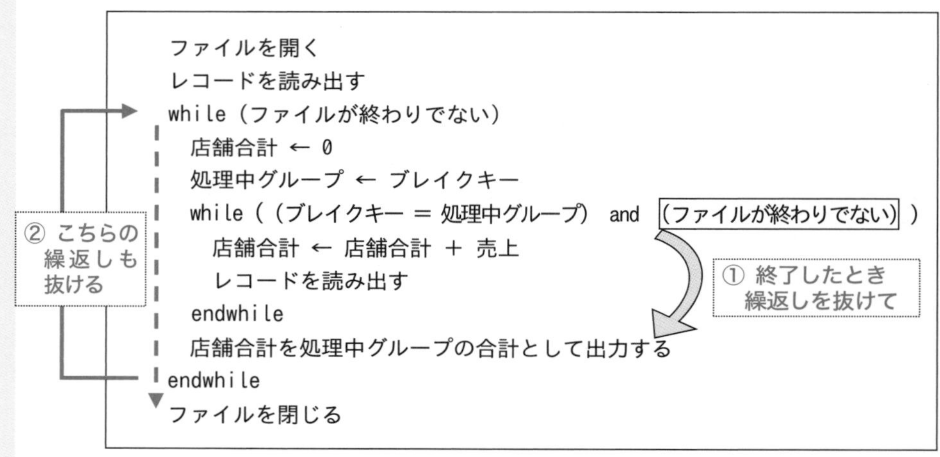
ファイルを開く
レコードを読み出す
while（ファイルが終わりでない）
店舗合計 ← 0
処理中グループ ← ブレイクキー
while（（ブレイクキー ＝ 処理中グループ） and （ファイルが終わりでない））
店舗合計 ← 店舗合計 ＋ 売上
レコードを読み出す
endwhile
店舗合計を処理中グループの合計として出力する
endwhile
ファイルを閉じる
② こちらの繰返しも抜ける
① 終了したとき繰返しを抜けて

(5) グループトータル処理のアルゴリズム

例題４－１

次の処理内容を擬似言語で表せ。

ある店舗の売上ファイルのレコードを読み，商品ごとの売上合計を求め，結果を売上合計ファイルに出力する。なお，売上ファイルは商品コードの昇順に整列されているものとする。

〔処理概要〕

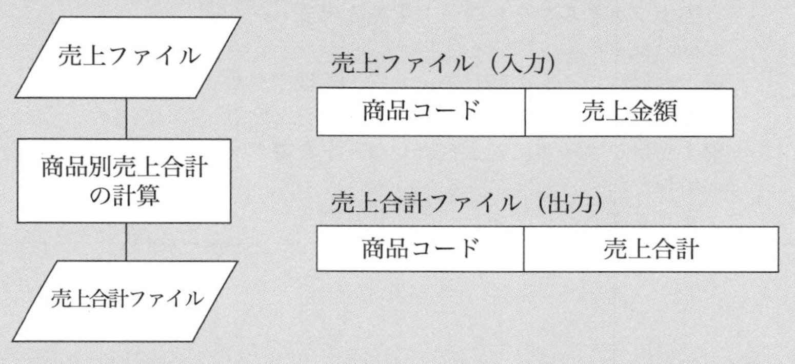

〔処理内容〕

商品コードごとに売上金額の合計を計算し，売上合計ファイルに出力する。

ここまで説明したコントロールブレイク処理の考え方をもとにして，例題４－１のプログラムの流れを考えてみましょう。

この処理では商品コードごとに売上金額の合計をとるので，ブレイクキーは商品コードとなります。なお，ブレイクキーを退避しておく変数は，先ほどと同じ“処理中グループ”とします。また，売上合計の集計途中の結果を入れておく変数を“途中売上合計”，売上ファイルレコードを売上レコード，売上合計ファイルのレコードを売上合計レコードとします。

(6) 例題４−１の完成したプログラム

```
ファイルを開く
売上ファイルから売上レコードを読み出す
while (売上ファイルが終わりでない)
  途中売上合計 ← 0
  処理中グループ ← 売上レコードの商品コード
  while ( (売上レコードの商品コード = 処理中グループ)
          and (売上ファイルが終わりでない) )
    途中売上合計 ← 途中売上合計 + 売上レコードの売上金額
    売上ファイルからレコードを読み出す
  endwhile
  売上合計レコードの商品コード ← 処理中グループ
  売上合計レコードの売上合計 ← 途中売上合計
  売上合計ファイルに売上合計レコードを書き込む
endwhile
ファイルを閉じる
```

3. マッチング（突合せ処理）

二つの順編成ファイルを使って，一方のファイルの内容をもとに，別のファイルの内容を書き換えたり，削除したりする処理は，二つのファイルのキー項目が同じレコードを対象にして行われるので，**マッチング**（matching）といいます。また，その際に，それぞれのファイルのキー項目の突合せを行うことから**突合せ処理**ともいいます。

マッチング
突合せ処理

(1) マスターファイルとトランザクションファイル

コンピュータを使って情報を管理する場合，データを，種類ごとに分けてファイルとして保管します。これらのファイルには，ある月に売れた商品データや取引の内容を記録したデータなど，毎日追加され，内容が変わっていくデータを一時的にためた**トランザクションファイル**（transaction file）や，会社の取引先データや販売している商品情報など，あまり内容に変化がなく複数の処理からデータ内容を参照される**マスターファイル**（master file）があります。また，マッチング処理では，トランザクションファイルのレコードを**トランザクションレコード**，マスターファイルのレコードを**マスターレコード**といいます。

トランザクションファイル
マスターファイル
トランザクションレコード
マスターレコード

マスターファイルは事務処理の“台帳”に相当するもので，このファイルを更新するためのデータをまとめたファイルもトランザクションファイルと呼ばれます。なお，マッチングするために使うキーを**マッチングキー**といい，マスターファイル側を**マスターキー**，トランザクションファイル側を**トランザクションキー**といいます。

マッチングキー
マスターキー
トランザクションキー

マスターファイルの内容は，必要に応じて内容を書き換える処理（更新処理）が行われます。例えば，銀行の預金残高を記録しているマスターファイルは，お金の出し入れと同時にそれを更新する必要があります。また，ひと月ごとに累計売上数を更新する処理であれば，日々の売上を別のファイルに記録しておき，その月の売上数をまとめた後でマスターファイルの内容を更新する場合もあります。

マスターファイルは，キー項目の値によって直接読み書きできるデータベースなどの形式であることがほとんどですから，この章で学習するマッチング処理のアルゴリズムのように，なぜ，二つの順編成ファイルを突き合わせながら，更新していくのか疑問に感じるかもしれません。

一般に，データベースのように，キー項目の値で直接アクセスできる形式のファイルは，アクセス負荷が高いので，一度に大量のレコードを更新するためには，多くの時間を要することになります。それに比べて，順編成ファイルのアクセス負荷は低いので，マスターファイル中の多くのレコードを更新する必要があるような場合には，マスターファイルの内容を順編成ファイルに抜き出して，その内容を更新し，その内容をもとにマスターファイルを再作成するという処理方法がとられることが多くあります。

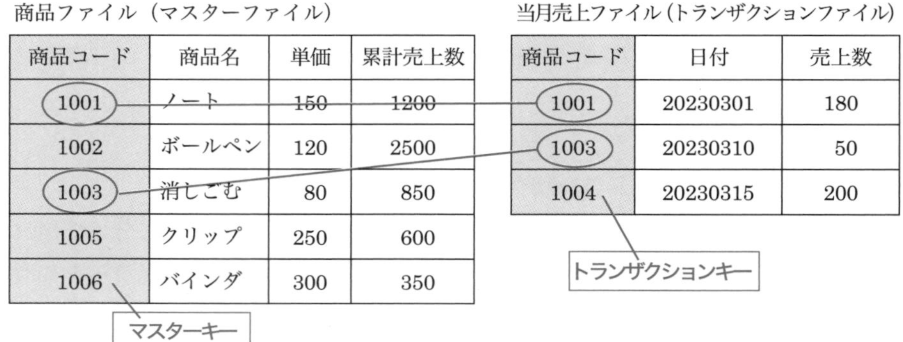

商品ファイル（マスターファイル）

商品コード	商品名	単価	累計売上数
1001	ノート	150	1200
1002	ボールペン	120	2500
1003	消しごむ	80	850
1005	クリップ	250	600
1006	バインダ	300	350

当月売上ファイル（トランザクションファイル）

商品コード	日付	売上数
1001	20230301	180
1003	20230310	50
1004	20230315	200

図　マスターファイルとトランザクションファイルのマッチング

商品ファイルの累計売上数に，当月売上ファイルの売上数を加えて更新する処理を考えてみます。マッチングを行うとき，個々のファイル内のレコードの順番がばらばらだと，項目を対応させるたびにファイルの先頭からデータを調べなければならないので，グループトータルを行うときと同じように，それぞれのファイルをキー項目であらかじめ整列しておきます。

(2) マッチングの考え方

マッチングでは，二つのファイルのレコードのキー項目の値を突き合わせながら，値が一致（match）したレコードを対象に処理を行います。そして，そのために，それぞれのファイルからレコードを順に読み出し，それぞれのキー項目の値を比較しながら処理を進めていきます。このとき，それぞれのファイルのレコードが，同じキー項目の値によって整列されていることに着目すると，二つのレコードのキー値の関係は，次の①～③になります。

①（マスターキー）＝（トランザクションキー）

マスターキーと同じ値をキー値にもつトランザクションレコードです。つまり，同じキーの値をもつレコードは両方のファイルに存在することが分かります。

②（マスターキー）＜（トランザクションキー）

マスターキーと同じ値をキー値にもつトランザクションレコードは存在しません。つまり，マスターキーの値をもつレコードはマスターファイルだけに存在することが分かります。

③（マスターキー）＞（トランザクションキー）

トランザクションキーと同じ値をキー値にもつマスターレコードは存在しません。つまり，トランザクションキーの値をもつレコードはトランザクションファイルだけに存在することが分かります。

この三つのキーの関係について，状況に合わせた処理を対応させると，次のようになります。

	キーの比較結果	処理内容
(a)	（マスターキー）＝（トランザクションキー）	トランザクションレコードによって，マスターレコードを更新する。
(b)	（マスターキー）＜（トランザクションキー）	マスターレコードをそのまま新マスターファイルに出力する。
(c)	（マスターキー）＞（トランザクションキー）	トランザクションファイルにしかないレコードとして，あらかじめ決めた処理を行う。

(c)で，トランザクションファイルにしかないレコードは，システム設計で決めた仕様によって，エラーレコードとして処理するか，マスターファイルに追加するかのどちらかの処理をすることになります。なお，この後の説明ではエラーレコードとして処理を行うものとします。

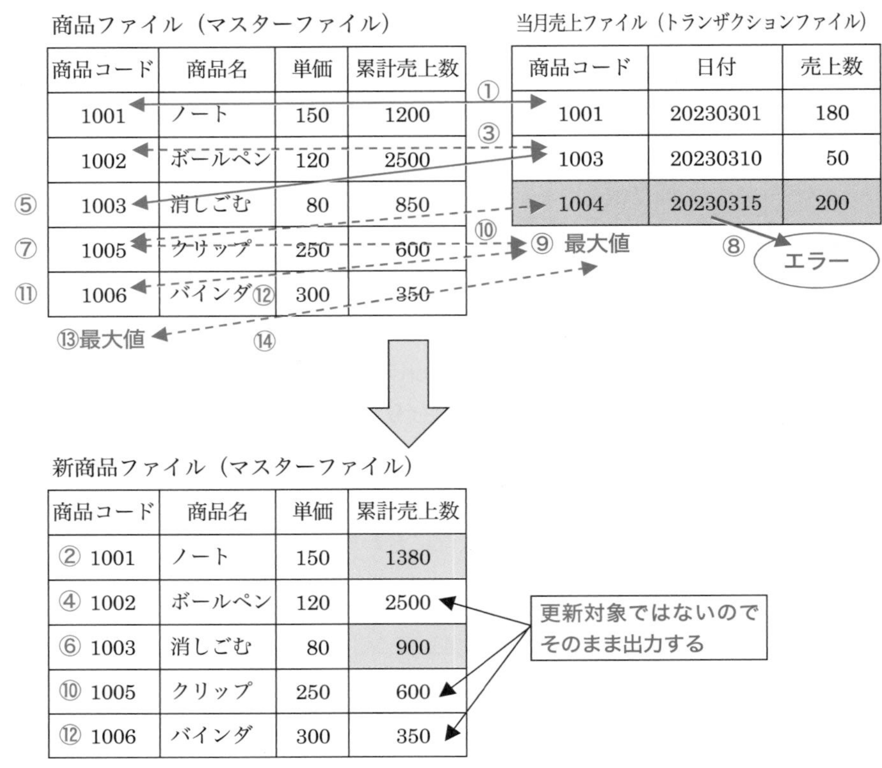

商品ファイル（マスターファイル）

商品コード	商品名	単価	累計売上数
1001	ノート	150	1200
1002	ボールペン	120	2500
1003	消しごむ	80	850
1005	クリップ	250	600
1006	バインダ	300	350

当月売上ファイル（トランザクションファイル）

商品コード	日付	売上数
1001	20230301	180
1003	20230310	50
1004	20230315	200

新商品ファイル（マスターファイル）

商品コード	商品名	単価	累計売上数
② 1001	ノート	150	1380
④ 1002	ボールペン	120	2500
⑥ 1003	消しごむ	80	900
⑩ 1005	クリップ	250	600
⑫ 1006	バインダ	300	350

図　1対1のマッチング

（処理概要）

① マスターファイル，トランザクションファイルから，それぞれ1件ずつレコードを読み出す。

② （マスターキー）＝（トランザクションキー）なので，累計売上数を更新して新商品ファイルに出力する。

③ マスターファイル，トランザクションファイルから1件ずつレコードを読み出す。

④ （マスターキー）＜（トランザクションキー）なので，マスターファイルのレコードをそのまま新商品ファイルに出力する。

⑤ マスターファイルからレコードを読み出す。

⑥ （マスターキー）＝（トランザクションキー）なので，累計売上数を更新して新商品ファイルに出力する。

⑦ マスターファイル，トランザクションファイルからレコードを1件ずつ読み出す。

⑧ （マスターキー）＞（トランザクションキー）なので，トランザクションフ

アイルのレコードをエラーとする。

⑨　トランザクションファイルからレコードを読み出すが，ファイルが終了したので，残ったマスターファイルのレコードをそのまま新商品ファイルに出力するため，トランザクションキーの内容を最大値にする。

⑩　（マスターキー）＜（最大値＝トランザクションキー）なので，マスターファイルのレコードをそのまま新商品ファイルに出力する。

⑪　マスターファイルからレコードを読み出す。

⑫　（マスターキー）＜（最大値＝トランザクションキー）なので，マスターファイルのレコードをそのまま新商品ファイルに出力する。

⑬　マスターファイルからレコードを読み出すが，ファイルが終了したので，マスターキーの内容を最大値にする。

⑭　マスターキー，トランザクションキーの両方が最大値になったので処理を終了する。

キーの比較結果と処理内容，次にどのレコードを読み出すかをまとめると，次のようになります。なお，次に読むレコードは，処理をしたレコードと同じファイルから行います。つまり，両方のレコードを処理したときには，両方のファイルから，マスターレコードだけを処理したときにはマスターファイルから，トランザクションレコードを処理したときには，トランザクションファイルからということになります。

	キーの比較結果	処理内容	次に読むレコード
(a)	(マスターキー) ＝ (トランザクションキー)	トランザクションレコードによってマスターレコードを更新する。	マスターファイル，トランザクションファイルからレコードを読み出す。
(b)	(マスターキー) ＜ (トランザクションキー)	マスターレコードをそのまま新マスターファイルに出力する。	マスターファイルからレコードを読み出す。
(c)	(マスターキー) ＞ (トランザクションキー)	トランザクションファイルにしかないレコードとして，あらかじめ決めた処理を行う。	トランザクションファイルからレコードを読み出す。

以上の考え方を次の例題に適用して，マッチングのアルゴリズムをまとめます。

(3) マッチングのアルゴリズム

例題４－２

次の処理内容を擬似言語で表せ。

商品ファイルの累計売上数を当月売上ファイルの売上数で更新し，結果を新商品ファイルに出力する。

〔処理概要〕

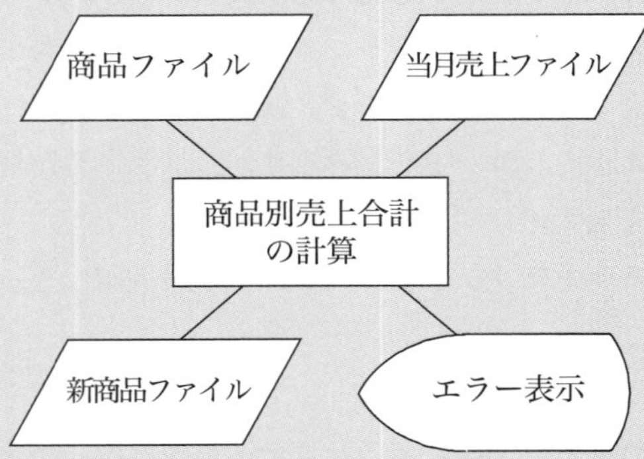

商品ファイル（入力ファイル）

商品コード	商品名	単価	累計 売上数

当月売上ファイル（入力ファイル）

商品コード	日付	売上数

新商品ファイル（出力ファイル）

商品コード	商品名	単価	累計 売上数

〔処理内容〕

- マッチングキーは商品コードとする。
- 商品ファイルと当月売上ファイルは，商品コードの昇順に整列されているとする。
- 当月売上ファイルには，同じ商品コードのレコードは存在しないものとする。
- （新商品レコードの）累計売上数＝（商品レコードの）累計売上数＋売上数で求める。
- 商品ファイルにない当月売上ファイルのレコードは，エラーとして画面に表示する。

ここまで説明したマッチングの考え方をもとにして，おおまかなプログラムの流れを考えると，次のようになります。なお，マスターキーを記録する変数をＭキー，トランザクションキーを記録する変数をＴキーとします。

```
マッチング処理の概要
ファイルを開く
商品ファイルからレコードを読み出す
当月売上ファイルからレコードを読み出す
while（（Mキー ≠ 最大値） or （Tキー ≠ 最大値））
  if（Mキー ＝ Tキー）
    商品ファイルの累計売上数を更新して，新商品ファイルに出力する
    商品ファイルからレコードを読み出す
    当月売上ファイルからレコードを読み出す
  else
    if（Mキー ＜ Tキー）
      商品ファイルの内容をそのまま新商品ファイルに出力する
      商品ファイルからレコードを読み出す
    else
      エラーレコードとして，当月売上ファイルの内容を表示する
      当月売上ファイルからレコードを読み出す
    endif
  endif
endwhile
ファイルを閉じる
```

マッチング処理は，対象となるファイルや処理によって詳細は異なります。しかし，キー値の関係によって，処理対象とするレコードの考え方，また，次に読み出すレコードの考え方は同じです。この部分に注目して理解するようにしてください。

せっかくですから，このおおまかな流れに，ファイルの終了判定や項目の移動など詳細な処理まで含めたものを次に示します。なお，ファイルの終了判定をレコードの読出しと合わせてアルゴリズム中に直接記述すると複雑になるので，それぞれのファイルからのレコード読出しは，メインとなるアルゴリズムから利用する部品として別に記述しています。

(4) 例題４−２の完成したプログラム

```
マッチング処理
ファイルを開く
[商品ファイルからのレコード読出し処理]
[当月売上ファイルからのレコード読出し処理]
while ( (Mキー ≠ 最大値) or (Tキー ≠ 最大値) )
  if (Mキー = Tキー)
    新商品レコードの商品コード，商品名，単価
      ← 商品レコードの商品コード，商品名，単価
    新商品レコードの累計売上数
      ← 商品レコードの累計売上数 ＋ 当月売上レコードの売上数
    新商品ファイルにレコードを出力する
    [商品ファイルからのレコード読出し処理]
    [当月売上ファイルからのレコード読出し処理]
  else
    if (Mキー ＜ Tキー)
      新商品レコード ← 商品レコードのすべての項目
      新商品ファイルにレコードを出力する
      [商品ファイルからのレコード読出し処理]
    else
      エラーレコードとして，当月売上レコードの内容を表示する
      [当月売上ファイルからのレコード読出し処理]
    endif
  endif
endwhile
ファイルを閉じる
```

```
[商品ファイルからのレコード読出し処理]
商品ファイルからレコードを読み出す
if (ファイルの終わり)
  Mキー ← 最大値
else
  Mキー ← 商品レコードの商品コード
endif
```

```
[当月売上ファイルからのレコード読出し処理]
当月売上ファイルからレコードを読み出す
if (ファイルの終わり)
  Tキー ← 最大値
else
  Tキー ← 当月売上レコードの商品コード
endif
```

(5) ファイルが終了したときマッチングキーに最大値を入れる理由

ここではマスターファイル，トランザクションファイルともにレコードが昇順に整列されている順編成ファイルを考えました。入力ファイルが二つあるので，一つのファイルが終了してもマッチング処理全体を終了するわけにはいきません。

例題でも考えましたが，ファイルが終了した場合を次のように分け，キーを最大値にすることによってうまく処理を行うことができます。

① トランザクションファイル（当月売上ファイル）が，マスターファイル（商品ファイル）よりも先に終了した場合

マスターファイルの処理中のレコードと，まだ読み出していないレコードをすべて新商品ファイルに出力する。

トランザクションキーに最大値を入れることによって，残りのマスターレコードに対して，

（マスターキー）＜（最大値＝トランザクションキー）

という関係になるので，残りのマスターレコードがすべて書き出されます。

② マスターファイル（商品ファイル）が，トランザクションファイル（当月売上ファイル）よりも先に終了した場合

トランザクションファイルの処理中のレコードと，まだ読み出していないレコードをすべてエラーコードとして表示する。

この処理はマスターキーに最大値を入れることによって，残りのトランザクションレコードに対して，

（マスターキー＝最大値）＞（トランザクションキー）

という関係になり，すべてエラーレコードとして表示されます。

③ マスターファイル（商品ファイル）と，トランザクションファイル（当月売上ファイル）の両方が終了した場合

すべてのレコードの処理が終わったので，全体の処理も終了する。

このとき，

（マスターキー＝最大値）　かつ　（トランザクションキー＝最大値）

になっているので，これが処理全体の終了条件になります。

なお，擬似言語の繰返し処理で記述する繰返し条件は，この終了条件の否定になるので，

（マスターキー≠最大値）　または　（トランザクションキー≠最大値）

となります。

コラム

二つのファイルのレコード数によって，いま見た①〜③のような場合があり，それぞれの場合に応じた処理を行う必要があることは理解できたと思います。

それぞれの内容を素直に場合分けして，

・トランザクションファイルが先に終わった場合の処理（①）
・マスターファイルが先に終わった場合の処理（②）
・同時に終わった場合の処理（③）

と別にアルゴリズムを用意することもできます。それはそれで間違いではありません。しかし，ファイルが終了したときに，そのファイル用に用意したマッチングキーに最大値を入れるようにすれば，それぞれの場合ごとに違った処理を用意する必要がないことを理解してください。マッチングキーに最大値を入れるというようなアイディアは，誰もがすぐに思いつくことではありませんから，自分で思いつかなくても気にする必要はありません。

ファイル処理のプログラムは，事務処理にコンピュータが使われるようになったときから，多くの先輩プログラマによって作成されてきました。こうした歴史の中で，誰かがこのアイディアを思いついたのだと思います。そして，そのアイディアが，先輩プログラマからの教えや，この本のような教科書をとおして，次々に伝えられてきたのです。

アルゴリズムは，ヒラメキ，論理的な思考能力がすべてといった誤解があります。先人のアイディアを自分のものにして，アルゴリズムを考えるときに使えるアイディアのレパートリを増やしていくことも大切なことです。

4. マージ（併合処理）

レコード形式の同じ複数のファイルを一つにまとめることを，ファイルのマージ（merge；併合）といいます。例えば，次のようにＡ店舗とＢ店舗の売上ファイルをマージして全店舗売上ファイルを作成します。なお，併合するすべてのファイルは，キー項目の値によって，昇順（または降順）に整列されていることが前提となり，併合後も同じ順番で整列されて出力されます。

マージ
併合

第２部 応用編
第１章
第２章
第３章
第４章

Ａ店舗の売上ファイル

商品コード	日付	売上数
1001	20230301	180
1003	20230310	50
1006	20230305	150
1010	20230315	200
1015	20230308	120

Ｂ店舗の売上ファイル

商品コード	日付	売上数
1002	20230313	100
1003	20230305	260
1005	20230310	150
1008	20230325	300

商品コードの昇順にデータを出力する

全店舗売上ファイル

商品コード	日付	売上数
1001	20230301	180
1002	20230313	100
1003	20230310	50
1003	20230305	260
1005	20230310	150
1006	20230305	150
1008	20230325	300
1010	20230315	200
1015	20230308	120

図　ファイルのマージ

(1) マージの考え方

ファイルのマージの基本的な考え方はマッチングと同じです。ただし，キー項目の比較結果によって，処理内容ではなく，出力するレコードが変わります。ここでは，A 店舗売上ファイル，B 店舗売上ファイルそれぞれのキーの値を変数 A キー，B キーに入れるとします。

	キーの比較結果	処理内容
(a)	(A キー) ＝ (B キー)	A 店舗売上ファイル，B 店舗売上ファイルの両方の内容を出力する。
(b)	(A キー) ＜ (B キー)	A 店舗売上ファイルの内容を出力する。
(c)	(A キー) ＞ (B キー)	B 店舗売上ファイルの内容を出力する。

(2) マージのアルゴリズム

例題 4－3

次の処理内容を擬似言語で表せ。

A 店舗売上ファイルの内容と B 店舗売上ファイルの内容を併合して，結果を全店舗売上ファイルに出力する。

〔処理概要〕

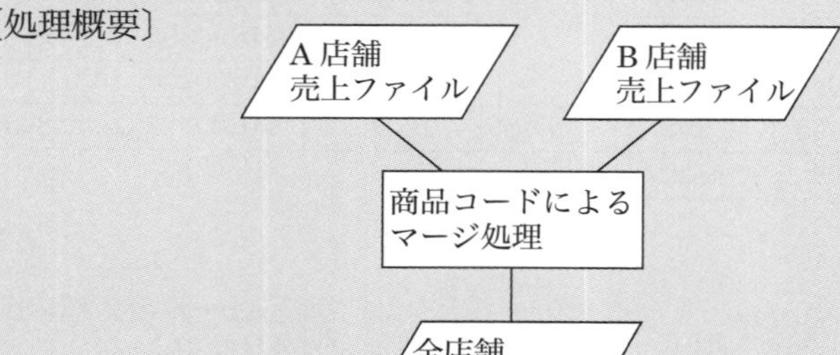

A 店舗売上ファイル（入力ファイル）
B 店舗売上ファイル（入力ファイル）
全店舗売上ファイル（出力ファイル）

商品コード	日付	売上数

〔処理内容〕

- 商品コードによって A 店舗売上ファイルと B 店舗売上ファイルを併合する。
- A 店舗売上ファイルと B 店舗売上ファイルは，商品コードの昇順に整列されているものとする。
- 出力ファイルである全店舗売上ファイルに，商品コードの昇順にレコードを出力する。
- 二つのファイルに同じ商品コードのレコードがあった場合，A 店舗売上ファイルのレコードから先に出力する。

(3) 例題４−３の完成したプログラム

```
マージ処理
ファイルを開く
[A 店舗売上ファイルからのレコード読出し処理]
[B 店舗売上ファイルからのレコード読出し処理]
while ( (A キー ≠ 最大値) or (B キー ≠ 最大値) )
  if (A キー = B キー)
    全店舗売上レコード ← A 店舗売上レコード
    全店舗売上ファイルにレコードを出力する
    全店舗売上レコード ← B 店舗売上レコード
    全店舗売上ファイルにレコードを出力する
    [A 店舗売上ファイルからのレコード読出し処理]
    [B 店舗売上ファイルからのレコード読出し処理]
  else
    if (A キー < B キー)
      全店舗売上レコード ← A 店舗売上レコード
      全店舗売上ファイルにレコードを出力する
     [A 店舗売上ファイルからのレコード読出し処理]
    else
      全店舗売上レコード ← B 店舗売上レコード
      全店舗売上ファイルにレコードを出力する
     [B 店舗売上ファイルからのレコード読出し処理]
    endif
  endif
endwhile
ファイルを閉じる
```

```
[A 店舗売上ファイルからのレコード読出し処理]
 A 店舗売上ファイルからレコードを読み出す
 if (ファイルの終わり)
   A キー ← 最大値
 else
   A キー ← A 店舗売上レコードの商品コード
 endif
```

```
[B 店舗売上ファイルからのレコード読出し処理]
 B 店舗売上ファイルからレコードを読み出す
 if (ファイルの終わり)
   B キー ← 最大値
 else
   B キー ← B 店舗売上レコードの商品コード
 endif
```

章末問題

（応用編）問 4-1

次のプログラムの説明およびプログラムを読んで，設問に答えよ。

〔プログラムの説明〕

ある会社の売上ファイルのレコードを読み，店舗ごとに商品の売上合計を求め，結果を売上合計ファイルに出力する。なお，売上ファイルは店舗コード，商品コードの昇順に整列されているものとする。

〔処理概要〕

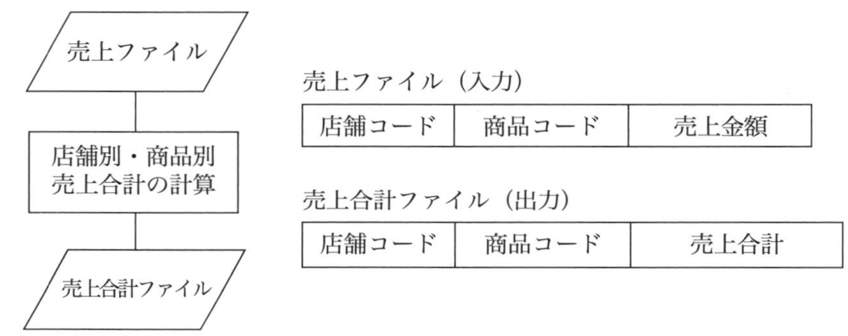

売上ファイル（入力）

店舗コード	商品コード	売上金額

売上合計ファイル（出力）

店舗コード	商品コード	売上合計

〔処理内容〕

店舗コードごとに，各商品ごとの売上金額の合計を計算し，売上合計ファイルに出力する。

作業領域の名称については，店舗コードの退避用を“処理中店舗”，商品コードの退避用を“処理中商品”，売上合計の途中結果を退避する領域を“途中売上合計”とする。

〔プログラム〕

```
ファイルを開く
売上ファイルから売上レコードを読み出す
while（売上ファイルが終わりでない）
  [          a          ]
  while（（売上レコードの店舗コード ＝ 処理中店舗）
          and （売上ファイルが終わりでない））
    [     b     ]
    処理中商品 ← 売上レコードの商品コード
    while（（売上レコードの商品コード ＝ 処理中商品）
            and （売上レコードの店舗コード ＝ 処理中店舗）
            and （売上ファイルが終わりでない））
      途中売上合計 ← 途中売上合計 ＋ 売上レコードの売上金額
      売上ファイルからレコードを読み出す
    endwhile
    売上合計ファイルの店舗コード ← 処理中店舗
    売上合計ファイルの商品コード ← 処理中商品
    [               c               ]
    売上合計ファイルに出力データを書き込む
  endwhile
endwhile
ファイルを閉じる
```

設問　プログラム中の［　　　　］に入る処理を答えよ。

（応用編）問 4-2

次のプログラムの説明およびプログラムを読んで，設問に答えよ。

(H10 春-2K 午後問 1 改)

〔プログラムの説明〕

(1) 顧客情報の入った旧マスターファイルとトランザクションファイルを読み，新マスターファイルを作成する。ここで，旧マスターファイルのレコードを M，トランザクションファイルのレコードを T とする。

(2) 各ファイルのレコード様式は同じで，次のとおりである。

顧客コード	顧客名	住　所	電話番号	備考

(3) T の顧客コードは必須であり，更新する項目以外は空白である。同一の顧客コードに対し，複数の T があり得る。

(4) いずれのファイルも，顧客コードの昇順になっている。顧客コードは数字で構成されていて，最大値（99…9）をとるレコードはない。

(5) M と同一の顧客コードをもつすべての T を使って M を更新し，その M を新マスターファイルに出力する。ただし，T の空白である項目については，M の内容を更新しない。

(6) M と同一の顧客コードをもつ T がないとき，M をそのまま新マスターファイルに出力する。

(7) T と同一の顧客コードをもつ M がないとき，T をそのまま新マスターファイルに出力する。

(8) M と T を読んだ後，それぞれを“M 領域”と“T 領域”という名前の領域に転記する。なお，これらの領域の顧客コードの項目名を，それぞれ“M キー”と“T キー”とする。T と同一の顧客コードをもつ M が存在しない場合は，“T 領域”をさらに“T′領域”に転記する。この領域の顧客コードの項目名は“T′キー”とする。

〔プログラム〕

```
主処理
ファイルを開く
[M 入力処理]
[T 入力処理]
while ((M キー ≠ 最大値) or (T キー ≠ 最大値))
  if (          a          )
    T′領域 ← 空白
    T′キー ← T キー
    while (T キー = T′キー)
      T′領域の対応する項目 ← T 領域の空白以外の項目
               b
    endwhile
    T′領域を新マスターファイルに出力
  else
    while (          c          )
      M 領域の対応する項目 ← T 領域の空白以外の項目
               b
    endwhile
    M 領域を新マスターファイルに出力
    [M 入力処理]
  endif
endwhile
ファイルを閉じる
```

```
[M 入力処理]
旧マスターファイルから M を読み出す
if (ファイルの終わり)
  M キー ← 最大値
else
  M 領域 ← M
endif
```

```
[T 入力処理]
トランザクションファイルから T を読み出す
if (ファイルの終わり)
  T キー ← 最大値
else
  T 領域 ← T
endif
```

設問　プログラム中の［　　　　］に入れる正しい答えを，解答群の中から選べ。

a，c に関する解答群

ア　Mキー ＝ Tキー　　イ　Mキー ≠ Tキー　　ウ　Mキー ＞ Tキー

エ　Mキー ＜ Tキー　　オ　Mキー ＝ T’キー　　カ　Mキー ＝ 最大値

キ　Tキー ＝ T’キー　　ク　Tキー ≠ T’キー　　ケ　Tキー ＝ 最大値

b に関する解答群

ア　［M 入力処理］　　イ　［T 入力処理］

（応用編）問 4-3

ファイルのマージを行う例題 4-3（P.312 参照）のプログラムは，A 店舗売上ファイルと B 店舗売上ファイルに同じ商品コードのレコードがそれぞれ複数あった場合，A 店舗売上ファイルと B 店舗売上ファイルのレコードが交互に出力される。

〔処理内容〕を修正して，次のように出力するプログラムを擬似言語で作成せよ。下線部が変更点である。

A 店舗売上ファイルの内容と B 店舗売上ファイルの内容を併合して，結果を全店舗売上ファイルに出力する。

〔処理概要〕

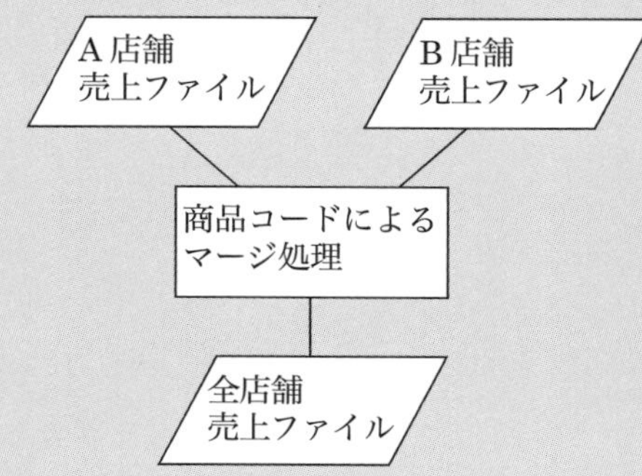

A 店舗売上ファイル（入力ファイル）
B 店舗売上ファイル（入力ファイル）
全店舗売上ファイル（出力ファイル）

商品コード	日付	売上数

〔処理内容〕

- 商品コードによって A 店舗売上ファイルと B 店舗売上ファイルを併合する。
- A 店舗売上ファイルと B 店舗売上ファイルは，商品コードの昇順に整列されているものとする。
- 出力ファイルである全店舗売上ファイルに，商品コードの昇順にレコードを出力する。
- <u>二つのファイルに同じ商品コードのレコードがそれぞれ複数あった場合，A 店舗売上ファイルのレコードを先に全て出力してから，B 店舗売上ファイルのレコードを全て出力する</u>。

付録

研究1 挿入法のアルゴリズムについて

基礎編第３章の「4. 挿入法」で学習したアルゴリズムについて見直しをしてみましょう。

```
n ← 7------- データ数
i ← 2
while (i ≦ n)
  j ← 1
  while ( A[i] ≧ A[j]  and  i > j )
    j ← j + 1
  endwhile
  if (A[i] < A[j])
    w ← A[i]
    k ← i − 1
    while (k ≧ j)
      A[k+1] ← A[k]
      k ← k − 1
    endwhile
    A[j] ← w
  endif
  i ← i + 1
endwhile
```

基礎編第３章「4. 挿入法」のアルゴリズム

このアルゴリズムが複雑に見えるのは，挿入位置以降の値をずらすための繰返し処理が，while の繰返し処理に含まれる if の中の処理になっているためです。

ネスト
入れ子

繰返しや選択の構造の中に，さらに同じような構造が現れることを**ネスト**（**入れ子**）と呼びます。慣れてくれば三重のネストくらいは，単純な構造に思えますが，最初は少し気になります。

この部分がもう少し単純にならないかどうかを考えてみます。

そもそも，この部分で「A[i]＜A[j]」という判定を行い，「挿入」をするかどうかを選択したのは，「範囲内に挿入位置が見つからない」という条件で，挿入位置探しが終了することもあるからでしたね。そして，その場合には，挿入する値の位置を変えない，つまり，何もしないことが挿入処理の完了になるということでした。

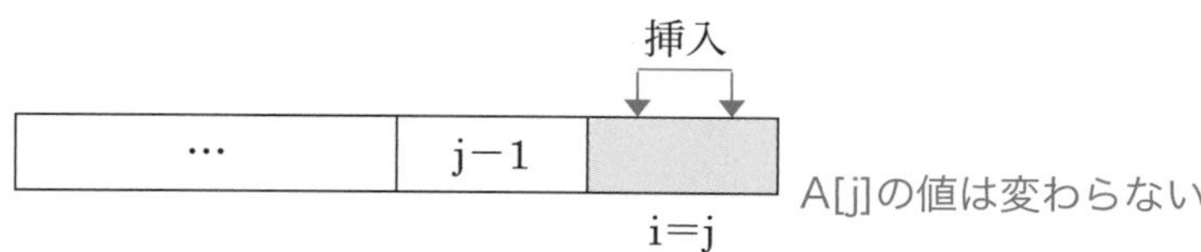

「挿入」の部分は，次のとおりです。

```
w ← A[i] -------------①
k ← i − 1 -----------②
while (k ≧ j) ---------③
  A[k+1] ← A[k] --------④
  k ← k − 1-----------⑤
endwhile
A[j] ← w -------------⑥
```

「挿入位置が見つからない」場合には，この処理を行うときに「i=j」が成り立っているので，②の部分でkの値はj−1と等しくなっています。その後，③の継続条件を判定しますが，k=j−1なので「k<j」となり，この条件を満たさず，内側の④，⑤を行うことはありません。結局①，②，⑥と無駄な処理が行われますが，結果は何も変わりません。

結果が変わらないので問題はないのですが，無駄な処理をなくすため，「挿入」をするかしないかの判定（A[i]＜A[j]）を取り除いてみると，次のようになります。

```
n ← 7-------データ数
i ← 2
while (i ≦ n)
  j ← 1
  while ( A[i] ≧ A[j]  and  i ＞ j )
    j ← j ＋ 1
  endwhile
  w ← A[i]
  k ← i － 1
  while (k ≧ j)             ┐
    A[k＋1] ← A[k]          │ 挿入位置が見つからない (i=j) の
    k ← k － 1              │ ときは，実行されない
  endwhile                  ┘
  A[j] ← w
  i ← i ＋ 1
endwhile
```

こうすると，少しは，単純なアルゴリズムになりましたね。しかし，いま考えたような内容について，気づかなかったとしても，心配することはありません。慣れてくると，自然に身に付いてきます。アルゴリズムができ上がったら，ひと休みして，見直してみるという姿勢だけは身につけておきましょう。

研究2　2分探索と計算量について

1.　2分探索のアルゴリズムを見直す

基礎編第2章の「2. 2分探索」で学習したアルゴリズムについて，見直しをしてみましょう。

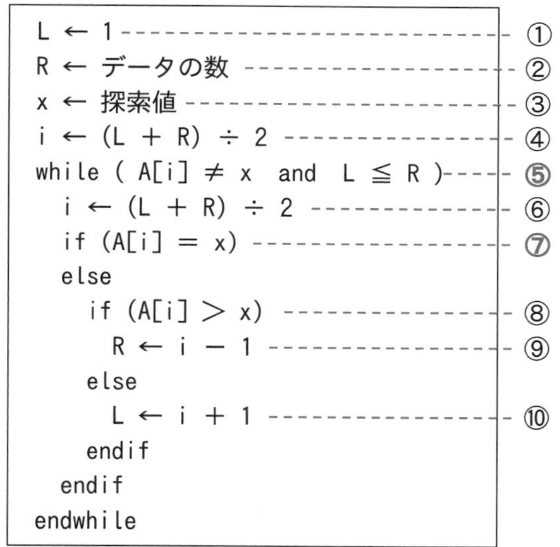

```
L ← 1 ---------------------------------- ①
R ← データの数 ------------------------- ②
x ← 探索値 ----------------------------- ③
i ← (L + R) ÷ 2 ------------------------ ④
while ( A[i] ≠ x  and  L ≦ R )---------- ⑤
  i ← (L + R) ÷ 2 ---------------------- ⑥
  if (A[i] = x) ------------------------ ⑦
  else
    if (A[i] > x) ---------------------- ⑧
      R ← i − 1 ------------------------ ⑨
    else
      L ← i + 1 ------------------------ ⑩
    endif
  endif
endwhile
```

基礎編第2章「2. 2分探索」のアルゴリズム

⑤の繰返しの継続条件判定と，⑦の一致判定にA[i]とxの比較があります。これは，本当に必要なのでしょうか。

最初に⑤が実行されるときと，その直後に⑦が実行されるときとでは，LとRの値に変化がないので，i（=(L+R)÷2）の値も同じになります。つまり，⑤と⑦とで，同じ比較を行うことになります。

その後，A[i]とxが一致しないときには範囲が絞り込まれ，⑨か⑩でLかRの値が変わります。そして，また⑤の継続条件判定になります。この時点では，iの値は再計算されていないので，LやRの値の変化は反映されていません。つまり，前回の位置でA[i]とxの比較が行われます。ここで，その後の⑥でiの値が再計算されますから，⑦で比較するA[i]と，⑤で比較したものとは違います。したがって，単純に⑦の判定を取ってはいけません。

```
①  L ← 1
②  R ← データの数
③  x ← 探索値
④  i ← (L + R) ÷ 2 ----------- 1回目          2回目以降
⑤  while ( A[i] ≠ x  and  L ≦ R )   ¦               ¦
⑥    i ← (L + R) ÷ 2 ---------- iの値は同じ    iの値が違う
⑦    if (A[i] = x)
     else
⑧      if (A[i] > x)
⑨        R ← i − 1
       else
⑩        L ← i + 1
       endif
     endif
   endwhile
```

ポイント！

i（中央の位置）の再計算は，範囲の絞込み（⑨や⑩）の直後に行っても問題はありません。

逆に考えると，この⑦を取れない理由が解決すれば，⑦は取り除けるということになります。同じ繰返し回数のときに，⑤と⑦でｉの値が変わらないようにすればよいのですから，ｉを再計算する⑥の位置を変えたらどうでしょう。

ｉの再計算が必要な理由は，範囲が絞り込まれ，ＬやＲの値が変わるからです。したがって，⑥の位置にある必然性はありません。ＬやＲの値が変わった（⑨や⑩の）直後に再計算すれば，次の繰返しでは⑤と⑦とで，ｉの値は同じものになります。こうすれば，⑦の判定は不要になります。

「A[i]＝x」が成り立っているとすれば，⑤の継続条件が不成立になり，繰返しを終了します。「A[i]＝x」が成り立たないとき，⑥→⑦と処理が進むのです。しかし，⑥を取ってしまうと，⑤と⑦との間でｉの値が変わることはありません。つまり，⑤で継続条件を満たしていれば，次の⑥と⑦でも「A[i]≠x」であることは，明らかです。ただし，単純に⑥を取ってしまうと，中央位置の再計算が行われなくなってしまいますから，⑨，⑩の直後に入れておく必要があります。

```
① L ← 1
② R ← データの数
③ x ← 探索値
④ i ← (L + R) ÷ 2 ------------1回目          2回目以降
⑤ while ( A[i] ≠ x  and  L ≦ R )
⑥   i ← (L + R) ÷ 2 -----------iの値は同じ   iの値は同じ   （取り消し線）
⑦   if (A[i] = x)  ←------------無駄な判定
    else
⑧     if (A[i] > x)
⑨       R ← i － 1
      else
⑩       L ← i ＋ 1
      endif
    endif
⑪   i ← (L + R) ÷ 2
  endwhile
```

いま考えてきた内容から，2 分探索のアルゴリズムは，次のようにできることが分かります。

```
L ← 1
R ← データの数
x ← 探索値
i ← (L + R) ÷ 2
while ( A[i] ≠ x  and  L ≦ R )
  if (A[i] > x)
    R ← i － 1
  else
    L ← i ＋ 1
  endif
  i ← (L + R) ÷ 2
endwhile
```

かなりシンプルになりました。研究 1 でも述べましたが，最初からこうしたアルゴリズムを組み立てることができる必要はありません。また，見直しても気がつかなかったということもよくあります。ただし，こうした見直し（アルゴリズムの洗練）ができるように今後は意識しましょう。そして，いま学習したシンプルにするための考え方についても，レパートリに加えておいてください。

2. 2分探索の計算量

逐次探索と2分探索を学習しましたが，この二つの探索方法の違いで最も大きいところは，探索回数の違いです。最初に記述した「効率がよい探索」という言葉の理由はここにあります。

探索回数

逐次探索では，運がよければ，最初に比較したデータが探索値と一致しています。しかし，探索値と同じ値のデータが，配列の最後に入っていた場合や，配列の中に入っていなかった場合には，すべてのデータをしらみつぶしに調べていきますから，最悪の場合，データの数だけ比較することになります。すべてがそうとは限りませんから，データの数をn個とすると，平均比較回数は$\frac{1+n}{2}$回となります。そして，nが大きな値のときは，1は無視できますから，およそ$\frac{n}{2}$回といえます。

2分探索は，こちらも，運がよければ最初の中央の値と比較したときに一致することがあります。また，平均比較回数や最大比較回数については，先頭から調べる逐次探索よりずっと少ないことが予想できます。少し数学の知識が必要ですが，解説を書いておきます。

2分探索は，探索対象の範囲を半分ずつに狭めていきますが，最悪の場合というのは最後に要素が一つになるまで探索を行った場合です。そして，平均は，それより1回少なくなります。実際には，探索範囲を半分にするときに切捨てを行っていますので，平均の場合には，最後の要素の数が一つ以上二つ未満になったときと考えることができます。このときの比較の回数をkとします。探索対象範囲は，データの数がn個とすると，1回目の探索では個の範囲を$\frac{n}{2}$にし，2回目の探索では$\frac{n}{2}$個の範囲をさらに半分にするので，$\frac{n}{2}\times\frac{1}{2}=\frac{n}{2^2}$個にし，…ということで，k回目の探索では$\frac{n}{2^k}$となることが分かります。この，$\frac{n}{2^k}$が1以上2未満になったときに探索終了となりますので，次の計算式が成り立ちます。

$$1 \leqq \frac{n}{2^k} < 2 \quad \cdots\cdots ①$$

これを解いていきます。

まず，それぞれを 2^k します。すると，①の式は次のようになります。

$2^k \leqq n < 2^{k+1}$ ……………………………………………………………②

②を k について解くには，対数 log を使います。log は，べき乗の関係を次のように表記するための記号でした。

$a^b = c$ ⟺ $\log_a c = b$

$k \leqq \log_2 n < k+1$ ……………………………………………………③

以上を表にまとめると，次のようになります。ここで，［　］は，［　］内の値を超えない最大の整数の値を表します。

	最小比較回数	最大比較回数	平均比較回数
逐次探索	1	n	$\frac{n}{2}$
2 分探索	1	$[\log_2 n]+1$	$[\log_2 n]$

ここで，アルゴリズムが答えを出すまでにかかる時間の目安を，**計算量**といい，計算量を表す式を**オーダー**（Order）といいます。ただし，実際にプログラムを作成して，実行時間を測定するわけではなく，例えば，命令の実行回数など論理的に求められる値を計算量として考えます。

計算量
オーダー

ここでは，「2 分探索法は，探索する範囲を狭めていくことによって，逐次探索よりも効率のよい探索ができる方法」ということを理解しておきましょう。

付録

問1　昇順に整列された n 個のデータが配列に格納されている。探索したい値を 2 分探索法で探索するときの，およその比較回数を求める式はどれか。

(H21 春-FE 問 7)

ア　$\log_2 n$　　　　イ　$(\log_2 n+1)/2$

ウ　n　　　　エ　n^2

基礎編第 2 章の章末問題問 2-2 では，データ数が 1,000 個のときについて，2 分探索法の比較回数を考えました。この問題では，データが n 個のときです。問 2-2 では，探索が進み，範囲が半分になるときに，小数部分があれば切上げで考えましたが，n 個というように具体的な値ではないときには，切上げなどをしないでそのまま考えていきます。そして，残りの範囲が 2 となったときに見つかるとは考えずに，1 以上 2 未満となったときに見つかったと考えます。そして，そのときまでの分割回数を平均比較回数とします。

例えば，最初の範囲が 4 の場合，4→2→1 というように，2 回の分割が行われます。したがって，データ数が 4 のとき，平均比較回数は 2 回となります。データ数が 8 のときは 3 回，16 であれば 4 回です。この回数は何でしょうか。$4=2^2$，$8=2^3$，$16=2^4$ です。log というのがありました。この記号は，$2=\log_2 2$，$3=\log_2 8$，$4=\log_2 16$ というように，$k=\log_a N$ というのは，「N は a の k 乗」ということを示しています。データ数が n 個の場合，平均比較回数は n が 2 の何乗かということで求められます。例えば，n が 2 の k 乗であれば k 回です。そして，この k は $\log_2 n$ と表せるのでしたから，およその比較回数は（ア）$\log_2 n$ となります。

問2　n 個のデータをバブルソートを用いて整列するとき，データ同士の比較回数は幾らか。

ア　$n\log_2 n$　　　　イ　$n(n+1)/2$

ウ　$n(n-1)/2$　　　　エ　n^2

バブルソートのアルゴリズムでは，左端を 1〜n−1 まで順に右にずらしながら繰り返しました。そして，その繰返しの中でさらに，左端とその隣，…，右端の手前と右端というように比較・交換を繰り返していきました（内側の繰返し）。内側の繰返しは，左端が 1 のときには n−1 回，2 のときに n−2 回，…，そして，n−1 のときには 1 回行われます。この内側の繰返しの中で比較・交換を行いますから，その合計回数が比較回数です。連続した数の合計は，((最小の数＋最大の数)×個数)÷2 で求めることができます。例えば，1 から 10 までであれば，((1＋10)×10)÷2＝55 ですね。内側の比較回数は 1，2，…，n−2，n−1 ですから，((1＋(n−1))×(n−1))÷2＝(n×(n−1))÷2 となり，（ウ）が正解です。

(n×(n−1))÷2＝(n^2−n)÷2 です。計算量（オーダー）を調べる場合には，細かな部分を無視して考えます。この式の中で n が大きくなったときに，影響が一番大きいのは n^2 の部分です。この値だけに注目して，バブルソートの計算量は n^2 とします。

問3　挿入法（Straight Insertion）を用いてランダムに並んだデータを整列する。400 個のデータを整列するための比較演算回数は，100 個のデータを整列する場合のおよそ何倍になるか。

ア　2　　　イ　4　　　ウ　8　　　エ　16

挿入法では挿入位置を決めるための比較が，未整列のデータ k 個に対して，最少で 1 回，最大で k−1 回，平均すると k／2 回行われると考えることができます。この比較が k＝2 のときから k＝n まで行われるので，整列が終わるまでの平均比較回数は Σ を取って求めると，次のようになります。

$$\text{平均比較回数} = \sum_{k=2}^{n} \frac{k}{2} = \frac{1}{2}\sum_{k=2}^{n} k = \frac{1}{2}\left\{\frac{n(n+1)}{2} - 1\right\} = \frac{n^2+n-2}{4}$$

この式に値を代入すれば，データが 100 個のとき，比較回数は (100^2＋100−2)÷4＝2,524.5 回，400 個のときは，(400^2＋400−2）÷4＝40,099.5 回です。

40,099.5÷2,524.5＝15.88…＝約 16 なので，（エ）が正解です。

なお，挿入法の計算量（オーダー）は，バブルソートと同じ n^2 です。そして，データ数が 4 倍になったとき，比較回数も 4^2＝16 倍になりました。このように，どの程度，比較回数が増加するかは，計算量から把握することができます。

研究３ クイックソートのアルゴリズムについて

次のアルゴリズムは，応用編第２章の「3. クイックソート」で紹介したものです。応用編第２章では，再帰の考え方を学習することを目的としていたので，このアルゴリズムについて詳しく説明するのを避けました。ここでは，発展学習として，クイックソートのアルゴリズムを少し詳しく分析していきましょう。

このアルゴリズムをもとに考えていきます。忘れてしまった人は，復習してから考えましょう。

```
○副プログラム名: QuickSort(A, Left, Right)
○整数：i, j, Pivot, w, Flag
  if (Left ＜ Right)
    Pivot ← A[Left]
    i ← Left ＋ 1
    j ← Right
    Flag ← 1
    while (Flag ＝ 1)                                  ┐
      while ( A[i] ≦ Pivot  and  i ＜ Right ) ┐        │
        i ← i ＋ 1                            ├②      │
      endwhile                                ┘        │
      while ( A[j] ≧ Pivot  and  j ＞ Left )  ┐        │
        j ← j － 1                            ├③      │
      endwhile                                ┘        │
      if (i ≧ j)                                       ├①
        Flag ← 0                               ④      │
      else                                             │
        w ← A[i]                              ┐        │
        A[i] ← A[j]                           ├⑤      │
        A[j] ← w                              ┘        │
      endif                                            │
    endwhile                                           ┘
    A[Left] ← A[j]                            ┐
    A[j] ← Pivot                              ┘⑥
    QuickSort(A, Left, j－1)
    QuickSort(A, j＋1, Right)
  endif
```

1. このアルゴリズムによってなぜグループ分けができるかについて考える

このアルゴリズムによってなぜグループ分けができるかについて，考えていきます。軸より小さい値，軸，軸より大きい値というように，配列の要素をグループ分けするのですから，軸より小さい値は配列の前方へ，大きい値は後方へと集めていきます。そして最後に，その境界の位置に軸の値を挿入するというのが，おおまかな流れです。

ポイント！

「前方にある軸より大きい値」，そして，「後方にある軸より小さい値」を見つけて交換します。

これを繰り返すと，前方には軸より小さい値，後方には軸より大きい値が集まります。

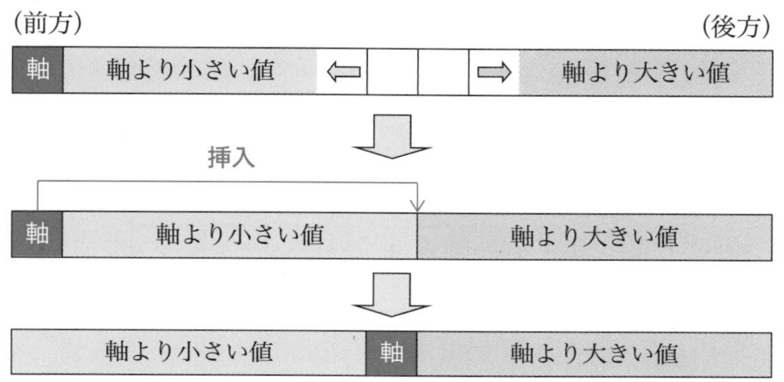

配列の状態によって処理のイメージが違うので，QuickSort に渡される配列の状態を三つに分けて，それぞれの場合ごとに考えます。その三つの場合とは，配列の中に軸より大きい要素と小さい要素が混ざっている場合，軸以外のすべての要素が軸の値より小さい場合，そして，逆に大きい場合です。

(1) 軸より大きい要素と小さい要素が混ざっている場合

通常はこの場合です。配列中の値は大小様々です。そして，軸の値は配列中の左端というだけで選んだので，ほかの要素には軸より大きいものも，小さいものもあります。

このアルゴリズムでは，はじめ軸を左端としていますから，次の②のループは左端の次の要素から順に，軸との大小を比較して，軸より大きな値が見つかったときに終了します。

ポイント！

前方にある，軸より大きい値を探します。

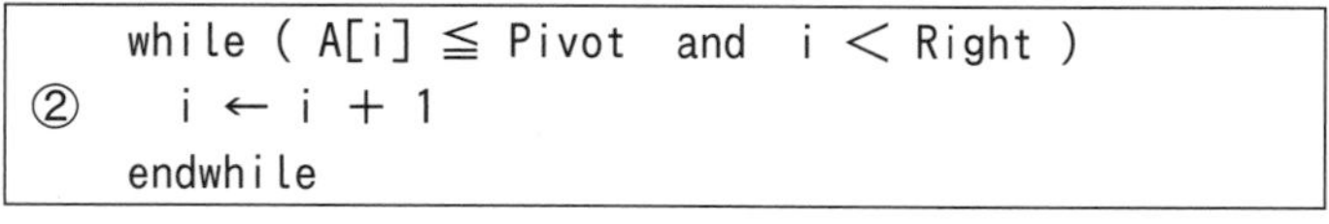

```
   while ( A[i] ≦ Pivot  and  i ＜ Right )
②    i ← i + 1
   endwhile
```

継続条件として「i＜Right」，つまり，「i が右端より前」という条件がありますが，いま考えているのは軸の値より大きい要素と小さい要素が混ざっているときですから，右端に達する前に必ず軸より大きい要素が見つかり，ループを終了します。このとき A[i]には，軸よりも大きな値が入っています。しかし，ここでもう一つ注目しておきたいのが，A[i]の左側，つまり，A[2]～A[i－1]の要素の値は，いずれも軸の値より小さいということです。

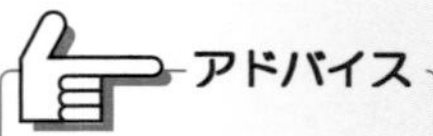

後方にある，軸より小さい値を探します。

次に行われるのは③のループです。このループは範囲の右端の要素から順に，軸との大小を比較して軸より小さな値が見つかったときに終了します。そして，②のループ同様に左端に達する前に軸よりも小さな要素が現れるので，その時点でループを終了することになります。そして，そのとき A[j]の値は，もちろん軸の値よりも小さくなりますが，②のループと同様に，その右側，つまり，A[j+1]～右端までの要素の値は，いずれも軸の値より大きなものになります。

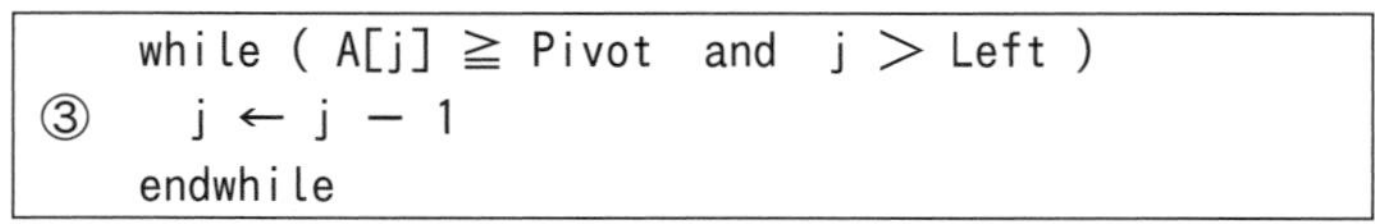

```
   while ( A[j] ≧ Pivot  and  j > Left )
③    j ← j − 1
   endwhile
```

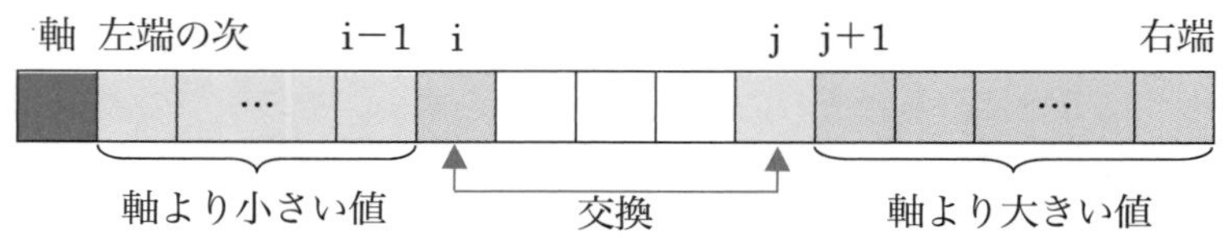

ポイント！

二つの値を交換すると，左端の次～A[i]，A[j]～右端は，それぞれ正しいグループになります。

そして⑤の部分で，A[i]と A[j]の値は交換されます。A[i]の値は軸より大きく，A[j]の値は小さいのですから，この値の交換によってグループの範囲が，それぞれ一つずつ広がって，左端の次～A[i]は軸より小さな値，A[j]～右端は軸より大きな値となります。

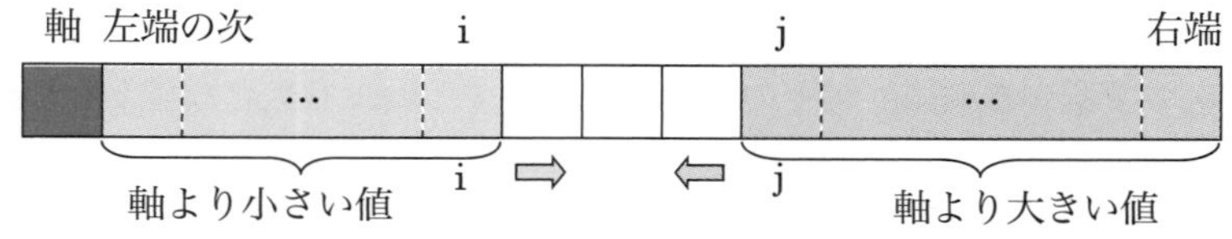

繰返しによってグループ分けを進めます。

その後も，②，③，そして A[i]と A[j]の交換(⑤)という順で①のループが繰り返され，軸よりも小さな値が配列の前方に，大きな値は配列の後方に集められ，それぞれのグループの範囲が徐々に大きくなっていきます。そして，i と j の位置が交差「j<i」となった時点で①のループが終了します。

このとき，次の図に示すように A[j]の要素は軸の値より小さく，A[i]の要素は大きいものです。そして，j=i−1 という関係になります。応用編第 2 章の説明では，①のループを「i=j」という条件で終了することもあるとしてきましたが，じつは，この条件で終了するのは，軸以外の要素の値がすべて軸よりも小さいとき（後述）だけに限られます。

軸　左端の次　j　i　右端
軸より小さい値　軸より大きい値

③，④のループを終えたときには，i>j（=i−1）となっていますから，A[i]と A[j]の交換は行われません。そして，①のループを抜けて，A[j]と左端の要素（軸）が交換されます。このとき，A[j]の値は軸の値より小さく，また，左端の次〜A[j−1]の値も軸の値より小さくなっているので，A[j]の値を左端の要素に入れると左端〜A[j−1]の要素は，すべて軸の値より小さなものとなります。また，その後 A[j]には軸の値が入りますが，A[i]，つまり，A[j+1]〜右端の要素はすべて軸の値より大きなものばかりです。この結果，左端〜A[j−1]より A[j]のほうが大きい，そして，A[j]より A[j+1]〜右端のほうが大きくなります。つまり，A[j]の位置にある軸の値を中心としたグループ分けが完成するのです。

ポイント！

最後に，範囲の左端にある軸の値と，A[j]の値を交換すればグループ分けが完了です。

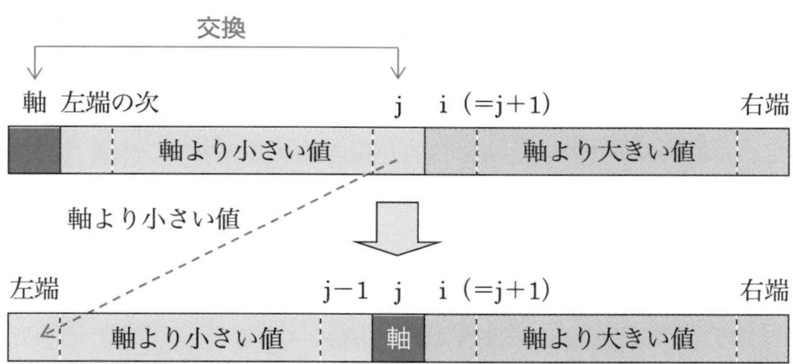

よく分からないうちに軸の要素が正しい位置に入り，軸を中心としたグループ分けが終わってしまったような気がします。本来，ここでは軸（左端）の次から，配列を順に探索し，グループの境界位置を見つけて，その位置に軸の要素を挿入しなければいけないはずです。そして，そのためには，挿入法のときのように挿入位置以前の要素を一つずつ前にずらすという，めんどうな処理が必要になるように思えます。

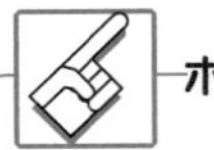

ポイント！

グループ分けの結果，左端（最初の軸の位置）には，軸より小さい値が入らなくてはいけません。ところが，A[j]より前方の値はすべてこの条件を満たすので，どの値を左端に入れても大丈夫です。

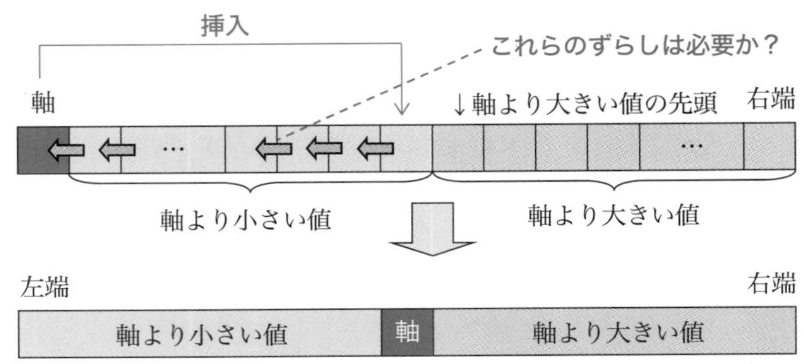

ポイント！

A[j +1]～右端はすべて軸よりも大きな値ですから，軸の値は A[j]に入れると正しい位置に落ち着きます。

しかし，クイックソートでは挿入後に整列されている必要はありません。軸（左端）の位置には，軸より小さい要素が入りさえすればよいのです。挿入位置以前にある値であれば，すべて軸の値より小さいことは分かっているので，左端にはそのうちのどの値を入れてもよいことになります。挿入位置は，軸より大きい値の先頭よりも一つ前の位置ですから，この位置の値も軸より小さなものです。したがって，この値を先頭に入れても，グループ分けとしては正しい内容となります。

先ほどの結果を思い出してみましょう。①のループが終了した時点で，j の位置はまさに軸の挿入位置を示しています。先頭と A[j]を交換するということが，結果的に，軸を正しい位置に挿入するということになるのです。この部分が，このアルゴリズムのすばらしいところです。

ポイント！

軸以外の値が全て軸より小さければ，グループ分けの結果，軸の値は右端に入るはずです。

(2) 軸以外のすべての要素が軸の値より小さい場合

この場合，②のループでは，A[i]の値が軸の値より大きくなるような位置が見つからないので，右端に達して終了します。

軸　軸より大きい値が見つからない　i　→　i＝右端

すべて軸よりも小さい値

ポイント！

②のループは i=Right で終了し，③のループは最初の j=Right のまま終了します。この結果，i=j となり，①のループも終了します。

続く，③のループでは，最初の比較，つまり，右端と軸の値との比較で終了します。このときには，i=j という条件で①のループが終了します。ただし，このときは，A[i]と A[j]の交換は行われません。そして，ループを抜けた⑥の部分で A[j]と軸の値の交換が行われ，軸の値が右端に入ることになります。軸以外の値はすべて軸の値よりも小さなものでしたから，正しいグループ分けとなります。

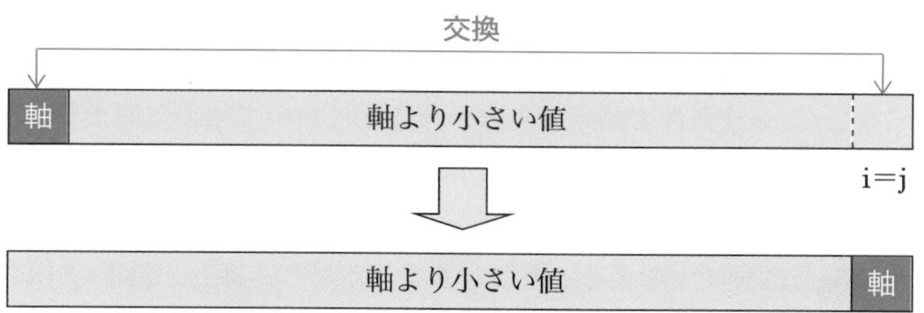

ポイント！

軸以外の値がすべて軸より大きければ，グループ分けの結果，軸の値は左端に入るはずです。

(3) 軸以外のすべての要素が軸の値より大きい場合

②のループでは，最初の比較でA[i]の値が軸の値より大きくなりますから，その時点でループ終了です。続く，③のループでは，軸の値より小さいものが見つからないので，左端まで比較が行われます。

ポイント！

②のループは i=Left＋1 のまま終了し，③のループは j=Left で終了します。この結果，j<i となり，①のループも終了します。

このとき，j<i となるので，交換を行わず①のループを終了します。そして，A[j]と軸の値の交換ですが，j が左端となっているので，A[j]と軸は同じ位置となっています。したがって，その交換を行っても結果的には何も変わりません。そして，軸である左端が最小の値ですから，正しいグループ分けとなります。

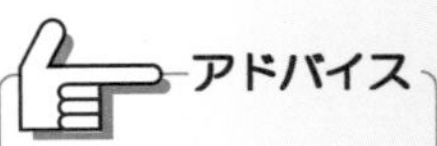

アドバイス

通常の場合，①のループは何度か繰り返されるので，最後の繰返しに注目します。

2. 通常の場合，j=i−1 で①のループが終了するということを考える

範囲内に，軸の要素より大きい値，小さい値が混在するときに，①のループが i≧j（=i−1）という条件で終了するということについて考えてみましょう。

前述のように，通常はこのループが何度か繰り返された結果，条件が成立することになりますから，直前の繰返しが終了した時点での i，j の関係に注目して，いくつかの場合に分けて考えることにします。ただし，繰返し処理の中で値を変えているため，直前の繰返しのときに i<j という関係が成り立っているとはいえません。また，左端の次〜A[i]はすべて軸より小さい値，A[j]〜右端はすべて軸より大きい値であったことも思い出しておきましょう。

アドバイス

最後の繰返しを行うときに，A[i]とA[j]の間に要素がない，つまり，A[i]の右隣がA[j]のときについて考えます。

(1) A[i]と A[j]の間に要素がないとき

この場合，A[i]と A[j]が隣同士ということですから，j=i+1 の関係にあります。まず，②のループでは i に 1 加算した時点で，軸より大きな値が見つかり，ループを終了します。また，その後の③のループでも，j から 1 減算した時点で，軸より小さな値が見つかり，ループを終了します。つまり，②，③の終了時には，j の値が 1 減少し，i の値が 1 増加しています。その前には，j=i+1 の関係にありましたが，j=i−1 の関係に変わります。

ポイント！

②によって i の値は1加算され（i = i +1），③によって j の値は1減算されます（j = j −1）。この結果，i > j となり，①のループが終了します。

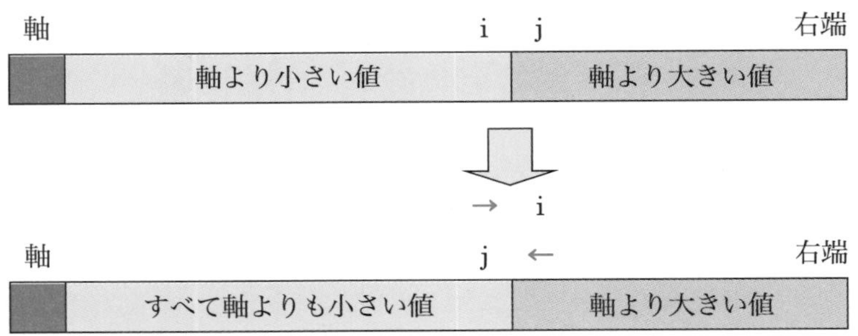

(2) A[i]と A[j]の間に要素が一つのとき

この一つの要素は，軸より大きい値，小さい値の両方が考えられます。ここでは，軸より大きい場合について考えましょう。②のループは i に 1 加算した時点で軸より大きい値を見つけて終了します。一方，③のループは，②のループ開始前の i の位置まで進まないと，小さい要素が見つかりません。結局，その位置でループを抜けます。このとき，図から分かるように j=i−1 となっています。また，小さい値のときは，②と③が逆になるだけですから，説明は不要でしょう。

アドバイス

A[i]とA[j]の間にある要素は一つだけです。この要素は軸よりも大きいときと，小さいときの２通りが考えられます。

(軸より大きい場合)

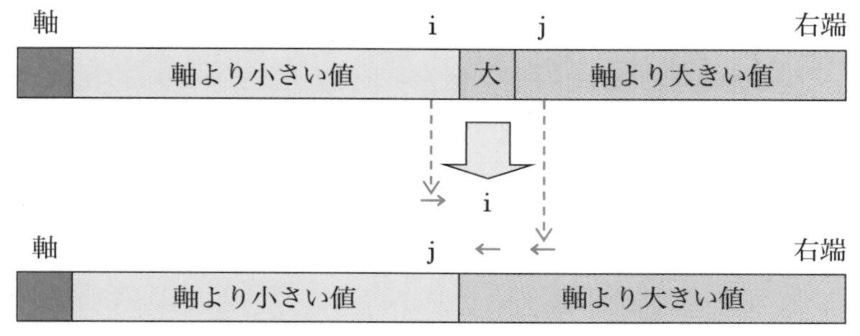

ポイント！

開始時点では， j ＝ i ＋2 です。i は1 加算され， j は２減算されるので j （＝ i −1）＜ i となります。

(軸より小さい場合)

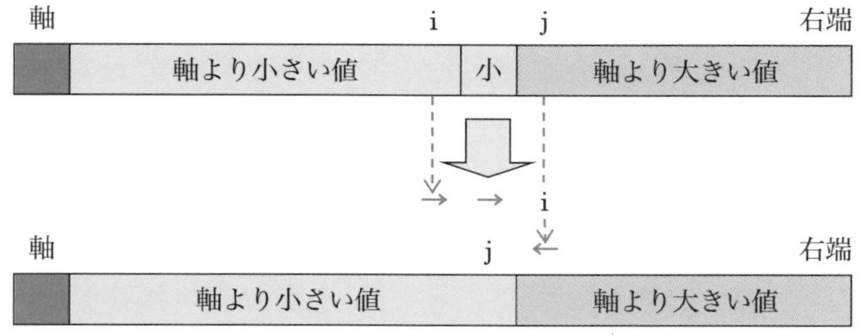

ポイント！

こちらは， i が２加算され， j が１減算されるので， j ＝ i −1 になります。

(3) A[i]と A[j]の間に要素が二つのとき

この二つの要素については，いずれも軸より大きい値（小さい値）の場合，大きい値と小さい値が両方含まれる場合が，考えられます。

まず，いずれも軸より大きい値の場合を考えましょう。この場合は，基本的に要素が一つのときと同じようになります。②のループは i に 1 加算した時点で軸より大きい値を見つけて終了します。一方，③のループは，②のループ開始前の i の位置まで進まないと小さい要素が見つかりません。つまり，二つ減少することになります。そして，その位置でループを抜けます。このとき，図から分かるように j=i−1 となっています。また，A[i]と A[j]の間の要素が三つ以上あって，

アドバイス

A[i]と A[j]の間に要素が二つあるときを考えます。
二つとも軸より大きい(小さい)ときは，このようにして①のループを終了します。

いずれも軸より大きいものだけ（小さいものだけ）のときは，同じように処理が進みます。

ポイント！

開始時点はｊ＝ｉ＋3です。ｉは1加算され，ｊは3減算されるのでｊ＝ｉ－1になります。

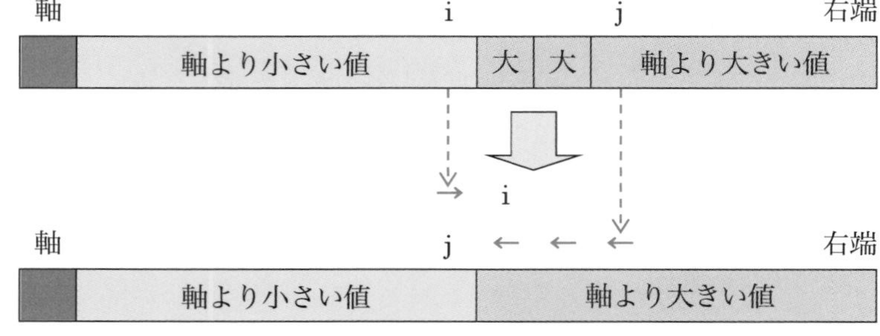

次に，二つの要素に，軸より大きい値と小さい値の両方が含まれる場合について考えます。ところが，その要素の並び方によって「小，大」（正順）の場合，「大，小」（逆順）の場合があり，それぞれ結果が違うので，別に考える必要があります。

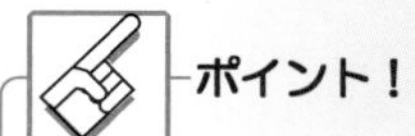

正順のときも①のループを終了します。ｉとｊがそれぞれ2ずつ変化するのでｊ＝ｉ－1です。

・「小，大」（正順）に並んでいるとき

まず，「小，大」（正順）に並んでいるときについて見ていきましょう。軸より大きな要素はｉの二つ後，また，軸より小さい要素はｊの二つ前にあります。したがって，③のループはｉに2加算して終了し，④のループはｊから2減算して終了します。この結果，i＞ｊ（=i−1）となってループが終了します。

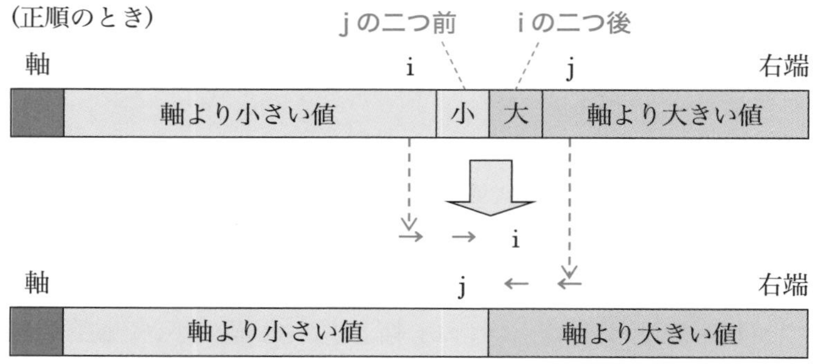

・「大，小」（逆順）に並んでいるとき

「大，小」（逆順）に並んでいるときについて見ていきましょう。軸より大きな要素はｉの直後，小さな要素がｊの直前にあります。したがって，②ではｉに1加算，③ではｊから1減算されます。つまり，i，ｊそれぞれ中央に向かって1ずつ進みます。しかし，その結果，i<j のままですから，①のループは終了しません。A[i]と A[j]が交換され，グループの範囲がそれぞれ一つずつ広がることになります。ただし，次の繰返しでループを終了します。

(逆順のとき)

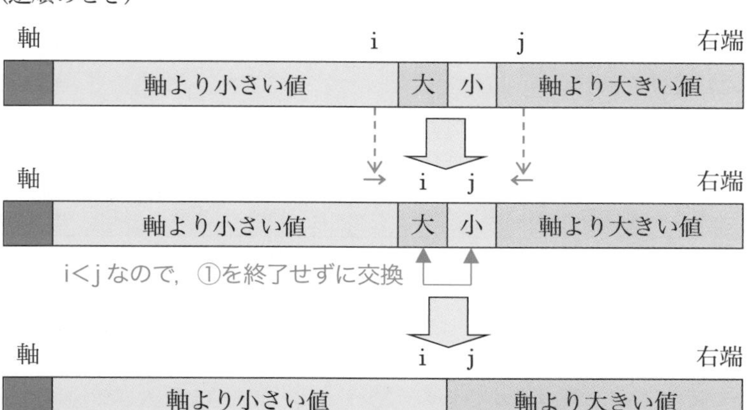

ポイント！

逆順のときは，①のループをもう一度繰り返す必要があるようです。

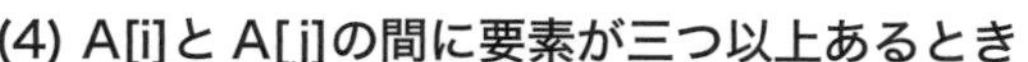

(4) A[i]と A[j]の間に要素が三つ以上あるとき

三つ以上の要素があるときについても，いずれも軸より大きい値（小さい値）の場合，大きい値と小さい値が両方含まれる場合が考えられます。まず，いずれも軸より大きい値（小さい値）の場合は，前述のように要素が二つの場合と同じですから，詳しい説明は不要でしょう。

大きい値と小さい値が両方含まれる場合には，その並び方によって，きれいに分かれている場合と，入り組んでいる場合に分けられます。きれいに分かれている場合とは「大，…，大，小，…，小」や「小，…，小，大，…，大」というように，要素が途中でグループに分かれている場合です。この場合は基本的に要素が二つの場合と同じです。1 回のループで交換できる要素の数は大，小それぞれ一つずつですから，「大，…，大，小，…，小」と逆順に並んでいる場合には，①のループが何度か繰り返されることになります。

アドバイス

A[i]とA[j]の間に要素が三つ以上あるときは，いろいろなパターンが考えられますが，ほとんどの場合，①のループを1度で終了することはありません。

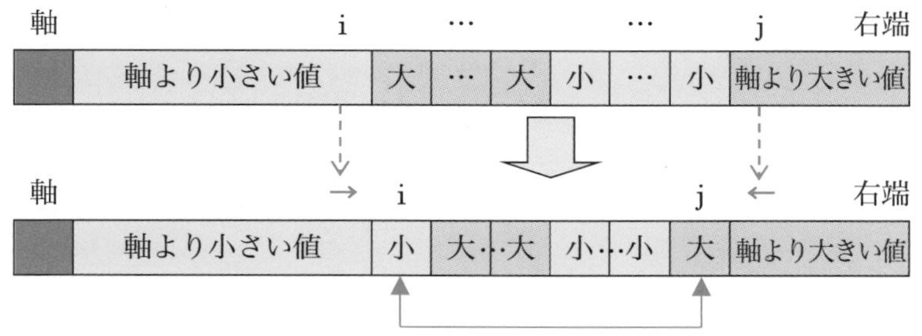

また，「小，…，小，大，…，大」と正順に並んでいる場合には，②，③のループで，それぞれ要素の個数分，i や j の値が変化しますが，結果は要素が二つの場合と同じです。

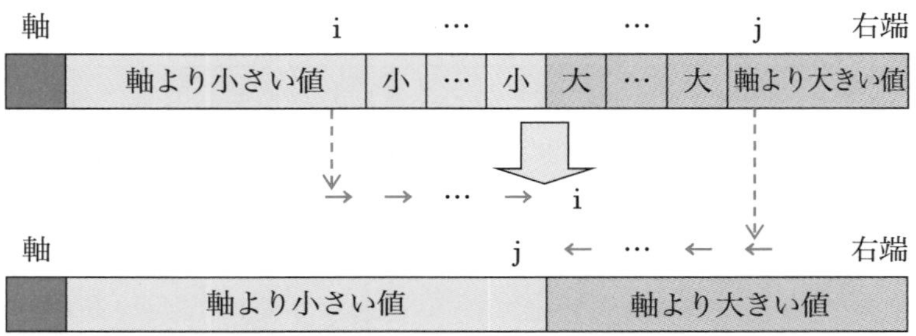

最後に，大，小が入り組んでいる場合について考えれば，すべてのパターンを網羅したことになります。もう少しですから，がんばりましょう。まず「大，小，大，大，…，小」などと，要素の値が複雑に入り組んでいる場合には，まだ，何回かの交換が必要ですから，最後のループとならないことは明らかでしょう。つまり，ループの終了時点での i と j の関係を考えるのは，まだまだ早いということになります。もう少し進んだところで，これまで考えたパターンのどれかになります。

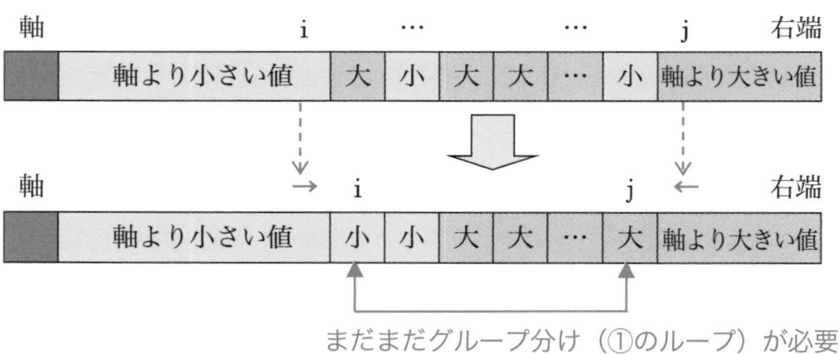

大，小が入り組んでいる最も単純なパターンとしては「大，小，大」や「小，大，小」があります。この中にも二つの要素で，ループが終了しなかった逆順が含まれますから，この場合もループは終了しません。交換が行われ，その次の繰返しのときに要素が一つの場合になります。

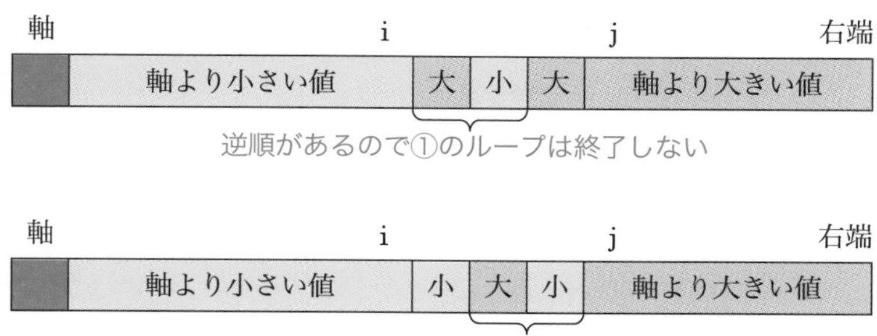

以上見てきたように A[i]と A[j]の間に三つ以上の要素がある場合，どの場合でも軸より大きい値（小さい値）のときは，j=i−1 という関係で①のループを終了しました。また，両方の値が含まれる場合には，きれいに大小のグループに二分でき，かつ，そのグループが正順に並んでいるときだけ①のループが終了します。そして，そのときにも j=i−1 の関係が成り立ちます。

さて，範囲内に軸の値より大きい要素，小さい要素が含まれているときのループの終了条件について長々と考えてきましたが，いずれの場合も，j=i−1 という関係が成立して終了することが分かりました。

ここまで一つ一つていねいに処理の内容を見てきましたが，クイックソートのアルゴリズムが非常にうまくできていることが分かりますね。このようなていねいな見方は時間がかかるので，いつでもできる訳ではありませんが，疑問を解消しながら，少しずつアルゴリズムの理解を深めていってください。

■ 擬似言語の記述形式と補足説明

基本情報技術者試験で使われる擬似言語の記述形式を示し，補足説明をします。

〔擬似言語の記述形式〕

記述形式	説明
○*手続名又は関数名*	手続又は関数を宣言する。
型名: *変数名*	変数を宣言する。
/* *注釈* */	注釈を記述する。
// *注釈*	
変数名 ← *式*	変数に*式*の値を代入する。
手続名又は関数名(*引数*, …)	手続又は関数を呼び出し，*引数*を受け渡す。

if (*条件式 1*)
　処理 1
elseif (*条件式 2*)
　処理 2
elseif (*条件式 n*)
　処理 n
else
　処理 n + 1
endif
	選択処理を示す。
	*条件式*を上から評価し，最初に真になった*条件式*に対応する*処理*を実行する。以降の*条件式*は評価せず，対応する*処理*も実行しない。どの*条件式*も真にならないときは，*処理 n + 1* を実行する。
	各*処理*は，0 以上の文の集まりである。
	elseif と*処理*の組みは，複数記述することがあり，省略することもある。
	else と*処理 n + 1* の組みは一つだけ記述し，省略することもある。

while (*条件式*)
　処理
endwhile
	前判定繰返し処理を示す。
	*条件式*が真の間，*処理*を繰返し実行する。
	*処理*は，0 以上の文の集まりである。

do 　*処理* while (*条件式*)	後判定繰返し処理を示す。 *処理*を実行し，*条件式*が真の間，*処理*を繰返し実行する。 *処理*は，0 以上の文の集まりである。

for (*制御記述*)
　処理
endfor
	繰返し処理を示す。
	*制御記述*の内容に基づいて，*処理*を繰返し実行する。*処理*は，0 以上の文の集まりである。

〔演算子と優先順位〕

演算子の種類		演算子	優先度
式		() .	高
単項演算子		not ＋ −	↑
二項演算子	乗除	mod × ÷	
	加減	＋ −	
	関係	≠ ≦ ≧ ＜ ＝ ＞	
	論理積	and	↓
	論理和	or	低

注記　演算子 . は，メンバ変数又はメソッドのアクセスを表す。
　　　演算子 mod は，剰余算を表す。

〔論理型の定数〕

true，false

〔配列〕

配列の要素は，“[”と“]”の間にアクセス対象要素の要素番号を指定することでアクセスする。なお，二次元配列の要素番号は，行番号，列番号の順に“,”で区切って指定する。

“{”は配列の内容の始まりを，“}”は配列の内容の終わりを表す。ただし，二次元配列において，内側の“{”と“}”に囲まれた部分は，1 行分の内容を表す。

〔未定義，未定義の値〕

変数に値が格納されていない状態を，“未定義”という。変数に“未定義の値”を代入すると，その変数は未定義になる。

(1) 演算子と優先順位について

単項演算は数の符号を示す記号（not は否定）で最も優先順位が高いです。次に，演算の優先順位は数学と同じで，乗除算（×と÷）の方が加減算（＋と－）よりも高くなります。なお，余りを求める剰余算（mod）は乗除算よりも高くなっています。

（例）　－1 × 5 + 7 ──────→ －5 + 7 ────→ 2
単項演算　（－1×5 の乗算が先）　　（次に加算）

もし，加算を先に行いたいのであれば，“－1×（5＋7)”と書く必要があります。さらに正負の符号は加減算と間違えやすいので，符号を付けた値にも () を付けて，“(－1) ×（5＋7)”と書くのが普通です。

このほか，関係（≠，≦，≧，＜，＝，＞），論理積（and），論理和（or）の優先順位も定められていますが，人が見てすぐ分かるように，複数の演算が混ざっている式では，優先的に演算する部分を括弧“(”と“)”で囲って示すのが一般的です。

（例）　条件：a ＞ 1　and　b ＜ 1　or　c ＝ 0
この場合，論理積の“a ＞ 1　and　b ＜ 1”を先に調べ，その結果と c ＝ 0 の論理和が調べられますが，“(a ＞ 1　and　b ＜ 1)　or　c ＝ 0”のように，先に調べるところを明示的に“(”と“)”で示すことが多いです。

(2) メンバ変数，メソッド，アクセス，剰余算について

メンバ変数，メソッドは，オブジェクト指向プログラミングの用語です。

・メンバ変数……クラスの定義の中で宣言された変数のことで，オブジェクトの属性に当たります。フィールドとも呼ばれます。

・メソッド……クラスの定義の中で記述された処理のことで，オブジェクトに対する操作です。なお，メンバ変数を初期化する（新たにオブジェクトを生成する）メソッドを特にコンストラクタといいます。

・アクセス……メンバ変数の内容を参照したり，メソッドを実行したりすることを表す用語で，次のように演算子“.”を使って指定します。

　メンバ変数へのアクセス……　変数名.メンバ変数名

　メソッドへのアクセス………　変数名.メソッド名

・剰余算……以前の擬似言語では％演算子で表記していましたが，新仕様では演算子 mod に変更になりました。

（例）10 を N で割った余りを A に代入する。

（従来）A ← 10 % N　──────→　（新仕様）A ← 10 mod N

(3)　配列要素の指定とアクセス

配列内の要素にアクセスする（参照する）には，**配列名[要素番号]**のように指定します。要素番号は 0 から開始するものもありますが，擬似言語の試験問題では 1 から始まるものが多いです。

①　一次元配列の例

一次元配列 Array の要素が{11, 12, 13, 14, 15}のとき，要素番号 1 の要素（11）は Array[1]で，要素番号 4 の要素（14）は Array[4]でアクセスできます。

要素番号

Array	1	2	3	4	5
	11	12	13	14	15

Array[1]　　Array[4]

②　二次元配列の例

二次元配列 Array の要素が{{11, 12, 13, 14, 15}, {21, 22, 23, 24, 25}}のとき，1 行目の要素は{11, 12, 13, 14, 15}，2 行目の要素は{21, 22, 23, 24, 25}となります。アクセスする要素は，**配列名[行番号, 列番号]** と指定します。

1 行目 2 列目の要素(12)は，Array[1, 2]で，2 行目 5 列目の要素の値(25)は，Array[2, 5]でアクセスできます。

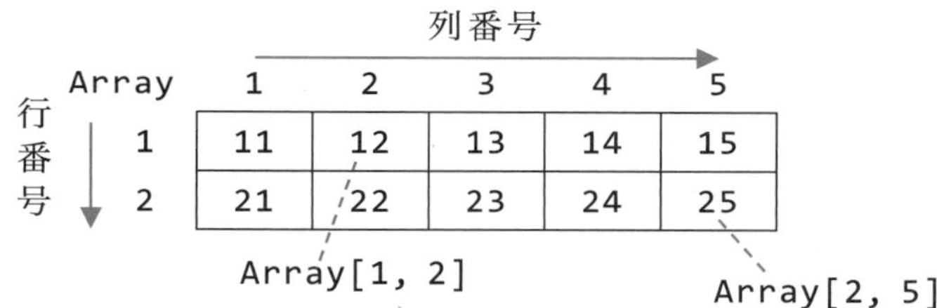

(4)　手続や関数，変数などの名前，型などの宣言

擬似言語でプログラム（手続や関数）を記述するとき，はじめの部分にその手続や関数の名前（手続名，関数名）を“○”に続いて指定し，その後で，プログラムで使う変数の名前を型（数値，文字など）と合わせて指定します。

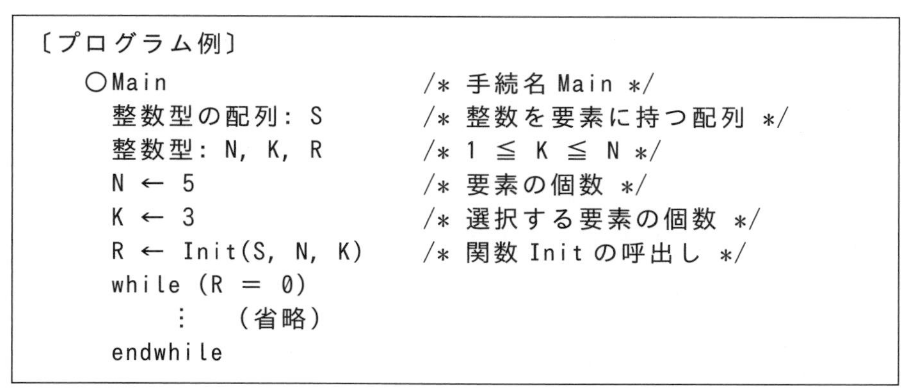

```
〔プログラム例〕
  ○Main                    /* 手続名 Main */
    整数型の配列: S         /* 整数を要素に持つ配列 */
    整数型: N, K, R        /* 1 ≦ K ≦ N */
    N ← 5                  /* 要素の個数 */
    K ← 3                  /* 選択する要素の個数 */
    R ← Init(S, N, K)      /* 関数 Init の呼出し */
    while (R = 0)
         ⋮   (省略)
    endwhile
```

このプログラムの手続名は Main です。続く変数の指定では，整数型の配列 S と，整数型の変数 N，K，R を使うことが分かります。

(5) 「関数(引数，引数，…)」の補足

いま見たプログラムに「R ← Init(S, N, K)」という処理がありました。これは，別のプログラム（関数）にデータ（引数）を与えて，処理した結果を返してもらう指定です。指定方法は，関数名の後ろに( )で囲んで，必要な引数を“,”で区切って並べます。ここで指定する引数は，はじめに関数の宣言で指定した引数の順番と型が一致している必要があります（名前は同じでなくてもいいです)。

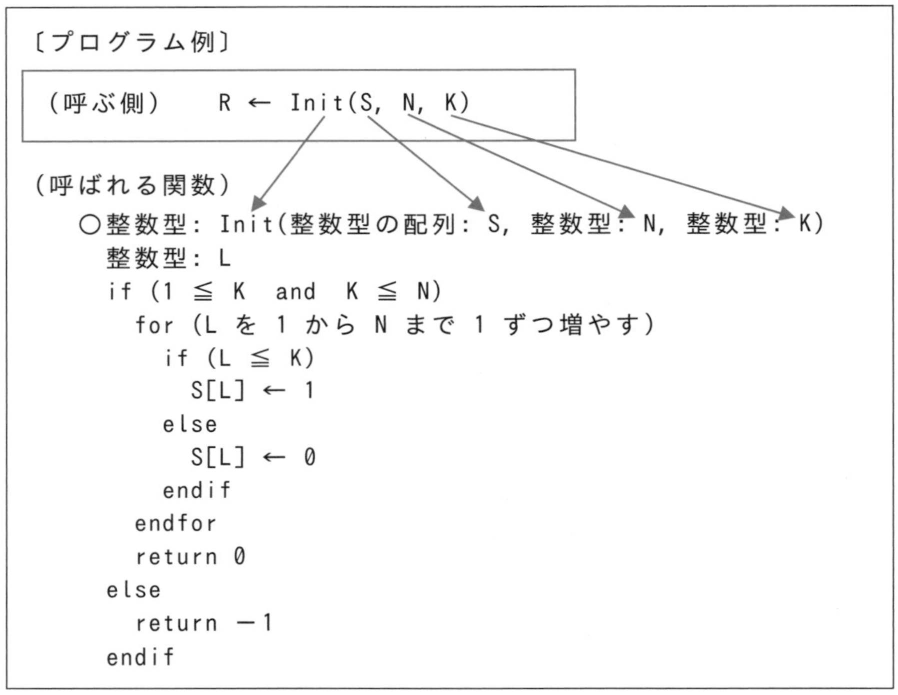

〔プログラム例〕

```
(呼ぶ側)    R ← Init(S, N, K)

(呼ばれる関数)
  ○整数型: Init(整数型の配列: S, 整数型: N, 整数型: K)
    整数型: L
    if (1 ≦ K  and  K ≦ N)
      for (L を 1 から N まで 1 ずつ増やす)
        if (L ≦ K)
          S[L] ← 1
        else
          S[L] ← 0
        endif
      endfor
      return 0
    else
      return −1
    endif
```

この例では，関数 Init を呼ぶ側が「R ← Init(S, N, K)」の指定になっています。呼ばれる関数 Init の指定を見ると，“○整数型”として宣言されており，引数の指定順序は呼ぶ側の「R ← Init(S, N, K)」と同じ，Init(整数型の配列：S，整数型：N，整数型：K)」になっています。

ここでは引数の名前も一致していますが，違う名前でもよく，並んだ順番に引数を対応させて，処理が行われます。

関数 Init の処理内容を見ると，L と K の大小関係によって，配列 S[L]に入れる値を 1 か 0 に変えているようです。また，最後に実施される return で指定した値が副プログラムの返却値（戻り値）になります。この例では，0 と−1 が return で指定されているので，呼ぶ側の「R ← Init(S, N, K)」で R に代入される値も 0 か−1 になります。

(6)　前判定繰返し処理と後判定繰返し処理の違いについて

基礎編第１章で前判定繰返し処理と後判定繰返し処理の説明をしましたが，動作の違いについて簡単な例で復習しておきます。

	〔前判定繰返し処理〕	〔後判定繰返し処理〕

例	⋮　　⋮
	（ここでの a の値＝0 とする）
	k ← 1
	while (a ＞ 0)
	　k ← k × 10
	　a ← a － 1
	endwhile
		⋮　　⋮
		（ここでの a の値＝0 とする）
		k ← 1
		do
		　k ← k × 10
		　a ← a － 1
		while (a ＞ 0)

説明	a＝0 なので，繰返し処理の前で継続する条件 a ＞ 0 を満たさず，繰返し処理は１回も実行されません。 結果は a＝0，k＝1 です。	a＝0 ですが，継続する条件を調べるのは処理を実行した後になるので，繰返し処理が実行されます。 結果は a＝－1，k＝10 です。

■ 流れ図記号（JIS X 0121-1986）

このテキストで使用した流れ図の記号は(財)日本規格協会発行の規格JIS X 0121に基づいています。ここではプログラム流れ図とシステム流れ図で使用される記号を，テキストで使用していないものも含めてまとめています。テキストで使用した記号は太枠で囲んでいます。

詳細を知りたい方は，会社や図書館などで実際の規格書を見たり，日本産業標準調査会（JISC）のWebページでJIS検索のサービスを利用したりして，確認してみましょう。

(1) データ記号

○は使われることを示します。

記　号	記号の名称	説　　明	プログラム流れ図	システム流れ図
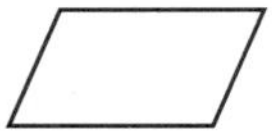	データ	媒体を指定しないデータを表す。	○	○
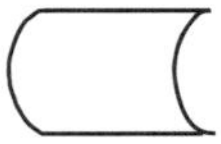	記憶データ	処理に適した形で記憶されているデータを表す。		○
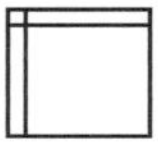	内部記憶	内部記憶を媒体とするデータを表す。		○
	順次アクセス記憶	順次アクセスだけ可能なデータを表す。磁気テープ，カートリッジテープ，カセットテープなどがある。		○
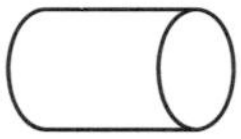	直接アクセス記憶	直接アクセス可能なデータを表す。磁気ディスク，磁気ドラム，フレキシブルディスクなどがある。		○
	書類	人間の読める媒体上のデータを表す。印字出力，光学的文字読取り装置，磁気インク読取り装置の書類，マイクロフィルム，計算記録，帳票などがある。		○
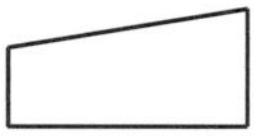	手操作入力	手で操作して情報を入力するあらゆる種類の媒体上のデータを表す。		○
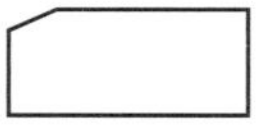	カード	カードを媒体とするデータを表す。		○
	せん孔テープ	せん孔テープを媒体とするデータを表す。		○
	表示	人が利用する情報を表示するあらゆる種類の媒体上のデータを表す。		○

(2) 処理記号

記　　号	記号の名称	説　　　明	プログラム流れ図	システム流れ図
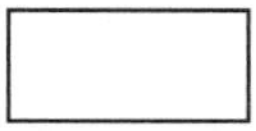	処理	任意の種類の処理記号を表す。代入，演算，演算のまとまりなど	○	○
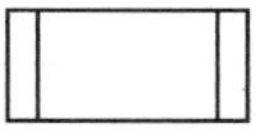	定義済み処理	サブルーチンやモジュールなど，別の場所で定義された一つ以上の演算，命令のまとまりからなる処理を表す。	○	○
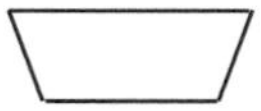	手作業	人手による任意の処理を表す。		○
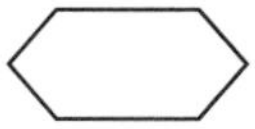	準備	その後の動作に影響を与えるための命令など。指標レジスタの変更，ルーチンの初期設定	○	○
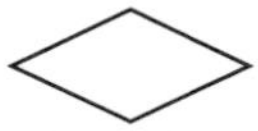	判断	一つの入口といくつかの択一的な出口をもち，条件に従ってただ一つの出口を選ぶ判断記号	○	○
	並列処理	二つ以上の並行した処理を同期させることを表す。	○	○
(例) 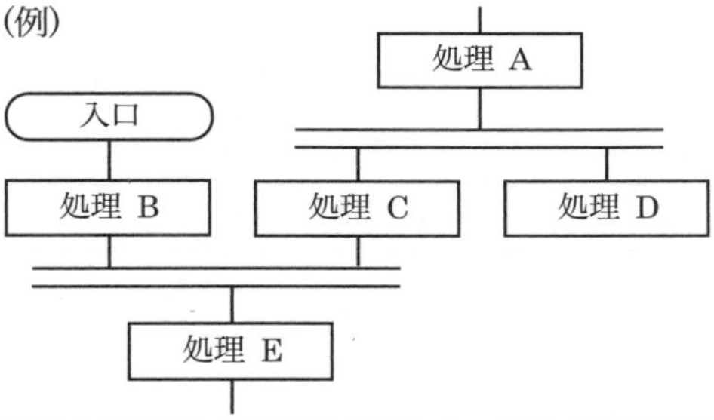 入口 処理 A 処理 B 処理 C 処理 D 処理 E		処理 A が終わるまで処理 C，D は開始できない。同じように処理 E は処理 B，C が終わらないと開始できない。		
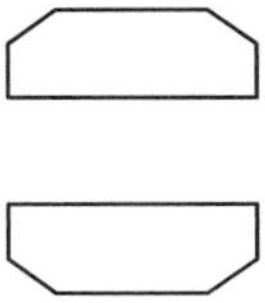	ループ端 ループ始端 ループ終端	ループの始まりと終わりを表す。記号の二つの部分は同じ名前をもつ。テスト命令の位置に応じて，ループの始端または終端記号の中に，初期値，増分，終了条件を表記する。	○	○

付
録

(3) 線記号

記　号	記号の名称	説　明	プログラム流れ図	システム流れ図
 ────	線	データまたは制御の流れを表す。流れの向きを明示する必要があるときは矢先を付けなければならない。また，見やすさを強調するときは矢先を付けてもよい。	○	○
 （通信記号）	通信	通信線によってデータを転送することを表す。		○
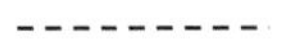 ---------	破線	二つ以上の記号の関係の択一的な関係を表す。注釈の対象範囲を囲むのにも用いる。	○	○

(4) 特殊記号

記　号	記号の名称	説　明	プログラム流れ図	システム流れ図
○	結合子	同じ流れ図の他の部分への出口，または他の部分からの入口を表したり，線を中断し他の場所に続けたりするのに用いる。対応する結合子には同じ名前を含めるようにする。	○	○
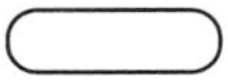 （端子記号）	端子	外部環境への出口，または外部環境からの入口を表す。例えばプログラムの流れの開始もしくは終了，外部参照またはデータの転移を表す。	○	○
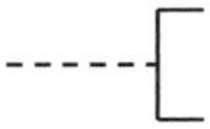 ------[	注釈	明確にするために，説明または注を付加するのに用いる。注釈記号の破線は，関連する記号に付けるか，または記号群を囲んでもよい。	○	○
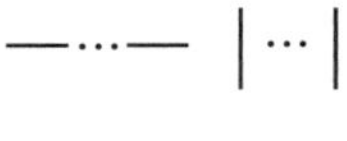 ─…─　│…│	省略	図の中で記号の種類も個数も示す必要がない場合に，記号または記号の集まりの省略されたことを示し，線記号だけに対して用いる。この記号は，特に図における回数の定まらない繰返しのあることを示すのに応用する。	○	○

構造化チャート

プログラム構成要素	PF プログラム流れ図 (Program Flowchart)	PSD (Program Structure Diagrams)	SPD (Structured Programming Diagrams)	HCP (Hierarchical and Compact Description Chart)	PAD (Problem Analysis Diagrams)	YAC Ⅱ (Yet Another Control Chart Ⅱ)
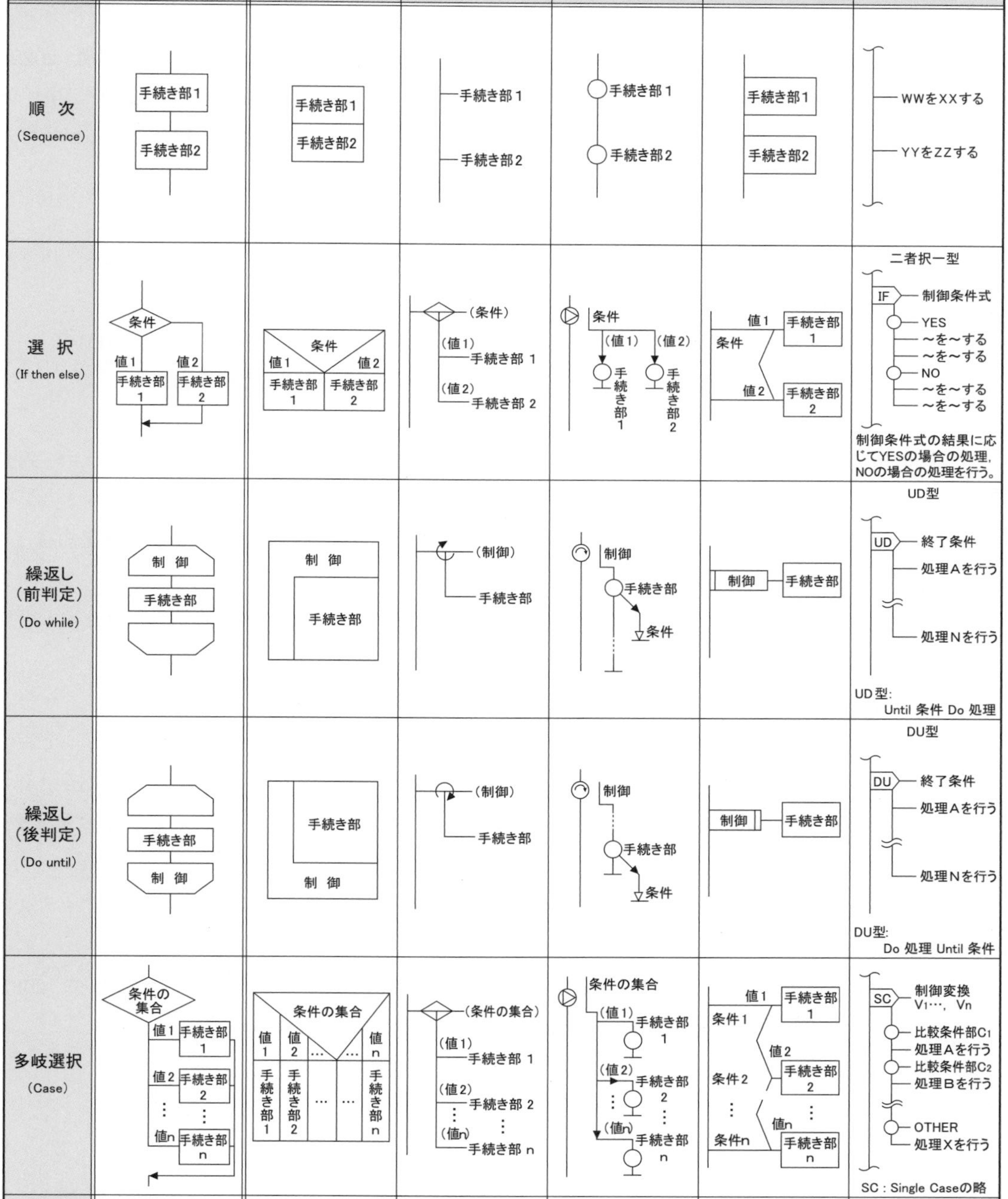 順　次 (Sequence)	手続き部1 手続き部2	手続き部1 手続き部2	手続き部1 手続き部2	手続き部1 手続き部2	手続き部1 手続き部2	WWをXXする YYをZZする
選　択 (If then else)	条件 値1　値2 手続き部1　手続き部2	条件 値1　値2 手続き部1　手続き部2	(条件) (値1) 手続き部 1 (値2) 手続き部 2	条件 (値1)　(値2) 手続き部1　手続き部2	値1　手続き部1 条件 値2　手続き部2	二者択一型 IF　制御条件式 YES ～を～する ～を～する NO ～を～する ～を～する 制御条件式の結果に応じてYESの場合の処理，NOの場合の処理を行う。
繰返し (前判定) (Do while)	制　御 手続き部	制　御 手続き部	(制御) 手続き部	制御 手続き部 条件	制御　手続き部	UD型 UD　終了条件 処理Aを行う 処理Nを行う UD型: Until 条件 Do 処理
繰返し (後判定) (Do until)	手続き部 制　御	手続き部 制　御	(制御) 手続き部	制御 手続き部 条件	制御　手続き部	DU型 DU　終了条件 処理Aを行う 処理Nを行う DU型: Do 処理 Until 条件
多岐選択 (Case)	条件の集合 値1　手続き部1 値2　手続き部2 ⋮　⋮ 値n　手続き部n	条件の集合 値1　値2　…　…　値n 手続き部1　手続き部2　…　…　手続き部n	(条件の集合) (値1) 手続き部 1 (値2) 手続き部 2 ⋮　⋮ (値n) 手続き部 n	条件の集合 (値1)　手続き部1 (値2)　手続き部2 ⋮　⋮ (値n)　手続き部n	値1　手続き部1 条件1 値2　手続き部2 条件2 ⋮　⋮ 値n　手続き部n 条件n	SC　制御変換 V1…，Vn 比較条件部C1 処理Aを行う 比較条件部C2 処理Bを行う OTHER 処理Xを行う SC：Single Caseの略
備　考		NSチャート改良版	日本電気	NTT	日立製作所	富士通

付
録

参考文献

・「試験で使用する情報技術に関する用語・プログラム言語など」Ver.5.0，独立行政法人情報処理推進機構，2022年
・「基本情報技術者試験（レベル2）」シラバス（Ver.8.0），独立行政法人情報処理推進機構，2022年
・石畑清著；「岩波講座　ソフトウェア科学3　アルゴリズムとデータ構造」，岩波書店，1989年
・A.V.エイホ・J.E.ホップクロフト・J.D.ウルマン著，大野義夫訳；「データ構造とアルゴリズム」，培風館，1987年
・小川秀夫・辰巳昭治著；「情報科学概論」，近代科学社，1991年
・B.W.カーニハン・D.M.リッチー著，石田晴久訳；「プログラミング言語C　第2版」，共立出版株式会社，1989年
・河西朝雄著；「改訂　C言語によるはじめてのアルゴリズム入門」，技術評論社，2001年
・矢沢久雄著；「C言語で学ぶプログラミング基礎の基礎」，ナツメ社，2002年
・長谷川裕行著；「考え方を考える―アルゴリズム千夜一夜」，翔泳社，2001年
・谷尻かおり・谷尻豊寿著；「これからはじめるプログラミング基礎の基礎―プログラマー確実養成講座」，技術評論社，2001年
・矢沢久雄著；「プログラムはなぜ動くのか　―　知っておきたいプログラミングの基礎知識」，日経BP社，2001年
・David Berlinski著，林大訳；「史上最大の発明アルゴリズム―現代社会を造りあげた根本原理」，早川書房，2001年
・福嶋宏訓著；「秘伝のアルゴリズム」，エーアイ出版，2003年
・アイテック情報技術教育研究所編；「アルゴリズムの基礎」，アイテック，2001年
・アイテック情報技術教育研究所編；「アルゴリズムの基礎　第2版」，アイテック，2013年
・アイテック情報技術教育研究所編；「コンピュータシステムの基礎　第18版」，アイテック，2021年
・高田信彦・日高哲郎著；「ソフトウェア開発技術者　午後問題の重点対策 2003」，アイテック，2002年
・アイテックIT人材教育研究部編；「2022 基本情報技術者　午後試験対策書」，アイテック，2021年
・長尾真・石田晴久他編；「岩波　情報科学辞典」，岩波書店，1990年
・日経パソコン編；「デジタル・IT用語辞典」，日経BP社，2012年

索　引

■ 監修者・執筆者

監修・執筆
　小口　達夫
　石川　英樹

執筆
　瀬戸　稔代
　人見　亮一
　柴田　静香
　山本　明生

アルゴリズムの基礎　第3版

監修・執筆■ 小口　達夫　　石川　英樹
執筆■ 瀬戸　稔代　　人見　亮一　　柴田　静香
編集・制作■ 山浦菜穂子　　戸波　奈緒
企画■ 染谷　弘法
表紙デザイン■ PLUS-ONE Co.,Ltd
DTP編集■ 株式会社ワコー

発行日　2023年 9月 5日 第3版　第1刷
発行人　土元　克則
発行所　株式会社アイテック
〒143-0006
東京都大田区平和島6-1-1　センタービル
電話　03-6877-6312
https://www.itec.co.jp/
印　刷　株式会社ワコー

ISBN978-4-86575-308-0 C3004 ¥3000E

Introduction to Algorithms

■解答・解説

アルゴリズムの基礎　第３版

第1部 基礎編　第１章

（基礎編）問1-1　整数の総和を求める流れ図

【解答】　ウ

１からＮ（N≧1）までの整数の総和（1＋2＋…＋N）を求め，結果を変数ｘに入れるアルゴリズムです。まず，変数ｘに初期値の０を，変数ｉに初期値の１をそれぞれ設定します。その後，ｘにｉの値を加え，ｉをカウントアップ（＋1）するという処理を繰り返しています。問題の流れ図ではループ端記号を使わずに，矢印付きの線を使って上に戻ることを表現しています。

空欄ａは，この繰返しの継続条件です。求めるのはＮまでの総和ですが，ｘへの加算直後にｉを１カウントアップしているので，最後のＮを加算して繰返しを終了するかどうかの判定を行う時点では，ｉの値はN＋1になっていることに注意してください。したがって，繰返しから抜け出るのは，i≦NがNoのときです。なお，選択肢にはありませんが，i≠N＋1やi<N＋1でも正しく終了できます。

ア：i≠N……Ｎを加算せずに終了してしまいます。この結果，変数ｘに求められるのは１からN－1までの総和です。

イ：i≧N……もしN＝1ならば永遠にループしてしまいます。また，N>1ならば最初の判定で終了条件を満たし，終了してしまいます。

エ：x≦N……ｘは総和を求める変数なので，Ｎと比較してもＮまで加算されたかどうかの判定はできません。

（基礎編）問1-2　合計を求めるアルゴリズム

【解答】

```
足す数 ← 2
合計 ← 0
while (足す数 ≦ 20)
  合計 ← 合計 ＋ 足す数
  足す数 ← 足す数 ＋ 2
endwhile
合計を表示
```

１から20までの偶数を足していくので，足す数の初期値は２になります。合計に加えるたび，＋2していきます。

（基礎編）問1-3　平均を求めるアルゴリズム

【解答】

平均を求めるためには，合計を足した回数で割り算します。偶数なので，足す数は２ずつ増え，また足した回数は10回です。単純に足した回数を定数の10で割るアルゴリズムと，これを改良して，足したデータの回数も求めて計算するアルゴリズムの二つを示します。

（単純に 10 で割るアルゴリズム）

```
足す数 ← 2
合計 ← 0
while (足す数 ≦ 20)
  合計 ← 合計 ＋ 足す数
  足す数 ← 足す数 ＋ 2
endwhile
平均 ← 合計 ÷ 10
平均を表示
```

（足したデータの回数も求めるアルゴリズム）

```
足す数 ← 2
合計 ← 0
足した回数 ← 0
while (足す数 ≦ 20)
  合計 ← 合計 ＋ 足す数
  足す数 ← 足す数 ＋ 2
  足した回数 ← 足した回数 ＋ 1
endwhile
平均 ← 合計 ÷ 足した回数
平均を表示
```

（基礎編）問1-4　配列データの合計

【解答】

```
i ← 1
合計 ← 0
while (i ≦ 20)
  合計 ← 合計 ＋ 支出[i]
  i ← i ＋ 1
endwhile
合計を表示
```

合計の初期値を 0 として，支出[1]，支出[2]，支出[3]，……，支出[20]を順に足していけばよいことになります。

（基礎編）問1-5　最大値を求める

【解答】

```
i ← 1
最大値 ← 0
while (i ≦ 20)
  if (最大値 ＜ 支出[i])
    最大値 ← 支出[i]
  endif
  i ← i ＋ 1
endwhile
最大値を表示
```

最大値の初期値を 0 に設定して（想定される最大値で最も小さい値），配列のデータと一つずつ比較していきます。最大値＜配列データならば，配列のデータを新しい最大値にします。

（基礎編）問１-６　総合計を求める

【解答】

```
i ← 1
総合計 ← 0
while (i ≦ 3)
  j ← 1
  品目合計 ← 0
  while (j ≦ 10)
    品目合計 ← 品目合計 ＋ 支出[i, j]
    j ← j ＋ 1
  endwhile
  品目合計を表示
  総合計 ← 総合計 ＋ 品目合計
  i ← i ＋ 1
endwhile
総合計を表示
```

総合計への加算は，品目合計に支出[i, j]を加算するのと同時に行っても正しい結果となります。計算回数を考えると，解答に示したアルゴリズムのように各品目の品目合計が求められた時点で，その合計値を総合計に加算するほうが効率がよくなります。

（基礎編）問１-７　結果が等しくなる二つのアルゴリズム

(H22 秋-AP 問７改)

【解答】　**ウ**

左側にある流れ図は，前判定のループ端を使って終了条件を調べています。まず，初期値１のxに，初期値Mの変数nの値を１ずつ小さくしていきながら掛けていることから，処理を終了した時点で，x＝M×(M－1)×…×2×1となり，Mの階乗を求める処理であることが分かります。

空欄のある右の流れ図は，処理の後で条件判断を行う流れ図です。まず，xとnに初期値として１を与えて，ループ内でnに１を加算していることから，先の階乗計算をx＝1×2×…×(M－1)×Mという，逆の順序で行っていることが分かります。xにnを掛けた直後に，nに１加えていることに注意しましょう（Mを掛けたときには，その直後にn＝M＋1となる）。xにはMまでの階乗を求めるので，継続条件は，「nがM以下の場合」を表す（ウ）の「n≦M」が入ります。

ア：n≧M……M＞3であれば，１度掛け算をしただけで終了します。また，M＝1または2であれば，この判断をYesで終了することはなく，永遠にループしてしまいます。

イ：n≦M－1……xにはM－1までの階乗が求められてしまうため誤りです。

エ：n≦M＋1……xにはM＋1までの階乗が求められてしまうため誤りです。

（基礎編）問1-8　同じ働きをする論理演算式

(H13 春·FE 問15)

【解答】　エ

左側の流れ図から，(A>0) AND (B>0) のときに手続が実行されることが分かります。一方，右側の流れ図では，条件を満たさないときに手続が実行されるので，この条件の否定が空欄に入ることになります。複合条件の否定については，勘違いしやすいので，得意でない人は簡単な具体例を用いて選択肢の内容を調べてみればよいでしょう。ここでは，① (A=1, B=1) と② (A=1, B=0) について考えてみます。

① (A=1, B=1)：左側の流れ図で考えると，手続は実行されます。右側の流れ図について各選択肢の条件を調べてみると，(ア) Yes（実行されない），(イ) Yes，(ウ) No（実行される），(エ) No となるので，(ア) と (イ) は誤りです。

② (A=1, B=0)：左側の流れ図で考えると，手続は実行されません。(ウ)，(エ) について調べると，(ウ) No（実行される），(エ) Yes（実行されない）となるので，解答は，(エ) です。

また，ド・モルガンの法則

$$\overline{\text{X AND Y}} = \overline{\text{X}}\ \text{OR}\ \overline{\text{Y}},\quad \overline{\text{X OR Y}} = \overline{\text{X}}\ \text{AND}\ \overline{\text{Y}}$$

を知っていれば，

$$\overline{(\text{A}>0)\ \text{AND}\ (\text{B}>0)} = \overline{(\text{A}>0)}\ \text{OR}\ \overline{(\text{B}>0)}$$

と導けるので，正解は (エ) であることが分かります。

（基礎編）問1-9　同じ動作をする流れ図の条件

(H25 秋·FE 問8)

【解答】　ア

左の流れ図の条件式「P でない 又は Q」について，「又は」は論理演算の or なので，次のどちらかの条件が成立すれば（Yes 方向に分岐し），「処理」を実行することになります。

① 「P でない」が真（P が偽ということ）のとき……このとき，Q は真でも偽でもいいです。

② 「P でない」が偽（P が真ということ）で，Q が真のとき

次に，右の流れ図で「処理」を実行するのは，条件 P が空欄 a 側に分岐する場合と，条件 P と条件 Q がともに下方向に分岐する場合です。先ほどの二つの場合を当てはめると，条件 P だけで「処理」を実行するのは，①の「P でない」場合なので，空欄 a は条件 P が偽の場合で“No”となります。

「処理」を実行するもう一つの②の場合は，条件 P が真の場合で“Yes”（分岐の下方向）に分岐し，かつ条件式 Q も真の場合で“Yes”（分岐の下方向）となります。これより，空欄 b は「処理」を実行せず，条件 Q が偽の場合なので“No”となり，(ア) が正解になります。

（基礎編）問1-10　資本金・売上高区分による集計処理

(H9 春-2K 午後問1改)

【解答】　(a) ア，(b) エ，(c) イ

2 次元配列 K に格納されている会社概要データを読み，その資本金 K[□, 1]，年間売上高 K[□, 2]によって，資本金区分，年間売上高区分を決定し，それに応じた会社数を集計し印字する処理です。そのために，集計用の領域として 2 次元配列 M を使っています。資本金区分を S，年間売上高区分を U とすれば，該当する会社数を 2 次元配列 M の M[S, U]に集計することになります。問題の表 1，表 2 から，資本金区

分Ｓは1〜6，年間売上高区分Ｕは1〜5の値をとることが分かります。

（例）　資本金１億２千万円，年間売上高 14 億円の会社ならば，M[3, 2]に加算される。

M[1, 1]	M[1, 2]	M[1, 3]	M[1, 4]	M[1, 5]
M[2, 1]	M[2, 2]	M[2, 3]	M[2, 4]	M[2, 5]
M[3, 1]	M[3, 2]	M[3, 3]	M[3, 4]	M[3, 5]
M[4, 1]	M[4, 2]	M[4, 3]	M[4, 4]	M[4, 5]
M[5, 1]	M[5, 2]	M[5, 3]	M[5, 4]	M[5, 5]
M[6, 1]	M[6, 2]	M[6, 3]	M[6, 4]	M[6, 5]

空欄ａ：初期化処理の中にあります。集計用領域が２次元配列なので，二重ループになっています。そして，外側のループで資本金区分Ｓを１から６まで変化させ，内側のループで年間売上高区分Ｕを１から５まで変化させます。配列の各要素には，該当の会社数をカウントアップするので，初期値は０にする必要があり，０を設定しておけば，該当する会社があったとき，M[x, y] ← M[x, y] ＋ １という処理でカウントアップできます。よって，空欄ａは，（ア）の「M[S, U] ← 0」が入ります。

空欄ｂ：配列Ｋからデータを一つ（１社分）取り出し，

- ［資本金分類］
- ［年間売上高分類］
- ［　　空欄ｂ　　］

を繰り返しています。配列から順に行を取り出すためには，変数ｉの値を１ずつカウントアップしなくてはなりませんが，この部分はループ端の中に表現されているので，処理として行う必要はありません。１社分のデータに対して，資本金分類は資本金の金額K[i, 1]によって，区分Ｓの値を決定します。また，年間売上高分類も，年間売上高の値K[i, 2]によって，区分Ｕの値を決定します。しかし，この値を使って，該当の配列要素にその会社の分をカウントアップする処理が見当たりません。空欄ｂは，このために配列Ｍへの加算をする部分です。該当する位置はM[S, U]で，加算するのは１です。したがって，(エ)の「M[S, U] ← M[S, U] ＋ 1」が入ります。

空欄ｃ：ファイルの終わりまで集計が済んだら，印字処理を行います。空欄ｃは，印字処理のループ端の終了条件／継続条件部分です。処理内容を見るとM[S, 1]〜M[S, 5]を印字しているので，Ｍのすべてを印字するには，Ｓの値を１から６まで変えて繰り返さなければなりません。よって，(イ）の「S: 1, 1, 6」が入ります。

なお，参考で示した擬似言語による表現の空欄ｃに入るのは（イ）の「Ｓ を １ から ６ まで １ ずつ増やす」となります。

基礎編　第2章

（基礎編）問2-1　線形探索法の平均比較回数

(H7 秋-2K 問 13 改)

【解答】　エ

線形探索法とは，逐次探索のことです。顧客名は順に並んでいないので，先頭から順に一つずつ探していき，最後の来客名と比較して一致しなかったときに，目的の顧客名が名簿になかったことが分かります。したがって，名簿中に顧客名がないことが分かるのは，1,000 回の比較が終わった段階です。

一方，名簿中にある顧客名の場合，1 回目に見つかる，2 回目に見つかる，…，1,000 回目に見つかると様々です。したがって，その平均である 500 回というのが，平均比較回数になります。この平均比較回数は，アルゴリズムの効率を評価するために使われます。同じ個数のデータから探索するときには，平均比較回数が少ないほうが効率がよいですね。

（基礎編）問2-2　2 分探索法の最大比較回数

(H11 春-1K 問 6)

【解答】　エ

2 分探索法では，探索のたびに探索範囲が半分になっていきます。実際には，1〜1,000 の範囲では中央の値は 501 番目ですから，その値より小さければ 500 個分，大きければ 499 個分というように探索範囲は少し違いますが，単純に半分ずつに減っていくと考えます（半分が小数になるときは切上げ）。

したがって，最初の探索で一致しなければ探索範囲の半分の 500 となります。次は 250，そして，125，63，32，16，8，4，2，1 というように探索範囲が絞られていきます。そして，通常は探索範囲が 2 となった時点で見つかると考えられています。しかし，最悪の場合には，それでも見つからず，最後に探索範囲が 1 となったときにやっと見つかることもあるので，最大比較回数は，探索範囲が 1 となった時点と考えます。探索範囲が 2 になるまでには 8 回の探索が行われ，そして，探索範囲の中央値と比較します。平均比較回数として考えられているのはこの時点ですから，9 回です。そして，最大比較回数，つまり，最悪の場合は，もう 1 回比較が行われるので，10 回ということになります。

問 2-1 で考えた逐次探索法では，平均比較回数が 500 でした。2 分探索法では，平均比較回数が 9 ですから，圧倒的に性能が良いことが分かります。そして，この差はデータ数が多くなればなるほど開いていきます。

ただし，2 分探索法を使うためには，前提として整列されているという条件があります。じつは，この整列の計算量は逐次探索よりも大きいので，1 回だけの探索の場合，逐次探索のほうが効率的です。しかし，繰り返し探索を行うのであれば，2 分探索法のほうが効率的になっていきます。

（基礎編）問2-3　２分探索法による探索処理

(H19 秋·FE 問 14 改)

【解答】　ウ

２分探索法の流れ図です。２分探索では，探索対象データは整列済みですから，探索範囲の中央位置の値と比べてその大小関係によって，探索データの含まれている範囲が，中央より前半か後半かが分かります。問題では，探索データは x，探索対象データは大きさ n の配列 A に昇順に格納されています。

空欄 a，b の処理の前で行っている判定では $A[k]$ と x を比較しています。ここで，$A[k]$は，その前の処理「$k \leftarrow (lo+hi)/2$」（lo は下限，hi は上限）から，探索対象範囲の中央位置のデータです。比較結果が“$A[k]<x$”であれば x は中央より後半にあり，“$A[k]>x$”であれば x は中央より前半にあります。そこで，空欄 a，b では新しい探索範囲を決めます。空欄 a では，後半を新しい範囲としますから，上限はそのままで下限を中央位置 k の次の位置 $k+1$ にすればよいです。空欄 b では，前半を新しい範囲としますから，下限はそのままで上限を中央位置 k の一つ前の位置 $k-1$ にすればいいです。したがって，答えは（ウ）です。

（基礎編）問2-4　２分探索のアルゴリズム

(H10 秋·2K 午後問１改)

【解答】　(a) ウ，(b) キ，(c) ウ

「2. 2 分探索」で学習した２分探索のアルゴリズムを思い出して，問題のアルゴリズムと比べてみましょう。まず，目的の値（data）と T[mid]との比較を繰り返していますから，mid とは範囲の中央の位置を示していることが分かります。また，「data ＜ T[mid]」のときは「high ← mid − 1」，そうでないとき（data ＞ T[mid] のとき）は，「low ← mid ＋ 1」となっていますから，low が探索範囲の左端，high が右端ですね。ここまで分かれば簡単です。

空欄 a：右端の初期値ですから，データ数である（ウ）の「n」になります。

空欄 b：中央の位置（mid）の計算をしていません。中央の位置は，(左端の位置＋右端の位置)÷2 で求めるのでしたね。したがって，（キ）の「mid ← (high ＋ low) ÷ 2」となります。

空欄 c：data ＝ T[mid] ですから，見つかったときの内容です。見つかったときに変数 idx にその要素番号（mid）を格納することは，問題文にも書いてありますから，（ウ）の「idx ← mid」となります。

（基礎編）問2-5　英単語帳ファイルの更新 (H12春-2K 午後問4改)

【解答】　設問1　ア

設問2　(a) カ, (b) キ, (c) ウ

問題文の内容やプログラムの処理部を見ると，とても複雑そうです。しかし，この印象に圧倒されてはいけません。このプログラムで行いたいことをおおまかにつかむと，英単語帳の中に一致するものがあれば訳語を置き換え，一致するものがないときは追加するというものです。そして，一致するものを探す（探索）には，2 分探索法を使っているということが書いてあります。つまり，2 分探索→ずらし→追加という順番で行われていることが想像できると思います。このあたりまで分かったら，プログラムの詳細にこだわらず，おおまかに見ていきます。

まず，(H ≧ L and E ≠ eitan[k]) を継続条件とする繰返しは，2 分探索です。そして，その後の部分ですが，「E ＝ eitan[k]（一致した)」ときの**α**は，訳語の置換えですね。また，一致しないときに行う**β**の部分は「ずらし」でしょう。そして，その後の**γ**が単語の「追加」ですね。

（設問 1）　2 分探索ですから，探索の対象データは整列されている必要があります。整列には昇順，降順があるので，どちらの方法で整列されている必要があるかを考えます。プログラムのうち，2 分探索の部分だけに注目します。

```
while (H ≧ L and E ≠ eitan[k])
  if (E ＜ eitan[k])
     H ← k － 1
  endif
  if (E ＞ eitan[k])
     L ← k ＋ 1
  endif
  k ← int((H ＋ L) ÷ 2)
endwhile
```

「E ＜ eitan[k]」，つまり，探索値のほうが中央の値より小さいときに，範囲の右端を中央値の前にしています。これは，昇順に並んでいるときの探索ですね。解答群から昇順に並んでいるものを選ぶと，（ア）となります。

（設問 2）　①program は単語帳にありますから，置換え（**α**）だけが実行されます。②computer は，単語帳にないので，追加されます。追加位置は，2 番目 cat と 3 番目 head の間ですね。したがって，ずらし（**β**）と追加（**γ**）が必要です。空欄 a は（カ）の「**β**と**γ**だけ」，そして，空欄 c は（ウ）の「2 番目と 3 番目の間」となります。

③zoo も単語帳にありません。追加位置は，water の後ろ，つまり，最後ですから，ずらしは不要です。したがって，空欄 b は（キ）の「**γ**だけ」となります。

第1部 基礎編　第3章

（基礎編）問3-1　交換法（バブルソート）による降順整列のアルゴリズム

【解答】

```
n ← 1
while (n < データ数)
  i ← データ数
  while (i > n)
    if (A[i−1] < A[i])
      w ← A[i]
      A[i] ← A[i−1]
      A[i−1] ← w
    endif
    i ← i − 1
  endwhile
  n ← n + 1
endwhile
```

昇順に整列するバブルソートのアルゴリズムでは，隣り合う二つの値を比較して，順番が逆（降順）のときに，二つの値を交換していました。降順に整列する場合には，これが逆になります。つまり，隣り合う二つの値の順番が逆というのは，昇順（A[i−1] ＜ A[i]）になっている場合のことです。この条件のときに値を交換するようにすればよいので，解答のようになります。

（基礎編）問3-2　最後尾から順に位置を確定していく交換法のアルゴリズム

【解答】

```
n ← データ数
while (n > 1)
  i ← 1
  while (i < n)
    if (A[i] > A[i+1])
      w ← A[i]
      A[i] ← A[i+1]
      A[i+1] ← w
    endif
    i ← i + 1
  endwhile
  n ← n − 1
endwhile
```

先頭から順に位置が確定するようにするためには，範囲の最後から順に比較・交換を行っていきました。これを逆にして，範囲の先頭から比較・交換を行います。また，1 回のスキャン処理で，確定する位置は範囲の最後ですから，次のスキャン処理は位置が確定した最後の値を範囲から除きます。「2. 交換法（バブルソート）」で学習した交換法のアルゴリズムにこの変更を加えます。

まず，「スキャン処理」を繰り返す部分ですが，今度は範囲の右端（最後）をデータ数の位置から順に一つずつ狭めながら繰り返すので，n の初期値はデータ数，そして，n=2 のときまで行うことになりますから，継続条件は「n ＞ 1」です。また，このとき n の値を 1 ずつ減らしながら繰り返すことに注意しましょう。

次にスキャン処理の中ですが，範囲の先頭（1 番目）と 2 番目，2 番目と 3 番目というように比較・交換を行うので，A[i] と A[i+1]の比較・交換を行うと考えるほうが素直でしょう。そして，i の初期値は 1，また，i+1 が範囲の右端（n）となるまで繰り返すので，継続条件は i ＜ n となります。また，A[1] と A[2]，A[2] と A[3] というように比較・交換が進みますから，i に 1 加算しながら繰り返すことに注意しましょう。

（基礎編）問3-3　選択法を使った降順整列のアルゴリズム

【解答】

```
i ← 1
n ← データ数
while (i ＜ n)
  j ← i ＋ 1
  while (j ≦ n)
    if (A[i] ＜ A[j])
      w ← A[j]
      A[j] ← A[i]
      A[i] ← w
    endif
    j ← j ＋ 1
  endwhile
  i ← i ＋ 1
endwhile
```

問 3-1 と同様に考えて，解答のようになります。最大値を選択するように，A[i] ＜ A[j] という条件に変更します。

（基礎編）問3-4　最後尾から順に位置を確定していく選択法のアルゴリズム

【解答】

```
i ← データ数
while (i ＞ 1)
  j ← 1
  while (j ＜ i)
    if (A[i] ＜ A[j])
      w ← A[j]
      A[j] ← A[i]
      A[i] ← w
    endif
    j ← j ＋ 1
  endwhile
  i ← i － 1
endwhile
```

「最小値の選択処理」が「最大値の選択処理」に変わります。そして，この「最大値の選択処理」を，右端を一つずつ狭めながら繰り返します。したがって，i の初期値はデータ数として，i ＞ 1 の間，繰り返します。また，最大値は右端に選択するので，j の初期値を 1 として，右端の一つ前（i−1）との比較まで行います。つまり，継続条件は j ＜ i となります。そして，最大値の選択になりますから，比較する条件が A[i] ＜ A[j] となることに注意しましょう。

（基礎編）問3-5　選択法による昇順整列のアルゴリズム

【解答】

```
i ← 1
while (i ＜ データ数)------- 右端の前まで位置が確定すれば整列完了
  w ← A[i] ------------------- 最小値の候補（初期値）
  k ← i ---------------------- 候補の位置
  j ← i ＋ 1----------------- 左端の次から比較を始める
  while (j ≦ データ数)---- 右端まで比較する
    if (A[j] ＜ w) ---------- 候補より小さい値？
      w ← A[j] ------------- 最小値の候補
      k ← j ---------------- 候補の位置
    endif
    j ← j ＋ 1 ------------- 次の比較を行う
  endwhile
  A[k] ← A[i] -------------- 左端の値を最小値の位置に
  A[i] ← w ------------------ 左端に最小値を
  i ← i ＋ 1----------------- 左端を一つ右に
endwhile
```

最小値を選択するアルゴリズムでは，まず，範囲の左端の要素を最小値の候補として，変数に入れておきます。この変数と左端の次から右端までの各データと比較していきます。このとき，変数の値よりも小さいものがあれば，その値が最小値の候補となりますから，変数にその値を入れます。そして，右端までの比較が終わった段階で最終的に変数に入っている値が最小値であるというものです。最小値の選択では，最小値の値だけが求められればよかったのですが，これを選択法で利用する場合，範囲の左端とこの最小値を入れ替えることになるので，最小値がどの要素なのか，つまり，その要素位置も分からなければならないことに注意しましょう。

（基礎編）問3-6　挿入法を使った降順整列のアルゴリズム

【解答】

```
n ← データ数
i ← 2
while (i ≦ n)
  j ← 1
  while (A[i] ≦ A[j]  and  i ＞ j)
    j ← j+1
  endwhile
  if (A[i] ＞ A[j])
    w ← A[i]
    k ← i － 1
    while (k ≧ j)
      A[k＋1] ← A[k]
      k ← k － 1
    endwhile
    A[j] ← w
  endif
  i ← i ＋ 1
endwhile
```

これも問 3-1 と同様です。降順ですから「前の値 ＞ 挿入する値 ＞ 次の値」という順になることに注意してください。

（基礎編）問3-7　最後尾から順に整列済み範囲を広げていく挿入法のアルゴリズム

【解答】

```
n ← データ数
i ← n−1
while (i ≧ 1)
  j ← n
  while (A[i] ≦ A[j]  and  i < j)
    j ← j − 1
  endwhile
  if (A[i] > A[j])
    w ← A[i]
    k ← i
    while (k < j)
      A[k] ← A[k+1]
      k ← k + 1
    endwhile
    A[j] ← w
  endif
  i ← i − 1
endwhile
```

まず，範囲の右端の一つのデータを整列済みとみなして，挿入を始めることに注意してください。つまり，データ数をｎとすれば，追加するデータはA[n−1]，A[n−2]，…，A[1]というようになります。この位置を変数ｉとして繰り返すのですから，ｉの初期値をｎ−１として，ｉ=１になるまで繰り返すということになります。つまり，継続条件はｉ ≧ １であり，繰り返すたびにｉの値を１ずつ減らしていきます。

次に，整列済みの範囲ですが，A[i]を追加するとき整列済みなのはA[i+1]～A[n]です。したがって，挿入位置を決めるときには，A[i]の値で，A[i+1]～A[n]の範囲を調べます。また，挿入位置が決定したときには，挿入位置以降の値を後ろにずらすのではなく，挿入位置以前の値を前にずらす必要があることに注意してください。

（基礎編）問3-8　交換法による整列

【解答】

テキストの「2. 交換法（バブルソート）」のアルゴリズムでは，配列データの右端から比較・交換していき，１回目のスキャンで最小値が確定して配列の１番目に入り，２回目のスキャンで２番目に小さい値が配列の２番目に入り，以下，４回目のスキャンの後で整列が完了します。値が確定していく様子は次のようになります。

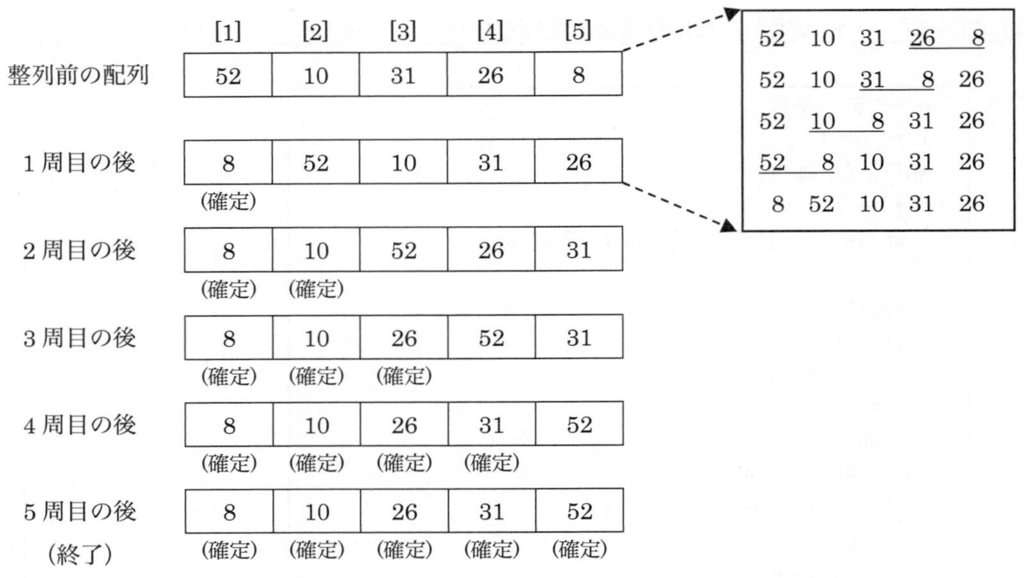

（基礎編）問3-9　選択法による整列

【解答】

テキストの「3. 選択法」のアルゴリズムでは，比較範囲の値を左から順に比較していき，左端に比較範囲の最小値がくるように交換します。値が確定していく様子は，次のようになります。

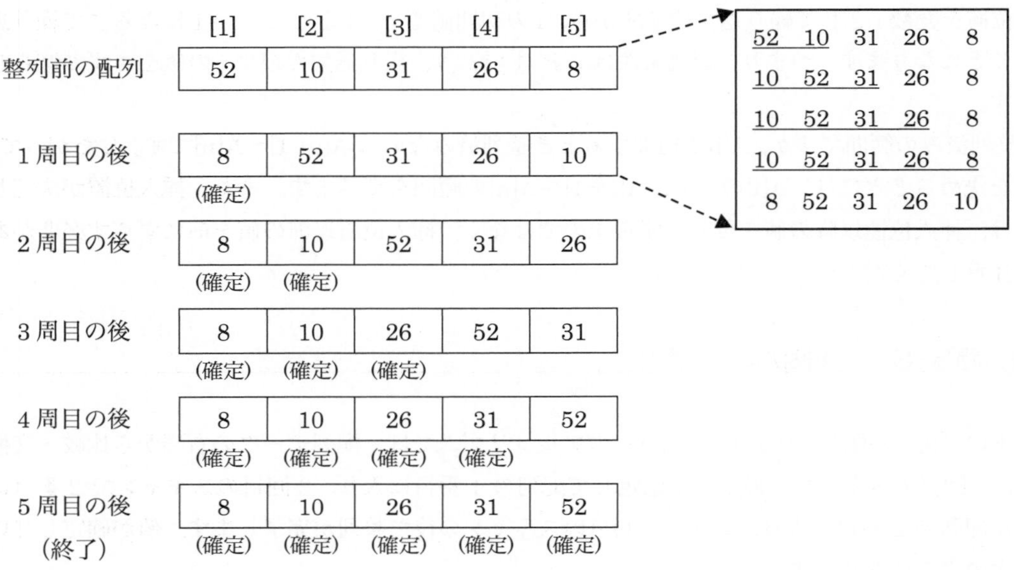

（基礎編）問３-１０　挿入法による整列

【解答】

テキストの「4. 挿入法」のアルゴリズムでは，比較範囲の左から一つずつ広げていき，右端の値を整列済みの配列の適切な位置に挿入しながら，整列を進めていきます。値が確定していく様子は，次のようになります。

	[1]	[2]	[3]	[4]	[5]
整列前の配列	52	10	31	26	8
	(整列済)				
1回目の挿入後	10	52	31	26	8
	(整列済)	(整列済)			
2回目の挿入後	10	31	52	26	8
	(整列済)	(整列済)	(整列済)		
3回目の挿入後	10	26	31	52	8
	(整列済)	(整列済)	(整列済)	(整列済)	
4回目の挿入後	8	10	26	31	52
(終了)	(整列済)	(整列済)	(整列済)	(整列済)	(整列済)

第1部 基礎編　第4章

（基礎編）問4-1　リストへの追加処理

【解答】　ウ

リストのデータは，データの値そのものを入れるデータ部と，そのデータにつながる別のデータのアドレス（場所）を示すポインタから構成されています。この問題のリストはデータが一方向につながる単方向リストですが，先頭データからポインタを順番にたどっていくと，次のようにつながります。なお，駅名の後の(　)内は，次のデータのアドレスとなるポインタです。

(先頭へのポインタ 10)→
→東京(50)→新横浜(90)→小田原(70)→静岡(30)→名古屋(0)→(終わり)

ここで，アドレス 150 の“新駅候補”を，“新横浜”と“小田原”の間に挿入して，

… →新横浜(a)→新駅候補(b)→小田原(70)→ …

とするには，新横浜のポインタ a が新駅候補を指すようにして，新駅候補のポインタ b が小田原を指せばよいことになります。なお，小田原の次は静岡で変わりませんから 70 のままです。

よって，新横浜のポインタ a は新駅候補のアドレス 150，新駅候補のポインタ b は小田原のアドレス 90 にすれば，正しくデータがつながります。したがって，答えは（ウ）になります。

（基礎編）問4-2　連結セルにおけるリストの変化

(H18 秋-FE 問 13 改)

【解答】　ウ

リスト［東京，品川，名古屋，新大阪］を［東京，新横浜，名古屋，新大阪］に変化させるためには，東京の次が品川ではなく新横浜を指すようにして，さらに新横浜の次が名古屋を指すようにすればよいです。問題を見ると配列を表す表の 2 列目の値が，続く要素の行番号を表していることが分かります。このように続く要素の場所を示すデータを，ポインタといいます。

A[1, 1]＝“東京”のポインタ A[1, 2]が 5 行目の新横浜を指すようにする操作は，A[1, 2] ← 5 ですが，これを最初に行うと“東京”の次のデータを示す A[1, 2]＝2 という値が消えてしまいます。このため，先に A[5, 1]＝“新横浜”のポインタ A[5, 2]が，次の“名古屋”を指すようにする操作を行います。これは，A[2, 1]＝“品川”のポインタ A[2, 2]の値（＝3）を A[5, 2]に代入すればよく，選択肢で A[5, 2] ← A[2, 2] と同じ意味になる操作は，“品川”の要素番号の 2 が A[1, 2]に入っているので，A[5, 2] ← A[A[1, 2], 2] となり，（ウ）が正解となります。

注意してほしいのは，同じ動作を（ア）の順番で行うと，第 1 の操作で A[1, 2]に 5 が代入されているので，第 2 の操作の A[5, 2] ← A[A[1, 2], 2] は，A[5, 2] ← A[5, 2]となり，正しく処理ができないことです。

（基礎編）問4-3　スタックから最初に取り出される値

【解答】　エ

スタックは「後から入れたデータを先に取り出す」というLIFO（Last In First Out）操作で処理を行うデータ構造です。データを５，３，４，６の順にスタックに入れたのであれば，最後に入れたデータは６ですから，このデータが最初に取り出されることになります。

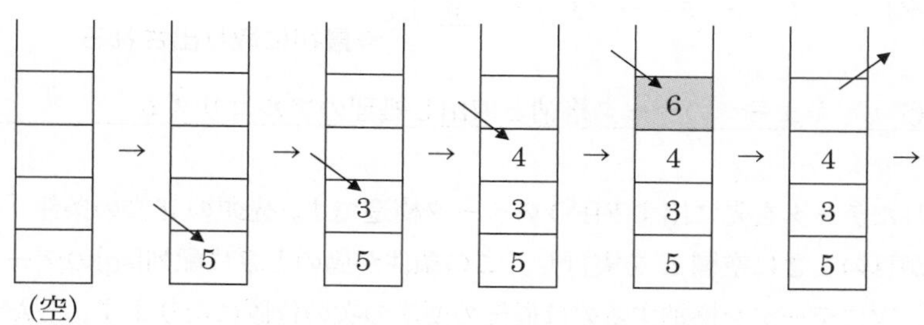

（基礎編）問4-4　スタックへのデータPUSHとPOP

【解答】　イ

スタックからデータを取り出すと（POPすると），最後にスタックに入れた（PUSHした）データが取り出されるのですから，実行した命令を最後からたどっていくと，６番目のPOPで取り出されるデータは，直前の５番目のPUSH命令で入れたデータになります。同じように，３番目のPOP命令で取り出されるデータも直前の２番目のPUSH命令で入れたデータになります。

これらのPOP命令で取り出されたデータは，スタックには残っていませんので，現在残っているスタックのデータは，最上部（200）が４番目のPUSH命令で入れたデータ，上から二つ目のデータ（100）が１番目のPUSH命令で入れたデータということになります。次の図で確認してください。Aの値が100，Cの値が200になります。

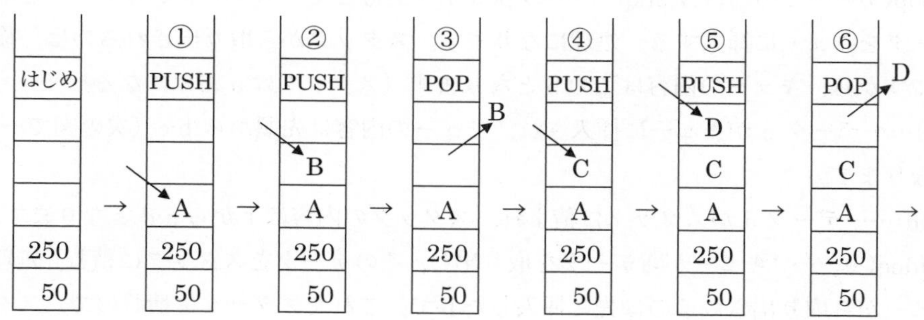

（基礎編）問4-5　キューから最初に取り出される値

【解答】　エ

キューは「先に入れたデータを先に取り出す」という FIFO 操作で処理を行うデータ構造です。データを 9，3，5，1 の順にキューに入れたのであれば，最初に入れたデータは 9 ですから，このデータ 9 が最初に取り出されることになります。(エ) が正解です。

（キューのデータ）→　1　→　5　→　3　→ [9] ⇖最初に取り出される

（基礎編）問4-6　キューへのデータ格納と取出し処理のアルゴリズム

【解答】　ア

キューは先に入れたデータを先に出す FIFO のデータ構造です。先頭の if 文の条件「キューにデータを格納するか？」が真のときに空欄 a を実行し，この条件が偽のときに配列[sq]のデータを取り出す処理を行っています。次にデータを格納するのは最後の要素の次の位置になります。したがって，空欄 a には最後の位置 eq を＋1 する処理「eq ← eq ＋ 1」が入ります。ここで，＋1 した結果，eq が配列の大きさ size より大きくなってしまったときには配列の先頭から格納するので, if　(eq ＞ size)の判定を行い，真であれば eq ← 1 を実行します。

空欄 b は，「配列[sq]のデータを取り出す」の後に行う処理なので，先頭位置の sq を次の要素の位置に変更する処理（＋1 する）となり，「sq ← sq ＋ 1」が入ります。ここでも，＋1 した結果，sq が配列の大きさ size より大きくなったときには先頭位置にするので，if (eq ＞ size)の判定を行い，真であれば sq ← 1 を実行します。以上から，正解は（ア）となります。

（基礎編）問4-7　スタックとキューのデータ操作　(H26 春·FE 問 7)

【解答】　イ

スタックは後入れ先出し（LIFO）方式で，キューは先入れ先出し（FIFO）方式で，操作を行うことに注意して〔手続〕の処理を順に見ていきます。

① push(a)……データ a がスタックに積まれた。

② push(b)……続いてデータ b がスタックに積まれた。スタックの内容は下から a-b となる。

③ enq(pop( ))……この場合は enq( )の中の pop から実行して「スタックからデータを取り出し，そのデータをキューに挿入する」処理になります。スタックから取り出されるのは，後から積まれた b ですから，キューの内容はこの b となります（スタックは a だけになる)。

④ enq(c)……データ c がキューに挿入され，キューの内容は先頭から b-c（次の図で→c→b と表記）となります。

⑤ push(d)……データ d がスタックに積まれ，スタックの内容は下から a-d となります。

⑥ push(deq( ))……「キューからデータを取り出し，そのデータをスタックに積む」処理になります。キューから取り出されるのは先に挿入した b で，これをスタックに積むので，スタックの内容は下から a-d-b となります（キューは c だけになる)。

⑦ x←pop( )……スタックからデータを取り出してこれを変数 x に代入します。ここでスタックか

ら取り出されるのは最後に積んだｂなので，変数ｘに代入されるのは（イ）のｂです。

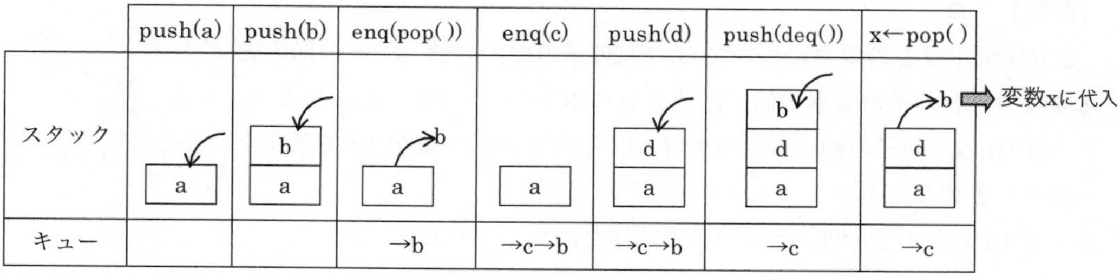

	push(a)	push(b)	enq(pop())	enq(c)	push(d)	push(deq())	x←pop()
スタック	a	b a	a（b→取り出し）	a	d a	b d a	d a（b→変数xに代入）
キュー			→b	→c→b	→c→b	→c	→c

（基礎編）問4-8　　スタックのpush処理とpop処理のアルゴリズム

【解答】　イ

スタックは，後から入れたデータを先に出すLIFOのデータ構造です。この問題では配列を使ってスタックを実現していて，先頭要素からpushしたデータを格納していきます。push処理はスタックポインタspが配列の大きさsize以上でないとき（スタック用の配列に空きがあるとき）に，データをスタックに格納します(積みます)。スタックポインタは最後にデータを格納した配列の要素番号で，新たにデータを格納するには，次の配列要素の位置を示すように＋1する必要があります。したがって，空欄ａには「sp ← sp ＋ 1」が入ります。

次にpop処理はスタックからデータを取り出す処理ですが，取り出すデータはスタックポインタが示す配列[sp]です。そして，データを取り出した後はスタックポインタを配列要素の一つ前の位置を示すように－1する必要があります。したがって，空欄ｂには「sp ← sp － 1」が入ります。以上から，正解は（イ）となります。

（基礎編）問4-9　　２分木の配列表現

【解答】　(a) ウ，(b) エ

２分木は，階層関係（親子関係）を表すデータ構造の一つで，ある要素（親）に従属する要素（子）が，最大で二つあるデータ構造です。例えば，問題の図１のように，［200］の値をもつ“親”には［180］と［220］という値をもつ“子”があり，［220］は“子”データをもっていません。このようなデータの親子関係を表すために，各要素は子のデータの情報（ポインタ）をもちます。

この問題では，一つの要素は，データそのものの「値」と，左側の子のデータが格納されている配列の要素番号（添字）である「ポインタ１」，同じく右側の子の要素番号（添字）である「ポインタ２」の三つの項目から構成されています。

空欄ａは，要素［180］の右側の子［190］を示すポインタ２の値で，要素［190］の要素番号は４なので（ウ）になります。もう一つの空欄ｂは，要素［150］の左側の子［130］を示すポインタ１の値で，要素［130］の要素番号は６なので（エ）になります。

（基礎編）問4-10　2分探索木のデータ追加

(H19 春·FE 問 12 改)

【解答】　**ウ**

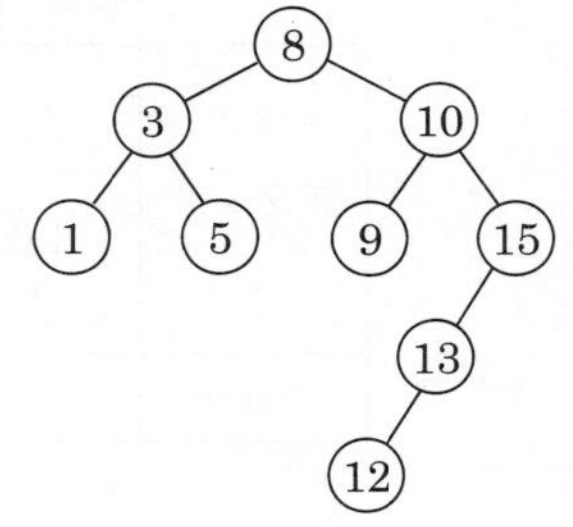

2分探索木はどの要素についても，「左の子の要素の値 ＜ その節の要素の値 ＜ 右の子の要素の値」が成り立つ木なので，（ウ）となります。

ア：節10の左の子の節の値は9ですが，その子の節の値が12で条件を満たしません。

イ：節10の左の子の節の値が12で条件を満たしません。

エ：節15の右の子の節の値が12で条件を満たしません。

（基礎編）問4-11　四つの要素でできる2分探索木

【解答】

四つの要素①②③④で，2分探索木の条件「左の子の要素の値 ＜ その節の要素の値 ＜ 右の子の要素の値」を作ると，次のようになります。ルート（根）の値を4，3，2，1の順に考えていきます。どの部分木を取り出しても，2分探索木の条件を満たしていることを確認してください。

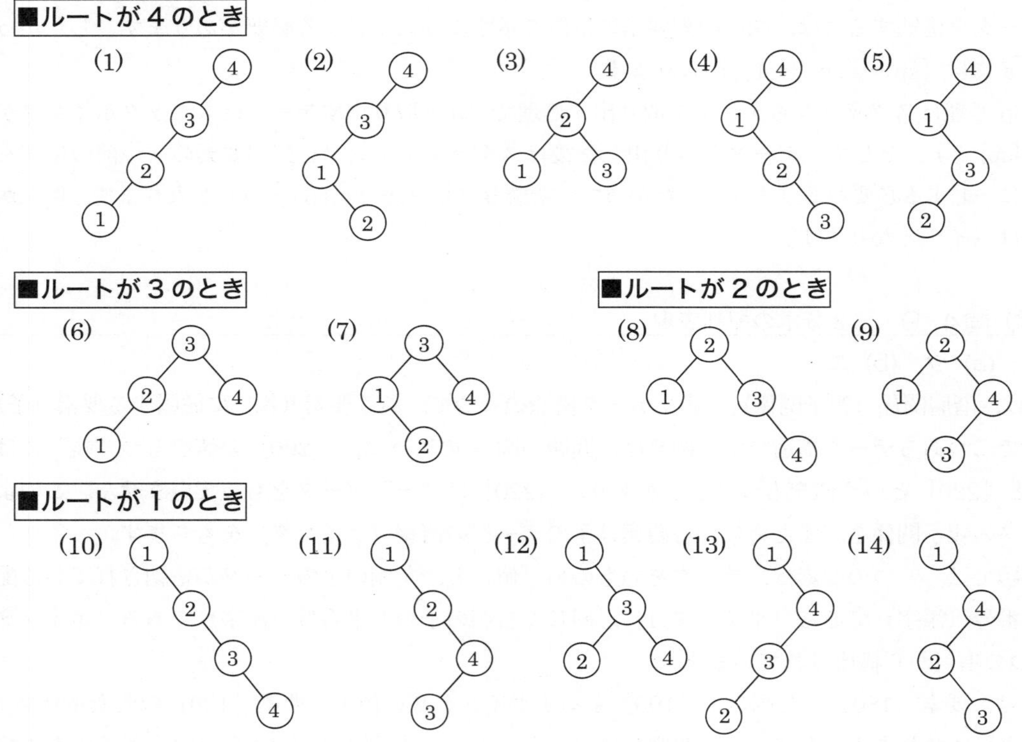

（基礎編）問4-12　２分木の探索順

【解答】　**設問１　A → B → C → D → E**

設問２　B → A → D → C → E

設問３　B → D → E → C → A

２分木の探索順について，各方法をまとめておきます。

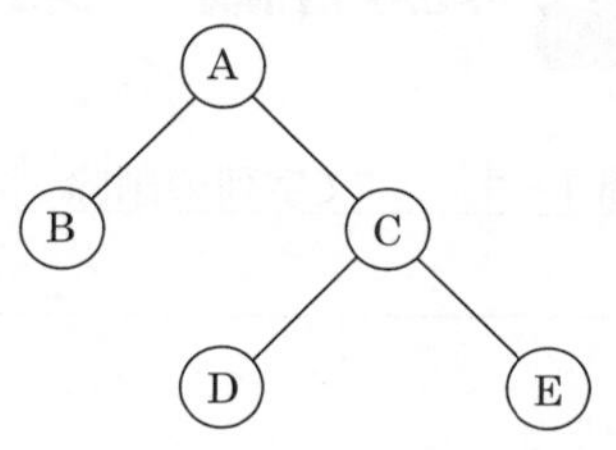

(1) 幅優先順探索

木の根から順に深さの小さい順に探索し，同じ深さのデータでは左から右に順番に探索します。

この木では，問題文にあるとおり，A → B → C → D → E の順番になります。

(2) 深さ優先順探索

① 先行順探索（前順探索）……親にあたる節の探索を部分木の探索の前に行う方法です。**「親 → 左の子 → 右の子」**という順番に探索していきます。

この木では，A →（A の左の子）→（A の右の子）

＝A → B →（C → D → E）の順番になります。

② 中間順探索（間順探索）……左部分木の探索をしてから，親にあたる節を探索し，その後で右部分木の探索を行う方法です。**「左の子 → 親 → 右の子」**という順番に探索していきます。

この木では，（A の左の子）→ A →（A の右の子）

＝B → A →（D → C → E）の順番になります。

③ 後行順探索（後順探索）……左部分木の探索をしてから，右部分木の探索を行い，最後に親の節を探索する方法です。**「左の子 → 右の子 → 親」**という順番に探索していきます。

この木では，（A の左の子）→（A の右の子）→ A

＝B →（D → E → C）→ A の順番になります。

（基礎編）問4-13　再帰的なプログラムの出力結果

(H26 春·FE 問 6)

【解答】　**ウ**

２分木の探索法としては，先行順探索（親ノード → 左ノード → 右ノード），中間順探索（左ノード→ 親ノード → 右ノード），後行順探索（左ノード → 右ノード → 親ノード）がありますが，この問題では後行順探索におけるトレース能力が問われています。

後行順探索によって探索を行うと，右図のようになります。

この探索の結果，abc－d＊＋となるので，（ウ）が正解です。

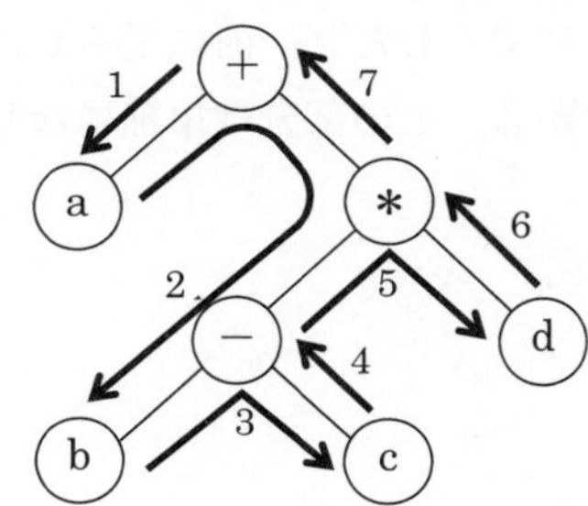

応用編　第1章

（応用編）問1-1　文字列の削除

【解答】

```
i ← 1
j ← 1
while ( j ≦ 削除文字数  and  i ≦ (テキストの文字数 − 削除文字数 + 1) )
  j ← 1
  while ( D[j] = T[i+j−1]  and  j ≦ 削除文字数 )   (空欄 a)
    j ← j + 1
  endwhile
  i ← i + 1
endwhile
i ← i − 1
if (j > 削除文字数 )   (空欄 b)
  j ← i + 削除文字数
  k ← 削除文字数
  while (j ≦ テキスト文字数)
    T[j−k] ← T[j]
    j ← j + 1
  endwhile
  j ← テキスト文字数 − k + 1
  while (j ≦ テキスト文字数)
    T[j] ← 空白
    j ← j + 1
  endwhile
  テキスト文字数 ← テキスト文字数 − k   (空欄 c)
endif
```

文字列の削除とは，文字数が0の文字列への置換と考えることができます。したがって，文字列置換のアルゴリズムが利用できます。文字列置換では，置換前文字数と置換後文字数の関係によって，後ろにずらしたり，前にずらしたり複雑な部分がありましたが，文字列削除の場合は前にずらすだけですから，この部分は単純になります。また，前にずらした後に，文字列を送る必要はありません。

（応用編）問1-2　文字列探索

【解答】　**設問1**　**(a)** (TLEN − PLEN ＋ 1)　　**（カッコはなくても可）**

(b) NUM ← NUM ＋ 1

設問2　11

設問3　**（処理の修正）** i ← i ＋ PLEN　　**(NUM の値)** 6

（設問1）探索対象文字列の配列 TXT を参照する基準となる要素番号が i で，探索する文字列の配列 PTN を参照する要素番号が j です。配列 TXT を探索するとき，最後の比較では配列 PTN の大きさ PLEN 分の長さの文字が TXT にある必要があります。このため，外側の繰返し処理は，i が（配列 TXT の大きさ−配列 PTN の大きさ＋1）以下の間のとき繰り返すことになります。したがって，空欄 a は「(TLEN − PLEN ＋ 1)」になります。また，配列 TXT に含まれる配列 PTN の文字列の個数は NUM に求めますが，空欄 b が見つかったときの処理なので，この値を 1 増やす処理になります。したがって，空欄 b は「NUM ← NUM ＋ 1」になります。

（設問2）問題の例では配列 TXT の 12 文字はすべて「モ」で，この文字列から「モモ」を探します。比較は TXT の最初から始まり，最後の比較は TLEN−PLEN＋1＝12−2＋1＝11 なので，TXT[11]と TXT[12]で行われます。この比較まで i を＋1 しながら，毎回 PTN が見つかったことになるので，NUM の値は 11 になります。

（設問3）問題のアルゴリズムは文字列が見つかっても i を＋1 して次の比較を開始しますので，NUM の値が 11 になりました。見つかった後の比較を見つかった文字の次から開始したいときは，i を＋1 するのではなく，PTN の大きさ分だけ増やせばよいので，「i ← i ＋ PLEN」となります。また，この修正を行った後で設問 2 の例でアルゴリズムを実行すると最初の TXT[1]と TXT[2]の比較の次は，TXT[3]と TXT[4]で行われることになります。これを最後まで行うと，最後の TXT[11]と TXT[12]の比較で一致する個数の 6 が NUM の値になります。

（応用編）問1-3　文字列挿入処理

(H11 秋-2K 午後問 1 改)

【解答】　**(a) ア，(b) カ，(c) オ**

文字列挿入のアルゴリズムを思い出しながら問題を読みましょう。この問題の場合，挿入位置が変数 PX に与えられているので，挿入位置を探索する必要はありません。しかし，これまで考えたものと違い，テキストの最後（AX）より後ろに挿入するということが考慮されています。まず，プログラムの先頭には「PX ＝ AX ＋ 1」という条件があります。これは，挿入位置（PX）がテキストの次からということですから，この場合には前準備は不要です。そして，「PX ＜ AX ＋ 1」の場合には移動処理，それ以外「PX ＞ AX ＋ 1」のときには空白挿入処理となっていますから，移動処理とは，挿入位置以降の文字を後ろにずらすもの，そして，空白挿入処理とは，テキストの後ろから挿入位置の前までに，空白を挿入する処理であることが分かります。

まず，空欄 a は変数 Y，つまり，後ろにずらす最初の位置です。後ろにずらすときには，最後の文字から順に行うことを思い出しておきましょう。また，文字列の挿入によってあふれることもあります。あふれが起きる条件は，テキスト文字数＋挿入文字数＞最大文字数のときです。これを問題の変数を使って置き換えると，AX ＋ BX ＞ AMAX となります。そして，この場合には，最大文字数－挿入文字数の位置までずらせばよいです。問題の図は，その例を示したものですから，分からなければ図を使って考えましょう。したがって，空欄 a は（ア）の「AMAX － BX」となります。

ただし，この部分を MIN 関数によって設定しているので，分かりにくいかもしれません。あふれが出ない場合，AX ＋ BX ≦ AMAX ですから，AX ≦ AMAX － BX となります。一方，あふれが出る場合には，AX ＋ BX ＞ AMAX ですから，AX ＞ AMAX － BX となるのです。つまり，AX と AMAX － BX を比較すると，あふれが出ない場合には AX のほうが小さく，あふれが出る場合には逆になるのです。

空欄 b も変数 Y の設定内容です。今度はこの Y が，文字列挿入の終了条件に使われています。文字列挿入処理とは，挿入する文字列を 1 文字ずつテキスト中に入れる処理です。X の初期値を PX としていますから，1 文字目は A[PX]に入ります。そして，X を 1 ずつ加算しながら繰り返しています。あふれを考慮しなければ，A[PX＋BX－1]が最後の文字です（空欄 b：(カ))。慣れないと分かりにくいかもしれません。挿入文字列 B の 1 文字目 B[1]が A[PX]，2 文字目 B[2]が A[PX＋1]，3 文字目 B[3]が A[PX＋2]と入っていきますから，最後の文字 B[BX]は A[PX＋BX－1]に入ります。このように具体例で考えるとよいでしょう。このような問題が，情報処理技術者試験に繰り返し出題されています。これは，間違えやすいからです。解答に迷ったことを気にする必要はありません。

空欄 c は，A[X]に移す B の位置（要素番号）を考えます。まず，X ← PX を実行しているので，X には PX の値が初期値として入っています。X ＝ PX のとき B[1]が，X ＝ PX ＋ 1 のとき B[2]が，そして，X ＝ PX ＋ BX － 1 のときに B[BX]が入ることに注目します。このとき，BX ＝ X － PX ＋ 1 と表せるので，B[X－PX＋1]が入ることになります。したがって，（オ）が正解です。

第2部 応用編　第２章

（応用編）問２-１　再帰的に定義される関数

(R1 秋-FE 問 11)

【解答】　ウ

再帰関数で f (5)の値を求めていきますが，最初に n=5 として結果を考えます。問題文の式から，n=1 のときは値として 1 が，それ以外のときは，n ＋ $f(n-1)$の値が返ってきます。この時点では 5＋f(4)という状態なので，さらに f(4)が呼び出され，f(1)＝1 が呼び出されるまで続きます。

この様子を示すと，次のようになります。

n=5 のとき f(5)＝5＋f(4)＝5＋10＝15
n=4 のとき f(4)＝4＋f(3)＝4＋6＝10
n=3 のとき f(3)＝3＋f(2)＝3＋3＝6
n=2 のとき f(2)＝2＋f(1)＝2＋1＝3
n=1 のとき f(1)＝1

この結果から，n=5 のとき f(5)＝15 となり，（ウ）が正解です。

（応用編）問２-２　関数 $f(x,\ y)$の計算

(H23 春-FE 問 6)

【解答】　イ

関数 $f(x,\ y)$の定義に基づいて，計算していけばよいです。775（＝x）を 527（＝y）で割った剰余（x mod y）は 248 なので，定義に基づくと，f(775，527)＝f(527，248) であることは明らかです。しかし，この計算（置換え）をどこまで行うのか疑問に思うかもしれません。

$f(x,\ y)$の定義の前半部分に「if　y ＝ 0　then　return x 」とあり，，y=0 となって最後に返す結果は x となりますが，y=0 となるまで「else　return　f(y，x mod y)」部分の計算を行えばよいことになります。これが分かれば，あとは慎重に計算していくだけです。

　f(775，527)　……　775 mod 527＝248
＝f(527，248)　……　527 mod 248＝ 31
＝f(248，31)　……　248 mod　31＝　0
＝f(31，0)　　……　y=0 になったので，余りは計算せず x（＝31）を返す。

したがって，戻り値は 31 となり，（イ）が正解になります。

この関数は，x と y の最大公約数をユークリッドの互除法で求める再帰関数です。このことに気がつけば，再帰処理の内容を一つずつ追わなくても解答が導けてしまいますが，この問題での解き方で考えるようにしてください。

（応用編）問2-3　副プログラムからの戻り値

(H11春-PE 問11改)

【解答】　65

F(5)から呼び出される関数Gをプログラムの記述内容に従って順に追っていき，値が確定したところで，関数値を逆に当てはめながら戻していきます。

F(5)＝5×G(4)＝5×13＝65
G(4)＝4＋F(3)＝4＋9＝13
F(3)＝3×G(2)＝3×3＝9
G(2)＝2＋F(1)＝2＋1＝3
F(1)＝1

（応用編）問2-4　再帰プログラム

(H12春-FE 問14改)

【解答】　ウ

問題の定義によれば，x＝0 のとき G(x)＝0，そうでないとき G(x)＝x＋G(x－1)であることから，G(x)＝x＋(x－1)＋…＋2＋1 となります。（ウ）は，F(x)＝x＋(x－1)＋…＋2＋1 を求めているので，G(x)と同じ処理で正解となります。

ア：x は非負の整数で，x＞0 の間，x の値を 1 ずつ減算していくことを繰り返します。繰返し処理を終了するのは x＝0 のときで，この値が戻り値になります。

イ：x＝0 のときだけ x－1 が実行され，関数 F(x)の戻り値は－1 になります。それ以外の場合は，何もせずに戻るので，戻り値は x の値そのままです。

エ：（ウ）とほとんど同じなのですが，最初に sum に足される値は x から 1 引いた値となるので，F(x)＝(x－1)＋…＋2＋1 となります。x の減算と sum に加算する処理の順序が違うと，結果が異なるので注意してください。

（応用編）問2-5　フィボナッチ数列

【解答】

```
○副プログラム名: Fibonacci(N)
  if ( N = 1  or  N = 2 )
    1を戻り値として返す
  else
    Fibonacci(N−1) + Fibonacci(N−2) を戻り値として返す
  endif
```

プログラムができたら，実際に問題で示された正しい値になるか調べてみましょう。

F(1)＝1，F(2)＝1，F(3)＝F(2)＋F(1)＝1＋1＝2,

F(4)＝F(3)＋F(2)＝(F(2)＋F(1))＋F(2)＝(1＋1)＋1＝3,

F(5)＝F(4)＋F(3)＝(F(3)＋F(2))＋(F(2)＋F(1))＝((F(2)＋F(1))＋F(2))＋(F(2)＋F(1))
＝((1＋1)＋1)＋(1＋1)＝3＋2＝5 となります。F(6)以降も確認してみてください。

（応用編）問2-6　再帰的に定義された手続の実行結果

(H25 秋-AP 問 8 改)

【解答】　イ

手続 proc について再帰部分（proc($n-1$)を呼び出す）を抜いて考えると，n が 0 のときは何もせずに戻り，n が 0 以外のときには，n（5〜1）を 2 回印字します。このことを念頭に選択肢の内容を見ると，印字内容に"0"が含まれている（ウ）と（エ）は除外できます。また，"1"が 1 回しか印字されていない（ア）も誤りです。このように考えると，（イ）の「5432112345」が印字される数字の順番になります。

定義された手続の処理をそのまま実行した場合，proc(5)の処理が進むイメージは次のようになり，（イ）の「5432112345」が正解と分かります。

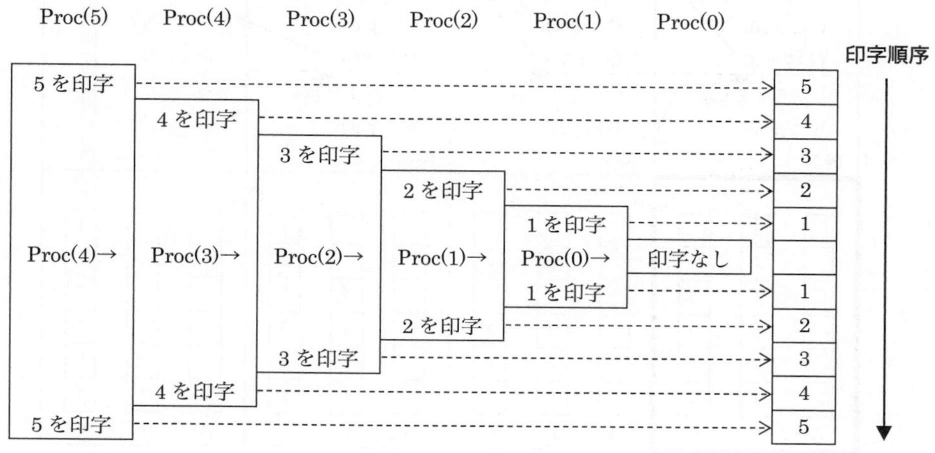

（応用編）問2-7　再帰関数呼出し後のスタックの状態

(H31 春-FE 問 6)

【解答】　ア

スタックは後から入れたデータを最初に取り出すデータ構造で，後入れ先出し（LIFO）で処理が行われます。問題では，「スタックが［a_1，a_2，…，a_{n-1}］の状態のときに a_n を push した後のスタックの状態は［a_1，a_2，…，a_{n-1}，a_n］で表す」とあるので，データが下から積み上がっていくスタックをイメージすると，左端の要素がスタックの一番下にある要素で，右端の要素がスタックの一番上にある要素となることが分かります。

問題で考えるのは，スタック A，B，C の初期状態がすべて［1，2，3］のときなので，スタックの底から（下から）1，2，3 の順番でそれぞれ格納されています。呼び出される関数 f( )の処理と操作ごとのスタック A，B，C の状態を示すと，次のようになります。

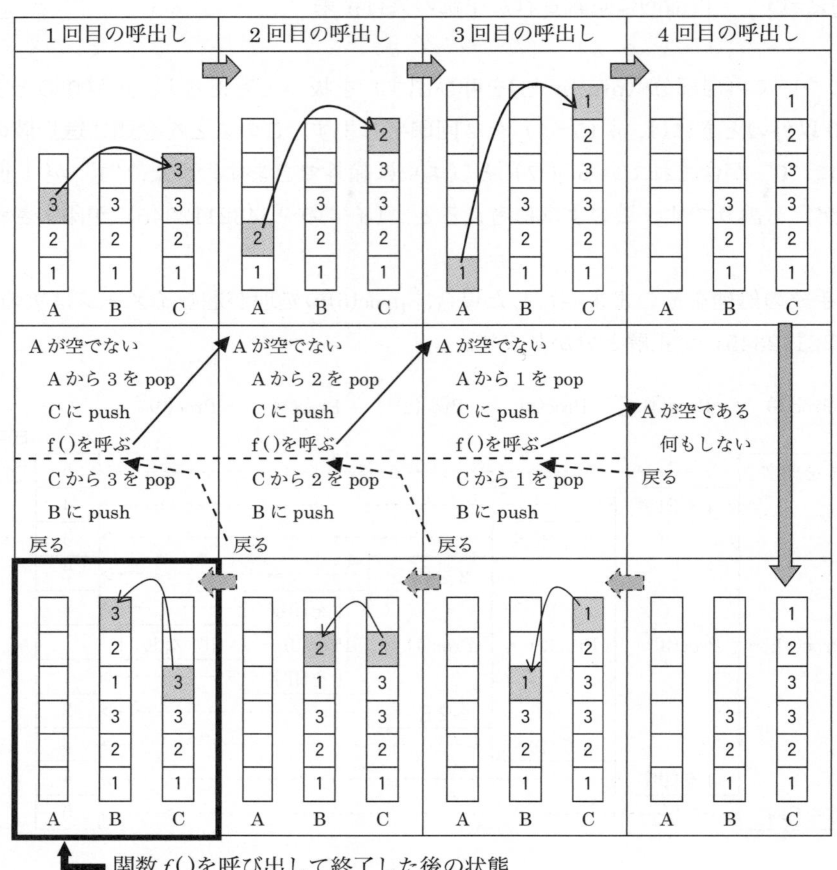
1回目の呼出し
2回目の呼出し
3回目の呼出し
4回目の呼出し
Aが空でない
Aから3をpop
Cにpush
f()を呼ぶ
Cから3をpop
Bにpush
戻る
Aが空でない
Aから2をpop
Cにpush
f()を呼ぶ
Cから2をpop
Bにpush
戻る
Aが空でない
Aから1をpop
Cにpush
f()を呼ぶ
Cから1をpop
Bにpush
戻る
Aが空である
何もしない
戻る
関数f()を呼び出して終了した後の状態

よって，関数f()を呼び出して終了した後のスタックの状態は，Aが空で，Bが［1，2，3，1，2，3］，Cが［1，2，3］となり，正解は（ア）になります。

第2部 応用編　第３章

（応用編）問３-１　“エラトステネスのふるい”による素数の表示

【解答】　設問１　(a) 配列[j] ← 1, **(b)** a ← a ＋ 1, **(c)** 配列[a] ＝ 0
設問２　(d) a ≦ 500／2 **（または,** a ≦ 500÷2), **(e)** a ≦ $\sqrt{500}$

“エラトステネスのふるい”の考え方を理解する問題です。考え方は問題文中に説明してあるとおりで，はじめに配列要素すべてに０を入れておきます。次に，ある数の倍数は素数ではないということを使って，倍数にあたる数を要素番号とする配列要素に１を入れていきます。調べる範囲内で倍数をすべて調べ終わった後，配列要素の値が０のままになっている場所の要素番号が，素数になります。

（設問１）　はじめにある繰返し処理で配列の初期設定を行っています。以降の処理も含め，要素番号ａの初期値を２としていますので，配列[1]は使っていないことが分かります。２番目の繰返し処理で，倍数に該当する要素に１を入れていきます。

倍数の求め方は，はじめｊの初期値をａの２倍（a×2）とし，その後で＋ａずつしていくことによって，ｊの値をａの３倍，４倍，…といった倍数にしています。よって，空欄ａは「配列[j] ← 1」になります。

次にあるａの値の倍数を調べたら，その次の数の倍数も調べていかなければいけません。ａの初期値は２ですが，２の倍数を調べたら，次に＋１して３の倍数を調べ，それも終わったら，また＋１して４の倍数を調べていきます。これをａが500以下の間繰り返すのですから，空欄ｂには「a ← a ＋ 1」の処理が入ります。

最後の繰返し処理は，配列要素が０のままになっている場所の要素番号を素数として表示する繰返し処理です。よって，空欄ｃは「配列[a] ＝ 0」という条件になります。

（設問２）　調べる範囲の１／２の数，例えば，調べる範囲が500までなら，250という数を考えると，251以降の数はこの後500までに倍数がないことがはじめから分かるので，251以降の数を調べても意味がないことになります。よって，※の判定（繰返し条件）を「a ≦ 500／2」とすると，効率よく素数を調べられます（空欄ｄはa ≦ 500／2)。

さらに，テキストに解説したとおり，調べる範囲の平方根（√）を求めて，「a ≦ $\sqrt{500}$ 」という繰返し条件にすると，さらに効率的に調べることができます（空欄ｅはa ≦ $\sqrt{500}$ ）。

（応用編）問3-2　素数の出力

(H25 春-AP 問 7 改)

【解答】　イ

エラトステネスのふるいのアルゴリズムです。プログラムを見ると，ループ①で配列 A の 2～100 番目の要素すべてに 1 をセットし，ループ③で配列 A の各要素のうち，値が 0 でない（1 の場合）要素の要素番号 k を出力しています。配列要素に設定する値が問 3-1 と違う考え方になっているので，注意してください。中間のループ②では配列 A の要素に 0 をセットしていますが，それは k が素数でない場合（k 以外で割り切れる数の場合）であることが分かります。

「k 以外で割り切れる数」を言い換えれば，「k 未満のある数 m の倍数」ということなので，k を m の 2 倍，3 倍，4 倍，……として，配列 A の該当要素に 0 をセットしていることが分かります。k は 100 以下なので，空欄 a は 2m，空欄 b は 100，空欄 c の増分は m となり，（イ）が正解です。プログラムでは，ループ②の m の範囲が 10（$=\sqrt{100}$）以下になっていることに注意してください。

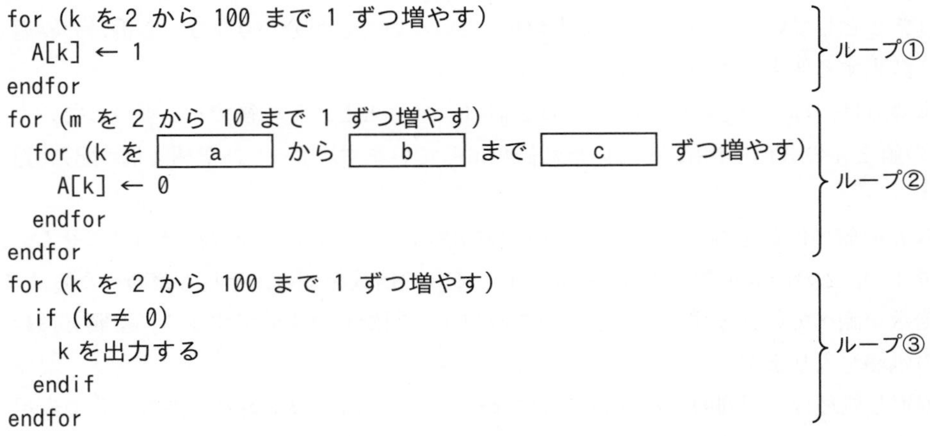

```
for (k を 2 から 100 まで 1 ずつ増やす)
  A[k] ← 1
endfor
for (m を 2 から 10 まで 1 ずつ増やす)
  for (k を [ a ] から [ b ] まで [ c ] ずつ増やす)
    A[k] ← 0
  endfor
endfor
for (k を 2 から 100 まで 1 ずつ増やす)
  if (k ≠ 0)
    k を出力する
  endif
endfor
```


（応用編）問3-3　ユークリッドの互除法

【解答】　**設問 1　n**

設問 2　5 回

設問 3　4

ユークリッドの互除法の考え方を復習しながら解いてみましょう。このアルゴリズムは覚える必要はありませんし，また，覚えている人もほとんどいないと思いますので，自分で値を入れて計算結果がどうなるかトレースしていくことが重要です。

（設問 1）　ユークリッドの互除法では，二つの数 a，b（a＞b）について，はじめ，a を（割られる数），b を（割る数）とします。また，このプログラムでは，余りを求めるのに mod 演算子を使わず，(割られる数)÷(割る数)＝商…余り　の関係から，余り＝(割られる数)－(割る数×商)として計算しています。計算を進めていく中で，余りが 0 になったときの（割る数）が最大公約数になります。

問題のプログラムで（割る数）に相当する変数はｎです。実際に値を入れて，どの項目に最大公約数が求められるか調べてみます。確認に使う数値は設問で出てくるａ，ｂの値でもよいのですが，はじめから答えが分かっている簡単な数値を使ってみましょう。

ａ＝18，ｂ＝12という数値で考えてみます。ａの約数は１，２，３，６，９，18で，ｂの約数は１，２，３，４，６，12ですから，最大公約数は６になります。実際に確認してみると，次のようになります。２回目の判定であっけなくｒ＝０になってしまいましたが，このときのｎの値が最大公約数の６になっていることが分かります。

（プログラム）	はじめ	１回目	２回目
m ← a	m＝18		
n ← b	n＝12		
s ← m ÷ n	s＝1		
r ← m − (n × s)	r＝6		
while (r ≠ 0)		(r≠0)	(r＝0)
m ← n		m＝12	
n ← r		n＝6	
s ← m ÷ n		s＝2	
r ← m − (n × s)		r＝0	
endwhile			
			（終了）

（設問２，３）　同じようにａ＝104，ｂ＝76という数値でプログラムの動作を確認してみると，次のようになります。５回目の条件判定でｒ＝０になり，プログラムが終了します。なお，求められた最大公約数はｎの値で４であることが分かります。

（プログラム）	はじめ	１回目	２回目	３回目	４回目	５回目
m ← a	m＝104					
n ← b	n＝76					
s ← m ÷ n	s＝1					
r ← m − (n × s)	r＝28					
while (r ≠ 0)		(r≠0)	(r≠0)	(r≠0)	(r≠0)	(r＝0)
m ← n		m＝76	m＝28	m＝20	m＝8	
n ← r		n＝28	n＝20	n＝8	n＝4	
s ← m ÷ n		s＝2	s＝1	s＝2	s＝2	
r ← m − (n × s)		r＝20	r＝8	r＝4	r＝0	
endwhile						
						（終了）

（応用編）問3-4　転置行列を求めるアルゴリズム

【解答】

```
for (i を 1 から m まで 1 ずつ増やす)  /* 行方向の繰返し */
  for (j を 1 から n まで 1 ずつ増やす)  /* 列方向の繰返し */
    B[j, i] ← A[i, j]
  endfor
endfor
```

ある行列の行の要素と列の要素を入れ替えた行列をその行列の転置行列といいます。この問題では，m行n列の行列Aの転置行列を行列Bに求めます。行列Bは行列Aの行数と列数が入れ替わってn行m列の行列になります。

問題の例では，行列A（2行3列）の転置行列を行列B（3行2列）に求めます。

① 行列Aの1行目の1〜3列目の要素について，行列Bの1〜3行目の1列目に代入する。
B[1, 1] ← A[1, 1]，B[2, 1] ← A[1, 2]，B[3, 1] ← A[1, 3]

② 行列Aの2行目の1〜3列目の要素について，行列Bの1〜3行目の2列目に代入する。
B[1, 2] ← A[2, 1]，B[2, 2] ← A[2, 2]，B[3, 2] ← A[2, 3]

$$A=\begin{pmatrix}3 & 2 & 1\\ 6 & 5 & 4\end{pmatrix}\begin{matrix}①\\②\end{matrix} \Rightarrow B=\begin{pmatrix}3 & 6\\ 2 & 5\\ 1 & 4\end{pmatrix}$$

行列Aの転置行列

解答例のプログラムでは，行列Aの行番号をiで，列番号をjで表し，外側の繰返し処理で行方向の繰返し，内側の繰返し処理で列方向の繰返し処理を行っています。

（応用編）問3-5　関数値の収束

(H27秋-FE 問3)

【解答】　**エ**

①〜⑤の手続を十分な回数実行した後では，次のように繰返しをしていることになります。

→ ②　$y \leftarrow f(x)$
③　yの値を表示する。→　yの値が一定になった。
└ ④　$x \leftarrow y$

このとき，③で表示されるyの値に変化がなくなったのですから，④のyと，次に実行する②のy，つまり$f(x)$が等しいということになります。ここで，②の$f(x)$のxには前の④でyを代入しているので，$f(y)=y$が成り立ちます。したがって，（エ）が正解です。

応用編　第４章

（応用編）問4-1　　集計処理

【解答】　(a) 処理中店舗 ← 売上レコードの店舗コード
　　　　　(b) 途中売上合計 ← 0
　　　　　(c) 売上合計ファイルの売上合計 ← 途中売上合計

売上ファイルのレコードは店舗コードと商品コードの昇順に整列されていることから，集計用のコントロールブレイクキーが二つあることになります。ファイルからレコードを読み出し，店舗コードと商品コードの両方が等しいとき，集計の対象になります。

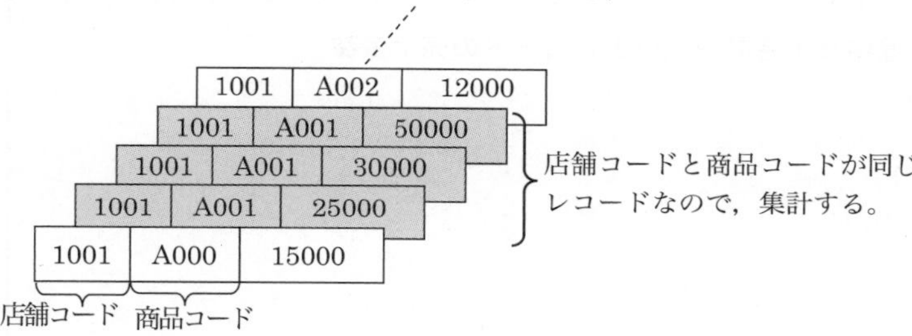

なお，次のような場合は集計の対象が変わるので，結果を出力して改めて集計処理を行うことに注意してください。

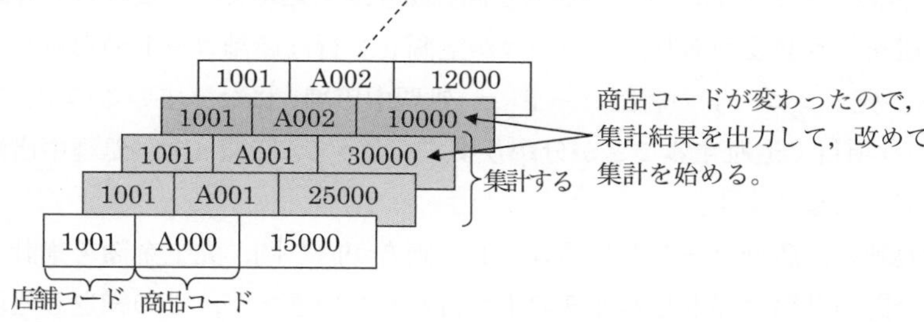

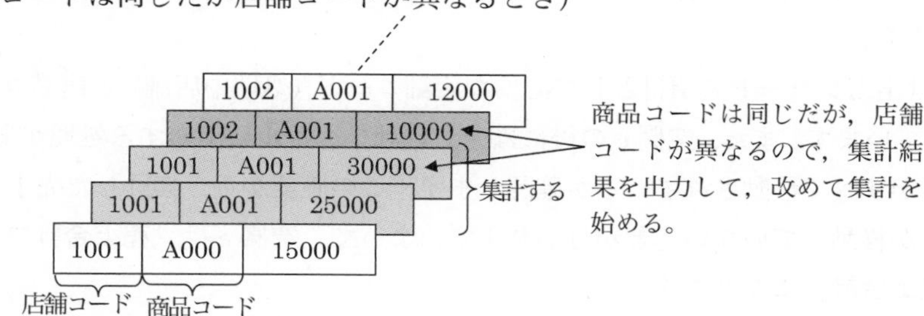

集計処理の考え方がプログラムでどのように表現されているか，概要は次のようになります。

〔プログラム〕

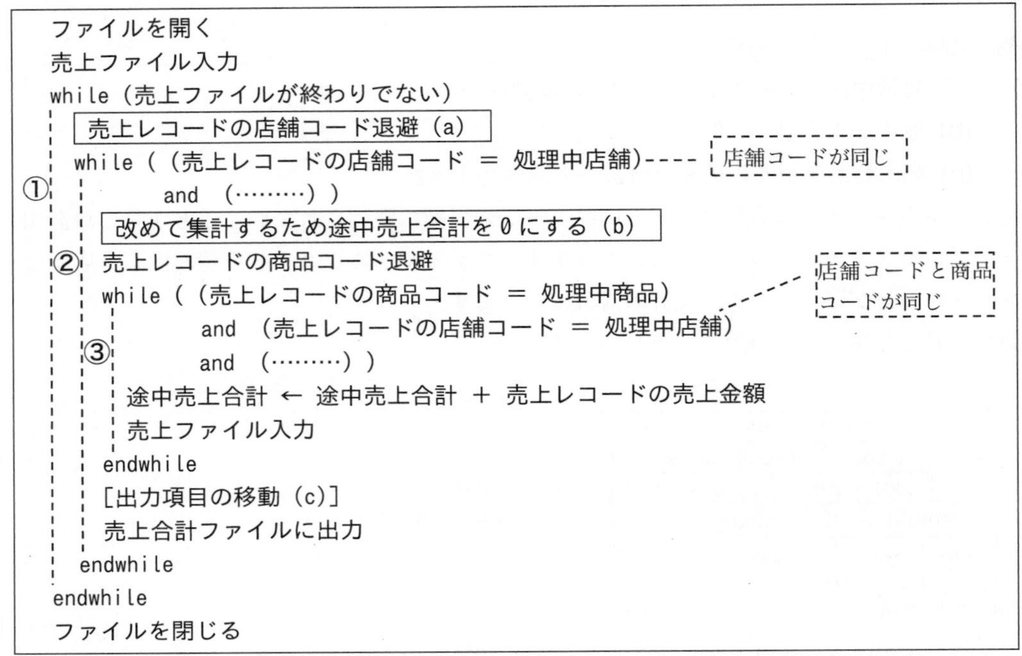

```
ファイルを開く
売上ファイル入力
while (売上ファイルが終わりでない)
  売上レコードの店舗コード退避 (a)
  while ( (売上レコードの店舗コード = 処理中店舗)---- 店舗コードが同じ
        and (………) )
    改めて集計するため途中売上合計を 0 にする (b)
    売上レコードの商品コード退避
    while ( (売上レコードの商品コード = 処理中商品)
          and (売上レコードの店舗コード = 処理中店舗)  ---- 店舗コードと商品コードが同じ
          and (………) )
      途中売上合計 ← 途中売上合計 + 売上レコードの売上金額
      売上ファイル入力
    endwhile
    [出力項目の移動 (c)]
    売上合計ファイルに出力
  endwhile
endwhile
ファイルを閉じる
```


空欄 a：繰返し処理の最も外側①が「ファイルが終わりでない間」，その次の②が「店舗コードが同じ間」，最も内側の③が「店舗コードと商品コードが同じ間」繰り返す処理です。これらの繰返し処理の外側ではコードの退避を行う必要があり，その一つが空欄 a で行う店舗コードの退避です。次の繰返し処理②の条件が，「売上レコードの店舗コード ＝ 処理中店舗」になっているので，店舗コードは“処理中店舗”という項目で退避することが分かります。よって，空欄 a は「**処理中店舗 ← 売上レコードの店舗コード**」になります。

空欄 b：この問題の集計処理は，店舗コードと商品コードの両方が同じ間，売上金額を集計（合計）するものでした。この合計の計算は繰返し処理③の中で行われていますが，この繰返し処理から抜けた後は，改めて集計を始めるので合計を 0 にする必要があります。よって，空欄 b は「**途中売上合計 ← 0**」になります。

空欄 c：空欄 c の前には出力レコードの項目として必要な店舗コード（処理中店舗）と商品コード（処理中商品）を移動しています。また，空欄 c の後には売上合計ファイルに出力する処理があるので，出力レコードの項目がすべて移動されているか確認します。この確認から，集計した売上合計の結果（途中売上合計）が移動していないことが分かります。よって，空欄 c は「**売上合計ファイルの売上合計 ← 途中売上合計**」になります。

（応用編）問4-2　マッチング処理

(H10春-2K 午後問１改)

【解答】　(a) ウ，(b) イ，(c) ア

マッチング処理は，マスターファイルとトランザクションファイルの中のレコードがそれぞれマッチングキーの順に並んでいることを利用して，１件ずつレコードを読み出し，キーの比較結果で処理を振り分けます。

(マッチング処理)

	キーの比較結果	処理内容	次に読むレコード
1	(マスターキー) ＝ (トランザクションキー)	トランザクションレコードによって，マスターレコードを更新する。	マスターファイル，トランザクションファイルからレコードを読み出す。
2	(マスターキー) ＜ (トランザクションキー)	マスターレコードをそのまま新マスターファイルに出力する。	マスターファイルからレコードを読み出す。
3	(マスターキー) ＞ (トランザクションキー)	トランザクションファイルにしかないレコードとして，あらかじめ決めた処理を行う。	トランザクションファイルからレコードを読み出す。

この問題ではマスターレコードＭの１件に対して，トランザクションレコードＴが複数あり得る１対ｎのマッチングです。また，トランザクションレコードＴは更新する項目以外は空白になっていることから，プログラムの中でこの部分の処理をどのように行っているかに注意します。

```
主処理
ファイルを開く
[M 入力処理]
[T 入力処理]
while ((M キー ≠ 最大値) or (T キー ≠ 最大値))
①  if ( キーの比較 (a) )
      T′領域 ← 空白
②    T′← T キー
      while (T キー = T′キー)
③       T′の対応する項目 ← T 領域の空白以外の項目
         ファイルの入力処理 (b)
      endwhile
      T′領域を新マスターファイルに出力
    else
      while ( M キー = T キー (c) )
④       M 領域の対応する項目 ← T 領域の空白以外の項目
         ファイルの入力処理 (b)
      endwhile
      M 領域を新マスターファイルに出力
      [M 入力処理]
    endif
endwhile
ファイルを閉じる
```

空欄a：まず，空欄aに入る「キーの比較処理」を考えてみます。選択処理②の空欄aの条件が成り立ったときの処理内容を見てみると，T'領域に空白を入れた後，TキーをT'キーに入れ，T領域の空白以外の項目を T'領域の対応する項目に移動し，T'領域を新マスターファイルに出力しています。T'領域はトランザクションレコードに対応するマスターレコードがない場合に使うことからも，先の表のマッチング処理3の場合だと分かります。よって，空欄aには，(マスターキー) ＞ (トランザクションキー) の条件が入るので，「Mキー ＞ Tキー」(ウ) になります。

空欄b：空欄aに入る条件が成立したとき，1件のMに対して複数のTがあり得る1対nのマッチングですから，トランザクションファイルから次のレコードを読み出して，同じキーの間，更新処理を続ける必要があります。繰返し処理③でこの処理を行っており，トランザクションキーははじめにT'に退避したので，このT'と読み出したレコードのTが等しい間，更新処理をしています。よって，空欄bには［T入力処理］(イ) が入ります。

空欄c：最後に空欄cに入る条件を考えます。この部分の処理は空欄aの条件が成り立たなかったとき，つまり，「Mキー ＜ Tキー」のときと，「Mキー ＝ Tキー」のときに実行される処理です。

「Mキー ＜ Tキー」のときはマスターファイルのレコードだけで，対応するトランザクションファイルのレコードがない (先の表のマッチング処理 2) 場合の処理です。この場合はマスターファイルのレコード内容をそのまま更新せず出力すればよいので，繰返し処理④を飛ばせばよいと予想できます。

また，「M キー ＝ T キー」の場合は，繰返し処理③と同じように考えて，トランザクションファイルから次のレコードを読み出し，同じキーの間，更新処理を続ける必要があります。これを行っているのが繰返し処理④ですが，処理内容から空欄bに［T入力処理］が入ることがここでも確認できます。なお，繰返し処理④を抜けた後は，「M領域を新マスターファイルに出力」，［M入力処理］が行われ，更新結果が正しく新マスターファイルに出力され，次のマスターレコードを読み出していることが分かります。よって，空欄cには，「Mキー ＝ Tキー」(ア) が入ります。

(応用編) 問4-3　　マージ処理の修正

【解答】　次の〔修正したプログラム〕を参照

例題で示したマージ処理のプログラムは，A店舗売上ファイルとB店舗売上ファイルに同じ商品コードのレコードがそれぞれ複数あった場合，A店舗売上ファイルとB店舗売上ファイルのレコードが交互に出力されます。例えば，次のレコードA1～A3，B1～B3が同じ商品コードのとき，

(A店舗売上ファイル) …，A1，A2，A3，… →
マージ → …，A1，B1，A2，B2，A3，B3，…
(B店舗売上ファイル) …，B1，B2，B3，… →

のようになります。二つのファイルに同じ商品コードのレコードがそれぞれ複数あった場合，A店舗売上ファイルのレコードを先に全て出力してから，B店舗売上ファイルのレコードを全て出力するように，プログラムを変更します。

修正したマージ処理

（A 店舗売上ファイル）…，A1，A2，A3，…
（B 店舗売上ファイル）…，B1，B2，B3，…
→ …，A1，A2，A3，B1，B2，B3，…

例題のプログラムでは，「A キー ＝ B キー」のとき，A 店舗のレコードと B 店舗のレコードを続けて出力し，それぞれ次のレコードの読出し処理をしています。この処理を「A キー ＝ B キー」のとき，A 店舗のレコードだけを出力して次のレコードを読み出すように修正すると，キーが同じ間は A 店舗のレコードの出力と読出しを行い，「A キー ＞ B キー」となってから B 店舗のレコードの出力と読出しが行われるように処理を変更できます。それぞれのファイルのレコードがキーの昇順で整列されているので，このような処理にすることができます。

修正した次のプログラムの動作を確認してください。なお，「A キー ＞ B キー」となるのは，if (A キー ＜ B キー)の条件が偽になったときで，else 以降の B 店舗に対する処理が行われます（※部分）。

〔修正したプログラム〕

```
マージ処理
ファイルを開く
[A 店舗売上ファイルからのレコード読出し処理]
[B 店舗売上ファイルからのレコード読出し処理]
while ( (A キー ≠ 最大値) or (B キー ≠ 最大値) )
  if (A キー ＝ B キー)
    全店舗売上レコード ← A 店舗売上レコード
    全店舗売上ファイルにレコードを出力する
    [A 店舗売上ファイルからのレコード読出し処理]
  else
    if (A キー ＜ B キー)
      全店舗売上レコード ← A 店舗売上レコード
      全店舗売上ファイルにレコードを出力する
      [A 店舗売上ファイルからのレコード読出し処理]
    else
      全店舗売上レコード ← B 店舗売上レコード            ┐
      全店舗売上ファイルにレコードを出力する              ├ ※
      [B 店舗売上ファイルからのレコード読出し処理]       ┘
    endif
  endif
endwhile
ファイルを閉じる
```

このプログラムの処理をさらに細かく確認すると，「A キー ＝ B キー」と「A キー ＜ B キー」のときに実行する処理が全く同じなので，if 文の判断条件を「A キー ≦ B キー」として，if 文の入れ子構造を使わずに，さらに単純なプログラムにすることができます。

〔改良して単純な構造にしたプログラム〕

```
マージ処理
ファイルを開く
[A店舗売上ファイルからのレコード読出し処理]
[B店舗売上ファイルからのレコード読出し処理]
while ( (Aキー ≠ 最大値) or (Bキー ≠ 最大値) )
  if (Aキー ≦ Bキー)
    全店舗売上レコード ← A店舗売上レコード
    全店舗売上ファイルにレコードを出力する
    [A店舗売上ファイルからのレコード読出し処理]
  else
    全店舗売上レコード ← B店舗売上レコード
    全店舗売上ファイルにレコードを出力する
    [B店舗売上ファイルからのレコード読出し処理]
  endif
endwhile
ファイルを閉じる
```

アルゴリズムの基礎　第３版　解答・解説

発行日　2023年９月５日　第３版　第１刷
発行人　土元　克則
発行所　株式会社アイテック
〒143-0006
東京都大田区平和島6-1-1　センタービル
電話　03-6877-6312
https://www.itec.co.jp/
印　刷　株式会社ワコー

Introduction to Algorithms

アルゴリズムの基礎　第３版　解答・解説